DER NATIONAL GEOGRAPHIC TRAVELER

TAIWAN

DER NATIONAL GEOGRAPHIC TRAVELER

TAIWAN

Phil Macdonald

Inhalt

Seite 1: Als Götter verkleidete
Tänzer während des alljähr-
lichen Drachenboot-Festes
Seite 2f: Ein nahezu mystisches
»Wolkenmeer« in Alishan
Links: Rituelle Feier am
Geburtstag des Konfuzius

Benutzerhinweise

Text- und Kartensymbole siehe hintere Umschlagklappe

Der *National Geographic Traveler* bringt Ihnen die schönsten Seiten von Taiwan anhand von Texten, Bildern und Karten nahe. Der Reiseführer ist in drei Großkapitel aufgeteilt. Der erste Teil gibt einen Überblick über die Geschichte und Kultur des Landes.

Es folgen sechs Regionalkapitel, die vom Autor sorgfältig ausgewählte Orte ausführlich vorstellen. Jedes Kapitel beginnt mit einer eigenen Inhaltsübersicht.

Am Beginn eines jeden Kapitels zeigt eine Übersichtskarte, in der die beschriebenen Orte und Sehenswürdigkeiten zu finden sind. Wanderrouten und Autotouren werden mit eigenen Karten

vorgestellt und laden zum Erkunden besonders interessanter Gebiete ein. Specials und Extraspalten befassen sich mit Details zu Geschichte, Kultur und zum Alltag in der jeweiligen Region.

Der letzte Teil enthält Reiseinformationen und wichtige Hinweise zur Reiseplanung. Auskünfte über Verkehrsmittel, Geldwechsel oder Hilfe im Notfall sind hier ebenso zu finden wie eine Liste ausgewählter Hotels, Restaurants, Läden, Unterhaltungsangebote und Freizeitmöglichkeiten.

Die angegebenen Adressen und Öffnungszeiten entsprechen dem zur Zeit der Drucklegung aktuellen Stand. Trotzdem ist es oft ratsam, sich noch einmal vor Ort zu vergewissern.

Farbkodierung

Jede Region ist durch eine eigene Farbe gekennzeichnet. Die Farbcodes der einzelnen Regionen finden sich auf der vorderen Umschlagklappe. Die Regionalkapitel und die Abschnitte in den **Reiseinformationen** sind mit der gleichen Farbkodierung versehen.

Besucherinformation

National Palace Museum
www.npm.gov.tw

🗺 Karte S. 57
✉ 221 Jhihshan (Zhishan) Rd., Sec. 2
☎ 2881-2021
💲 $$
🚇 MRT: Bahnhof Shihlin (Shilin), dann Bus Nr. 225, 304, Minibus 18 und 19 und Red 30

Angaben in den Marginalspalten liefern zusätzliche Informationen über die Hauptsehenswürdigkeiten (Legende siehe hintere Umschlagklappe). Der Kartenverweis nennt die Seite und das Planquadrat, in dem die jeweilige Sehenswürdigkeit verzeichnet ist. Zu den weiteren Informationen zählen Adresse, Telefonnummer, Öffnungszeiten, Eintrittsgebühr — von $ (unter 5 US-$) bis $$$$$ (über 25 US-$). Bei den übrigen Sehenswürdigkeiten stehen diese Informationen im Text.

Chinesische Ortsnamen

Die unterschiedlichen Transkriptionen chinesischer Ortsnamen stellen Besucher immer wieder vor große Probleme; die Behörden der verschiedenen Städte und Regionen konnten sich bisher auf keinen einheitlichen Standard einigen. Im Gebrauch sind u. a. die ältere Wade-Giles-Transkription, Tongyong-Pinyin und Hanyu-Pinyin. Dieses Buch gibt Namen nach Tongyong-Pinyin an, bei Abweichungen folgt die Hanyu-Variante in Klammern.

REISEINFORMATIONEN

Region mit Farbkodierung

Hotelname und Preiskategorie

Adresse, Telefon- und Faxnummer, E-Mail-Adresse, Website

Kurze Hotelbeschreibung

Ausstattung und Kreditkarten

Restaurantname und Preiskategorie

Adresse und Telefonnummer

Kurze Restaurantbeschreibung

Öffnungszeiten und Kreditkarten

Hotel- und Restaurantpreise

Die Preiskategorien werden im Abschnitt »Hotels & Restaurants« (ab S. 244) ausführlich erläutert.

ÜBERSICHTSKARTE

Angrenzende Region

Straßennummer

Bedeutende Sehenswürdigkeiten (im Text beschrieben)

Ausgangspunkt einer Tour

Sehenswerter Ort

- Zu jeder Übersichtskarte gehört eine Orientierungskarte, welche die Lage der jeweiligen Region im Land zeigt.

SPAZIERGÄNGE

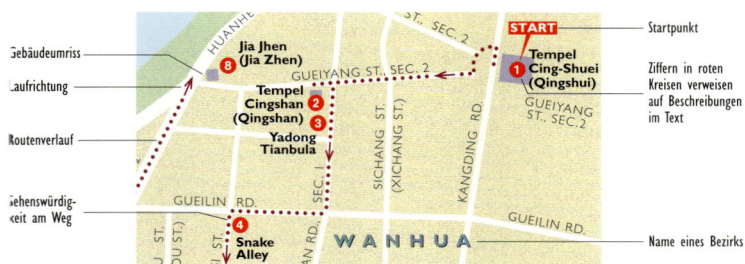

Gebäudeumriss

Laufrichtung

Routenverlauf

Sehenswürdigkeit am Weg

Startpunkt

Ziffern in roten Kreisen verweisen auf Beschreibungen im Text

Name eines Bezirks

- Eine Infobox nennt Ausgangs- und Endpunkt des Spaziergangs, Länge, Dauer sowie Sehenswürdigkeiten entlang der Route.

AUSFLÜGE

Bedeutende Sehenswürdigkeit (im Text beschrieben)

Routenverlauf

Ziffern in roten Kreisen verweisen auf Beschreibungen im Text

Straßennummer

Startpunkt

- Eine Infobox nennt Ausgangs- und Endpunkt der Tour, Länge, Fahrzeit sowie Sehenswürdigkeiten entlang der Route und eventuelle Besonderheiten des Streckenprofils.

DER NATIONAL GEOGRAPHIC TRAVELER

TAIWAN

Über die Autoren

Phil Macdonald kam 1989 aus Sydney nach Hongkong, um dort als Journalist zu arbeiten; acht Jahre zuvor hatte er seine journalistische Laufbahn im australischen Perth begonnen. Einige Jahre blieb er dort und war Mitarbeiter des *Hong Kong Standard* und der *South China Morning Post*, dann zog es ihn – mit Stationen in Singapur und Laos – schließlich 1996 nach Phuket in Thailand. Heute lebt er als freiberuflicher Journalist und Autor in Bangkok; seine Beiträge erscheinen in regionalen und internationalen Zeitungen und Zeitschriften. Ganz besonders interessieren in die politischen Verhältnisse in Südostasien, die jüngere Geschichte der Region – und die Strände des südlichen Thailand. Für National Geographic hat er bereits einen Hongkong-Führer verfasst; am Thailand-Reiseführer hat er mitgearbeitet.

Die Specials stammen von Brent Hannon.

Rick Charette hat über die Plantage Mujha (Muzha), über Jiufen und den Sonne-Mond-See geschrieben; bei dieser Auflage war er auch für die Redaktion verantwortlich.

Geschichte und Kultur

**Steinerne Löwenstatuen
wie diese stehen häufig als
Wächter vor taoistischen
Tempeln**

Taiwan heute

EIGENTLICH SOLLTE MAN MEINEN, DASS DIE BEWOHNER EINER SO DICHT BE-siedelten Insel wie Taiwan nichts so sehr verabscheuen wie die Ankunft weiterer Menschen. Genau das Gegenteil ist aber der Fall: Taiwaner heißen ausländische Gäste überaus herzlich willkommen. Unterhält man sich mit Reisenden, die eine Zeit lang auf der Insel gelebt haben, ist man ganz schnell bei einem Hauptthema – der taiwanesischen Gastfreundschaft.

Jeder Fremde gilt den Bewohnern Taiwans (offiziell: Republik China; früher auch: National-china) automatisch als Gast. Die Einheimi-schen legen Wert darauf, gute Gastgeber zu sein und sie geben sich allergrößte Mühe, ihrem Gast den Aufenthalt so angenehm wie möglich zu machen. Rechnen Sie also mit Höf-lichkeit und Großzügigkeit und genießen Sie die Gastfreundschaft dankbar. Gegenleistun-gen werden nicht erwartet, doch ein umsich-tiger Gast sollte natürlich bemüht sein, sich seinerseits durch betont höfliches Entgegen-kommen zu revanchieren.

Was Gastfreundschaft bedeutet, zeigt sich beispielsweise, wenn im Restaurant die Rech-nung angefordert wird. Die westliche Art, ein-zeln zu bezahlen oder den Betrag in der Grup-pe aufzuteilen, gilt als grobe Unhöflichkeit, und als Gast dürfen Sie ohnehin nicht be-zahlen. Im Westen plaudert man nach dem Essen gern bei einer Tasse Kaffee, in Taiwan streiten sich die Gastgeber um die Ehre, die Rechnung begleichen zu dürfen – als Fremder hat man bei diesem Wettstreit keine Chance.

DIE »SCHÖNE INSEL«

Diese Gastfreundschaft wird dem Besucher ausgerechnet an einem der am dichtesten be-siedelten Orte der Welt entgegengebracht. Nicht weniger als 23 Millionen Menschen teilen sich die 36 300 Quadratkilometer der Insel, das entspricht ziemlich genau der Fläche von Baden-Württemberg. Über dieses Land zieht sich sogar noch eine Kette hoher, nebelverhan-gener Berge, in denen keine Menschen siedeln – auf der verbleibenden Fläche ist es daher ganz schön eng. Kein Wunder also, dass die Be-völkerungsdichte bei 640 Menschen pro Qua-dratkilometer liegt; in der Hauptstadt Taipeh erreicht sie sogar die Zehntausender-Marke.

Die portugiesischen Entdecker des 16. Jahr-hunderts waren von der grünen, gebirgigen Insel derart beeindruckt, dass sie diesen Ort

Ilha Formosa tauften, »schöne Insel«. Dieser Name blieb haften; bis in die frühen 1970er-Jahre war der Name Formosa international noch mindestens so gebräuchlich wie der Name Taiwan.

Einige Landstriche Taiwans haben ihre schon vor Jahrhunderten gerühmte Schönheit durchaus bewahrt. Wer dort nur überfüllte Städte und Lärm erwartet, sieht sich zumindest teilweise im Irrtum. Keine Frage, die rasend schnell forcierte Modernisierung hat ihre Narben im Bild der Landschaft hinterlassen, besonders in den dicht besiedelten Ebenen des mittleren Westens. Die Schönheit der Insel wurde aber keineswegs vollkommen ausge-löscht und auch die traditionelle Kultur ist nicht verschwunden.

Die großartige Gipfelwelt und die alpine Kulisse der zentralen Bergkette muss den Ver-gleich mit anderen Gebirgen der Erde nicht scheuen. Im Gegenteil: Diese Berge sind an vielen Stellen sogar viel leichter zugänglich als vergleichbare Erhebungen anderswo. Der Central Cross Island Highway beispielsweise durchquert dieses Gebirge auf eine Weise, die an ein echtes Wunder grenzt – man wird schwerlich eine zweite Straße finden, die es mit dieser aufnehmen kann.

Die sehr isolierte und naturbelassene Ost-küste hingegen überrascht mit einer für Taiwan ungewöhnlichen Stille und Einsamkeit. Hier findet man spektakuläre Schluchten (am be-rühmtesten ist die Marmor-Schlucht Taroko) und Klippen, die steil zum Pazifik hin abfallen, fruchtbare Hügel und idyllische Täler. Kenting ganz im Süden ist Taiwans Tropenparadies: mit herrlichen Stränden, Korallenriffen und einer unberührten Küstenlandschaft.

Vor wenigen Jahrzehnten noch ein ver-schlafenes Provinznest, hat Taipeh sich mittlerweile in eine lebendige, faszinierende Metropole verwandelt

Rund 85 Prozent der Bewohner Taiwans und seiner vorgelagerten Inseln sehen sich selbst als echte Taiwaner oder *benshengren* (»Menschen aus dieser Provinz«). Sie sind stolz auf ihre Kultur. Den taiwanesischen Dialekt hört man in der Popmusik, im Fernsehen, im Radio und im Kino – neben der offiziellen Verkehrssprache, dem Mandarin-Chinesisch.

Nach der Niederlage im Bürgerkrieg flohen 1949 zwei Millionen Menschen mit der Kuomintang-Regierung unter Chiang Kai-shek nach Taiwan. Sie und ihre Nachkommen gelten als *daluren* (»Festländer«). Bis zur Aufhebung des Kriegsrechts im Jahr 1987 begegneten die *benshengren* den *daluren* mit großen Vorbehalten, besetzten diese doch viele wichtige Ämter; zudem machte man die Nationalisten vom Festland für die Unterdrückung der einheimischen Sprache und Kultur verantwortlich. Das Ende des Kriegsrechts markiert in jeder Hinsicht einen Wendepunkt. Dennoch existieren die Ressentiments unterschwellig weiter.

Die indigene Minderheit, also die Ureinwohner oder *yuanjhumin (yuanzhumin)*,
stellen nur noch 1,5 Prozent der Gesamt-
bevölkerung Taiwans; 13 ihrer Stämme
genießen amtliche Anerkennung.

Am größten ist der Stamm der Ami mit
150 000 Mitgliedern. Sie leben in den Bergen
und Tälern von Hualien und Taitung. Kleinere
Verbände wie die Dahwu auf Orchid Island
oder die Thao am Sonne-Mond-See zählen
höchstens noch einige Tausend Mitglieder.

**Ein junges Brautpaar vor der Chiang Kai-shek
Memorial Hall, die an den ersten Präsidenten
der Republik China erinnert**

Daneben gibt es die Atayal, die Bunun, Paiwan,
Puyuma, Rukai, Saisiat, Kavalan, Truku,
Sakiraya und Tsou.

Zehn Prozent der Bevölkerung rechnet sich
zu den Hakka, einer Minderheit, die aus der Provinz Guangdong stammte. Die Hakka nennen
sich selbst Taiwaner, genau wie die Ureinwohner.

Für die meisten Besucher der Insel ist die moderne Hauptstadt Taipeh Ausgangs- und Endpunkt ihrer Reise. Die Stadt wird von Bergen eingefasst, die das Becken von Taipeh begrenzen. Taipeh ist das wirtschaftliche, kulturelle, gesellschaftliche und politische Zentrum des Landes. Die drei Millionen Einwohner kleiden sich elegant, bewegen sich auf weiten Straßen und baumbestandenen Boulevards und erledigen ihre Einkäufe in glitzernden Shoppingmalls, japanischen Kaufhäusern und teuren Modeboutiquen. Mit ihren Wireless-Laptops surfen sie im Internet, trinken ihre Latte macchiato bei Ketten wie Starbucks und genießen ihre Drinks in Nachtclubs, Bars und Restaurants.

Wer heute vom Wirtschaftswunder spricht, meint nicht selten einen Weg, den so manche asiatische Stadt oder Region seit den 1970er Jahren zurückgelegt hat: aus desolater Wirtschaftslage hin zu beachtlichem Wohlstand. Taiwans Wirtschaftswunder ist in Taipeh zu be-

staunen und die erfolgreichen Einwohner der Hauptstadt haben keine Scheu, ihren Reichtum gebührend zur Schau zu stellen.

Taiwans Wirtschaftswachstum war vier Jahrzehnte lang wahrhaft phänomenal. Die Volkswirtschaft der Insel zählt zu den stärksten im asiatischen Raum und kann sich mit Schwergewichten wie Hongkong, Singapur und Südkorea messen. Selbst die asiatische Finanzkrise von 1997/98 und den Ausbruch von SARS 2003 hat die Wirtschaft unbeschadet überstanden.

Am 10. Oktober, dem Nationalfeiertag, versammeln sich die Menschen überall im Land auf den Straßen und Plätzen

Ähnlich wie seine asiatischen Konkurrenten hat Taiwan rechtzeitig erkannt, dass die Zukunft des Landes nicht in der Produktion billigster Wegwerfartikel liegen konnte. Denn seit China den Weg einer vorsichtigen wirtschaftlichen Liberalisierung gewählt hat, hat sich die Herstellung preiswerter Konsumgüter

eher auf das chinesische Festland verlagert, wo billige Arbeitskräfte massenhaft auf ihre Chance warteten. Taiwan suchte eine eigene Nische – und entschied sich für die Herstellung elektronischer Hightech-Geräte.

Heute ist die Insel unschlagbar in der Produktion von Computern und Peripheriegeräten: Mehr als ein Viertel aller Computer, die in den Büros der ganzen Welt stehen, wurde in Taiwan gefertigt, bei den Laptops ist es sogar die Hälfte. Der Hsinchu Science Park in Hsinchu,

südwestlich von Taipeh, begreift sich als direkter Konkurrent des namhaften Silicon Valley in Kalifornien (siehe S. 124f).

Die herausragenden wirtschaftlichen und politischen Leistungen Taiwans sind umso bemerkenswerter, als sie unter schwierigen Rahmenbedingungen zustande kamen. Denn die benachbarte Volksrepublik China betrachtet Taiwan seit 60 Jahren als abtrünnige Provinz, die früher oder später wieder angegliedert werden muss. Hongkong und die ehemalige portu-

Der Karpfen-See in Puli, im Zentrum Taiwans, strahlt Ruhe und Frieden aus; nichts verrät, dass man sich in einem hoch industrialisierten Land befindet

giesische Enklave Macau sind in den letzten Jahren bereits an China zurückgefallen und Peking hält im Grunde die Zeit für gekommen, sich auch Taiwan wieder einzuverleiben. Die Beziehungen zwischen beiden Ländern sind daher eher feindselig.

Viele Jahre lang lebte die Mehrzahl der Taiwaner in der Gewissheit, dass ihr Land eines Tages unweigerlich an den großen Nachbarn zurückfallen werde. Viele waren sogar durchaus damit einverstanden – aber ihre Zahl sinkt deut-

lich. Denn in den 1990er-Jahren hat die taiwanesische Gesellschaft eine Reihe demokratischer Reformen erlebt. Politische Freiheit und wachsender Wohlstand haben das Selbstvertrauen der Menschen gestärkt und so trotzen sie nun ihrem übermächtigen Nachbarn –

nicht gerade in Taten, aber zumindest in Worten. Heutzutage sprechen sich mehr Taiwaner als jemals zuvor für eine dauerhafte Unabhängigkeit und gegen eine Wiedervereinigung mit dem Festland aus. Diese Haltung widerspricht allerdings einer zentralen politischen Grundüberzeugung der Volksrepublik.

Manches Land in Asien betrachtet die westliche Lebensweise mit großer Skepsis, da sie die eigenen traditionellen Werte gefährdet. Taiwan geht mit diesem Problem sehr pragmatisch um.

Hier akzeptiert man einzelne Elemente der westlichen Kultur, allerdings nicht auf Kosten der eigenen. Da Taiwan jahrzehntelang ein enger Verbündeter der USA war, gibt es kaum antiwestliche Ressentiments auf der Insel.

Unter den leuchtenden Farben der Moderne verbirgt Taiwan jedoch eine alte Kultur, die tief im Buddhismus, Taoismus und Konfuzianismus verankert ist. Die Taiwaner verehren Dutzende Götter, Ahnenverehrung und Volksfrömmigkeit mischen sich in ihrer Religion und auch

die Wahrsagekunst findet in dieser spirituellen Mischung ihren Platz.

Überall im Land versammeln sich die Gläubigen in den Tempeln – dazu zählen kleine Schreine ebenso wie imposante Zeugnisse der Sakralarchitektur –, um zu beten, Räucherstäbchen abzubrennen und den unzähligen Gottheiten Speisen darzubringen. Die taiwanesische bzw. chinesische Religion kennt etwa hundert Götter von ganz unterschiedlicher Beliebtheit und Bedeutung. Wahr-

Die Straßen in Taipehs Viertel Simending (Ximending) sind auch nachts lebendig – die Menschen gehen einkaufen oder sind auf dem Weg in die Theater und Bars

sager machen sich dies zunutze und bieten außerhalb der Tempel ihre Dienste an – manch einer möchte nämlich unverzüglich erfahren, ob sein Gebet wohl auch erhört wurde. Auf Taiwan will man eben nichts tatsächlich dem Zufall überlassen.

MRT (Mass Rapid Transit) heißt das hochmoderne und effiziente Metro-Netz Taipehs. Es ist das größte in ganz Asien

Steht der Geburtstag eines Gottes auf dem Festtagskalender, wird es sehr laut um dessen prächtig geschmückten Tempel. Trommeln und Becken werden geschlagen und das ohrenbetäubende Krachen der Feuerwerkskörper begleitet den Zug der Gläubigen, die dem Bild der Gottheit folgen, das auf einer Sänfte durch die Straßen getragen wird.

Aberglaube ist tief im Alltagsleben der Menschen verankert. Bestimmte Daten oder Zahlen führen unweigerlich zum Erfolg oder zum Fehlschlag. Manche Tage sind deshalb günstig für ein Vorhaben, andere gelten als schädlich. Damit die Ehe glücklich wird und lange währt, wählen Paare den rechten Zeitpunkt für die Zeremonie gemäß der Tradition oder lassen ihn von einem Wahrsager bestimmen. Ein Geschäftsmann mag auf internationalem Parkett noch so erfolgreich auftreten – einen beruflichen Erfolg führt er vielleicht trotzdem auf die Art und Weise zurück, wie sein Feng-Shui-Lehrer die Möbel im Büro angeordnet hat. Familien reisen normalerweise nicht während des Geistermonats (siehe S. 44), weil die Gegenwart zorniger Geister Probleme schaffen könnte; stirbt man in dieser Zeit bei einem Verkehrsunfall, droht große Gefahr bei der dann beginnenden Wanderung ins Jenseits.

Christliche Missionare waren bei der Bekehrung der Einheimischen durchaus erfolgreich. Die Ureinwohner zeigten sich den christlichen Lehren gegenüber allerdings aufgeschlossener als die Chinesen. Etwas mehr als eine Million Taiwaner bekennen sich zum Christentum, drei Viertel sind Protestanten, sie versammeln sich in rund 300 Kirchen.

Wie überall in Asien, so ist es auch in Taiwan enorm wichtig, dass niemand sein Gesicht verliert. Viele Gebräuche, Regeln oder Hierarchien variieren von Land zu Land, doch ein Grundsatz gilt überall: Man erweist dem anderen Respekt und bringt ihn niemals in Verlegenheit.

Großen Respekt erwirbt man sich in Taiwan durch wirtschaftlichen Erfolg. Wer reich ist, muss fleißig sein und hart arbeiten: Tugenden, die hohe Anerkennung genießen. Allerdings bleibt der verdiente Beifall naturgemäß aus, wenn niemand bemerkt, dass er es mit einer

Ein Wissenschaftler in einer der biotechnologischen Firmen Taiwans überträgt Proben auf ein Trägermedium. Taiwan gehört zu den führenden Hochtechnologie-Standorten Asiens

wohlhabenden und mächtigen Person zu tun hat. Deshalb stellen Taiwaner die Zeichen ihres Reichtums gern sichtbar zur Schau, mit Luxuskarossen, teurem Schmuck, wertvollen Uhren oder Designerkleidung.

Diese Art des Umgangs wird in allen Schichten der Gesellschaft gepflegt und dient zur Wahrung der Harmonie. Falls jemand seinem Ärger mit lauter Stimme Luft macht, ist dies für den Angesprochenen äußerst unangenehm, denn er verliert dabei sein Gesicht. Eine solche Situation ist auf jeden Fall sehr misslich, mitunter sogar gefährlich.

Wer Komplimente macht, steigert hingegen das Ansehen seines Gesprächspartners, doch selbst die Spur von Kritik – und sei sie für westliche Ohren noch so harmlos oder sogar hilfreich – führt dazu, dass der andere sich herabgesetzt fühlt und sein Gesicht verliert; ein eisiges Schweigen wird Ihnen entgegenschlagen. Selbst in Situationen, die den Besucher zur Verzweiflung treiben, führen ein Lächeln und viel Geduld sehr viel weiter als eine zornige Reaktion.

Typisch für China ist die Idee des *guansi* (*guanxi*), die vielen zwischenmenschlichen Beziehungen zugrunde liegt. Vor allem in der Volksrepublik China verhindert eine erdrückende und allmächtige Bürokratie oft jede Entwicklung. Man muss also eine persönliche Beziehung zu dem zuständigen Beamten aufbauen. Der erweist einem dann vielleicht einen persönlichen Gefallen – erwartet aber auch, dass man sich dafür revanchiert.

Um gewissermaßen *guansi* anzuhäufen, verlegt man sich auf kleine Gefälligkeiten: Man macht Geschenke, lädt den anderen zum Abendessen ein oder leiht ihm das eigene Auto. Hat man sich auf diese Weise um den anderen bemüht, gebietet es ein ungeschriebener Ehrenkodex, dass auch der andere sich bei verschiedenen Gelegenheiten erkenntlich zeigt. Besucher bekommen von diesen komplizierten Beziehungen normalerweise aber nichts mit, es sei denn, sie sind häufig geschäftlich im Land unterwegs.

Die meisten Taiwaner, vor allem in den Städten, kleiden sich sorgfältig und erwarten dies auch von ihren Gästen. Die Art, sich zu

kleiden, verrät einiges über den Charakter und hat großen Einfluss auf die Weise, wie andere einem begegnen. Achten Sie also immer auf ein korrektes Äußeres: Herren sollten unterwegs auf der Straße mindestens ein sauberes T-Shirt, kurze Hose und Sandalen tragen, jedoch keine allzu knappen Shorts und auch keine modischen Flip-Flops. Damen wählen am besten eine eher dezente Bekleidung.

Sehr verwirrend für ausländische Besucher Taiwans sind die unterschiedlichen Transkriptionen des Chinesischen, also die Wiedergabe chinesischer Wörter mittels lateinischer Buchstaben. Einheitliche Regelungen ließen sich bislang nicht durchsetzen. Deshalb kann ein und dieselbe Hauptstraße unter Zhongxiao, Chungshiao oder Chung Hsiao verzeichnet sein. Ein wenig Nachdenken hilft weiter, auch wenn die Ähnlichkeiten oft nicht gerade auf der Hand liegen. Auf Taiwan existiert nämlich die ältere Wade-Giles-Transkription neben dem Tongyong-Pinyin- und dem Hanyu-Pinyin-System; viele Schildermaler oder Kartografen verwenden aber auch eine sehr persönliche Ausformung dieser Vorgaben. In diesem Buch wird die Tongyong Pinyin zugrunde gelegt; bei Abweichungen steht die Hanyu-Version in Klammern dahinter.

Innerhalb von nur 30 Jahren hat Taiwan sich von einer rückständigen Insel zu einer der dynamischen Wirtschaftsmächte Asiens entwickelt, doch die traditionelle Kultur und ihre Werte haben darunter keineswegs gelitten. Ein Abstecher in den Tempel, wo man Räucherstäbchen abbrennt oder den Göttern ein Speiseopfer darbringt, gehört ebenso zum Alltagsleben der Menschen wie der Besucher im ultramodernen Kaufhaus, wo internationale Modelabel zu haben sind. Die Beratung durch einen Wahrsager ist so selbstverständlich wie das Gespräch mit dem Investment-Fachmann über die beste Geldanlage. Und so, wie man bereitwillig seine Geldscheine in teuren Cocktailbars zückt, verbrennt man immer wieder (unechte) Geldscheine, um die Geister bei Laune zu halten. Es ist genau diese Mischung aus konsumorientierter westlicher Lebensart und einer lebendigen Tradition, die auf viele Besucher so ungemein anziehend wirkt. ∎

Sonnenuntergang im Hafen von Kaohsiung; im Hintergrund Schleppnetze und Masten

Essen und Trinken

NACH DEM ENDE DES CHINESISCHEN BÜRGERKRIEGS 1949 FLOHEN ZAHL-
reiche Zivilisten und Soldaten vom Festland nach Taiwan. Natürlich brachten sie ihre regionalen Gerichte mit auf die Insel. Im Laufe der Jahre wurden diese unterschiedlichen
Traditionen weiter verfeinert. Heute ist Taiwan stolz auf die zweifellos beste chinesische
Küche weltweit. Restaurants haben sich auf die Regionalküchen spezialisiert; auf Taiwan
kann der Besucher daher einen kulinarischen Streifzug durch ganz China unternehmen.

Das Essen spielt in der chinesischen Kultur eine
zentrale Rolle. Schon Konfuzius formulierte
Grundregeln für das Benehmen bei Tisch. Nach
klassischer chinesischer Auffassung beherrscht
ein wahrhafter Gelehrter nicht nur die Künste
der Poesie, der Kalligrafie, Musik und Strategie,
sondern er sollte sein Geschick auch in der
Küche unter Beweis stellen.

Das hohe Ideal einer Verwandtschaft von
Küche und Künsten mag im Laufe der Jahrhunderte ein wenig in Vergessenheit geraten
sein, dennoch nehmen die Taiwaner – wie alle
Chinesen – ihr Essen sehr ernst. In den Ritualen
und Symbolen, in der Sprache und im sozialen
Leben spielt es noch eine weitaus größere Rolle
als in den westlichen Ländern.

Nach chinesischer Auffassung müssen Farbe, Aroma, Geschmack und die stoffliche Beschaffenheit einer Speise auf die rechte Weise zu einem harmonischen Ganzen gefügt werden. Jedes Gericht besteht aus einem Hauptbestandteil und einer Reihe von Zutaten, die das Ganze in eine ausgewogene Balance bringen. Traditionell sollte schon die Abfolge, in der die Speisen serviert werden, eine harmonische Beziehung zwischen den einzelnen Elementen widerspiegeln.

TAIWANESISCH

Die Küche Taiwans verwendet die Erzeugnisse der Insel, kann aber die Einflüsse der chinesischen Nachbarprovinz Fujian und der einstigen Kolonialmacht Japan nicht verleugnen. Sehr beliebt sind Austernomeletts, außerdem Taro-Kuchen mit einer Schweinefleischsoße. Auch Calamares-Bällchen, gebratener Fisch mit Erdnüssen oder gekochter Tintenfisch kommen regelmäßig auf den Tisch. Taiwanesische Speisen werden häufig in Form kleiner Snacks auf nächtlichen Märkten angeboten. Auf dem Nachtmarkt von Shilin (siehe S. 67) kann man viele der einheimischen Gerichte kosten.

KANTONESISCH

Westeuropäern ist die kantonesische Küche – also die Küche der südchinesischen Provinz Guangdong – noch am ehesten vertraut, denn die meisten Chinarestaurants in Europa sind eigentlich kantonesische Restaurants.

Die kantonesische Küche legt Wert auf Frische und den natürlichen Geschmack der Zutaten, das Essen orientiert sich stärker am Angebot der jeweiligen Jahreszeit. Viele Ge-

Unzählige Restaurants stillen zwei Grundbedürfnisse: den Hunger und die Freude an der Geselligkeit (links).
Auf Taiwan findet man Köstlichkeiten aus allen Regionen Chinas, beispielsweise das Nudelgericht *dan-zi mian* (oben)

Frische Zutaten sind typisch für die chinesische Küche, auf den Lebensmittelmärkten Taiwans findet man deshalb eine Fülle heimischer Früchte und Gemüsesorten

richte werden gedünstet oder leicht angebraten, um ihren natürlich Geschmack zu erhalten.

Das tropische Klima Guangdongs sorgt für ein ebenso umfangreiches wie vielfältiges Angebot an Lebensmitteln. Kantonesische Köche kombinieren Meeresfrüchte beispielsweise gern mit tropischen Früchten, Reis und verschiedensten Gemüsesorten. Fleisch stammt vor allem vom Rind, Hähnchen oder Schwein. Sehr beliebt sind gedünsteter Seebarsch, gebratener Barsch, gedünstetes Hähnchen, Rindfleisch mit Austernsoße und gebratener Reis. Angesichts der großen Auswahl an Gemüsesorten ist das Angebot an vegetarischen Gerichten nicht wirklich verwunderlich.

Berühmt ist die kantonesische Küche besonders für ihre Fleischgerichte, wie für das gebratene Schweine- und Entenfleisch. Bekannt ist auch das Dim Sum, eine Art kleine Zwischenmahlzeit oder Frühstück (siehe S. 27).

PEKING-KÜCHE

Dass die Küche im Peking-Stil ihren Ursprung in den nördlichen Provinzen Chinas hat, ist nicht zu übersehen. Im kühleren Klima des Nordens ist der Anbau von Reis kaum möglich, deshalb spielt Weizen eine erheblich größere Rolle. Der Schwerpunkt liegt hier also auf Klö-

ßen, gebackenem oder gedünstetem Brot, Brötchen und Nudeln.

Eine typische Mahlzeit besteht aus verschiedenen Gemüsesorten, Suppen, Tofu (aus Soja) und Fisch; mit Gewürzen geht man allerdings eher sparsam um.

Wegen der Vielzahl an Brötchen, Klößen und Nudeln eignet sich die Peking-Küche hervorragend für einen kleinen Imbiss. Flache, runde Brötchen werden mit Fleisch gefüllt und in der Pfanne gebraten oder gebacken. Klöße enthalten oft Fleisch oder Gemüse (oder beides) – sie werden gedünstet, gekocht oder gebraten.

Das berühmteste Gericht dieser Küche ist zweifellos die Peking-Ente; sie kommt häufig bei festlichen Banketten auf den Tisch. Dabei werden dünne Scheiben eines im Ofen gebackenen Entenbratens mit knusprig brauner Haut in dünne Pfannkuchen gewickelt und mit einer Soße und Porree serviert.

SHANGHAI-KÜCHE

Die Küche Shanghais stammt aus der Küstenregion im Osten. Wegen der Küste und zahlreichen Binnenseen sind Salzwasser- und Süßwasserfische reichlich verfügbar, dazu werden Reis, aber auch Weizenprodukte wie Brötchen und Nudeln gereicht. Die Soßen sind gehaltvoll

Pasteten *(gao)* werden auf Taiwan gern in attraktive Formen – etwa Fische oder Tinten-fische – gebracht. An Festtagen sind sie besonders begehrt

und leicht süßlich. Insgesamt ist die Küche Shanghais kalorienreicher als die kantone-sische, die Gerichte sind leicht würzig und fett-haltig. Zu den beliebtesten Speisen dieser kuli-narischen Richtung zählen gebratene Garnelen, kaltes Hähnchenfleisch (»ertrunkenes Hähn-chen«) und gedünstete Krabben. Der »Westsee-Essigfisch« (ein ganzer Karpfen wird leicht pochiert und mit Ingwer und einer süßsauren Soße abgerundet) kann köstlich schmecken.

SICHUAN-KÜCHE

Die Küche der südwestchinesischen Provinz Sichuan geht recht großzügig mit Knoblauch, Pfeffer, Fenchel, Anis, Koriander und Chili um. Kein Wunder, dass die Gerichte dieser Region mit Abstand am schärfsten sind. Wirklich tradi-tionell zubereitete Sichuan-Menüs werden oft sogar in Chili-Öl gekocht und sind für unvor-bereitete westliche Besucher mitunter völlig ungenießbar. Manchmal erhält man aber auch mildere Varianten. Verarbeitet werden vor allem Hühner- und Schweinefleisch sowie Süß-wasserfisch. Beliebt ist eine Art Bohnenpaste mit gehacktem und sehr würzigem Schweine-fleisch, dazu kommen gebratene Hühner-fleischstücke mit kleinen, getrockneten Chili-schoten, die extrem scharf sind.

DIM SUM

Dim Sum war ursprünglich eine kantonesische Spezialität, hat sich aber mittlerweile überall in China durchgesetzt. Selbstverständlich ist die kantonesische Küche darin unübertroffen.

Dim Sum besteht eigentlich aus einer gan-zen Anzahl gedünsteter oder gebratener Klöße, die entweder mit würzigen oder mit süßen In-halten gefüllt sind und zusammen mit kleinen, mundgerechten Happen (unter anderem Spa-reribs, Fleischbällchen oder Gebäck mit Eier-creme) gereicht werden. Die meisten Chinesen verspeisen ihr Dim Sum am späten Vormittag, dann entspricht es in etwa dem westlichen Brunch. Entsprechende Restaurants sind aber schon ab 6.30 Uhr in der Frühe und bis in den Nachmittag hinein geöffnet.

Hat man im Restaurant zum Speisen Platz genommen, schieben Kellner ihre mit unter-schiedlichen Dim Sum beladenen Wagen zwischen den Tischen hindurch. Man wählt dort direkt aus, was man essen möchte, und teilt seine Mahlzeit mit anderen am selben Tisch. Am besten geht man also mit einer Gruppe ins Restaurant, dann kann man die unterschiedlichsten Happen und Geschmacks-richtungen probieren. Zum Essen trinkt man gewöhnlich große Mengen von grünem Tee.

TEE

Selbst der eingefleischte Kaffeetrinker wird während seines Aufenthaltes im Land eine Leidenschaft für Tee entwickeln. Die Berge, das milde Klima und die traditionellen Anbaumethoden tragen dazu bei, dass taiwanesischer Tee zum Besten gehört, was man weltweit bekommen kann. Am bekanntesten sind die Sorten Baojhong (Baozhong) mit einem sehr feinen Aroma, Tieguanyin (Eiserne Gottheit) mit reinem, klarem Geschmack und der kräftige, sehr erfrischende Dongding Oolong. Pekoe Oolong schmeckt besonders fruchtig und süß.

Taiwanesische Restaurants servieren zu den Mahlzeiten automatisch auch Tee. Wer seinen Tee aber wirklich genießen möchte, begibt sich in eines der hübschen Teehäuser in Taipeh und bestellt sich dort einen *yum cha* (wörtlich: »Trink Tee«).

ALKOHOL

Taiwanesisches Bier ist nicht herausragend, aber doch recht passabel und preiswerter als importierte Biere. Die Auswahl an ausländischen Marken ist dennoch gut: Man findet vor allem Label wie Heineken, Carlsberg, Budweiser und Miller, ebenso das bekannte chinesische Tsingtao.

Heimische Alkoholika zählen ansonsten eher zur Kategorie der Hochprozentigen; sehr wirkungsvoll ist beispielsweise Kaoliang mit einem Alkoholgehalt von 58,5 Prozent. Am beliebtesten ist Shaohsing, ein Reiswein. Auf Taiwan werden sogar Weine gekeltert, außerdem trinkt man den exotischen Pflaumenwein.

Ausgehen und Alkohol trinken sind eins und gehören zur Geselligkeit dazu. Immer wieder wird in Gesellschaft auf irgendetwas angestoßen.

Die Jugend des Landes tobt sich gern in Nachtclubs wie Taichungs Anole Versus Dance Pub (links) aus; auch Kneipen im westlichen Stil kommen zunehmend in Mode

Kellner stellen im Verlauf des Essens immer wieder Teller mit Speisen auf den Tisch. Häufig befinden sich darauf auch Löffel bzw. Stäbchen, mit denen man sich etwas auf den eigenen Teller legen kann. Jeder am Tisch erhält seine eigene Reisschale, manchmal bekommt man zusätzlich auch einen eigenen leeren Teller.

Während man auf das Essen wartet, spielt man nicht mit den Stäbchen. Auf keinen Fall darf man sie senkrecht in der Reisschüssel stecken lassen, denn dieser Anblick erinnert an das Abbrennen von Räucherstäbchen bei Beerdigungen. Die Stäbchen, mit denen man isst, verwendet man niemals, um sich damit die Speisen von den für alle bestimmten Tellern oder Platten zu nehmen; dafür gibt es spezielle Löffel. Man sucht dort auch nicht nach dem besten Bissen – das gilt als egoistisch.

Andererseits sind viele Dinge ganz unproblematisch, die im Westen mit Kopfschütteln bedacht würden. So hat niemand etwas dagegen, wenn man einen Knochen ausspuckt und auf den Tisch legt, wenn man die Nudeln einsaugt und seine Suppe hörbar schlürft, und auch ein gelegentlicher Rülpser stört niemanden. Das Reisschälchen kann man direkt vor die Lippen halten und den Inhalt dann hastig mit den Stäbchen in den Mund schaufeln, ohne dass jemand Anstoß nimmt.

Der Gastgeber wird das Essen immer wieder unterbrechen, um einen Toast auszubringen, und das Glas wird regelmäßig nachgefüllt. Es wird erwartet, dass jeder mitmacht und sich zuprostet, es genügt aber meist, wenn man das Glas mit den Lippen berührt. Den Alkohol mit Softdrinks zu verdünnen ist in Ordnung, andererseits sollte man aus Höflichkeit ein angebotenes Glas mit einem alkoholischen Getränk nicht ausschlagen.

Wenn der Gastgeber sich erhebt oder durch einen letzten Trinkspruch zu verstehen gibt, dass die Mahlzeit beendet ist, gibt es keinen Widerspruch. Von einem Gast wird nicht erwartet, dass er etwas bezahlt, er sollte das nicht einmal anbieten. Auf keinen Fall darf man vorschlagen, den Betrag untereinander aufzuteilen – das wäre ein grober Verstoß gegen gute Manieren. ■

BIERLOKALE

Taiwanesische Bierlokale (pijiu wu) unterscheiden sich erheblich von westlichen Bierkneipen oder Bars. Das typische Bierlokal ist ein eher höhlenartiger Raum mit ganz spezieller Dekoration. Manche dieser Lokale fassen mehr als tausend Gäste. In diesen Lokalen werden selbstverständlich auch kleine Gerichte angeboten und es geht laut und fröhlich zu.

ETIKETTE

Das Essen, ob daheim oder im Restaurant, besitzt in der chinesischen Gesellschaft eine wichtige kulturelle Funktion, und deshalb sind damit auch eine Reihe von Regeln verbunden. Bei einem Fremden sehen die Einheimischen natürlich über so manches hinweg – aber nur weil niemand etwas sagt (was ja unhöflich wäre), darf man daraus noch lange nicht schließen, dass man offenbar alles richtig macht.

Taiwan damals

MITTE DES 16. JAHRHUNDERTS SEGELTE JAN HUYGEN VAN LINSCHOTEN, EIN holländischer Seefahrer, mit einem portugiesischen Schiff nach Japan und stieß unterwegs auch auf die Insel Taiwan. Van Linschoten war von der Schönheit dieser neu entdeckten Insel sehr beeindruckt. In den folgenden Jahrhunderten bemühten sich Niederländer, Portugiesen, Spanier und Japaner darum, auf dem reizvollen Eiland Fuß zu fassen.

Bei der Ankunft der ersten Europäer lebten indigene Völker bereits seit vielen Jahrtausenden auf Taiwan. Mittlerweile hat man über 500 prähistorische Stätten entdeckt, einige sind bis zu 10 000 Jahre alt. Sie geben manchen Hinweis auf die Herkunft der Ureinwohner, aber für wirklich zuverlässige Aussagen sind die Funde allerdings noch zu spärlich.

Immerhin haben Ausgrabungen mancherlei zutage gefördert: Spuren von Siedlungen, Grabstätten, uralte Haufen mit Muschelresten, Megalithe, Äxte, rotes, unglasiertes Steinzeug und verzierte Bronzearbeiten – Belege dafür, dass die ersten Siedler auf Taiwan vermutlich malaysisch-polynesischer Herkunft waren und aus Südasien und dem pazifischen Raum stammten. Andere Funde wiederum weisen eher auf Völker hin, die vom chinesischen Festland kamen. Mittlerweile hat man 13 verschiedene indigene Gruppierungen auf Taiwan identifiziert; sie lebten offenbar isoliert voneinander und standen sich eher feindselig gegenüber, was den Verdacht erhärtet, dass sie aus ganz unterschiedlichen Regionen eingewandert sind.

Erst im 15. Jahrhundert zogen Festlandchinesen – vornehmlich aus der Provinz Fujian – in größerer Zahl nach Taiwan; sie fanden damals zwei sehr unterschiedliche Gruppen von Ureinwohnern vor. Die eine hatte sich in den fruchtbaren Ebenen, vor allem im Südwesten der Insel, niedergelassen; ihre Mitglieder waren Jäger, Fischer und Bauern. Die andere Gruppe lebte halbnomadisch in den Bergen; es waren Kopfjäger darunter – ein Umstand, der gemeinsam mit der Art ihrer Tätowierungen und ihrer Neigung zu gewaltsamen Auseinandersetzungen die Vermutung nahelegt, dass sie aus dem pazifischen Raum eingewandert waren.

PIRATEN

Chinesische und japanische Piraten nutzten die Insel vom 14. bis zum 16. Jahrhundert als sicheren Rückzugsort; in jener Zeit kaperten Seeräuber immer wieder japanische oder chinesische Handelsschiffe und plünderten Küstenstädte auf dem Festland. Die regierenden Ming-Kaiser (1368–1644) konnten wenig dagegen ausrichten; ihre Kriegsschiffe verfolgten die Piraten, wagten sich aber nur ganz selten über den Außenposten auf den Penghu-Inseln (Pescadores) in der Taiwanstraße hinaus.

Die Portugiesen gründeten 1590 im Norden der Insel einen Handelsstützpunkt, zogen sich aber schon sehr bald wieder von dort zurück. Als Nächstes versuchten die Niederländer ihr Glück – mit weitaus größerem Erfolg. Zunächst errichteten sie 1622 Festungsanlagen auf den Penghu-Inseln. Nachdem eine übermächtige Flotte der Ming-Kaiser ihnen allerdings zwei Jahre später einen Waffenstillstand abgetrotzt hatte, zogen sie sich nach Anping (im heutigen Tainan) an der Südwestküste Taiwans zurück. Mit dieser Lösung war beiden Seiten gedient; die Ming-Kaiser interessierten sich nicht für Taiwan und erhoben keinerlei Gebietsansprüche.

DIE NIEDERLANDE UND SPANIEN

Die Niederländische Ostindien-Kompanie, der die wirtschaftliche Nutzung der niederländischen Kolonien aufgetragen war, erhielt ein exklusives Recht zum Handel mit Zuckerrohr, Kampfer und sonstigen Gütern. Die einheimischen Chinesen pferchte man in kleine Dörfer und landwirtschaftliche Betriebe und belegte sie mit hohen Steuern, während Missionare – mit erstaunlichem Erfolg – darangingen, die Ureinwohner zum Christentum zu bekehren. (Der Umstand, dass widerspenstige Taiwaner nicht selten Bekanntschaft mit der Muskete machten, dürfte den Bekehrungseifer jedoch nicht unwesentlich beflügelt haben.)

Die Spanier beobachteten die Erfolge der Niederländer auf Taiwan mit Argwohn und Neid, denn sie erkannten rasch, dass die Insel einen idealen Handelsposten auf halbem Weg zwischen den (von Spanien eroberten) Philippinen und

Um 1690 zeichnete der bekannte britische Freibeuter William Hacke diese Karte der damals Formosa genannten Insel. Darin enthalten sind Angaben zur Meerestiefe, Entfernungen und wichtige Hinweise auf Ankerplätze sowie Angaben zur Navigation in den Flüssen

Japan abgab. 1626 stachen die Spanier deshalb mit einer kleinen Flotte von Manila aus in See und landeten im Nordosten Taiwans, wo sie in Keelung und Danshuei (Danshui) Garnisonen und Handelsniederlassungen anlegten. Die Festung in Keelung nannten sie San Salvador, die kleinere Anlage in Danshuei erhielt den Namen Fort San Domingo.

1630 und 1641 unternahmen die Niederländer zwar den Versuch, die Spanier zu vertreiben, beide Male scheiterten sie jedoch. Feindselige Ureinwohner bereiteten den Spaniern dagegen einige Schwierigkeiten und Krankheiten rafften viele Soldaten dahin. Schließlich zwang eine Rebellion auf den Philippinen die spanische Führung, drei Viertel der Garnison von Taiwan

abzuziehen. Diese Schwächung nutzten die Niederländer aus: Im Sommer des Jahres 1642 eroberten sie Fort San Salvador und beendeten damit die spanische Präsenz auf Taiwan.

1650 unterstanden der Niederländischen Ostindien-Kompanie bereits 300 Dörfer der Chinesen und Ureinwohner. Chinesische Bauern wurden in größeren Einheiten zusammengefasst, deren Vorsteher für die Aufrechterhaltung von Ruhe und Ordnung Verantwortung trugen. Die landwirtschaftlich genutzten Flächen wuchsen weiter und bald bereicherten neue Feldfrüchte den Speiseplan – Kohl, Erbsen, Tomaten, aber auch Mangos und Paprika.

Taiwan hatte sich zu einem der profitabelsten Standorte der Niederländischen Ostindien-

Kompanie im Fernen Osten entwickelt. Über Batavia (Jakarta) trafen Gewürze, Bernstein, Kapok und Opium aus Südostasien ein, aus Japan bezog man Silber und aus China Seide, Keramik, Kräuter und Gold. All dies tauschten die Niederländer gegen Zucker, Kampfer, Wild und Hirschleder aus Taiwan. Die Niederländer wussten sich sogar taiwanesischer Piraten zu bedienen, die für die Sicherheit ihrer Handelsschiffe bürgten. Natürlich kam es auch zu vereinzelten Aufständen von Ureinwohnern oder Chinesen, doch die holländischen Herren machten mit ihren Gegnern kurzen Prozess.

Unruhe drohte eher aus anderer Richtung: Im Norden Chinas zogen Armeen der Manchu auf, um der Ming-Dynastie ein Ende zu bereiten. Auf der Flucht vor dem Krieg überquerten viele Zivilisten die Taiwanstraße. Die Niederländer nahmen die Neuankömmlinge zunächst mit offenen Armen auf und stellten ihnen Vieh, Saatgut und Gerätschaften zur Verfügung. Die Chinesen machten neue Flächen urbar und bestellten ihre Felder – auch die holländischen Landbesitzer lebten auskömmlich vom Fleiß der chinesischen Bauern.

Mit der Zeit wuchs allerdings die Unzufriedenheit unter den chinesischen Pächtern. Sie hätten ihr Land lieber käuflich erworben und stattdessen Steuern bezahlt, doch die Eigentümer zeigten sich an einer solchen Regelung nicht interessiert. 1652 eskalierte dieser Konflikt, als die Niederländer eine Kopfsteuer einführten. Die Chinesen widersetzten sich, doch auch diesen Aufstand konnten die Europäer schnell und gewaltsam niederschlagen; 6000 spärlich bewaffnete chinesische Kleinbauern wurden niedergemetzelt.

KOXINGA

Auf dem Festland hatten die Manchu mittlerweile eine gewaltige Armee zusammengestellt, mit der sie unaufhaltsam nach Süden vorstießen. Sie eroberten Peking; loyale Anhänger der Ming-Dynastie flohen Richtung Süden und leisteten weiter Widerstand. Zu diesen »Widerstandskämpfern« zählte auch der Pirat Jheng Jhih-long (Zheng Zhi-long), der ein ansehnliches Söldnerheer befehligte. Sein Sohn Jheng (Zheng) Cheng-gong, im Westen eher unter seinem Titel Koxinga bekannt, erbte von seinem Vater das Kommando und den Auftrag, die Ming-Herrscher wieder zurück auf den Thron zu führen.

Der Mittelteil eines Triptychons von 1859 zeigt den Krieger Koxinga, der die Niederländer 1662 aus Taiwan vertrieb

Zwischen 1646 und 1658 standen 100 000 Mann und 3000 Schiffe unter seinem Kommando; damit terrorisierte er die Städte entlang der chinesischen Küste. Schließlich gelang es den Manchu, die Einwohner der Küstenstädte zur Flucht ins Landesinnere zu bewegen; damit schnitten sie Koxinga von seinen wichtigen Zufluchtshäfen ab und unterbanden die Versorgung seiner Truppen. Koxinga sah sich gezwungen, nach Taiwan überzusetzen und sein Heer neu zu organisieren.

1661 belagerte Koxinga Fort Zeelandia bei Anping. Immerhin acht Monate lang leisteten die Niederländer erbitterten Widerstand, dann ergaben sie sich und verließen schließlich die Insel. Koxinga wählte Anping zu seiner Hauptstadt; sein Ziel war eine Enklave der Ming, von der aus China eines Tages den Manchu entrissen werden sollte. Koxingas Herrschaft währte allerdings nur kurze Zeit: Wenige Monate nach seinem Sieg über die Niederländer starb er im Alter von nur 38 Jahren an den Folgen einer Krankheit.

DIE QING-DYNASTIE

Koxingas Sohn Jheng Jing folgte seinem Vater auf den Thron und regierte 19 Jahre lang bis zu seinem Tod; sein nur zwölfjähriger Sohn trat wiederum seine Nachfolge an. Nur zwei Jahre später jedoch, im Jahr 1683, wurde Jhengs Flotte bei den Penghu-Inseln vernichtend geschlagen. Die Manchu, auch Qing genannt, übernahmen die Herrschaft über Taiwan und schlugen die Insel der chinesischen Provinz Fujian zu.

Anfangs ging es den Qing vor allem darum, die Macht der Piraten und der regierungsfeindlichen Truppen auf Taiwan zu brechen. Hunderttausend Chinesen wurden zurück aufs Festland beordert, weitere Abwanderungen nach Taiwan unter Strafe gestellt. Die verbliebenen Chinesen durften die Territorien der Ureinwohner nicht betreten; sogar Mischehen waren untersagt. Doch der Widerstandsgeist lebte weiter: Die Qing herrschten 212 Jahre lang über Taiwan und während dieser Zeit hatten sie sich gegen über hundert Aufstände zu behaupten.

Trotz alledem blühte Taiwan auf. Farmen, die früher dem Staat oder dem Heer gehört hatten, fielen endlich in die Hände von Privatleuten. Das Einwanderungsverbot blieb relativ wirkungslos, Chinesen vom Festland ließen sich weiterhin auf der Insel nieder. Kampfer entwickelte sich zu einem wichtigen Exportartikel, Zuckerrohrpflanzungen dehnten sich aus, Reisfelder und Teeplantagen kamen hinzu.

Taiwans wachsender Wohlstand und seine strategisch günstige Lage entgingen ausländischen Beobachtern keineswegs. Im Lauf des 19. Jahrhunderts schickten die Briten Kriegsschiffe in die taiwanesischen Gewässer, um die Aktivitäten der Qing im Auge zu behalten. Matthew Perry, Kommandant der amerikanischen Ostindien-Flotte, der schon die Öffnung Japans für den Handel erzwungen hatte, erkannte die herausragende Lage Taiwans und setzte seinen Einfluss daran, die Insel unter amerikanische Verwaltung stellen zu lassen.

Das üble Los schiffbrüchiger Seeleute, die gar nicht so selten an den Küsten Taiwans Schutz suchten, trug der Insel überdies keine Sympathien ein. Die Männer wurden misshandelt, ins Gefängnis geworfen und gelegentlich sogar von den feindseligen Ureinwohnern enthauptet. Proteste aus dem Westen tat man in Peking mit einem Achselzucken ab, denn offiziell hatte China kaum Einfluss auf die Vorgänge auf Taiwan.

Europäer verlegten sich deshalb auf eine »Kanonenboot-Diplomatie«: Sie feuerten auf küstennahe Siedlungen und rächten sich so für die Übergriffe der Einheimischen.

Im Vertrag von Nanking, der den Zweiten Opiumkrieg 1858 beendete, verständigten sich die Parteien auf die Öffnung von vier taiwanesischen Häfen für den Fernhandel: Anping, Danshuei, Dagou (Kaohsiung) und Keelung. Die großen Handelsgesellschaften ließen sich diese Gelegenheit nicht entgehen, der Warenverkehr nahm rasant zu und die Städte mit ausländischen Bewohnern gediehen prächtig.

Kleinere Konflikte blieben dennoch nicht aus. 1866 nahmen amerikanische Kriegsschiffe ein Stammesgebiet in Südtaiwan unter Beschuss, um den Mord an zwei schiffbrüchigen amerikanischen Seeleuten militärisch zu rächen. 1869 verliehen britische Kriegsschiffe mit einem Angriff auf Anping ihrer Forderung nach besseren Konditionen im Kampferhandel Nachdruck. 1884 schließlich erzwangen die Franzosen bei einer Demonstration militärischer Stärke die Schließung der Häfen von Keelung, Danshuei und Penghu.

Taiwan blieb also ein nur halbwegs befriedetes Land; weder die Zentralregierung in Peking noch die Leitung der formell zuständigen Provinz Fujian kümmerte sich um die Aufrechterhaltung der dortigen Ordnung.

Ein großer Teil der Insel befand sich damals noch immer in der Hand der Ureinwohner; sie duldeten die Anwesenheit der Fremden widerwillig, solange diese sich von ihrem Terrain fernhielten. Chinesen, die auf der Suche nach Land gegen diese Regel verstießen, bezahlten solche Versuche nicht selten mit dem Leben.

DIE JAPANER

1871 lief das japanische Schiff *Miyako* vor der Südostküste Taiwans aufgrund. Sechsundsechzig Männer retteten sich an Land und begegneten dort einer besonders feindseligen Gruppe vom Stamm der Botan, die umgehend 54 der scheinbar Geretteten niedermetzelten.

Japan war zur Vergeltung entschlossen, doch Außenminister Soyeshima Taneomi überzeugte die Regierung davon, dass eine diplomatische Lösung Japans Interessen dienlicher sein könnte. Gemeinsam mit seinem Berater, dem amerikanischen Konsul Charles Le Gendre, reiste er nach Peking. Die Qing-Regierung bestritt zunächst

Sun Yat-sen, der 1912 die Republik China gründete, ist einer der wenigen Politiker, die in Taiwan und in der Volksrepublik China gleichermaßen verehrt werden

jede Zuständigkeit für den Zwischenfall mit dem Argument, das chinesische Territorium erstrecke sich nicht bis in den östlichen und südöstlichen Teil der Insel. Daraufhin verließ am 17. Mai 1874 eine japanische Flotte mit 2500 Soldaten den Hafen von Nagasaki und ging in Hengchun im Süden Taiwans vor Anker. Die Japaner ließen es bei ein paar Angriffen gegen die Botan bewenden, zeigten anschließend aber keine große Neigung, den Ort wieder zu verlassen. Nach längeren Verhandlungen lenkte Peking ein und stimmte einer Zahlung an die Hinterbliebenen und einer Aufwandsentschädigung für die japanische Strafexpedition zu.

Dieser Vorfall rüttelte die Chinesen endlich wach; sie erkannten, dass sowohl die Westmächte als auch Japan ernsthaft an Taiwan interessiert waren. 1874 übertrug die Regierung deshalb Shen Bao-jhen (Bao-zhen) die Verantwortung für die Verteidigung Taiwans. Er organisierte örtliche Milizen und ließ Geschützstellungen entlang der Küste errichten. Ein Gesetz, das den Kontakt zwischen Chinesen und Ureinwohnern unter Strafe stellte, wurde aufgehoben, und die Übersiedlung von Festlandchinesen auf die Insel erfolgte nun wieder mit ausdrücklicher Billigung der Behörden.

1885 erhob die Qing-Regierung Taiwan in den Rang einer eigenständigen Provinz. Liou (Liu) Ming-chuan, der neue Gouverneur, setzte die Bemühungen um die Landesverteidigung fort und kümmerte sich um eine Steuerreform, um Taiwan finanziell unabhängig zu machen.

Die Regierung richtete ein Handelsministerium ein, um den Warenaustausch mit dem Westen zu fördern, und überall entstanden Schulen im westlichen Stil.

JAPANISCHE BESATZUNG

Nach dem japanischen Überfall auf das mit China verbündete Korea brach 1894 der Chinesisch-Japanische Krieg aus. Er endete mit einer demütigenden Niederlage der Chinesen und im Friedensvertrag von Shimonoseki wurde China zur Abtretung Taiwans und der Penghu-Inseln an Japan gezwungen.

Diese Entscheidung nahm man auf Taiwan mit Entsetzen zur Kenntnis. Qing-Beamte auf der Insel wagten es, am 25. Mai 1895 auf Taiwan einen eigenständigen Staat, die Republik Taiwan, auszurufen, und erklärten, Widerstand gegen die Übernahme durch Japan leisten zu wollen. Der Versuch endete in einer Katastrophe: Zwischen dem 6. Juni 1895, als japanische Truppen offiziell in Taipeh einmarschierten, und dem 21. Oktober, als sie Tainan besetzten, kamen 7000 chinesische Soldaten ums Leben, daneben Tausende Zivilisten. Der Tapani-Zwischenfall im Jahr 1915 endete ebenso blutig.

Japan begann mit einer Modernisierung der Infrastruktur und gestaltete die Insel nach seinen eigenen Vorstellungen um. Straßen und Bahnlinien erschlossen die größeren Städte, Staudämme wurden angelegt und neue Bewässerungsanlagen steigerten den Ertrag an Reis und Zuckerrohr. Überall gab es plötzlich Schulen, Krankenhäuser und neue öffentliche Gebäude. Die Industrialisierung machte Fortschritte, ebenso die Produktionsmethoden in der Landwirtschaft, und das öffentliche Gesundheitswesen gewann ebenfalls sichtlich an Qualität.

Die erste Volkszählung auf Taiwan fand 1905 statt und kam auf 3,04 Millionen Einwohner; dabei standen die 97,8 Prozent Chinesen gerade einmal 1,9 Prozent Japaner gegenüber. Allerdings wurden Ureinwohner und sogenannte Banditen gar nicht erst mitgezählt – beide Gruppen stellten aber einen durchaus beachtlichen Teil der Inselbewohner.

Vor allem gelang den Japanern, woran sämtliche früheren Besatzungsmächte gescheitert waren: Sie sorgten für Ruhe und Ordnung. Während der Anfangsjahre richteten die Japaner eine effiziente Verwaltung ein, sie führten wichtige Industriezweige in Monopolstrukturen zusammen und gingen gegen jeden bewaffneten Widerstand vor. Rigorose Polizeikontrollen und drakonische Strafgesetze führten zwischen 1898 und 1920 zur Hinrichtung von über 10 000 Chinesen und Ureinwohnern. Nach einer Übergangszeit gingen die Besatzer allerdings dazu über, das Schulwesen komplett japanisch auszurichten und eine Assimilation der Bevölkerung zu erzwingen. Die Wirtschaft hatte sich zu jener Zeit den japanischen Kriegsvorbereitungen unterzuordnen.

In diesen späteren Jahren der Besatzungszeit waren die Inselbewohner gezwungen, die japanische Staatsbürgerschaft anzunehmen. Sie erhielten japanische Namen, trugen japanische Kleidung, aßen japanische Speisen und mussten sogar die Religion der Japaner übernehmen. Japan rekrutierte Zehntausende junger Taiwaner für die eigene Kaiserliche Armee, viele Tausende kamen dort zu Tode.

Chiang Kai-shek, Führer der chinesischen Nationalisten, während des Zweiten Weltkriegs bei einem Gespräch mit Franklin Roosevelt und Winston Churchill

Chiang Kai-shek und seine Ehefrau Soong Mayling 1970 bei einem Aufmarsch. Chiang regierte das Land von 1949 bis 1975 mit eiserner Faust

DER RÜCKZUG

Nach Japans Niederlage im Zweiten Weltkrieg fiel Taiwan am 25. Oktober 1945 offiziell an China zurück. Bei Kriegsende lebten 6,7 Millionen Menschen auf Taiwan, darunter 285 000 japanische Zivilisten und 158 000 japanische Soldaten. Etwa 200 000 Japaner wären gern auf Taiwan geblieben, doch nur 28 000 Fachleute erhielten ein Bleiberecht. Jeder Japaner durfte bei der Ausreise zwei Rucksäcke mit persönlichem Besitz und 1000 Yen mitnehmen – alles andere, Immobilien eingeschlossen, fiel an die neue Kuomintang-Regierung.

Bei ihrer Ankunft auf Taiwan im Oktober 1945 wurden die 12 000 chinesischen Soldaten und 200 Beamten zunächst begeistert gefeiert. Die Freude wich, als deutlich wurde, dass es den Vertretern Chinas eher um Plünderungen und Eigennutz als ums Regieren und die Aufrechterhaltung der Ordnung ging. Die damalige Republik China bestellte den besonders verrufenen Chen Yi zum Gouverneur, und dieser setzte ausschließlich Beamte vom Festland ein. Die Taiwaner bemerkten daher schnell, dass sie im Grunde nur einen Kolonialherren gegen den anderen eingetauscht hatten.

Im befreiten Taiwan grassierten Lebensmittelknappheit, Arbeitslosigkeit und Inflation. Die Taiwaner empfanden sich rasch als Bürger zweiter Klasse im eigenen Land.

Wut und Verzweiflung entluden sich am 27. Februar 1947: An jenem Tag verprügelten Beamte einen Straßenhändler in Taipeh, weil er geschmuggelte Zigaretten im Angebot hatte. Beim folgenden Handgemenge löste sich ein Schuss und ein Unbeteiligter kam zu Tode. Am nächsten Tag versammelte sich eine protestierende Menschenmenge vor dem Regierungsgebäude. Wachtposten schossen wahllos in die Menge und töten viele der Demonstranten. Gouverneur Chen Yi verhängte sofort das Kriegsrecht (das 40 Jahre lang in Kraft bleiben sollte), forderte Verstärkung vom Festland an und schlug den Aufstand blutig nieder. Diese Zeit ging als »Weißer Terror« in die Geschichtsbücher ein.

Innerhalb weniger Monate waren Tausende von Toten zu beklagen. Die Zeitung *Newsweek* berichtete am 29. März 1948 von 10 000 Ermordeten: »Polizisten auf Armeelastwagen fuhren durch Taipeh und feuerten wahllos auf Unbewaffnete. Soldaten klopften an Haustüren und erschossen jeden, der ihnen öffnete. Plünderungen waren an der Tagesordnung. (…) Gefangene wurden üblicherweise mit einem dünnen Draht gefesselt. Jeden Morgen fand man Leichen mit dieser Art von Fesseln auf den Straßen, manche hatte man geköpft oder entmannt.«

Die Zahl der auf solche Weise Getöteten lag zwischen 18 000 und 28 000; Tausende Regierungsgegner verschwanden in den folgenden Jahrzehnten in den Gefängnissen des Landes. Der Tag der ersten Demonstration, der 28. Februar, blieb als *er er ba* oder »2-2-8« im Gedächtnis. Das änderte sich erst nach der Aufhebung des Kriegsrechts 1987. Seit 1997 ist der 28. Februar ein nationaler Gedenktag.

DIE REPUBLIK CHINA

Der Nationalist Chiang Kai-shek hatte Sun Yat-sen bei seinem Kampf gegen die Qing-Herrschaft unterstützt. 1912 wurde Sun Yat-sen zum ersten Präsidenten der Republik China gewählt. Nach dessen Tod im Jahr 1925 kümmerte Chiang Kai-shek sich um die Sicherung der Macht im unruhigen Norden; anschließend ging er gegen die Kommunisten vor, ehe er gemeinsam mit deren Führer Mao Zedong den Widerstand gegen Japan im Zweiten Weltkrieg organisierte.

Nach Kriegsende brach der Konflikt zwischen Kommunisten und Nationalisten sofort wieder aus. Es kam zum Bürgerkrieg, an dessen Ende Mao im Oktober 1949 die Volksrepublik China ausrief. Chiang Kai-shek, den die Nationalversammlung zuvor zum Präsidenten der Republik China gewählt hatte, floh mit seiner Armee nach Taiwan. Dort blieb die Republik China bestehen, mit dem erklärten Ziel, wieder die Regierungsgewalt in Peking zu übernehmen – diese Doktrin wurde erst 1991 offiziell aufgegeben.

Anfangs verweigerten die Vereinigten Staaten die Unterstützung, da ihnen die Kuomintang als zu grausam und korrupt erschien. Präsident Truman erklärte Anfang 1950, amerikanische Truppen würden sich aus dem Konflikt zwischen der Volksrepublik China und der Republik China auf Taiwan heraushalten. Doch der Beginn des Koreakrieges führte zu einem Wandel in der Haltung der USA: Truman äußerte nun, eine Besetzung Formosas durch kommunistische Truppen stelle eine Bedrohung des pazifischen Raumes dar und berühre die Sicherheitsinteressen der Vereinigten Staaten. Bereits 1951 gewährte Amerika der Kuomintang militärische Unterstützung.

Madame Chiang

Die im Westen ausgebildete und politisch versierte Soong Mayling spielte beim Kampf zwischen Nationalisten und Kommunisten um das riesige China eine Schlüsselrolle. 1927 heiratete sie Chiang Kai-shek, den Führer der Nationalisten. Als Madame Chiang war sie bald international bekannt; 1943 durfte sie als zweite Frau überhaupt und als erste Vertreterin Chinas vor dem US-Kongress sprechen. Ihr Einfluss in Washington, den sie in den Kriegsjahren festigte, war ein wesentlicher Grund für die bis heute währende enge Beziehung der Vereinigten Staaten zu Taiwan. Nach dem Tod ihres Mannes 1975 zog Madame Chiang nach New York. Erschüttert erfuhr sie dort von Jimmy Carters Entschluss, die diplomatischen Beziehungen zu Taiwan abzubrechen und sich der Volksrepublik China anzunähern. Bis zu ihrem Lebensende blieb sie in New York; dort starb sie im Oktober 2003 im Alter von 106 Jahren. ∎

Anhänger der Demokratischen Fortschrittspartei feiern im Jahr 2000 die Wahl
Chen Shui-bians zum Präsidenten

Millionen von Anhängern Chiang Kai-sheks
waren ihm nach Taiwan gefolgt. Dort bemühte
sich Chiang, tatsächlich um eine Parteireform.
Zudem bereitete er den Boden für den späteren
phänomenalen Wirtschaftsaufschwung. Politische Freiheiten lagen jedoch noch in weiter
Ferne und die Macht der Kuomintang durfte
nicht infrage gestellt werden.

Der »Alleinvertretungsanspruch« für ganz
China führte dazu, dass Taiwan 1971 seinen Sitz
bei den Vereinten Nationen aufgeben musste.
1972 stattete US-Präsident Nixon der Volksrepublik China einen Besuch ab, was einer
Defacto-Anerkennung der kommunistischen
Regierung gleichkam. 1978 verlegte Präsident
Carter schließlich die US-Botschaft von Taipeh
nach Peking.

Seit der Machtübernahme durch Chiang
Kai-shek 1949 bis zu seinem Tod 1975 hatte sich
die Bevölkerung Taiwans auf über 16 Millionen
Menschen verdoppelt. Das taiwanesische Modell des Kapitalismus hatte einen Exporteur von
Agrarprodukten in einen führenden Hersteller
von Konsumgütern verwandelt. Die Insel erlebte Wohlstand und Wirtschaftswachstum wie nie
zuvor; der Lebensstandard lag deutlich über
dem der Volksrepublik China.

Für diesen Erfolg zahlten die Einwohner
allerdings einen hohen Preis. Chiang Kai-shek
war ein rücksichtsloser Diktator und die
Kuomintang teilte die Macht mit niemandem.
Die Behörden verhängten nicht selten hohe
Gefängnisstrafen und ließen Menschen ohne
Gerichtsverfahren hinrichten. Vor 1987 durfte
kein Taiwaner sein Land ohne Genehmigung
verlassen und die taiwanesische Sprache und
Kultur wurden zurückgedrängt.

DER WEG ZUR DEMOKRATIE

Chiang Kai-sheks Sohn Chiang Ching-kuo über-
nahm den Vorsitz der Kuomintang und wurde
1978 zum Präsidenten gewählt. Er war versöhn-
licher als sein Vater und führte Gespräche mit
der immer stärker werdenden Opposition.

1979 kam es in der Stadt Kaohsiung im Süden
Taiwans, einer Hochburg des Widerstands gegen
die Regierung, zu offenen Protesten, an denen
150 000 Menschen teilnahmen. Doch was als

Versammlung begonnen hatte, entwickelte sich
rasch zum Aufruhr. Am Ende standen Festnah-
men und Gerichtsverfahren, viele Verantwort-
liche büßten mit langen Haftstrafen. Der Kaoh-
siung-Zwischenfall erwies sich im Nachhinein
jedoch als wichtiger Meilenstein auf dem Weg
Taiwans zur Demokratie.

Chiang Ching-kuo starb 1988. Nachfolger
wurde der bisherige Vizepräsident Lee Teng-hui,
der unverzüglich eine Wende zur Demokratie
einleitete. Er setzte das Recht zur Gründung von
Oppositionsparteien durch, förderte die Demokratische Fortschrittspartei und setzte sich gegen
Hardliner in den Reihen der Kuomintang durch.

Schließlich wand Lee sich der Chinapolitik
zu. Offen sprach er sich für eine Unabhängigkeit
der Insel aus (womit er einem Großteil der

Taiwaner aus der Seele sprach) und verschärfte den Konflikt sogar noch durch Bemühungen um einen eigenen Sitz bei den Vereinten Nationen und einen Besuch der Vereinigten Staaten im Jahr 1995.

Im folgenden Jahr fanden in Taiwan zum ersten Mal demokratische Präsidentschaftswahlen statt. China versuchte die Bevölkerung von einer Wahl Lees abzuhalten – im Rahmen eines »Manövers« wurden Raketen ins Seegebiet um Taiwan abgeschossen. Verärgert über die unverhohlenen Kriegsdrohungen der Volksrepublik, votierte eine überwältigende Mehrheit der Taiwaner für den Präsidenten Lee. Hatte dieser zuvor die Auffassung von China als einem Land mit zwei verschiedenen Regierungen vertreten, sprach er nun von zwei verschiedenen Staaten.

DIE ZUKUNFT

Nach 55 Jahren im Zentrum der Macht verlor die Kuomintang im Jahr 2000 das Präsidentenamt an Chen Shui-bian, den Vorsitzenden der Demokratischen Fortschrittspartei, die ebenfalls für ein eigenständiges Taiwan eintrat. Der 2004 wiedergewählte Chen setzte sich für Sozialreformen ein. Angesichts fortwährender Drohungen aus Peking werden die Forderungen nach einer endgültigen Trennung von China mittlerweile weniger vernehmlich vorgetragen.

Die Volksrepublik China sieht die Rückgabe Hongkongs als Modell für eine Rückgewinnung Taiwans. Doch die Art, wie China seither auf die Politik in Hongkong Einfluss nimmt, hat viele Taiwaner davon überzeugt, dass dieser Weg für ihr Land nicht infrage kommt. ∎

Das Land

AM SCHÖNSTEN IST DIE NATUR TAIWANS IN DER CENTRAL MOUNTAIN Range, die mit einer Länge von 270 Kilometern den größten Teil der Insel von Nord nach Süd durchzieht und das auffälligste topografische Merkmal des Landes darstellt. Besucher zeigen sich immer wieder überrascht von der majestätischen Schönheit dieser bewaldeten Bergwelt. Mehr als 200 Gipfel erreichen Höhen von über 3000 Metern, und es gibt kaum einen Ort auf der Insel, von dem aus nicht zumindest einige dieser Berge sichtbar wären.

Da Taiwan selbst eine eher überschaubare Größe aufweist, wirken die Berge umso gewaltiger. Denn Taiwan ist nur 245 Kilometer lang und maximal 144 Kilometer breit, die Gesamtfläche beträgt gerade einmal 36 300 Quadratkilometer, einige Inseln vor der Küste mitgerechnet. Taiwan liegt genau am Wendekreis des Krebses und ist die einzige Pazifikinsel von nennenswerter Größe zwischen den Philippinen (356 km) im Süden und der japanischen Insel Okinawa (595 km) im Nordosten.

Die Berge Taiwans verdanken ihren Ursprung einer Kollision wahrhaft gigantischen Ausmaßes: Taiwan befindet sich genau am westlichsten Ausläufer des Pazifischen Feuerrings, einer Zone, in der die tektonische Platte unter den Pazifik auf Platten des Festlands stößt. Vor zwölf Millionen Jahren verkeilten sich die Philippinische Platte und die eurasische Landmasse ineinander, die Erdkruste wölbte sich auf. Gestein schob sich nach oben, wurde aufgefaltet und gekippt und erhielt schließlich die Gestalt, die heute charakteristisch für die Bergkette Taiwans ist.

Aktivitäten im Inneren der Erde haben rund um den Feuerring Vulkane an die Oberfläche treten lassen; die permanente Reibung zwischen den Platten ruft immer wieder heftige Erdbeben hervor. Tatsächlich ist der Pazifische Feuerring die erdbebengefährdetste Region der Welt und weist den höchsten Grad an vulkanischer Aktivität auf. Taiwan besitzt zwar keinen aktiven Vulkan, Erdbeben sind hier aber keine Seltenheit. Zahlreiche Verwerfungslinien überziehen das Land. Da die Eurasische und die Philippinische Platte hier immer noch gegeneinander geschoben werden, baut sich tief unter der Erde ein hoher Druck auf. Wenn diese Spannung sich entlädt, kommt es an der Oberfläche zu heftigen, mitunter verheerenden Erschütterungen.

Seit Beginn des 20. Jahrhunderts wurden auf Taiwan 19 Erdbeben gemessen, deren Stärke oberhalb der Stärke 7 auf der Richter-Skala lag.

1935 kamen 3250 Menschen bei einem Erdbeben der Stärke 7,1 ums Leben; am 14. November 1986 hinterließ ein Beben der Stärke 6,8 »nur« 15 Tote und 44 Verletzte.

Am frühen Morgen des 21. Septembers 1999 weckte eines der heftigsten Beben seit Menschengedenken die Inselbewohner aus dem Schlaf. Die Stärke von 7,3 auf der Richterskala reichte aus, um Häuser in Taipeh zum Einsturz zu bringen, obwohl die Hauptstadt 150 Kilometer vom Epizentrum – beim Ort Jiji im Kreis Nantou, nahe dem Ferienresort des Sonne-Mond-Sees – entfernt war. Dieses Mal starben 2415 Menschen, 11 305 wurden verletzt. Rund 30 000 Häuser waren zerstört, 25 000 beschädigt. Am härtesten traf es den Zentralen Westen; dort überstand keine noch so kleine Ortschaft die Katastrophe unversehrt. Innerhalb von 24 Stunden wurden damals 1300 Nachbeben registriert.

DIE REGIONEN

An der relativ abgeschiedenen Ostküste der Insel erheben sich die Küstengebirge steil aus den Fluten des Pazifiks und erreichen Höhen von bis zu 1500 Metern. Dann fallen die Berge wieder zur reizvollen Ebene des East Rift Valley ab, einem Grabenbruch, der die Berge zwischen Hualien und Taitung auf einer Länge von 160 Kilometern durchschneidet. Westlich dieses Tals ragen wiederum Berge auf, dieses Mal die Central Mountain Range. An der Südostseite dieser Kette reicht der zerklüftete Gipfel des Yushan bis in eine Höhe von 3952 Metern; damit ist er der höchste Berg Taiwans.

Die Erosion hat überall in der Bergkette prächtige Schluchten und weite Täler in den Stein geschnitten. In den höheren Lagen erheben sich Felsnadeln über dicht bewaldete Hänge.

Die eindrucksvollen Klippen von Cingshuei (Qingshui) an der Ostküste Taiwans sind typisch für die Felsenküste dieser Insel

Die Ausläufer der Berge im Westen und Nordwesten werden durch zahlreiche schmale Täler mit kleinen Wasserläufen und durch Hochebenen gegliedert. Vom Fuß dieser Berge erstreckt sich eine breite, fruchtbare Ebene bis zur Westküste; sie wird von Flüssen und Strömen entwässert. Das fruchtbare Schwemmland dieser Ebene ist das wichtigste landwirtschaftliche Anbaugebiet Taiwans. Wattenmeer, Feuchtgebiete, Nehrungen und Lagunen sind typische Landschaftselemente der Westküste. Die Zone entlang dieser Küste ist heute ein dicht besiedeltes Industrieland. Städte und Fabriken gehen hier nahtlos ineinander über und bilden ein durchgehendes Siedlungsband.

Vorgelagerte Korallenriffe mit üppig-bunter Unterwasserfauna findet man vor allem an der Südküste.

HEISSE QUELLEN

Taiwan besitzt zwar keine aktiven Vulkane, die geothermischen Vorgänge im Erdinneren haben sich dafür einen anderen Ausweg gesucht: heiße Quellen. Rund hundert Ferienresorts wurden nahe solcher Quellen errichtet und bieten zahlreichen erschöpften Großstädtern eine willkommene Entspannung.

Wenn es in den Bergen regnet, versickert das Wasser zunächst im porösen Sedimentgestein und wäscht Mineralien aus dem Felsen aus – Radium, Schwefel und vieles mehr. Auf seinem Weg in die Tiefe nimmt es die hohe Temperatur an, die dort unten herrscht. Trifft das Wasser schließlich auf eine größere geologische Verwerfung, wird das unter Druck stehende heiße Wasser an der Bruchlinie nach oben gepresst und tritt an der Oberfläche in Form heißer Quellen aus. Allerdings muss der Spalt groß genug sein, um einen schnellen Aufstieg des Wassers zu gewährleisten; fließt es zu langsam, kühlt es sich unterwegs ab.

Im Laufe der Zeit löst das aufsteigende Wasser Sedimente aus dem Gestein heraus. Auf diese Weise entstehen gleichsam Rohrleitungen, durch die das heiße Grundwasser immer schneller an die Oberfläche gelangt.

Buntes Herbstlaub beschert dem Flusslauf des Cijiawan (Qijiawan) in Alishan im Herzen der Gebirgskette eine besonders stimmungsvolle Kulisse

Oberhalb von 2000 Metern lebt der Taiwanesische Schwarzbär, der größte Landsäuger der Insel. Charakteristisch sind die V-förmige weiße Fellmarkierung auf der Brust und die langen, gebogenen Krallen, mit denen er nach Nahrung gräbt.

An den Hängen des höchsten Berges der Insel, des Yushan , leben 28 verschiedene Arten von Säugetieren, 125 Vogel- und immerhin 17 Reptilienarten; darunter befinden sich zahlreiche seltene und in ihrem Bestand bedrohte Spezies. Formosa-Makaken kann man in den Bergwäldern des Yushan durchaus zu Gesicht bekommen, den Sambar (eine Art Hirsch), das Chinesische Schuppentier, den Serau oder das einheimische Wildschwein entdeckt man dagegen nicht so leicht.

Ebenso schön wie selten ist der Taiwanesische Nebelparder, dessen letzte Habitate sich in der Central Mountain Range südlich vom Wendekreis des Krebses befinden. Das Tier wurde schon lange nicht mehr gesichtet, Umweltschützer wissen daher nicht genau, ob Vertreter dieser Art überhaupt noch in freier Wildbahn existieren.

Die vielen Flussmündungen, die Feuchtgebiete und die unzugänglichen Zonen entlang der Küste und in den Bergen stellen einen idealen Rastplatz für zahllose Zugvögel dar. Rund 480 einheimische und durchreisende Arten wurden auf Taiwan gezählt.

Taiwan war einst fast vollständig von Wald bedeckt. Heute sind nur noch 19 000 Quadratkilometer bewaldet. Auf den Hügeln und in den unteren Lagen der Berge gedeihen Hartholzgewächse, Nadelbäume und Bambus. Die Bereiche zwischen 2500 und 3500 Meter Höhe dominiert subalpiner Nadelwald, in den höheren Lagen wächst er als unberührter Primärwald. Auf steinigem Grund oberhalb der Baumgrenze (3500 Meter) besteht die Vegetation aus Buschwerk und Wildkräutern.

Im Süden der Insel bestimmen Palmen und andere tropische Pflanzen das Bild. Im Nationalpark Kenting an der Südspitze Taiwans stehen sogar kleine Flächen mit echtem tropischem Regenwald unter Schutz. ■

Tief unter der Erdoberfläche unterstützt der Druck die Tätigkeit anaerober Bakterien, die im Wasser gelöste Sulfate in Schwefelwasserstoff umwandeln. Deshalb riechen manche heißen Quellen – nicht nur auf Taiwan – ein wenig nach faulen Eiern.

Dieser Geruch ist aber nur dann wahrnehmbar, wenn das Wasser schnell aufsteigen konnte – die Bildung von Schwefelwasserstoff wird dann fortgesetzt. Enthält das Gestein an der Bruchstelle allerdings Sauerstoff – was oft genug der Fall ist –, wird der Schwefelwasserstoff schon auf dem Weg nach oben rasch abgebaut und die Quelle ist frei von unangenehmen Gerüchen.

FLORA & FAUNA

Da ein großer Teil des Landes entweder von der Landwirtschaft oder der Industrie genutzt wird oder bebaut ist (dies gilt besonders im Norden und Westen in Lagen unterhalb von 500 Metern), findet man die natürliche Flora und Fauna vor allem in den dünn besiedelten Bergregionen.

Feste im Jahreskreis

Taiwanesische Feste haben ihren Ursprung im Taoismus, im Buddhismus und in den Volksreligionen. Es handelt sich dabei um recht farbenprächtige Ereignisse mit Kostümen, vielerlei Aktionen und Symbolen. Die Daten der Festtage richten sich nach dem Mondkalender, sind also von Jahr zu Jahr verschieden. Wenn möglich, sollte man seinen Taiwan-Besuch so einrichten, dass man eines dieser Feste miterlebt; die wichtigsten werden hier kurz beschrieben.

Chinesisches Neujahr (Januar/Februar)

Am ersten Tag des zweiten Neumonds nach der Wintersonnenwende. Offiziell wird fünf Tage lang gefeiert, traditionell sogar 15 Tage. Es sind die wichtigsten Feiertage auf Taiwan: Wie man das alte Jahr verabschiedet und das neue begrüßt, so tilgt man jetzt seine Schulden, putzt das Haus oder legt Streitigkeiten bei. Viele Menschen verreisen in dieser Zeit; die meisten Läden und Büros sind während der Neujahrsfeierlichkeiten geschlossen. Für einen Aufenthalt auf Taiwan sind diese Tage weniger geeignet, da Unterkünfte und Verkehrsmittel voll ausgebucht sind. – *Termine: 26. Januar 2009, 14. Februar 2010, 3. Februar 2011, 23. Januar 2012.*

Laternenfest (Februar)

Fünfzehnter Tag des ersten Mondmonats. Das beliebteste und farbenfroheste Fest des Landes beendet die Feiern zum chinesischen Neujahr. An diesem Tag werden Tempel, Läden, Restaurants, aber auch Privatwohnungen mit traditionellen Laternen geschmückt. Die größten Laternen sind an der Chiang Kai-shek Memorial Hall zu bestaunen; der Karneval von Kaohsiung und andere große offizielle Veranstaltungen gehören ebenfalls zu diesem Festtag. – *Termine: 9. Februar 2009, 28. Februar 2010.*

Geburtstag der Meeresgöttin Mazu (April/Mai)

Dreiundzwanzigster Tag des dritten Mondmonats. Mazu zählt zu den beliebtesten Gottheiten. Ihr Geburtstag wird rund um die mehr als 400 Tempel lautstark begangen. – *Termine: 28. April 2008, 18. April 2009, 6. Mai 2010.*

Drachenbootfest (Juni, gelegentlich auch bereits Ende Mai)

Fünfter Tag des fünften Mondmonats. Das Fest erinnert an das Leben des legendären Helden Cyuyuan (Quyuan). An diesem Tag liefern sich Ruderer in ihren Drachenbooten recht packende Wettkämpfe. – *Termine: 8. Juni 2008, 28. Mai 2009, 16. Juni 2010.*

Geistermonat (August)

Vom ersten bis zum neunundzwanzigsten Tag des siebten Mondmonats. In dieser Zeit des Jahres stehen die Pforten der Unterwelt weit offen und ruhelose Geister ziehen über die Erde. Gläubige bemühen sich, die Geister durch Rituale zu besänftigen, etwa durch Speiseopfer oder durch das Verbrennen (unechter) Geldscheine. Während dieses Monats sind die Taiwaner besonders vorsichtig und man verzichtet auf größere Reisen oder Feiern. Wer die Rituale miterleben möchte, sollte einen taoistischen Tempel aufsuchen. – *Termine: 1. August 2008, 20. August 2009, 10. August 2010.*

Herbstfest (September/Oktober)

Fünfzehnter Tag des achten Mondmonats. In den Bäckereien verkauft man an diesem Tag scheibenförmige Mondkuchen, die den Zusammenhalt der Familie symbolisieren. Um diese Zeit kommen alle Familienmitglieder zusammen, unternehmen Abendspaziergänge und betrachten den Mond. – *Termine: 14. September 2008, 3. Oktober 2009, 22. September 2010.*

FESTE DER UREINWOHNER

Die Minderheit der Ureinwohner feiert traditionelle Feste. Viele sind öffentlich zugänglich, allerdings sollten Sie um Erlaubnis fragen.

Fest der Bunun (April/Mai)

Ende April oder Anfang Mai; ein Fest zu Ehren der Landwirte und Jäger.

Fest der Fliegenden Fische der Dahwu (in der Regel März/April)

Die Dahwu (Yami) leben auf Orchid Island vor der Südostküste Taiwans. Eigens für diese Fest-

Der heilige Palankin, eine Art Sänfte, gleitet durchs Feuer: Bei diesem Tempelritual, das zum Laternenfest gehört, laufen die Sänftenträger tatsächlich durch lodernde Flammen

lichkeiten bauen sie traditionelle Fischerboote, die mit Ritualen zu Wasser gelassen werden.

Herbstfest der Ami (Juli und August)

Die größte Gruppe der indigenen Bevölkerung Taiwans dankt den Geistern für eine reiche Ernte.

Fest der Saisiat zu Ehren der Kleinen Geister (Oktober/November)

Alle zwei Jahre um den 15. Tag des zehnten Mondmonats. Die Saisiat ehren die Geister eines Nachbarstammes kleinwüchsiger Menschen, der ihnen freundschaftlich verbunden war.

Fest der Puyuma (Ende Dezember)

Das Fest dreht sich rund um dem Übergang von der Kindheit ins Erwachsenenalter; Jungen müssen Prüfungen über sich ergehen lassen. ■

Kunst und Kultur

WER VOM TAIWANESISCHEN KULTURERBE SPRICHT, MEINT DAMIT IN DER
Regel die traditionelle chinesische Kunst und das chinesische Theater. Diese reichen Traditionen sind in der Tat auf Taiwan eindrucksvoll vertreten, die Insel ist also ein idealer Ort, um sich einen Überblick über Kunst, Kultur und Religionen ganz Chinas zu verschaffen.

Die weltweit größte und prächtigste Sammlung chinesischer Kunstwerke und Altertümer findet man im Nationalen Palastmuseum (siehe S. 80ff) in Taipeh. Auch im Nationalen Geschichtsmuseum in Taipeh ist eine reiche Auswahl chinesischer Exponate zu bestaunen. Wer sich über die Entwicklung der neueren taiwanesischen Kunst informieren möchte, sollte dem Taipeh Kunstmuseum und dem Museum zeitgenössischer Kunst einen Besuch abstatten. Auch die traditionellen darstellenden Künste, etwa die chinesische Oper, werden auf Taiwan gepflegt, insbesondere in der Pekinger Ausprägung; es gibt aber auch eigene Traditionen. Andere Kunstformen wie beispielsweise der Film sind ohnehin auf Taiwan ganz eigene Wege gegangen.

DIE CHINESISCHE OPER

Für westliche Ohren klingt die traditionelle chinesische Oper ein wenig gewöhnungsbedürftig. Die Darsteller singen mit schriller Stimme, Gongs und Trommeln dröhnen laut, die Saiteninstrumente wimmern förmlich und die Blasinstrumente scheinen zu kreischen. Lässt man diese Missklänge aber einmal außer Acht, entdecken die Augen ein farbenfrohes Spektakel – mit raffiniert gefertigten Kostümen, ausdrucksstarken Gesichtern, fesselnder Pantomimik voll symbolischer Bedeutung, wahrer Akrobatik und Kampfkunst.

Die chinesische Oper geht bis auf das 3. Jahrhundert zurück; damals wurden erste schlichte Stücke bei Hofe aufgeführt. Die Formen haben sich im Laufe der Jahrhunderte vielfach gewandelt und die Oper wandte sich allmählich einem größeren Publikum zu. 1790 trat ein Ensemble aus Anhui vor der königlichen Familie in der Verbotenen Stadt auf. Themen und Formen hatte diese Truppe aus verschiedensten Operntraditionen übernommen und miteinander

verschmolzen – das war die Geburtsstunde der Pekingoper. Zwischen 1840 und 1860 entwickelte sich daraus der heute noch gültige Stil; seither ist die Pekingoper die in ganz China beliebteste Form von Bühnenstücken überhaupt.

**Effektvolle Kostüme, kräftig aufgetragene
Schminke und stilisierte Gesten sind
typisch für die chinesische Oper**

In der Volksrepublik gibt es mehr als 350 unterschiedliche Ausprägungen der chinesischen Oper; sie unterscheiden sich durch regionale Dialekte und verschiedenste Arten von Melodien. Die meisten dieser Opern sind außerhalb ihres Bezirks praktisch unbekannt. Eine Ausnahme stellt die Kanton-Oper dar, die sich in der südlichen Provinz Guangzhou und im benachbarten Hongkong großer Beliebtheit erfreut. Die Darsteller verwenden den kantonesischen Dialekt und die Geschichten handeln von sehr wirklichkeitsnahen Themen – im Unterschied zur stark symbolischen Pekingoper.

Auf Taiwan liebt man neben der Pekingoper vor allem die einheimische taiwanesische Oper. Die Aufführungen finden in der Regel im Freien auf improvisierten Bühnen statt, etwa auf Marktplätzen oder zu bestimmten Festlichkeiten. Die Darsteller verwenden den taiwanesischen Dialekt, die Bühnen werden liebevoll ausstaffiert, die Gesichter sind allerdings viel weniger aufwendig geschminkt.

Die chinesische Oper bringt Handlungen und Gefühle durch allgemein verständliche Symbole zum Ausdruck – symbolisch sind die Gesten der Schauspieler, die Kostüme und die

Art der Schminke. Erzählt werden gefühlvolle Geschichten, die auf uralten Überlieferungen und Sagen beruhen und den Zuschauern natürlich vertraut sind.

Zittern Hand und Körper einer Figur, drückt das Zorn aus. Ein kurzes Zucken des Arms zeigt Verachtung. Streckt jemand die Hand nach oben, wobei die Ärmel zurückfallen, ist dies eine Geste der Überraschung. Ärger und Empörung bringt eine Figur zum Ausdruck, die ihr Gesicht hinter einem Ärmel verbirgt. Reibt jemand sich kurz die Hände, ist das ein Zeichen von Besorgnis. Ein Stuhl auf der Bühne ist zunächst nichts weiter als ein Stuhl, doch wenn er auf einem Tisch steht, handelt es sich um einen Berg, und wenn sich dann jemand darauf setzt, sitzt er auf einem Thron. Türen öffnen, Treppen hinaufsteigen, in einer Kutsche fahren, ein Boot rudern, essen, zu einer langen Reise aufbrechen – all diese Tätigkeiten werden durch bestimmte stilisierte Gesten angedeutet.

Design und Farben der Kleidung und der Schminke weisen auf den sozialen Status und die Stimmung einer Figur hin. Rote Schminke ist ein Hinweis auf Loyalität und Ehrlichkeit, weiße steht für Hinterlist. Ein Schüler trägt normalerweise ein blaues Gewand, während ein Kaiser entweder am "Drachengewand" oder an der gelben Farbe zu erkennen ist.

Aufführungen der chinesischen Oper dauern mitunter mehrere Stunden, das Publikum ist aber keineswegs ständig bei der Sache. Die Leute unterhalten sich, essen und trinken während des Spiels oder halten ein Nickerchen, und es herrscht ein Kommen und Gehen. Nur bei beliebten oder spannenden Szenen wendet sich die allgemeine Aufmerksamkeit der Bühne zu.

BRONZEARBEITEN

Einige der frühesten Beispiele chinesischer Kunstfertigkeit sind Bronzearbeiten, die vor allem während der Shang-Dynastie (um 1766–1122 v. Chr.) und der Han-Dynastie (206 v. Chr. bis 200 n. Chr.) entstanden. Die damaligen Künstler schufen vor allem Kultgefäße und Gefäße des täglichen Gebrauchs, Musikinstrumente und Waffen mit reichem Dekor.

Die berühmteste Bronzearbeit der Antike ist ein dreifüßiger Kessel namens *Mao Gong Ding*, der heute im Nationalen Palastmuseum in Taipeh aufbewahrt wird. Die Inschrift auf seiner Innenseite enthält 497 Zeichen.

Schmuckelemente änderten sich naturgemäß im Laufe der Zeit. Reliefs und dreidimensionales Dekor traten an die Stelle der eingravierten Linien und ins Metall getriebenen Ornamente. Später kamen Einlegearbeiten hinzu, Stücke aus Gold, Silber, Kupfer oder Türkis.

In der Epoche der Westlichen Zhou (um 1122–771 v. Chr.) kamen Vogel- und andere Tiermotive in Mode. Später setzte sich ein Dekor aus ineinander verschränkten Kettengliedern durch. Zur Zeit der Östlichen Zhou (um 771–256 v. Chr.) schätzten die Menschen offenbar Muster aus senkrecht ineinander verzahnten Tiermotiven.

Neben Funden, die in den Museen Taiwans ausgestellt sind, gibt es hervorragende Bronzegeräte auch in vielen Tempeln zu sehen. Dazu gehören große Räucherstäbchenhalter mit Handgriffen in Drachenform, Türen, Kultgefäße und gelegentlich eine Drachensäule.

KALLIGRAFIE

Die Kalligrafie gilt den Chinesen als eine der höchsten Künste. Nur Gelehrte und andere Angehörige der privilegierten Stände beherrschten die Kalligrafie, denn nur sie hatten ausreichend Zeit für die Ausübung dieser Fertigkeit. Wer in den Stand eines Mandarins aufsteigen wollte, musste kalligrafisches Geschick beweisen. Diese Kunst erfordert nämlich sorgfältige Planung und entschlossene Umsetzung – Fähigkeiten, die auch in der Verwaltung gefragt waren.

Die Kalligrafie entwickelte sich parallel zur chinesischen Schriftsprache. Kalligrafen bemühten sich gleichzeitig um den besten sprachlichen Ausdruck und «veredelten» gewissermaßen Gesetzestexte und Verordnungen.

Die ältesten kalligrafischen Werke finden sich auf Bronzearbeiten und anderen Gegenständen aus Metall. Das Nationale Palastmuseum zeigt kalligrafische Meisterwerke, darunter Inschriften aus der Shang-Zeit. Ältestes Dokument im Museum ist das *Pingfu Tieh (Tie; Die Genesung)* von Lu Ji (261–303).

Schon während der Song-Dynastie (960–1279) lebten einige berühmte Kalligrafen, die Reiberdrucke anfertigten, nachdem sie die Vorlagen in Holz oder Stein geschnitten hatten. Auch zur Zeit der Yuan (1279–1368) lebten große Meister. Die eigentliche Blütezeit der Kalligrafie war jedoch die Epoche der Ming (1368–1644) und der Qing (1644–1911).

Ein Künstler legte letzte Hand an eine große Laterne an. Diese Laternen mit ihren leuchtend bunten Motiven sind Kunstwerke, die es in dieser Form nur in China gibt

KERAMIK

Erste Zeugnisse chinesischer Keramikherstellung stammen noch aus der Steinzeit, doch erst mit der Weiterentwicklung der Brennöfen unter den Han-Kaisern konnten Keramiken in größerer Stückzahl produziert werden.

Fortschritte in der Glasierungstechnik in der Zeit der Jin (265–420) sowie der Nördlichen und der Südlichen Dynastie (386–589) ermöglichten die Ausarbeitung feinerer Details. Den Töpfern der Tang-Dynastie (616–906) gelang eine wichtige Entdeckung: Sie erfanden die *sancai*, farbige Glasuren in Grün, Gelb und Braun. Ihre Arbeiten – in der Regel Pferde, Kamele oder Grabwächter – gehören zu den berühmtesten in ganz China. Während der Song-Dynastie erfreute sich die monochrome Keramik großer Beliebtheit; der Schwerpunkt lag hier auf den raffinierten technischen Details.

Typisch für die Keramikkunst zur Zeit der Ming-Dynastie waren glasierte Stücke in Weiß und Kobaltblau; in der Regel wurden Landschaften oder theatralische Posen abgebildet. Die Qualität war anfangs noch dürftig, mit den Fortschritten bei der Glasierungstechnik ging es dann aber auch mit der künstlerischen Qualität stetig bergauf.

Während der ersten Jahrzehnte unter den Qing erreichte die Keramikherstellung ihren Höhepunkt; neue Techniken setzten künstlerische Kreativität im Bereich der Formen und Farben frei. Vasen erhielten filigrane Strukturen und überdimensionale Ausmaße und wurden mit detailreichen Landschaftsbildern bemalt. In diese Zeit fällt die Erfindung des fencai, eines Farbpulvers. Überhaupt machte gerade die Entwicklung neuer Farben und Farbtöne große Fortschritte. Pflanzen, Tiere und Menschen ließen sich nun in einer Weise darstellen, die zuvor nicht möglich gewesen war.

Den Gipfel technischer Perfektion erreichte die Töpferkunst während der Herrschaft des Qing-Kaisers Qianlong (1736–1795). Danach ging es mit der Keramik allmählich wieder bergab: Porzellan büßte an Beliebtheit ein und politische Unruhen waren dem Gewerbe ebenfalls nicht gerade förderlich. Als 1937 der Zweite Chinesisch-Japanische Krieg ausbrach, schloss man sämtliche Keramikbrennöfen, und die wenigen übrig gebliebenen Töpfer wichen in den Süden des Landes aus.

Erst nach dem Zweiten Weltkrieg unternahm China einige Anstrengungen, die Herstellung von Steinzeug wieder zu beleben; die Resultate

können sich mittlerweile sehen lassen. Die Techniken haben sich wieder einmal weiterentwickelt, und so bekommt man heute auch in Taiwan hervorragendes Porzellan zu relativ erschwinglichen Preisen. Die Stadt Yingge (siehe S. 121) südlich von Taipeh hat sich zur Porzellan-Metropole der Insel entwickelt.

CLOISONNÉ

Als Cloisonné oder Zellenschmelztechnik bezeichnet man ein Verfahren, bei dem farbige Dekorelemente auf metallische Oberflächen aufgetragen werden. Diese Technik hatten die Chinesen bereits im 8. Jahrhundert aus Persien mitgebracht, sie war aber später in Vergessenheit geraten und wurde erst um 1200 neu belebt. Damals waren die Chinesen bereits wahre Meister im Herstellen von Keramik, Glas und Metall, und so fiel es ihnen nicht schwer, auch diese neue Kunst aufzugreifen und zu verfeinern. Mitte des 15. Jahrhunderts entstanden in China Cloisonné- oder Emailarbeiten von nie dagewesener Perfektion.

Bei der Cloisonné-Technik wird zunächst ein feiner metallischer Draht auf die Oberfläche eines metallischen Objekts so aufgelötet, dass dabei Ornamente oder die Konturen einer Illustration entstehen. Anschließend werden die so entstandenen Flächen mit einer Emailpaste gefüllt (diese wird aus Emailbrocken gewonnen,

die zu Pulver zerrieben und mit Wasser angedickt werden); das Ganze wird schließlich im Ofen erhitzt. Der Brennvorgang lässt eine glatte Oberfläche entstehen, die sichtbaren Drähte wirken wie vergoldet.

In Cloisonné-Technik gefertigt werden Wandschirme, Tische und Stühle, Kästchen, Essstäbchen, Ohrringe und Accessoires für Raucher.

JADE

Jade ist zwar in China nicht eben selten, der Schmuckstein mit seinem weichen Glanz und den feinen Farbschattierungen ist dennoch sehr kostbar und Jadeskulpturen, wie sie zur Zeit der Qing und bis auf den heutigen Tag geschnitten werden, gehören zu den vielleicht schönsten Ausprägungen chinesischer Kunst überhaupt.

Nach altem Glauben verleiht das Tragen von Jade ein langes Leben. Schon in Gräbern der Han-Dynastie hat man Jadefiguren und Kleidung aus Jadestücken gefunden, die mit goldenen Fäden vernäht waren. Noch heute tragen viele Taiwaner Jadeschmuck als Glücksbringer.

Jade in immer raffinierteren Formen taucht in der Shang-Dynastie auf; Anfang des 1. Jahrtausends kam der Stein dann offenbar aus der Mode. Eine Art Renaissance erlebte Jade während der Ming-Dynastie. Ihren Höhepunkt erreichte die kunstvolle Arbeit mit dem edlen Stein unter den Qing.

»Antike« Jade-Artikel erzielen hohe Preise, die vom Alter und der Qualität der Bearbeitung, aber auch vom Rang des ursprünglichen Besitzers abhängen. Der Preis für neuere Stücke richtet sich nach der Qualität und dem Renommee des jeweiligen Kunsthandwerkers. Fälschungen sind übrigens in Asien weit verbreitet.

LACKMALEREI

Lack wird aus dem Rindensekret des Lackbaums (*Rhus verniciflua*) gewonnen, der in Zentral- und Südchina wächst. Dieser Lack wurde nachweislich schon im 5. Jahrtausend v. Chr. verwendet; überzogen wurden damit Geschirr und Kultgegenstände.

Kommt der Saft des Lackbaums mit Luft in Berührung, nimmt er eine bräunliche Farbe an und härtet langsam aus. Bei diesem Prozess wird er verfeinert und dann entweder auf Trägerobjekte aufgetragen oder in Formen gegossen. Ist die erste Schicht ausgehärtet, fügt der Künstler oft zahlreiche weitere dünne Schichten oder Lagen hinzu. Der trockene Lack wird geglättet und poliert, damit er seinen charakteristischen Glanz erhält. Geht es um Lackformen, tränkt man Stoff oder Papier mit Lack und presst das Material anschließend in eine bereits vorbereitete Form. Ist der Inhalt fest, wird die Form entfernt; dann können weitere Lackschichten aufgebracht werden.

Chinesische Landschaftsbilder, hier *Grüne Berge und weiße Wolken* von Wu Li (links), eröffnen häufig mehrere Blickwinkel. Auch Jadeschnitzereien haben in China Tradition. Ihren Höhepunkt erreichte diese Technik unter den Qing; ein schönes Beispiel ist *Luohans Meditation in weißer Jade* (unten)

Schnitzlackarbeiten wurden während der Tang-Dynastie entwickelt; diese Kunstform erreichte unter den Ming und den Qing ihren Höhepunkt. Dabei wird ein Stück Holz oder Blech mit diversen Lackschichten bestrichen. Ist die äußere Schicht trocken, schneidet der Künstler in den Lack hinein. Das Trägermaterial bleibt unversehrt und dient als Hintergrund der reliefartigen Struktur.

Während des 1. Jahrtausends war die Lackmalerei in China weit verbreitet. Beschichtet wurden unter anderem Musikinstrumente, Ess- und Trinkgefäße, Waffen, Möbel und Grabbeigaben. Irgendwann bemalten die Künstler die Oberflächen dann mit Ornamenten und anderen Motiven. Zur Zeit der Tang entdeckten sie, dass in Essig getränkte Eisenspäne den Lack beim Aushärten schwarz statt braun färben. Zinnober dagegen sorgt für eine rote Farbe. Schwarz und Rot wurden bald zu den Standardfarben in der chinesischen Lackkunst.

MALEREI

Die chinesische Malerei lässt sich in zwei Hauptrichtungen unterteilen. *Gongbi* bezeichnet einen Stil, bei dem die Kompositionsregeln streng befolgt werden und jedes Detail seine Bedeutung

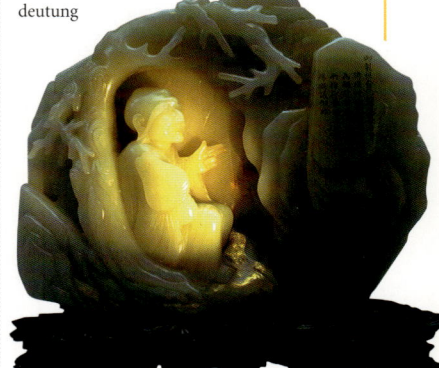

trägt. *Sieyi (Xieyi)* nennt man den deutlich freieren Stil, bei dem Umrisse oft nur angedeutet sind; hier ist eine größere Vielfalt der Pinseltechniken erlaubt.

Die chinesische Malerei reicht zwar bis ins Neolithikum zurück, wie bemalte Tonscherben beweisen, Malerei auf Papier- oder Seidenrollen, auf Fächern und Tafeln ist jedoch erst seit der Tang-Dynastie belegt.

Traditionelle Motive chinesischer Malerei sind menschliche Gestalten, Landschaften oder Szenen mit Vögeln und Blumen. Landschaftsansichten beschränken sich keineswegs auf nur einen Fokus. Auf einem einzigen Gemälde können unterschiedliche Blickwinkel festgehalten sein und nahe wie ferne Objekte stehen oft einfach nebeneinander.

Die meisten chinesischen Maler älterer Zeit waren nebenher auch Dichter und Kalligrafen, denn nach chinesischer Auffassung müssen Malerei und Dichtung einander durchdringen. Inschriften, Siegel oder auch Verse unterstreichen die künstlerische Absicht eines Bildes und sind zugleich Teil des Gesamtwerks.

ZEITGENÖSSISCHE KUNST

Vor dem Zweiten Weltkrieg übte Japan einen großen Einfluss auf die taiwanesische Kunstszene aus. Japaner orientierten sich an der europäischen Kultur, taiwanesische Künstler hingegen reisten eher nach Japan und studierten dort die europäischen Techniken. Diesen europäisch-japanischen Ansatz wandten sie dann auf ihre eigenen Themen und Motive an – ein neuer taiwanesischer Stil war geboren.

Nach der Niederlage der Japaner und nach Ankunft der neuen chinesischen Regierung geriet dieser Stil jedoch bald in Vergessenheit; Künstler wandten sich wieder den traditionellen chinesischen Motiven und Maltechniken zu.

Erst Ende der 1950er- und Anfang der 1960er-Jahre schwang das Pendel zurück – eine neue Generation taiwanesischer Künstler entdeckte abstrakte Kunst und Pop-Art. Als Taiwan in den 1970er-Jahren seinen Sitz bei den Vereinten Nationen verlor, begaben viele Künstler sich auf die Suche nach der eigenen Identität; dabei knüpften sie auch an die taiwanesische Kunst aus der Zeit der japanischen Besatzung an. Da die europäische Kunst sich mittlerweile weiterentwickelt hatte, übernahmen sie dabei auch viele der Neuerungen direkt aus Europa.

1987 wurde endlich das Kriegsrecht aufgehoben und viele Künstler setzten sich nun in ihren Werken mit der neu gewonnenen Freiheit auseinander. Den besten Überblick über all diese Entwicklungen vermittelt das Taipeh Kunstmuseum (siehe S. 78f). Überhaupt ist die Kunstszene in Taipeh sehr lebendig; in vielen Galerien sind Werke zeitgenössischer taiwanesischer Künstler im Angebot.

DER FILM

Die Anfänge des taiwanesischen Kinos liegen in der Zeit der japanischen Besatzung (1895–1945); die ersten Dokumentarfilme, die auf der Insel gedreht wurden, kommen freilich ganz ohne einheimische Darsteller aus. Der erste wirklich taiwanesische Film mit taiwanesischen Schauspielern war der Streifen *Whose Fault Is It?* (1925). Selbstverständlich unterlag dieser wie auch die folgenden taiwanesischen Filme einer strengen japanischen Zensur.

Als 1937 der Chinesisch-Japanische Krieg ausbrach, bedeutete dies zunächst das Aus für die junge Filmindustrie. Einige Filmemacher aus Shanghai kamen allerdings am Ende des Bürgerkrieges im Gefolge Chiang Kai-sheks auf die Insel und kümmerten sich in den 1950er Jahren um eine Wiederbelebung des taiwanesischen Films. Die Regierung betrieb sogar eine aktive Filmförderung, zahlte aber nur für Filme in Mandarin-Chinesisch.

Als Taiwan in den 1960er-Jahren von einer rasanten Modernisierung erfasst wurde, erfand der offizielle Filmverband eine Art Propagandagenre namens »gesunder Realismus«. Diese Filme sollten die Bürger davon überzeugen, dass der schwindelerregende Umbruch, der die Gesellschaft Taiwans erfasst hatte, mittels traditioneller chinesischer Werte zu bewältigen sei.

Ende der 1970er-Jahre tauchte ein neues Low-Budget-Genre auf – Filme des sogenannten »sozialen Realismus«, dessen Erfolgsgeheimnis in einer Mischung aus Sex, Gewalt und krimineller Subkultur lag. Da diese Filme zur endlosen Wiederholung der ewig gleichen Themen neigten, war ihr Reiz schnell verflogen.

Ende der 1970er-Jahre waren die Kinogänger dieses Elends mehr als überdrüssig. Die Alternativen waren damals abgedroschene Großstadtfilme aus Hongkong und billige Raubkopien westlicher Filme – die Filmindustrie der Insel steckte in einer tiefen Krise.

Für den Film Crouching Tiger, Hidden Dragon erhielt der taiwanesische Filmregisseur Ang Lee im Jahr 2000 vier Oscars. Auch mit Brokeback Mountain ging er 2006 nicht leer aus

Genau in diesem Moment begann die Regierung, unbekannte junge Filmregisseure gezielt zu fördern. Einen Neuanfang markiert der Film *In Our Time* aus dem Jahr 1982 – ein Blick auf soziale Veränderungen in Taiwan seit dem Einmarsch der nationalchinesischen Truppen 1945. Dieser Film gab den Anstoß zu einer Bewegung; in diesen Kontext gehört auch *The Sandwich Man* von 1983, das Werk dreier junger Filmemacher, zu denen auch der später so berühmte Hou Hsiao-hsien gehörte. Der Film handelt von der amerikanischen Wirtschaftshilfe für Taiwan. Die Kritik feierte den Film enthusiastisch und er erwies sich zugleich als Kassenschlager.

Filme, die dieser neuen Richtung zuzuordnen sind, zeigen häufig Menschen im ländlichen Taiwan, die mit den gesellschaftlichen Veränderungen zurechtkommen müssen. Lange Brennweiten, ungewöhnlich lange Einstellungen, eine nichtlineare Erzählweise und harte Schnitte sind typisch und verleihen diesen Werken den Charakter von Dokumentarfilmen.

Die meisten Regisseure jener Jahre bevorzugten zwar ländliche Schauplätze, es gab aber auch Filmemacher wie Edward Yang, die sich städtischer Themen annahmen. Seine Filme, darunter *Taipei Story* (1985), handeln von den wirtschaftlichen und sozialen Problemen, mit denen verschiedene Gruppen – Frauen, Jugendliche, die Mittelschicht oder die städtische Elite – zu kämpfen hatten.

Als berühmtester Film dieser neuen Schule gilt Hou Hsiao-hsiens *City of Sadness* (*Stadt der Trauer;* 1989). Der Film wurde bei den Filmfestspielen von Venedig mit einem Goldenen Löwen ausgezeichnet. Er wagt sich an das Verhältnis zwischen Taiwanern und den Truppen der nationalchinesischen Regierung, die in den ersten Jahren nach dem Krieg die neue Politik mit großer Härte durchsetzten.

Die vorwiegend düsteren Bilder der 1980er-Jahre büßten in den 1990er-Jahren allmählich ihren Reiz ein, doch eine neue Generation von Regisseuren stand schon parat. Die Sujets ver-

Ju Mings Skulpturengarten befindet sich im Norden Taiwans

loren nun an Bedrohlichkeit. 1994 errang Tsai Ming-liang mit seinem Film *Vive L'Amour (Es lebe die Liebe)* einen Goldenen Löwen. Ang Lee, der in Hollywood mit Filmen wie *Crouching Tiger, Hidden Dragon* und *Brokeback Mountain* berühmt wurde, wandte sich in *Wedding Banquet (Das Hochzeitsbankett;* 1993) dem heiklen Thema Homosexualität zu und widmete sich in *Eat Drink Man Woman* (1994) einer chinesischen Obsession: dem Essen.

Von wenigen Ausnahmen abgesehen, ist der neue taiwanesische Film im Land selbst nie wirklich populär geworden. In taiwanesischen Kinos laufen überwiegend die immer gleichen Filme aus Hongkong, mit viel Action, stilisierten Kampfszenen, einer Mischung aus Melodram und Slapstick – und vielen beliebten Stars.

POPMUSIK

Die Popmusikszene des Landes wird vom »Mando-Pop« beherrscht, relativ nichtssagenden Songs, die in Mandarin vorgetragen werden. Den Erfolg teilen sich einheimische Künstler mit Sängern aus Hongkong, die ihre Lieder gleich in Mandarin und in Kantonesisch (»Canto-Pop«) aufzeichnen. Wie überall auf der Welt spielen Inhalte kaum eine Rolle, es geht eher um simple Verse und eingängige Melodien. Ob Musik oder die zugehörigen Videos – alles wirkt wie glatt poliert.

Ähnlich wie der Canto-Pop aus Hongkong findet mittlerweile auch der taiwanesische Mando-Pop in den chinesischen Vierteln Ost- und Südostasiens, aber auch in der Volksrepublik begeisterte Hörer.

Teresa Deng war die Königin des Mando-Pop; ihre Lieder sang sie in Mandarin, Taiwanesisch, Japanisch und Englisch. Sie starb 1995 mit nur 43 Jahren. Ihr Tod hat viele Asiaten sehr bewegt und sie gilt bis heute als eine Legende.

Immerhin gibt es auf Taiwan auch eine alternative Musikszene: Folkmusik und Rock, oft unterlegt mit Texten, in denen soziale Probleme zum Ausdruck kommen, haben sich inzwischen durchgesetzt. Die Alternativszene ist in der Tat unüberhörbar – ein für asiatische Verhältnisse sehr ungewöhnliches Phänomen. Seit 1994 kann man sogar von einer echten alternativen Musikindustrie sprechen. Wer am Wochenende abends in Taipeh unterwegs ist, stößt überall in den Kneipen und Clubs auf Bands, die sich dem Mainstream entgegenstemmen. ∎

Nur wenige Jahrzehnte hat Taiwans bemerkenswerte Umwandlung in eine moderne, demokratische und lebenslustige Gesellschaft gedauert, was am besten an den belebten und vornehmen Straßen der Inselhauptstadt Taipeh zu sehen ist.

Taipeh

**Eine uniformierte Wache
holt die Flagge vor der
Chiang Kai-shek Memorial
Hall ein**

Taipeh

NOCH UM 1960 WAR TAIPEH KAUM MEHR ALS EINE VERSCHLAFENE PROVINZ-
stadt mit wenigen asphaltierten Straßen und nur einer Handvoll Autos. Aber von den
1970er-Jahren an wuchs die Stadt ebenso rasant wie viele andere asiatische Städte in dieser Epoche. Heute ist Taipeh eine pulsierende Stadt mit rund drei Millionen Einwohnern.

1709 siedelten sich drei Farmer aus der Provinz
Fujian am Ufer des Danshuei (Danshui) im heutigen Taipeh an. Weitere Familien folgten. Eine
dieser Siedlungen, damals »Manka« genannt, ist
das heutige Wanhua, der älteste Teil der Stadt.

Durch die günstige Lage am viel befahrenen
Danshuei entwickelten sich Manka und die nah
gelegene Region Dadaocheng zu den wichtigsten Bezirken der Stadt. 1875 beantragte Shen
Bao-jhen (Shen Bao-zhen), ein Beamter der

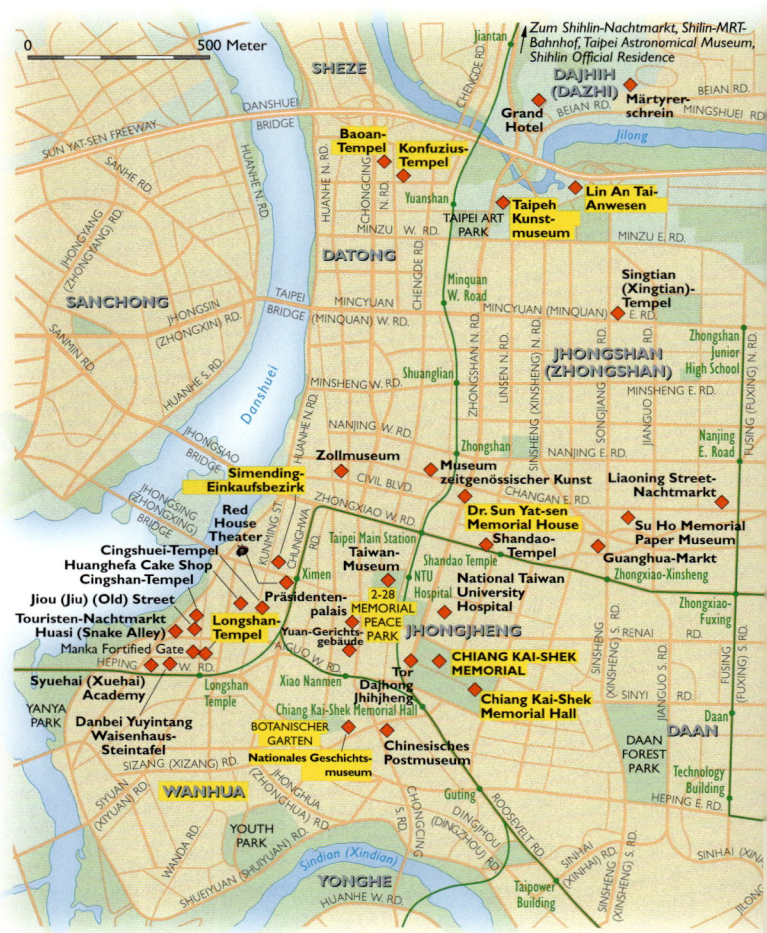

Taipehs ausgezeichnete MRT-Züge fahren sowohl über- als auch unterirdisch

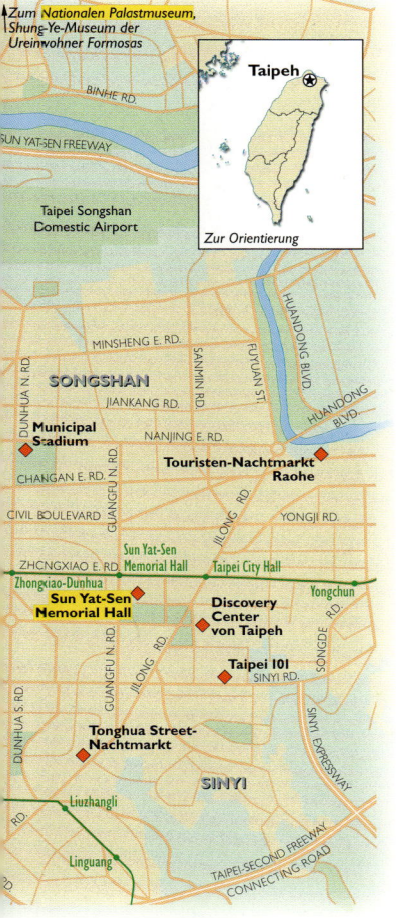

Zum Nationalen Palastmuseum,
Shung-Ye-Museum der
Ureinwohner Formosas

BINHE RD.

SUN YAT-SEN FREEWAY

Taipei Songshan
Domestic Airport

MINSHENG E. RD.

SONGSHAN

JIANKANG RD.

Municipal
Stadium

NANJING E. RD.

DUNHUA N. RD.
SANMIN RD.
FUYUAN ST.
HUANDONG BLVD

Touristen-Nachtmarkt
Raohe

CHANGAN E. RD.

GUANGFU N. RD.

CIVIL BOULEVARD

JILONG RD.

YONGJI RD.

HUANDONG BLVD

Sun Yat-Sen
ZHONGXIAO E. RD. Memorial Hall

Taipei City Hall

Zhongxiao-Dunhua

Sun Yat-Sen
Memorial Hall

Yongchun

Discovery
Center
von Taipeh

GUANGFU N. RD.

JILONG RD.

Taipei 101
SINYI RD.

SONGDE RD.

DUNHUA S. RD.

Tonghua Street-
Nachtmarkt

SINYI

SINYI EXPRESSWAY

Liuzhangli

Linguang

TAIPEI SECOND FREEWAY

CONNECTING ROAD

Taipeh

Zur Orientierung

Qing-Dynastie, in Taipeh, im heutigen Distrikt Jhongheng (Zhongzheng), eine Präfektur einzurichten. Heute ist Taipeh die größte Stadt, Regierungssitz und das kulturelle und ökonomische Zentrum der Insel.

In den gut drei Jahrzehnten seit den frühen 1970er-Jahren stand Taipeh vor denselben Problemen wie viele andere Städte Asiens, in denen Wirtschaftswachstum wichtiger war als Umwelt und Lebensqualität. Doch in den 1990er-Jahren machten die Stadtväter eine Bestandsaufnahme. Unerträgliche Staus führten zur Einrichtung des ausdehnten *Mass Rapid Transport System*, kurz MRT, das als das beste Asiens gilt. Busspuren an den verbreiterten Straßen ermutigen die Menschen, das Auto stehen zu lassen und die berüchtigten Taxifahrer der Stadt wurden angewiesen, sich gesittet zu benehmen und ihre Wagen sauber zu halten. Neue Parks verschafften den Einwohnern Raum zum Atmen.

Taipehs Straßen sind rasterförmig angeordnet, die Schilder chinesisch und englisch beschriftet. Dennoch ist die Orientierung nicht einfach. Die Straßen sind gemäß der Himmelsrichtung in Sektionen aufgeteilt; Seitenstraßen sind nummeriert, ihre Namen entsprechen den Hauptstraßen, von denen sie abzweigen. Die wichtigen Nord-Süd-Arterien sind englisch nummeriert und heißen Boulevards; die Ost-West-Verbindungen Avenues. Eine typische Adresse könnte also lauten: No. 24, Lane 18, Jhongshan (Zhongshan) North Rd., Section 2. Lassen Sie sich vor dem Ausgehen die Anschrift Ihres Ziels auf Chinesisch aufschreiben.

Die Einwohner Taipehs sind zu Ausländern durchweg freundlich, aber viele sprechen kein Englisch. Auskünfte auf Englisch gibt es in den Hotels und Polizeiwachen. ■

2-28 Memorial Peace Park und Umgebung

2-28 Memorial Peace Park

⛰ 56

🚇 MRT: National Taiwan University Hospital

Taiwan-Museum

www.tpm.gov.tw

⛰ 56

✉ 2 Siangyang (Xiangyang) Rd.

☎ 2382-2699

🚇 MRT: National Taiwan University Hospital

DER EHEMALIGE TAIPEH NEW PARK WURDE 1996 ZU EHREN der Taiwaner umbenannt, die bei einem Aufstand gegen die Missherrschaft der Nationalchinesen umkamen, der am 28. Februar 1947 begann (siehe Kasten S. 59). Interessant sind das Denkmal, die vielfältigen Museen und einige parktypische Merkwürdigkeiten. Morgens herrscht viel Betrieb, wenn die Menschen spazieren gehen und ihre Übungen des *tai ji quan* machen.

Direkt hinter dem Osttor steht das **2-28 Memorial**, ein eher hässliches, postmodernes Gebilde aus riesigen Betonwürfeln, die einen Stahlturm stützen. Das **2-28 Museum** dahinter informiert mit schockierenden Fotos und Artefakten über die unerfreulichen Aspekte der frühen Jahre der Kuomintang. Im Park gibt es auch ein Freilichttheater, Merkwürdig-

Der Shin Kong Life Tower erhebt sich über den 2-28 Memorial Peace Park, der an die Tausende erinnert, die 1947 beim Aufstand gegen die nationalchinesische Regierung ihr Leben ließen

keiten wie eine alte Kanone, zwei aus Europa stammende Dampflokomotiven des späten 19. Jahrhunderts, und eine megalithische Grabstätte.

Am Nordende des Parks steht das **Taiwan-Museum** für Naturgeschichte und Völkerkunde. Es wurde 1915 in einem hübschen – wenn auch überraschenden – klassizistischen Stil erbaut und kürzlich renoviert.

Das **Präsidentenpalais** (122 Chongcing/Chongqing Rd. Sec. 1, www.president.gov.tw) steht westlich des Parks am Ende des breiten Ketagalan Boulevards. Die Japaner errichteten den kühnen roten Ziegelbau, der 1919 fertiggestellt wurde, im damals beliebten Neurenaissance-Stil. Der zentrale Turm war einst das höchste Bauwerk Taipehs und um ihre Vorherrschaft zu unterstreichen, verboten die Japaner, etwas zu bauen, das höher war als dieser Turm.

Gleich nebenan steht das 1934 erbaute **Yuan-Gerichtsgebäude** (124 Chongcing Rd., Sec. 1). Mit seiner Ziegelfassade mit dem Bogentor, dem zentralen Turm und den steinernen Ornamenten hat es auffallende Ähnlichkeit mit dem Präsidentenpalais.

Von der Vorderseite des Taiwan-Museums aus geht es Richtung Norden die Guancian (Guanqian) Road hinunter zum Hauptbahnhof sowie zum 51 Stockwerke und 245 Meter hohen **Shin Kong Life Tower** (66 Jhongsiao/Zhongxiao West Rd., Sec. 1, Tel. 2389-5858). Erst seit Kurzem wird seine Höhe noch vom Taipei 101 (siehe S. 87) übertroffen. Die Aussichtsplattform im 46. Stock bietet einen großartigen Blick auf Stadt und Berge.

Überqueren Sie die Jhongsiao West Road zum Hauptbahnhof und zur **Taipeh Underground Mall**, einer 600 Meter langen Shopping-meile, die an der MRT-Station Zhongshan der Danshui-Linie endet und die Einkaufsviertel um den Hauptbahnhof mit der Nanjing West Road verbindet. In den Läden gibt es nichts Besonderes – Computer, Kleidung, Souvenirs, Bücher und Zeitschriften –, aber die Länge des Einkaufszentrums ist recht beeindruckend.

Wenn Sie an der MRT-Station Zhongshan aus der Mall kommen, gehen Sie zum **Museum zeitgenössischer Kunst** (39 Changan West Rd., Tel. 2552-3720, www.moca taipei.org.tw), dessen Architektur ebenfalls zumindest teilweise von der japanischen Besatzungszeit geprägt ist. Das ehemalige Regierungsgebäude wurde liebevoll restauriert und hat diverse oft sehr gute Ausstellungen zu bieten. ∎

Weißer Terror

Die brutale Behandlung und anschließende Verhaftung eines illegalen Zigarettenhändlers am 27. Februar 1947 löste am Tag darauf weitreichende Proteste gegen die Repressionen und die Korruption aus, die seit der Kapitulation der Japaner 1945 die Bevölkerung knebelten. Der damalige Präsident Chiang Kai-shek entsandte Tausende Soldaten vom Festland, um die Aufstände zu unterdrücken. Die Truppen trieben Anwälte, Akademiker, Ärzte, Studenten und örtliche Anführer zusammen und richteten sie hin. Berichte von Soldaten, die an Türen klopften und den Ersten erschossen, der ihnen öffnete, waren an der Tagesordnung. Zwischen 18 000 und 28 000 Menschen wurden ermordet, Tausende im Laufe des folgenden Jahrzehnts eingesperrt. Diese Zeit wird »Weißer Terror« genannt – für die Chinesen ist Weiß die Farbe des Todes. Einige Menschen blieben bis in die 1980er-Jahre in Haft. Erst unter der neuen Regierung wurden diese Gräueltaten 1996 offiziell zugegeben. ∎

Chiang Kai-shek Memorial

Chiang Kai-shek Memorial

www.cksmh.gov.tw

 56

✉ 21 Jhongshan (Zhongshan) South Rd.

☎ 2343-1100

 MRT: Chiang Kai-shek Memorial Hall

DIESE MASSIVE GEDÄCHTNISHALLE UND DER SIE UMGEbende Park wurden erbaut, um an Chiang Kai-shek, den Nationalistenführer und langjährigen Präsidenten der Republik China, zu erinnern. Die Arbeiten an dem 76 Meter langen, marmorverkleideten Bauwerk begannen 1977, zwei Jahre nach dem Tod des Generalissimus (wie er sich gern nennen ließ). An seinem fünften Todestag 1980 wurde es für die Öffentlichkeit freigegeben.

Heute, da Chiangs Aura verblasst ist, sind die Gärten, Pavillons und die große Plaza immer noch gut besucht, allerdings überwiegend von Menschen, die in der hektischen Stadt das Gefühl der Weite genießen, weniger von solchen, die dem Verstorbenen ihren Respekt erweisen wollen.

Auch wenn die Gedenkstätte heute einiges von ihrer Bedeutung verloren hat, sind ihre Größe und der architektonische Stil beeindruckend. Die faszinierende **Memorial Hall** aus glänzend weißem Marmor mit dem achteckigen Dach aus blau glasierten Ziegeln ist von einer goldenen Kuppel gekrönt. Sie steht inmitten von 25 Hektar gepflegter Gärten mit Hecken, Karpfenteichen und Pavillons. Um den Komplex erstrecken sich weiß gestrichene Mauern, die ebenfalls mit blauen Ziegeln belegt sind. Die Fenster der Außenwand haben die Form chinesischer Motive, wie etwa Pflaumenblüten oder aufgeschlagene Bücher.

Den Haupteingang zum Park schmückt das grandiose, 30 Meter hohe und fünfbogige, im Stil der Ming-Dynastie erbaute **Tor Dajhong Jhihjheng** (**Dazhong Zhizheng**, »Tor der Großen Mitte und Vollkommenen Aufrichtigkeit«) an der Jhongshan (Zhongshan) South Road. Die Marmorfassade und die elf Dächer mit den blau glasierten Ziegeln reflektieren die Optik des Hauptgebäudes. Das riesige Tor ist nach Südwesten auf die Kunlun-Berge in China ausgerichtet und symbolisiert Chiangs

Traum, eines Tages das Festland zurückzuerobern.

Hinter dem Tor beginnt die gepflasterte Plaza, die sich 200 Meter weit bis zur Gedenkstätte erstreckt. Flankiert wird sie vom Nationaltheater auf der rechten und der Nationalen Konzerthalle auf der linken Seite. Diese beiden Gebäude bilden das Nationale Kulturzentrum Chiang Kai-shek.

Die Plaza verengt sich zum **Ehrenboulevard**, der mit Beeten voller leuchtend roter Blumen gesäumt ist und schließlich die Marmorstufen zum Memorial hinaufführt. Hinein geht es an zwei wachsamen weißen Steinlöwen vorbei, durch den 16 Meter hohen Torbogen und zwei Bronzetüren, hinter denen eine Bronzestatue Chiangs stolz über die Plaza blickt. Inschriften an den Wänden rund um die Statue beschreiben Chiangs Auslegung von Sun Yat-sens politisch-philosophischer Schrift *Drei Prinzipien des Volkes* (gleich Nationalismus, Demokratie und soziale Neugestaltung). Von dort aus geht es eine der beiden Treppen mit jeweils 89 Stufen hinab, die das Lebensalter repräsentieren, in dem Chiang starb.

Im Untergeschoss befinden sich ein audiovisueller Raum, eine Bibliothek, ein Vortragsraum, ein Studienraum und zwei kleine Kunstausstellungen: die **Kunstgalerie Chiang Kai-shek** und die **Kunstgalerie Hua En**, in denen Ausstellungen einheimischer und internationaler Künstler zu sehen sind.

Der größte Teil dieses Bereichs aber ist die 2000 Quadratmeter große **Ausstellungshalle** mit Exponaten zu Chiangs Leben und seinen Errungenschaften, darunter Dokumente, Fotos, Gemälde und andere Erinnerungsstücke. Highlights der Ausstellung sind die beiden glänzend schwarzen, kugelsicheren Limousinen des verstorbenen Präsidenten. Im **Chiang Kai-shek Memorial Office** befindet sich die aus den 1950er-Jahren stammende Original-Büroausstattung des Generalissimus inklusive seiner Stifte, des Schreibtischs und der Schränke. Nach dem Besuch der Gedenkstätte sollten Sie sich die Zeit für einen Spaziergang durch die gepflegten Gärten nehmen.

NATIONALES KULTURZENTRUM CHIANG KAI-SHEK

Die beiden nahezu identischen Gebäude, die sich an der Plaza gegenüberstehen – das **Nationaltheater** und die **Nationale Konzerthalle** – bilden einen deutlichen Kontrast zur Strenge der Gedächtnishalle.

Diese Gebäude, beide Zentren der darstellenden Künste, sind im Stil chinesischer Paläste erbaut. Auf weißen Betonsockeln stehende rote Säulen stützen die bunten Dachtraufen und die strahlend gelben Dächer.

Jedes Jahr finden mehr als 800 Aufführungen von Weltruf in diesen Häusern statt. Tickets gibt es am Empfangstresen im ersten Stock des Nationaltheaters. ■

In der wunderschönen Nationalen Konzerthalle finden jedes Jahr Hunderte von Aufführungen statt

**Nationales
Geschichts-
museum**

www.nmh.gov.tw

🏛 56

✉ 49 Nanhai Rd.

☎ 2361-0270

🕐 Mo geschl.

🚌 Bus: 204, 238, 243,
    248, 262

**Botanischer
Garten**

http://tpbg.tfri.gov.tw

🏛 56

✉ 53 Nanhai Rd.

☎ 2303-9978

🚌 Bus: 204, 238, 243,
    248, 262

**Das am fried-
vollen Lotusteich
gelegene Ge-
schichtsmuseum
bietet innen
Historisches und
außen erholsame
Spaziergänge
(oben und rechts)**

Nationales Geschichtsmuseum und botanischer Garten

AUCH WENN ES VOM GRÖSSEREN NATIONALEN PALASTMU-
seum (siehe S. 80ff) überschattet wird, ist das Nationale Geschichtsmuseum doch eine Schatzkammer voll historischer chinesischer Artefakte.
Nach dem Besuch lockt der botanische Garten zu einem Spaziergang.

Die meisten der 10 000 Kunstwerke
des Museums stammen vom chinesischen Festland oder wurden von pri-
vaten Organisationen gespendet. Zu
der beeindruckenden Sammlung, die
sich über drei Stockwerke erstreckt,
gehören Bronzen, Jadefiguren, Keramik, Porzellan, Lack-Kunstwerke,
Textilien, Inschriften, Münzen,
Schnitzereien, Gemälde und Kalligrafie. Wie in den meisten Museen
Taiwans, so sind auch hier Erklärungen auf Englisch eher die Ausnahme.
Es finden allerdings täglich um 15 Uhr
Führungen in englischer Sprache
statt und auch kostenlose englische
Audio-Führer sind erhältlich.

Direkt hinter dem Eingang beginnt ein Flur, der durch das gesamte
Museum führt und mit Steinstelen
und buddhistischen Bildwerken aus
der Zeit der frühen chinesischen

Dynastien gesäumt ist. Zu ihnen gehören eine faszinierende vierseitige
Tausend-Buddha-Säule aus der
Nördlichen Qi-Dynastie (550–577)
sowie das Herzstück der Sammlung,
ein 1,53 Meter hoher Buddha-Turm
aus der Nördlichen Wei-Dynastie
(386–534). Auf dieser Steinmetz-
arbeit in Form einer Pagode sind
Hunderte von betenden Mönchen
und Nonnen dargestellt.

Vom Fahrstuhl in den **ersten
Stock** aus geht es in einen Flur mit
chinesischen Landschaftsbildern und
Kalligrafie. Am Ende dieses Ganges
werden wechselnde Ausstellungen
gezeigt. Die weiteren Räume in diesem Stockwerk enthalten die große
Sammlung dreifarbiger Keramiken
der Tang-Zeit (618–907). Die Stücke,
die von hoher Qualität sind, sind typisch für die Eleganz dieser Periode.

Die Objekte im ersten Teil dieser Ausstellung waren zum Teil von praktischem Nutzen, so etwa dreibeinige Behälter und Weihrauchgefäße; aber auch glasierte Tierfiguren in Form von Ochsen, Hühnern und anderen symbolischen Wesen sind zu sehen, außerdem Pferde und Reiter beim Polo, dem Spiel der Könige, das in der Tang-Zeit von Persien nach China kam. Danach kommen weitere Pferde, diesmal ohne Reiter. Die ausdrucksstarken Figuren, die als Grabbeigaben dienten, sind erstaunlich detailgetreu, ebenso die Kamele, die auf die Pferde folgen. All diese satteltragenden Tiere haben einen ähnlichen Ausdruck: den Kopf hochgerissen und das Maul weit geöffnet, als würden sie brüllen.

Im letzten Teil der Sammlung sind Figurinen aus der Tang-Zeit zu sehen: Hofdamen, Militärs und zivile Würdenträger, außerdem böse dreinblickende Chimären als Himmelswächter.

Im **zweiten Stock** befindet sich die Ausstellung kultureller Artefakte, eine faszinierende, wenn auch etwas bunt zusammengewürfelte Sammlung von Objekten aus verschiedenen Dynastien. Leider fehlen auch hier die Beschriftungen in englischer Sprache. Zu den ausgestellten Gegenständen gehören Keramikkissen mit Blumenmuster, Porzellanteller, Buddhastatuen aus Bronze und Gold, Keramikmodelle von Häusern und Bronzepagoden, bronzene Wein- und Kochgefäße sowie aus Stein gearbeitete Landschaften.

Im dritten Stock sind fein gewebte Rangabzeichen zu sehen, die in der Qing-Dynastie von Militärs und Zivilisten getragen wurden. Außerdem gibt es hier eine Ausstellung alter Trinkgefäße, darunter Keramiktassen, Tonflaschen und winzige Weinbecher. Durch eine mondförmige Tür geht es in ein traditionelles Teehaus mit Holzboden, einfachen Holztischen und -stühlen und einem

schönen Blick auf den lauschigen botanischen Garten.

BOTANISCHER GARTEN

Der acht Hektar große Garten grenzt an das Museum an und ist in 17 Abschnitte mit unterschiedlichen Pflanzenfamilien unterteilt, die durch schattige Pfade, Plankengänge und unregelmäßig geformte Teiche miteinander verbunden sind. Die Hauptattraktion ist der **Lotusteich**, in dem Seerosen im Sommer in leuch-

tenden Rot-, Weiß- und Gelbtönen erstrahlen. Der malerischste Eingang zum botanischen Garten liegt in der Heping West Road. Auf der kleinen Plaza hinter dem Tor hängt eine Karte. Zum Lotusteich führt der Weg dann nach rechts.

Andere Höhepunkte sind das **Herbarium** (von der Plaza am Eingang aus den Weg geradeaus nehmen), ein **Palmengarten** am Weg zum Lotusteich sowie der **Farngarten** in der nordwestlichen Ecke, wo man über einen Plankenweg durch eine üppige Landschaft wandern kann, die stark an *Jurassic Park* erinnert. ■

Traditionelle chinesische Medizin

Die traditionelle chinesische Medizin basiert auf dem Konzept von Yin und Yang – dem Glauben an kontrastierende Elemente der Natur – und dem Konzept des Qi, der Körperenergie. Chinesische Ärzte versuchen, die Balance dieser theoretischen Körperenergie mit Kräutern, Mineralien, Tierprodukten, Akupunktur, Massage und anderen Methoden zu beeinflussen. Sie sind überzeugt, dass die Wiederherstellung der Harmonie der Organe und körpereigenen Systeme ihre Patienten heilt.

In bestimmten Straßen von Taipeh reiht sich eine traditionelle Apotheke an die andere. Oft erinnern die exotischen Bestandteile der Heilmittel, die in Schubladen und langen Reihen von Gefäßen untergebracht sind, eher an ein Museum für Naturgeschichte als an eine Apotheke. Zu den Kuriositäten gehören Zimt und Bernstein zur Beruhigung der Nerven, Pfirsichkerne und Saflorblüten für eine bessere Durchblutung und Ginseng zur Herzstärkung. Oft sieht man auch Schlangen und Echsen in großen Gläsern herumschwimmen.

Während eines Großteils von Chinas turbulenter Vergangenheit waren Akupunktur und Kräuter die wichtigsten Heilmethoden. Bis zum 20. Jahrhundert hatten chinesische Ärzte 350 genaue Akupunkturpunkte gefunden und in Systemen zusammengefasst, die die Körperenergie oder das Qi durch den Körper leiten sollen. Moderne Ärzte versenken rostfreie Stahlnadeln in diese Punkte, die dann bewegt und gedreht werden, um den gewünschten Effekt zu erzielen. Man geht davon aus, dass die Akupunktur Endorphine freisetzt, die Schmerzen blockieren und eine leichte Euphorie auslösen.

In der chinesischen Literatur sind mehr als 2000 Heilmittel verzeichnet, allerdings werden heute nur noch rund 150 eingesetzt. Die Taiwaner schwören auf die traditionelle Medizin, wenn auch viele nicht abgeneigt sind, auch westlich orientierte Ärzte aufzusuchen. Besucher aus dem Westen sollten Vorsicht walten lassen, wenn es um die traditionelle Medizin geht: Einige Kräutermischungen sind sehr stark und können auch gefährlich sein.

Der Einsatz von Mixturen ist die Grundlage der chinesischen Kräuterheilkunde. Beim Arztbesuch beantwortet der Patient Fragen zu seinem Gesundheitszustand. Nach der Diagnose und oft auch einer körperlichen Untersuchung wählt der Arzt gewöhnlich vier oder fünf Heilmittel aus, die der Patient zu Hause selbst zu einem dicken Gebräu aufkocht. Die Anhänger dieser Heilmethode sind überzeugt davon , dass diese Mittel Fieber senken, gegen Durchfall und Kopfschmerzen helfen und ganz allgemein die Gesundheit fördern.

Die Massage ist eine weitere traditionelle Heilmethode. Durch die Wiederherstellung des Qi oder das Befreien verstopfter Qi-Kanäle sollen Probleme wie Steifheit, Rückenschmerzen, Fieber oder Gelenkbeschwerden geheilt werden. Die Massage ist oft etwas ruppig und es kommt dabei nicht selten zu Blutergüssen, die angeblich dort auftreten, wo das störende Ungleichgewicht zuvor herrschte.

Damit verwandt ist der Einsatz von Saugnäpfen aus Glas oder Bambus, die schlechte Energie heraussaugen und Arthritis heilen sollen. Die Saugnäpfe werden mit alkoholgetränkter, brennender Watte erhitzt, damit ein Vakuum entsteht, und dann auf bestimmte Körperstellen gesetzt, wo sie die Haut ansaugen. Wie die Massage hinterlässt auch dies seine Spuren: Auf

Beinen und Rücken taiwanesischer Sonnenanbeter sind oft kreisrunde Blutergüsse zu sehen.

Die traditionelle chinesische Medizin wird auch im Westen zunehmend populär. Ihre Verfechter halten sie in chronischen Fällen für sehr nützlich, doch wissenschaftliche Untersuchungen zur Wirksamkeit und Sicherheit stehen bislang noch aus. ■

Links: Ein chinesischer Apotheker wiegt die Zutaten zu einer Mixtur sorgfältig ab

Oben: Die Kästen in einem Geschäft für traditionelle Medizin können Hunderte Kräuter und exotische Heilmittel enthalten, die sehr genau abgemessen und gemischt werden

Taipehs Nachtmärkte

IN DER GANZEN STADT GIBT ES NACHTMÄRKTE. AUF EINIGEN werden die altbekannten Snacks, Textilien und der übliche Schnickschnack verkauft, während andere exotischere Speisen bieten. Die Märkte öffnen gewöhnlich gegen 18 Uhr und schließen etwa um Mitternacht.

GUANGHUA-MARKT

Taiwan ist der weltgrößte Produzent von Notebooks und es scheint fast, als würden die meisten davon auf dem Guanghua-Markt verkauft. Hunderte Händler bieten Laptops, Computer, Software, Digitalkameras, Mobiltelefone und andere Elektronik an. Viele der höflichen Verkäufer sprechen ein bisschen Englisch und drängen niemandem etwas auf. Es ist durchaus in Ordnung, die Preise der verschiedenen Anbieter zu vergleichen und sich bei jedem beraten zu lassen. Mit der MRT zur Station Zhongxiao-Xinsheng fahren.

TOURISTEN-NACHT-MARKT HUASI (HUAXI)

Der Markt – besser als **Snake Alley** bekannt – ist von den Stadtvätern auf Vordermann gebracht worden. Einst berüchtigt für seine Schlangenrestaurants, Bordelle, zwielichtigen

Auf Taipehs Nachtmärkten wie diesem in Wanhua herrscht Hochbetrieb. Hier gibt es alles, von Snacks bis zu Computern

TOURISTEN-NACHT-MARKT RAOHE

Diesen Markt, der nordöstlich der Bade Road, Section 4, und der Fuyuan Street liegt, betritt man durch einen Bogengang. Etwa 140 Straßenhändler und 400 Minishops säumen die schmale, 500 Meter lange Raohe Street. Um hinzukommen, einen der folgenden Busse nehmen: 28, 32, 51, 53, 54, 63, 203, 205, 256, 306 oder 311.

SHIHLIN-NACHTMARKT

Dies ist der größte Nachtmarkt Taipehs und der ideale Ort, um die leckeren taiwanesischen Snacks zu probieren. In dem neuen, mehrstöckigen Bau sind 380 Händler untergebracht, bei deren Angebot einem das Wasser im Mund zusammenläuft (unbedingt die Austernomeletts probieren). Das muntere Treiben, blinkende Neonlampen und Arbeiter, die mit Schildern auf die Spezialitäten ihrer Bude hinweisen, tragen zur Atmosphäre bei.

Bis spät in die Nacht ist es hier unglaublich voll. Kinder (und Erwachsene) schießen mit Luftgewehren auf Ballons, um Preise zu gewinnen, und auch die Wahrsager haben immer viel zu tun. Ansonsten gibt es hier das Übliche: billige Kleidung, Schuhe, CDs, Taschen und Spielzeug. Mit der MRT zur Station Jiantan fahren; der Markt liegt etwas nordwestlich davon, nahe dem Yangming-Theater in der Wenlin Road.

STRASSEN-NACHTMARKT TONGHUA

Westlich der Jilong Road, zwischen Sinyi (Xinyi) Road, Section 4, und Heping East Road, Section 2, liegt einer der kleineren Märkte, auf dem aber trotzdem immer viel Betrieb herrscht. Der Markt ist mit dem Linjiang-Straßenmarkt verbunden, auf dem es alle möglichen leckeren Snacks gibt, von Würstchen über gefüllte Brötchen bis hin zu gedämpften Reiskuchen. ■

Wahrsager und diversen Betrüger, ist der Markt zu einem Ort geworden, den selbst das Fremdenverkehrsamt empfiehlt. Einige Schlangenrestaurants gibt es immer noch auf dem überdachten Straßenmarkt, und sie sind die Hauptattraktion, denn viele Besucher kommen wegen der unterhaltsamen, wenn auch manchmal grausamen Spielchen der Schlangenbeschwörer, die vor den Restaurants sitzen. Man findet hier aber auch konventionellere Restaurants mit Pfannkuchensuppe, salzigem Reispudding, Süßwasserschildkröten und anderen Meeresfrüchten. In den Geschäften werden Koffer, Bücher, Früchte und Souvenirs feilgeboten. Zum Markt fährt die MRT; an der Station Longshan-Tempel aussteigen.

Der Longshan-Tempel

Longshan-Tempel

🅰 56

✉ 211 Guangjhou (Guangzhou) St.

☎ 2302-5162

Ⓜ MRT: Longshan Temple

DER LONGSHAN (»DRACHENBERG«) IST EINER DER ÄLTESTEN und wichtigsten Tempel Taiwans und hat in den letzten rund 260 Jahren seinen Teil an Katastrophen erlebt. Ursprünglich 1738 erbaut, wurde er 1815 von einem Erdbeben zerstört, wieder aufgebaut und 1867 von einem Taifun schwer beschädigt. Zwischen 1919 und 1924 wurde er vollständig wiederhergestellt, nur um 1945 von einer fehlgeleiteten alliierten Fliegerbombe getroffen zu werden, die zwar die Haupthalle zerstörte, aber Guanyin, die Hauptgottheit des Tempels, unversehrt ließ. 1957 wurde die Haupthalle neu erbaut und der Rest des Tempels restauriert.

Einwanderer aus drei Bezirken der chinesischen Provinz Fujian, die im 18. Jahrhundert nach Manka (heute Wanhua, Taipehs ältestes Viertel) zogen, haben diesen Tempel erbaut. Die Neuankömmlinge benannten ihn nach dem heiligen Drachenberg, den sie zuvor in China verehrt hatten. Ursprünglich war er ein buddhistischer Tempel, aber im Laufe der Zeit wurden auch viele taoistische und andere Gottheiten in seine reiche Ausstattung einbezogen.

Berühmt ist der Tempel für seine unglaublich detaillierten Steinmetz-arbeiten, Holzschnitzereien und Bronzearbeiten. Für den Neubau 1919 verpflichteten die Tempelhüter einen der besten Tempelarchitekten aus Fujian, Wang Yi-syun (Yi-xun). Noch heute darf er nur von den erfahrensten Handwerkern gepflegt und restauriert werden.

Die zwölf tragenden Säulen in der Haupthalle, die mit sich windenden Drachen verziert sind, stellen ein gutes Beispiel für das üppige Dekor dar. Eine etwas subtilere Form des Tempelschmucks – zumindest für das westliche Auge –

Einer der vielen Altäre von Longshan – ein wahres Fest für die Sinne

sind die Inschriften an den Wänden und Säulen. Sie sind nicht nur wegen ihrer großen Anzahl außergewöhnlich, sondern auch dank der literarischen und kalligrafischen Leistung. Noch heute kommen Besucher nur nach Longshan, um Abreibungen von diesen wundervollen Schriften anzufertigen.

Der Tempel besteht aus drei Hallen – vordere, mittlere und hintere –, die durch Höfe voneinander getrennt sind. Die Haupttore sind nur zu besonderen Anlässen geöffnet. Der Überlieferung zufolge soll man durch das kleine Tor rechts des Haupteingangs eintreten und den Tempel durch die linke Tür wieder verlassen. Das steingerahmte Fenster links des Haupteingangs ist mit Szenen aus dem Roman *Die Geschichte der Drei Reiche* geschmückt. Rechts des Eingangs befindet sich ein achteckiges Bambusfenster, in das die chinesischen Symbole für »Feuerwerkskörper verkünden, dass alles gut ist« eingeschnitzt sind.

Auf dem **Hof** vor der Haupthalle wechseln sich die Menschen dabei ab, unter einer riesigen gelben Laterne zu stehen, dabei Räucherstäbchen zu halten und sich im Gebet zu verneigen.

In der kleinen **vorderen Halle** fallen besonders die Granitwände mit den Basreliefs, die Säulen mit den Inschriften und die beiden in Bronze gegossenen Drachensäulen auf, die in Taiwan einzigartig sind. Der bugförmige Dachfirst ist mit Drachen und leuchtend bunten Porzellanfiguren verziert, die mythologische Szenen darstellen. Diese markanten Stilelemente und ebenso die gemalten Muster an der Unterseite der Traufen und Dachstreben findet man auch in den beiden anderen Hallen wieder.

Um in den **ersten Hof** zu kommen, gehen Sie durch einen der Gänge beiderseits der Vorderhalle.

Der östliche Gang führt zum **Glockenturm**, der westliche zum **Trommelturm**, die beide ungewöhnliche zweistöckige Dächer in Form eines Sechsecks haben.

Der Guanyin-Schrein befindet sich in der **Haupthalle**. Er ist von wundervollen Ornamenten und einer wahren Farbenpracht umgeben. Begleitet wird Guanyin von den Bodhisattvas Manjushri zur Linken und Samantabhadra zur Rechten sowie 18 weniger bedeutenden Figuren.

Ursprünglich bauten taiwanesische Händler die **hintere Halle** Ende des 18. Jahrhunderts, als der Distrikt Manka als Handelshafen an Bedeutung gewann. Hier bekam die populäre taoistische Gottheit Mazu (siehe Kasten S. 169) ihren Schrein. Auch hier sind Wände und Säulen reich geschmückt. Zwei Säulen sind eher ungewöhnlich, denn sie stellen menschliche Figuren dar. Links und rechts der Gottheit befinden sich die Schreine einiger weniger bedeutender Götter (im Longshan-Tempel werden nämlich Dutzende von Gottheiten verehrt).

Der Tempel ist fast immer voller Betender und Touristen; die beste Zeit für einen Besuch ist der frühe Abend, denn dann herrscht am meisten Betrieb.

Im Longshan-Tempel beten die Menschen zu Dutzenden von Gottheiten

DER LONGSHAN-TEMPEL

Der Tempel, 1738 erbaut und oft als Taiwans Verbotene Stadt bezeichnet, ist der besterhaltene seiner Art in Taiwan. Seine Dächer haben zahlreiche gerollte Traufen und selbst die Säulen und Balken sind mit Schnitzereien verziert. Besonders faszinierend aber sind die Steinskulpturen, Holzschnitzereien und Bronzearbeiten.

Haupthalle

Westlicher Seitenraum

Trommelturm

Ausgang (Tiger)

Vordere Halle

Eingang (Drachen)

Hintere Halle

Östlicher Seitenraum

Glockenturm

Die Haupthalle ist Guanyin gewidmet, der buddhistischen Göttin der Barmherzigkeit, die hintere Halle der taoistischen Meeresgottheit Mazu; daneben gibt es zahlreiche Altäre, die weniger bedeutenden Gottheiten verschiedener Religionen geweiht sind. Sie alle wurden aus China hierher mitgebracht und aus rein praktischen Erwägungen an diesem Ort zusammengefasst. ∎

Die Straßen um den Longshan-Tempel sind Teil von Taipehs ältestem Bezirk

Zu Fuß durch den Wanhua-Distrikt

Anfang des 19. Jahrhunderts war Wanhua, die erste Siedlung von Taipeh, Taiwans drittgrößte Stadt, was sie dem florierenden Handel mit dem Festland zu verdanken hatte. Sein Niedergang begann, als flussabwärts am Danshuei (Danshui) Siedlungen entstanden. Es ist aber noch vieles aus Wanhuas prächtiger Vergangenheit erhalten, und dort spazieren zu gehen, ist sehr unterhaltsam. Die beste Zeit ist der Abend.

Starten Sie am **Tempel Cingshuei (Qingshui)** ❶ *(81 Kangding Rd., Tel. 2371-1517)*, in dem der taoistische Mönch Chen Chao-ying aus der Song-Zeit dafür verehrt wird, dass er sich für die medizinische Versorgung der Armen einsetzte. Fabelwesen und feine Schnitzereien schmücken Wände und Decken des Tempels.

Verlassen Sie den Tempel durch den Vordereingang und gehen Sie etwa 270 Meter weit geradeaus nach Westen, die Gueiyang (Guiyang) Street, Section 2, entlang. Überqueren Sie die Siyuan (Xiyuan) Road, nach weiteren zehn Metern kommt der **Tempel Cingshan (Qingshan)** ❷ *(218 Gueiyang St., Sec. 2)*, eingekeilt zwischen zwei Häusern. Die Balkenschnitzereien und Wandmalereien in diesem schmalen Tempel sind sehenswert. Die Gottheit, die in der Haupthalle hinter dem Tempelhof verehrt wird, ist König Cingshan (Qingshan), der die Pest vertreiben kann und Recht spricht.

Jetzt geht es zurück zur Siyuan Road. Biegen Sie dort rechts nach Süden ab. Nach etwa 20 Metern erreichen Sie das **Yadong Tianbula** ❸ (Siyuan Rd., Sec. 1), ein sauberes Restaurant mit Klimaanlage, das auf taiwanesische Snacks spezialisiert ist. Probieren Sie *mian sian (mian xian)* – Fadennudelsuppe mit Austern.

Gehen Sie danach auf der Siyuan Road weiter und biegen Sie nach rechts, also nach Westen, in die Gueilin (Guilin) Street ein. Nach hundert Metern lockt der Eingang zur **Snake Alley** ❹, auch Huasi (Huaxi) Street genannt. Schlendern Sie an den Fischgeschäften, Antikshops und Fußmassagesalons vorbei – und den berühmten Schlangenrestaurants.

Verlassen Sie die Snake Alley an der Guangjhou (Guangzhou) Street und biegen Sie links nach Osten ab. Gehen Sie etwa hundert Meter weit und überqueren Sie dabei die Siyuan Road. Links liegt der **Longshan-Tempel** ❺ (siehe S. 68ff), eine der wichtigsten Gebetsstätten Taipehs. Entlang der östlichen Außenmauer verläuft die **Kräutergasse (Cingcao/ Qingcao)** ❻, eine schmale, überdachte Gasse voller

Steintafel ⑦ (243 Guangjhou St.) am Renci (Renqi) Hospital. Die Inschrift berichtet von dem Waisenhaus, das die Einwohner von Wanhua 1870 gründeten.

Weiter geht es auf der Guangjhou Street Richtung Westen. Nach knapp 200 Metern biegen Sie rechts in die Huanhe South Road, Section 2, ab. Nach weiteren 300 Metern, auf denen Sie auch die Gueiyang Road überqueren, sehen Sie rechts ein riesiges Kaufhaus, **Jia Jhen (Jia Zhen)** ⑧ (183 Huanhe Rd.). Hier gibt es sowohl nützliche Dinge als auch interessante Souvenirs, darunter traditionelle Kochgefäße. ■

Säcke und Kästen mit verschiedenen Teesorten und herrlich duftenden Gewürzen.

Zurück zur Guangjhou Street, biegen Sie rechts ab und überqueren Sie erneut die Siyuan Road. Nach knapp hundert Metern erreichen Sie die **Danbei Yuyingtang Waisenhaus-**

- Siehe Karte S. 56
- Tempel Cingshuei (Qingshui)
- 1,25 km
- 3 Stunden
- Küchenkaufhaus Jia Jhen (Jia Zhen)

UNBEDINGT ANSEHEN
- Tempel Cingshuei
- Longshan-Tempel
- Kräutergasse

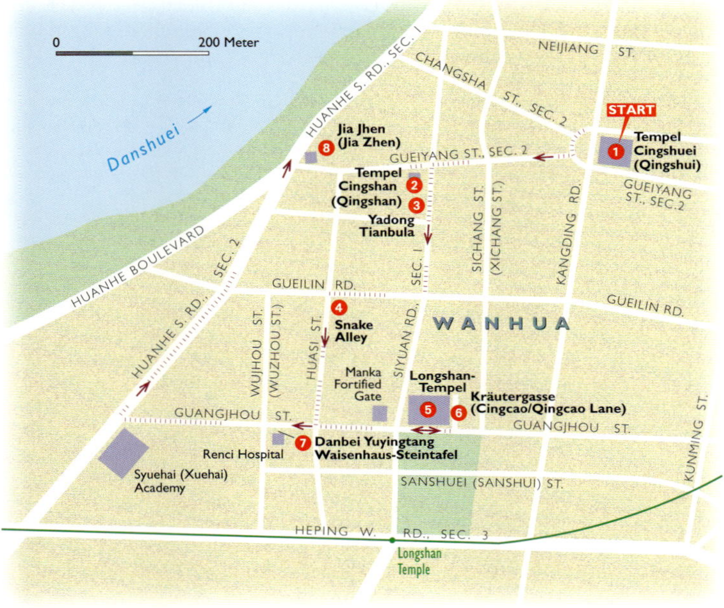

Das Anwesen Lin An Tai

**Anwesen
Lin An Tai**

www.ca.taipei.gov.tw/civil/
lin-an-tai/

🚇 56

✉ 5 Binjiang St.

☎ 2598-1572

🕐 Mo geschl.

💲 $

🚆 MRT: Yuanshan

AN DIESES 1783 BIS 1785 ERBAUTE WOHNHAUS, DAS ÄLTESTE Taipehs, wurden zwischen 1822 und 1823 noch Seitenflügel angebaut. Ursprünglich stand es im Daan-Distrikt, rund anderthalb Kilometer weiter südöstlich. Doch weil es durch die Stadtentwicklung bedroht war, wurde es 1978 Stein für Stein abgebaut, eingelagert und 1983 an seinem heutigen Standort wieder aufgebaut.

Das Haus ist ein großartig erhaltenes Beispiel für den südlichen Fujian-Stil aus der Zeit der Ming (1368–1644) und Qing (1644–1911). Vor dem Gebäude erstrecken sich Rasenflächen, Hecken und ein kleiner **halbmond-förmiger Teich**. Das Wasser ist nicht nur ein Zugeständnis an *fengshuei (fengshui)*, sondern auch Lebensraum für Fische und zugleich Löschwasser für den Brandfall.

Schnitzereien von Früchten und Vasen schmücken die Eingangstür. Familiensiegel und Banner rechts neben der Tür symbolisieren Bildung und Einfluss.

Die Torhalle hinter dem Eingang ist ebenfalls reich geschmückt. Die in die Decke geschnitzten Früchte symbolisieren Langlebigkeit, viele Generationen und Glück. Fabelwesen schmücken die tragenden Säulen.

Von der Torhalle geht es in den **Innenhof**, von dem aus die inneren Gebäude und die Haupthalle zu erreichen sind. Die Holztüren der inneren Räume sind mit geschnitzten Mustern über feinem Gitterwerk reich verziert.

In der **Haupthalle**, dem am stärksten verzierten Raum, steht der hölzerne Ahnenaltar, in den legendenhafte Figuren eingeschnitzt sind und dessen filigran gearbeitetes Gitterwerk Blumenmuster darstellt. Auf den Fensterrahmen tummeln sich Drachen.

Überdachte Flure verbinden das Gewirr der inneren und äußeren Räume. Insgesamt sind es 34, von denen viele zu einem kleinen Museum gehören, in dem Kleidung, Waffen und andere Artefakte aus der Kaiserzeit zu sehen sind. ■

Taipehs ältestes Wohnhaus spiegelt sich im halbmondförmigen Teich

Konfuzius- und Baoan-Tempel

DIE BEIDEN BENACHBARTEN TEMPEL KÖNNTEN NICHT UNterschiedlicher sein. Der eher schlichte Konfuzius-Tempel steht in krassem Gegensatz zu der opulenten Huldigung des Gottes der Medizin im Baoan-Tempel. Die Architektur des Konfuzius-Tempels passt zu seiner meditativen Natur, während der Baoan-Tempel die Verehrung widerspiegelt, die Taiwan seinen unzähligen Gottheiten entgegenbringt.

Konfuzius-Tempel

🅰 56
✉ 275 Dalong St.
☎ 2592-3924
🚌 Bus: 41, 246, 288

Der **Konfuzius-Tempel** ist von Bambushainen, kunstvollen Gärten, Bonsaibäumchen, Teichen und geschwungenen Miniaturbrücken umgeben. Die Tempelgebäude sind zwar sehr detailliert gearbeitet, doch mit dem Schmuck hat man sich zurückgehalten, was für die meisten Konfuzius-Tempel Taiwans typisch ist.

Die jährlichen Feiern zu Konfuzius' Geburtstag am 28. September (auch als »Tag des Lehrers« gefeiert) finden in der **Dacheng-Halle** des Tempels statt, in der sich auch die Schreibtafel des Konfuzius befindet. Die Halle ist ein architektonisches Meisterwerk, allerdings ohne den üblichen Tempelschmuck. Sein unverkennbares doppeltes Schwalbenschwanzdach wird von einem Schiffsbugfirst gekrönt, auf dessen Mitte eine Pagode steht, die Böses abwehren soll. An beiden Enden des Bugs befinden sich zwei zigarrenförmige Objekte, Repliken der Bambuszylinder, die einst der Aufnahme von Manuskripten dienten. Steinerne Drachensäulen stützen das untere Dach und die schweren Holztüren sind mit fantastischem Gitterwerk geschmückt.

Im Innern der Halle ist das komplizierte Zusammenspiel der Dachbalken besonders interessant. Beim Bau des Tempels wurde kein einziger Nagel verwendet.

Im mehr als 200 Jahre alten **Baoan-Tempel** (*61 Hami St., Tel. 2595-1676, www.baoan.org.tw*) schmücken Drachen die tragenden Säulen und Dachfirste, die unter dem Gewicht der vielen mythologischen Porzellanfiguren zu ächzen scheinen.

Das Tempelinnere ist überladen mit den goldenen Abbildern vieler Gottheiten, darunter auch einem von Baosheng Dadi, einer Gottheit der Medizin, die 1805 von chinesischen Einwanderern aus der Provinz Fujian mitgebracht wurde. ∎

Die Feste im Baoan-Tempel sind so farbenfroh wie der Tempel selbst

Konfuzianismus in Taiwan

Der aus einer armen, aber vornehmen Familie stammende Konfuzius (551–479 v. Chr.) war einer der bekanntesten Weisen des alten China. Bis zum Ende der Qing-Dynastie Anfang des 20. Jahrhunderts war sein Gedankengut offizielles Staatsprinzip. Viele seiner Dogmen prägen noch heute den Charakter Taiwans.

Nach seinem Tod wurden die Lehren des Konfuzius in einem Werk zusammengefasst, das später zur Pflichtlektüre chinesischer Gelehrter wurde. Konfuzius glaubte an die Harmonie und war davon überzeugt, dass wahre Erfüllung nicht durch die Befriedigung materieller oder fleischlicher Genüsse zu erlangen sei, sondern vielmehr durch Großzügigkeit seinen Freunden gegenüber, häufige soziale Kontakte und das strenge Beachten der hierarchischen Ordnung. Sein größtes Anliegen war die Erschaffung des moralischen Menschen, der *li* und *ren* respektiert. *Li*, das Ritual, ist die Praxis, Zeremonien abzuhalten, Riten, die die Menschen durch das tägliche Leben leiten. *Ren*, das Wohlwollen, ist die Kraft, die Menschen in ein Netzwerk aus Beziehungen und Verpflichtungen einbindet.

Für Konfuzius gab es in jeder menschlichen Beziehung einen Über- und einen Unterlegenen, wie Herrscher und Untertan, Vater und Sohn, Mann und Frau. Konfuzius lehrte, dass der Unterlegene den Überlegenen respektieren und ihm gehorchen müsse, aber auch, dass diese Überlegenen Pflichten gegenüber den Unterlegenen hätten.

Die moderne westliche Ansicht, dass man sich Respekt verdienen muss, hat in Taiwan die Lehren des Konfuzius teilweise abgelöst, dennoch haben sie überlebt und spielen in der taiwanesischen Gesellschaft nach wie vor eine wichtige Rolle. Die Hierarchie bestimmt noch heute die Beziehungen innerhalb der Familien.

In der Familie hat nach wie vor der Vater das Sagen – so wird zum Beispiel bei Wahlen so gestimmt, wie der Vater es vorschreibt. Andere Familienmitglieder – Mütter, älteste Söhne – nutzen gern die Gelegenheit, ihre »Untergebenen« mit Drohungen aller Art unter der Fuchtel zu halten. Viele junge Taiwaner hassen natürlich diesen familiären Druck, tun aber trotzdem, was ihnen gesagt wird.

Das Konzept des *ren* wird bei besonders geschätzten Kontakten am deutlichsten, sei es bei der Arbeit, zu Hause oder unter Freunden. Aus *ren* ist der moderne Begriff *guansi (guanxi)* geworden, der Beziehungen beschreibt, die über den engen Freundes- und Familienkreis hinausgehen. Im täglichen Leben ziehen es manche Taiwaner vor, Streitigkeiten zu regeln und Geschäfte zu machen, ohne sich dazu an Behörden zu wenden. Autounfälle werden in Taiwan zum Beispiel oft so bereinigt: Die Gegner diskutieren, einer erkennt die Schuld an, bezahlt – und das war's. Die Polizei wird nur gerufen, wenn es sich absolut nicht vermeiden lässt.

Das Bildungssystem ist noch immer deutlich vom *li* geprägt. Testergebnisse bestimmen den Rang des Schülers und von ihnen hängt ab, welche weiterführenden Schulen und Universitäten er besuchen darf. Die Regierung arbeitet daran, diese Hierarchie abzuschaffen, macht aber nur langsam Fortschritte.

Wahrscheinlich werden die konfuzianischen Ideale im modernen Taiwan weiter verblassen. Durch die Modernisierung und Globalisierung wird der Einfluss der westlichen Kultur und ihrer Werte immer stärker. ■

Zum Geburtstag des Konfuzius (oben) finden alljährlich im September rituelle Feiern statt (rechts)

Taipeh Kunstmuseum und Umgebung

AUF DEN ÜBER 11000 QUADRATMETER GROSSEN AUSSTEL-
lungsflächen des Kunstmuseums sind regionale und internationale
Sammlungen zeitgenössischer und moderner Kunst zu sehen, sowohl
in Dauer- als auch in Wechselausstellungen. Dazu kommen faszinierende elektronische Medien im weitverzweigten Erdgeschoss.

Die Modernität des Museums spiegelt sich in seiner Architektur mit dem weißen, klobigen Äußeren und den großen Fenstern wider. Draußen führen Bronzeskulpturen über eine Plaza zum gläsernen Haupteingang.

Eine Auswahl der bescheidenen, dennoch beeindruckenden Sammlung des Museums, bestehend aus rund 3600 Werken, ist in einer Dauerausstellung im ersten und zweiten Stock zu sehen. Die Ausstellung wechselt alle sechs bis zwölf Monate. Die beiden Ausstellungsräume im **ersten Stock** sind für die Höhepunkte der Sammlung reserviert, darunter Arbeiten vieler taiwanesischer Künstler. Beispiele für Entwicklung der modernen Kunst in Taiwan liefert eine Vielzahl von Medien, darunter Skulpturen, Aquarelle, Kalligrafie und Tuschzeichnungen.

Die prunkvolle Fassade machen das Grand Hotel in Museumnähe zu einem Wahrzeichen der Stadt

Im **zweiten Stock** sind Themenausstellungen zu sehen, in denen zeitgenössische Kunst von der Geschichte der Stadt erzählt. Hier werden im Wechsel die Sammlungen *Taipeh: der Tamsui* und *Taipeh: historische Gebäude* sowie *Taipeh: die Stadt* gezeigt. Die Exponate sollen den Wandel von einer befestigten Stadt in der Qing-Dynastie (1644–1911) zu einer modernen Metropole dokumentieren. Die Gemälde zeigen Straßenszenen, beliebte Tempel, Restaurants, Thermalbäder und andere Elemente des Alltagslebens.

Im **Erdgeschoss** sind Arbeiten junger und experimenteller Künstler ausgestellt, überwiegend in Form elektronischer Medien. Die Ergebnisse sind oft bizarre Begegnungen mit flippigen Videos, Filmen, Fotos, Soundeffekten und anderen Formen multimedialer Ausdrucksweise.

DIE UMGEBUNG

Südlich des Museums liegt der **Taipeh Art Park**, bestehend aus gepflegten Gärten voller moderner Skulpturen, der nach dem Museumsbesuch einen erholsamen Spaziergang wert ist.

An der Nordseite des Museums befindet sich das Taipeh Story House, auch bekannt als **Yuanshan Villa** (*181-1 Jhongshan N. Rd., Tel. 2587-5565, www.storyhouse.com.tw*), ein zweistöckiges Haus im imitierten Tudorstil, das 1914 von einem Teehändler erbaut wurde und vollkommen fehl am Platz wirkt. Heute ist es eine Kombination aus Café und Teestube.

Das einem chinesischen Kaiserpalast nachempfundene **Grand Hotel** (*siehe S. 245; 1 Jhongshan/ Zhongshan North Rd., Sec. 4, Tel. 2886-8888*) mit 490 Zimmern ist ein Wahrzeichen Taipehs, das besonders eindrucksvoll wirkt, weil es auf einer Anhöhe am Nordrand der Stadt steht. Gewaltige rote Säulen dominieren die Fassade und stützen das geschwungene, mit gelben Ziegeln gedeckte Dach – es ist das größte Dach der Welt im klassischen chinesischen Stil.

Einen halben Kilometer weiter östlich befindet sich der **Märtyrerschrein** (*139 Beian Rd., Tel. 2885-4162*). Wie das Grand Hotel, so wurde auch dieser Bau im prunkvollen Stil der Ming-Dynastie (1368–1644) errichtet. Der Schrein ist den insgesamt 330 000 gefallenen Helden der chinesischen Revolution und des Kriegs gegen Japan gewidmet. Die Bogentore am Haupteingang führen auf einen riesigen Hof; durch gewaltige Bronzetüren gelangt man schließlich in den Hauptschrein, an dessen Wänden die Namen der Helden stehen und Wandmalereien ihre Ruhmestaten schildern. Sehenswert ist auch die zeremonielle Wachablösung, die zu jeder vollen Stunde stattfindet. ■

**Taipeh-
Kunstmuseum**
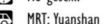
ww.tfam.gov.tw

📶 56

✉ 181 Jhongshan
(Zhongshan) North
Rd., Sec. 3

☎ 2595-7656

🕐 Mo geschl.

Ⓜ MRT: Yuanshan

Nationales Palastmuseum

**Nationales
Palastmuseum**

www.npm.gov.tw

🅰 57

✉ 221 Jhihshan
(Zhishan) Rd., Sec. 2

☎ 2881-2021

💲 $$

🚇 MRT: Shihlin (Shilin),
dann Bus 225, 304,
Minibus 18 und 19
und Rot 30

**Das Nationale
Palastmuseum
mit seiner riesi-
gen Sammlung
chinesischer
Kunstwerke und
Altertümer ist ein
Muss für jeden
Besucher Taipehs**

DAS NATIONALE PALASTMUSEUM BESITZT DIE WELTWEIT größte Sammlung chinesischer Artefakte, insgesamt fast 650 000 Werke, von denen aber nur ein Bruchteil, etwa 15 000, tatsächlich ausgestellt wird. Die übrigen Schätze lagern in klimatisierten Kammern in dem Berg hinter dem imposanten, im chinesischen Palaststil erbauten Museum.

GESCHICHTE

Der Grundstock zu der Sammlung wurde in der Song-Dynastie (960–1279) gelegt. Sie wanderte jahrhundertelang von einem Kaiser zum nächsten und von Palast zu Palast, bis sie schließlich einen festen Platz in Pekings Verbotener Stadt erhielt.

Während der Qing-Dynastie (1644–1911) wuchs die Sammlung enorm an, denn die kunstbegeisterten Kaiser ließen ganz China nach weiteren Schätzen durchstöbern. Als die Revolution von 1911 das Kaiserreich beendete, erwies es sich als schwierig, Pu Yi, den letzten Kaiser, loszuwerden. Als er 1924 schließlich ausgewiesen

wurde, fand die Sammlung im Palastmuseum in Peking eine neue Heimat.

Acht Jahre später, als die Kuratoren des Museums endlich auch das letzte Stück katalogisiert hatten, besetzten die Japaner die Mandschurei und ernannten Pu Yi zu ihrem Marionettenkaiser. Als 1933 der Krieg unvermeidlich war, fürchteten die Hüter der Sammlung, dass sie in die Hände der Japaner fallen könnte, und so packten sie alles ein und brachten es mit dem Zug nach Nanking. Einen Monat später wurde alles in ein Lagerhaus in Shanghai befördert – bis es auch dort von den Japanern bedroht war.

In den folgenden Jahren wurde die Sammlung aufgeteilt und vor der heranrückenden japanischen Armee kistenweise überall in China in Sicherheit gebracht. Nach dem Krieg kehrte die Sammlung nach Nanking zurück, wo sie aber nicht lange blieb. Im Herbst 1948 sahen sich die Nationalisten unter Chiang Kai-shek der sicheren Niederlage gegen Mao Zedongs Kommunisten gegenüber, und man beschloss, die wertvollsten Stücke nach Taiwan zu bringen.

Da die Nationalisten beabsichtigten, irgendwann das chinesische Festland zurückzuerobern, wurden keine Pläne für ein Museum gemacht. In der Küstenstadt Taichung im Westen wurde ein bombensicheres Lagerhaus für die Sammlung errichtet. Doch die Jahre vergingen, und eine triumphale Rückkehr aufs Festland wurde immer unwahrscheinlicher. Also ließ die taiwanesische Regierung schließlich als »vorübergehende Lösung« das Nationale Palastmuseum in Taipeh erbauen, das 1965 eröffnet wurde.

DAS MUSEUM

In den 35 Ausstellungsräumen wird nur ein Bruchteil der gewaltigen Sammlung gezeigt, teils in Dauer-, teils in Sonderausstellungen. Um 10 und um 15 Uhr finden kostenlose Führungen in englischer Sprache statt.

DAUERAUSSTELLUNGEN

In erster Linie sind die Ausstellungen chronologisch aufgebaut, zum Teil auch nach Themen. Gelegentlich werden einzelne Exponate entfernt und zu bestimmten Zeiten wieder gezeigt. Schwerpunkte sind Funde und frühgeschichtliche Artefakte sowie Kunstwerke aus Bronze, Jade, Porzellan und Holz. Sonderausstellungen mit Gemälden, Kalligrafien, Büchern, Dokumenten und Stickereien finden wegen der Empfindlichkeit der Materialien immer nur zeitlich begrenzt statt.

Erdgeschoss

Ein guter Anfang ist **Galerie 101** mit ihrer Ausstellung *Mitgefühl und Weisheit: religiöse Plastik*. Die buddhistischen Skulpturen vermitteln nicht nur die Ideale dieser Religion, sondern zeigen auch, auf welche Art und Weise sich das Schönheitsideal im Laufe vieler Epochen wandelte.

Die große **Galerie 103** bietet mit den beiden Abteilungen *Juwelen aus der Sammlung seltener Bücher* und *Frühe Bewohner Taiwans: illustrierte historische Dokumente* tiefe Einblicke in die Kultur. Die Juwelen stammen aus der Büchersammlung des Museums, die etwa 200 000 Exemplare umfasst und von denen viele aus kaiserlichen Haushalten der Qing-Dynastie stammen. Ihre Gestaltung, die Darstellungen des Lebens in China und die Entwicklung der Herstellung von Büchern lassen sich hier studieren. Zu den Höhepunkten der zweiten Sammlung gehören Bildrollen, Karten, alte Bücher, Dokumente und Blockdrucke, die einen guten Einblick in Leben, Kultur und Religionen der Ureinwohner Taiwans im 18. und 19. Jahrhundert gewähren.

Erster Stock

Übergänge und Verschmelzung (221–960) erwarten den Kultur-Entdecker in **Galerie 201**. In dieser Epoche gab es in China große Unruhen und wenig Zusammenhalt. Einer der Vorteile war die große Bandbreite an künstlerischer Freiheit. Angehörige der Steppenvölker aus dem Norden siedelten sich in China an und brachten eine Synthese ihrer religiösen Bräuche und ihrer Kultur mit. Neue Wege wurden eingeschlagen und die künstlerische Gestaltungskraft erreichte in der Sui- (581–617) und der Tang-Zeit (618–907) einen Höhepunkt. Die hauseigene Sammlung dreifarbiger Keramiken aus der Zeit der Tang-Dynastie gehört zu den größten der Welt.

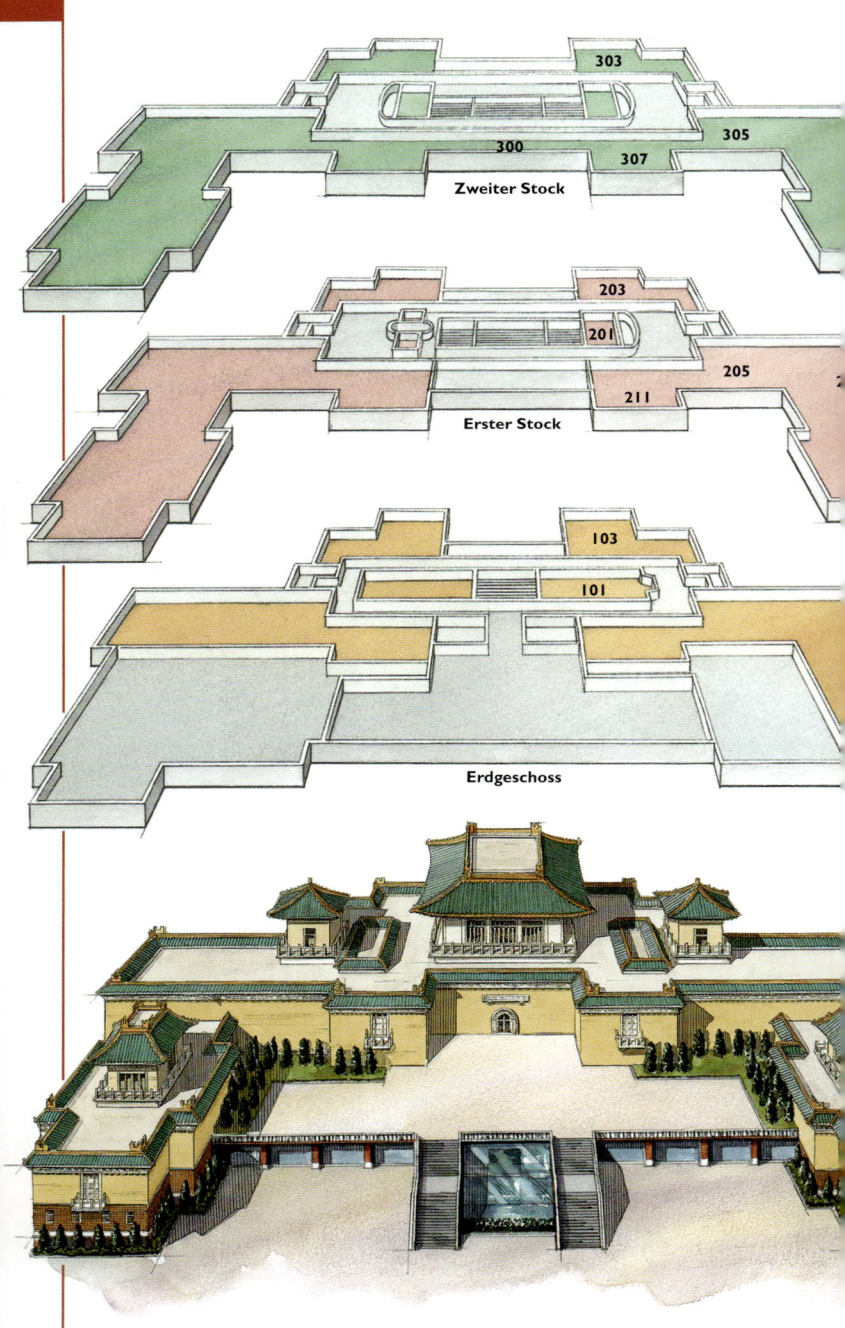

303
300
305
307
Zweiter Stock

203
201
205
211
Erster Stock

103
101
Erdgeschoss

HAUPTGEBÄUDE: In den Ausstellungsräumen des Museums sind neben unschätzbaren Sammlungen von Bronzen, Keramiken, Jadearbeiten, Gemälden, Kalligrafien und seltenen Büchern auch vor- und frühgeschichtliche Funde und Artefakte zu sehen.

Dauerausstellungen

101 Mitgefühl und Weisheit: religiöse Plastik

103 Juwelen aus der Sammlung seltener Bücher sowie Frühe Bewohner Taiwans

201 Übergänge und Verschmelzung (221–960)

203 Prototypen moderner Stile (960–1360)

205 Die neue Ära des Prunkvollen (1350–1521)

207 Der Wettbewerb der Künste: Ming-Dynastie von Chia-ching bis Ch'ung-chen (1522–1644)

209 Schätze aus dem Zeitalter des Wohlstands: die Herrschaft der Kaiser K'ang-hsi, Yung-chen und Ch'ien-lung (1662–1795)

211 Zur Moderne: die späte Ch'ing-Dynastie (1796–1911)

300 Das Geheimnis der Bronze

303 Die Jungsteinzeit: der Beginn der Kultur (vor ca. 1600 v. Chr.)

305 Die klassische Periode: die Bronzezeit (ca. 1600–221 v. Chr.)

307 Von der Klassik zur Tradition: Ch'in- und Han-Dynastie (221 v. Chr. bis 220 n. Chr.)

In **Galerie 203** sind *Prototypen moderner Stile (960–1360)* zu finden, überwiegend aus der Blütezeit der Künste während der Song-Dynastie (960–1279). Dieser Periode künstlerischer Offenheit und Experimentierfreude lagen sowohl in der Kunst als auch im Alltagsleben strenge ästhetische Gesetze zu Grunde. Gleichzeitig wurden zahlreiche technische Neuerungen eingeführt, mit deren Hilfe die Künstler Alltagsgegenstände von hohem künstlerischem Wert schufen; außerdem legten sie den Schwerpunkt auf einfache Linienführung und natürliche Anmut. Diese ästhetische Grundeinstellung wurde bis in die Zeit der Yuan-Dynastie (1271–1368) beibehalten.

Die neue Ära des Prunkvollen (1350–1521) ist in **Galerie 205** untergebracht. Mit Beginn der Ming-Dynastie wich die Schlichtheit der Kunstobjekte der Begeisterung für Farbenpracht und komplizierte Muster. Das zeigt sich besonders beim berühmten Ming-Porzellan, denn die Weiterentwicklung der Techniken erlaubte aufwendige Bemalungen und bunte Glasuren. Die Ming-Porzellansammlung des Palastmuseums gehört zu den schönsten der Welt.

Weiter geht es in **Galerie 207** mit *Der Wettbewerb der Künste: Ming-Dynastie von Chia-ching bis Ch'ung-chen (1522–1644)*. Die späte Mingzeit war geprägt von Umwälzungen und zunehmender Freiheit; bei den Künstlern lockerten sich die traditionellen Regeln und der Einfluss fremder Kulturen nahm zu. Das Ansehen der Künstler wuchs, die Produktion verlagerte sich vom Kaiserhof zu den gebildeten Bürgern und auch die Gelehrten wurden zu Künstlern, was ihr allgemeines Ansehen noch erhöhte.

Die Schätze aus dem Zeitalter des Wohlstands: die Herrschaft der Kaiser K'ang-hsi, Yung-chen und Ch'ien-lung (1662–1795) in **Galerie 209**

Eine vergoldete Buddhafigur aus Bronze, gefertigt 1782 von einem unbekannten Künstler der Qing-Dynastie, ist ein Bestandteil der umfassenden Sammlung religiöser Exponate

legen Zeugnis von einer der Blütezeiten der chinesischen Kultur ab. Es herrschte Frieden im Reich und die Künstler konnten ihrer Kreativität freien Lauf lassen. Neue Kontakte mit dem Westen wurden geknüpft und neue Handelswege erschlossen. Dieser »lebhafte Austausch zwischen Ost und West« brachte neues Gedankengut mit sich.

Galerie 211 widmet sich mit *Zur Moderne: die späte Ch'ing-Dynastie (1796–1911)* schließlich dem Niedergang dieser Dynastie und dem Ende des Kaisertums. In dieser Epoche drohten äußere Einflüsse das zerfallende sozialpolitische Gefüge zu überwältigen. Das Aufkommen westlicher Industrietechniken zwang den chinesischen Künstlern fundamentale Veränderungen auf. Das Ergebnis waren fantastische und sehr detaillierte Arbeiten, die sich thematisch dem Realismus annäherten. Der *Jade-Kohl mit Insekten* ist eines der Highlights dieser Sammlung.

Der zweite Stock

In **Galerie 303** betritt der Besucher *Die Jungsteinzeit: der Beginn der Kultur (bis ca. 1600 v. Chr.)*. Fundstücke aus Jade tragen zum besseren Verständnis der Anfänge der chinesischen Kultur bei. Die hier ausgestellten Stücke dienten religiösen Zwecken und verraten viel über die regionalen Stilrichtungen in Ostasien, einer Region, deren Jade-Kunstwerke denen anderer Völker des eurasischen Kontinents bereits im späten Neolithikum weit überlegen waren. Außerdem geben sie deutliche Hinweise auf die Verteilung des Einflusses von drei großen Clans, die China offenbar in dieser Periode beherrschten.

Die klassische Periode: die Bronzezeit (ca. 1600–221 v. Chr.) in **Galerie 305** besteht überwiegend aus Bronzegefäßen aus der Blütezeit dieser Kunstrichtung während der Shang- (um 1766–1122 v. Chr.) und der Zhou-Dynastie (Westliche Zhou: um 1122–771 v. Chr., Östliche Zhou: um

770–256 v. Chr.). Die Bronzen sind erstaunlich detailliert gearbeitet und ihre Inschriften gehören zu den frühesten Beispielen der Kalligrafie. Eines der wertvollsten Stücke ist das Nahrungsmittelgefäß Moa Kung ting. Seine Inschrift mit etwa 500 Zeichen ist das reichhaltigste Beispiel früher Kalligrafie, das bisher gefunden wurde.

Die technologischen Geheimnisse der Herstellung von Bronze in der Shang- und der Zhou-Zeit werden in **Galerie 300** mithilfe modernster Medien enthüllt. Die Multimedia-Show zum Thema *Das Geheimnis der Bronze* macht das Wissen der alten Meister mit digitaler Animation wieder lebendig.

In chronologischer Reihenfolge geht es weiter. **Galerie 307** zeigt *Von der Klassik zur Tradition: Ch'in- und Han-Dynastie (221 v. Chr. bis 220 n. Chr.)*. Diese Epoche kennzeichnet das Ende des Feudalismus und die Einführung der Kaiserherrschaft. Die Verwendung von Bronzen als Ritualgefäße verschwand weitgehend und die Künstler verlegten den Schwerpunkt ihrer Arbeit auf sehr schöne Alltagsgegenstände aus den verschiedensten Materialien, geschmückt mit Motiven, die die tatsächliche und die Ideenwelt der Menschen der Han-Zeit gut widerspiegeln.

WEITERE SAMMLUNGEN
Kalligrafie
Kalligrafische Werke aus der Zeit der Tang-, Ming- (1368–1644) und Qing-Dynastie (1644–1911) werden regelmäßig in kurzen Wechselausstellungen gezeigt. Achten Sie vor allem auf *Frisch gefallener Schnee* und *Grüße an einen Freund*, beide von Yuan Huan Tieh, und *Drei Wege zur Kalligrafie*, von Ping An, Ho Ju und Feng Chu Tieh.
Gemälde
Frühlingsanfang von Kou Shi Hang – Bergszenen in Tusche und Farbe auf Seide – sowie die recht ähnlichen, aber landschaftlich weitläufigeren Darstellungen *Reisende zwischen Bergen und Flüssen* von Fan Kuan sind zwei Meisterwerke aus der Song-Dynastie, die von Zeit zu Zeit gezeigt werden. Achten Sie auch auf *Bambus* von Wen Tung, eines der wichtigsten Werke kalligrafischer Kunst, und das *Porträt der Begleiter von Kaiser Jen-tsung Hou Tsuo Hsiang* (anonym) auf einer Seidenrolle, auf der der Hofstaat und die Hofdamen des Kaisers in allen Einzelheiten dargestellt sind.

Die Sonderausstellungen mit Malereien aus der Ming- und Qing-Dynastie mit den großartigen und sehr dekorativen Landschaften, mit Vögeln und Blumen sowie Figuren aus historischen oder legendenhaften Erzählungen sind wahre Besuchermagneten.

MUSEUM IM NEUEN LOOK
Von 2002 bis 2006 wurde das Nationale Palastmuseum umfassend renoviert. Nach Abschluss der Arbeiten begann das große Umräumen der Exponate, die jetzt ganz anders gegliedert sind als zuvor.

In manchen Bereichen sind die verschiedenen Stücke nun nicht mehr nach der Kunstform, sondern nach Dynastien geordnet. So sind beispielsweise im ersten Stock Kunstwerke jeder Art von der Tang- bis zur Qing-Dynastie zu sehen, während ein Bereich im zweiten Stock der Kunst und dem Kunsthandwerk der frühen Epochen der Shang- und Zhou- bis hin zur Jin- und Han-Dynastie gewidmet ist.

Im Museum gibt es jetzt auch einen Multimedia-Raum sowie interaktive Ausstellungsstücke zum Anfassen. ■

Taiwans Mona Lisa: *Der exquisite Jadekohl mit Insekten* **aus der Qing- Dynastie (1644–1911) soll Teil einer Aussteuer gewesen sein.** *Bok choy,* **eine Metapher der Reinheit, steht für die Unberührtheit der Braut, und die Insekten, die für ihre rasante Vermehrung bekannt sind, symbolisieren Fruchtbarkeit**

National Dr. Sun
Yat-sen
Memorial Hall

www.yatsen.gov.tw

🅰 57

✉ 505 Renai Rd.,
Sec. 4

☎ 2758-8008

🚇 MRT: Sun Yat-sen
Memorial Hall

National Dr. Sun Yat-sen Memorial Hall und Umgebung

DIE NATIONALE GEDENKSTÄTTE DR. SUN YAT-SEN IST EIN schöner Tribut an den Gründer des modernen China, einen Mann, der sowohl in China als auch in Taiwan als »Vater der Nation« verehrt wird. Die Einwohner Taipehs kommen hierher, um den Mann zu ehren, der die Kaiserherrschaft in China beendete, aber auch, um die Ausstellung zu besuchen, Drachen steigen zu lassen und um Gymnastik zu treiben.

In Denkerpose zeigt die Bronzestatue Dr. Sun Yat-sen, den Vater des modernen China, vor seiner Gedenkstätte

Vom Haupteingang aus betrachtet, steht das massive Gebäude – mit einem herrlich geschwungenen Dach aus gelb glasierten Ziegeln – am Ende eines großen Platzes voll gelber und roter Blumen, gesäumt von akkurat geschnittenen Hecken. Eine sechs Meter große Statue des sitzen-

den Sun dominiert den Eingangsbereich. Flankiert wird sie von zwei makellos uniformierten Wachen, die so still auf ihren Podesten stehen, dass man auch sie fast für Statuen halten könnte.

Rechts von Suns Statue ist ein Souvenirshop, dahinter eine Ausstellung mit Fotos und Gemälden von Sun, seinen Büchern und Berichten über die zahlreichen Aufstände, die er gegen die Herrschaft der Qing-Kaiser (1644–1911) anführte. Fotos von »Märtyrern« der Revolution schmücken die Wände und Sun-Memorabilien, darunter seine Uhren, Kleider und Gehstöcke, sind in Glaskästen ausgestellt. Leider gibt es hier keine erläuternden Beschriftungen in englischer Sprache.

Neben der Ausstellung ist eine öffentliche Bibliothek, in der Besucher in einigen der 300 000 Bücher blättern können, die sich auf Suns politische Philosophie beziehen.

In der Gedenkstätte gibt es auch sehr gut präsentierte Ausstellungen chinesischer Kunst. Leider sind auch bei diesen Dauer- und Wechselausstellungen keine englischen Erklärungen zu finden.

Die **Nationalgalerie Jhongshan (Zhongshan)** im ersten Stock zeigt nationale und internationale Kunstwerke, die **Galerie Yatsen** im zweiten Stock ist chinesischer Malerei und Kalligrafie gewidmet, und in der **Galerie Deming** im selben Stock sind Arbeiten taiwanesischer Künstler ausgestellt.

TAIPEI 101

Südwestlich wird die Gedenkstätte auf der Songjhih (Songzhi) Road vom höchsten Gebäude der Welt (zumindest zurzeit), dem 101 Stockwerke hohen Taipei 101, überragt. Das relative neue Gebäude wurde so gestaltet, dass es an Bambus erinnert, bei dem sich jeder neue Trieb aus dem darunterliegenden entwickelt. Der Effekt – acht sich nach oben verjüngende Abschnitte auf einer pyramidenförmigen Basis, gekrönt von einer runden Säule und einem Funkturm – ist, gelinde ausgedrückt, einfach atemberaubend. Die 42 Meter hohe, mit einer Glaskuppel gedeckte Lobby erstreckt sich über 2865 Quadratmeter. Fahrstühle schießen die Besucher zu den Aussichtsplattformen im 89. und 91. Stock, von denen aus man einen fantastischen Blick über die Stadt hat.

DISCOVERY CENTER VON TAIPEH

Dies ist eines der modernsten Museen der Stadt, das auf drei Stockwerken mithilfe von Artefakten, Modellen, Fotos, Karten und Videoaufnahmen die Entwicklung Taipehs dokumentiert. Viele Ausstellungsstücke sind interaktiv. Zu den interessanteren Stücken gehört ein interaktiver Stadtplan, der bei Berührung des Bildschirms bestimmte Viertel hervorhebt und ihre Entwicklung erläutert.

Auch die Düfte das alten Taipehs lassen sich hier erforschen – man kann an Zitronengras, Tee und Kampfer schnuppern, die einst wichtige Exportgüter waren und auf dem Danshuei (Danshui) transportiert wurden.

Im Erdgeschoss sind Szenen des modernen Taipehs zu sehen. Hier wird auch aufgezeichnet, was die Menschen vom Wandel ihrer Stadt halten. Im ersten Stock finden Wechselausstellungen statt, im zweiten erfährt der Besucher alles über das heutige Taipeh, wie die rasche Wandlung des Distrikts Sinyi (Xinyi) von einer ländlichen Gegend voller Reisfelder zum Geschäftsviertel. Die Ausstellung im dritten Stock ist der ummauerten Stadt gewidmet, maßstabsgetreue Modelle und Querschnitte bieten einen guten Einblick in jene Zeit. Für Gruppen stehen Englisch sprechende Führer zur Verfügung, aber gegen eine Leihgebühr sind auch aufgezeichnete Führungen erhältlich. ∎

In der National Dr. Sun Yat-sen Memorial Hall sind Fotos und Memorabilien des allgemein verehrten Revolutionsführers ausgestellt

Taipei 101 (Taipei Financial Center)
www.tapei-101.com.tw
🅰 57
✉ 8 Songjhih (Songzhi) Rd., Sinyi (Xinyi) District
☎ 8101-8899 (Reservierung Aussichtsplattform)

Discovery Center von Taipeh
www.discovery.taipei.gov.tw
🅰 57
✉ Taipei City Hall, 1 Shihfu (Shifu) Rd.
☎ 2757-4547
🕐 Geschl. Mo und Feiertage
🚇 MRT: Taipei City Hall

Weitere Sehenswürdigkeiten

CHINESISCHES POSTMUSEUM

Mit seiner unglaublichen Sammlung von mehr als 500 000 chinesischen und ausländischen Briefmarken, 20 000 posttypischen Gegenständen, 6000 Dokumenten und 20 000 Büchern zum Thema Post gehört dieses Museum zu den weltweit größten seiner Art. An den Wochenenden stellen Briefmarkenverkäufer ihre Stände vor dem Museum auf, die stets von Taipehs Philatelisten umlagert sind.

A 56 ✉ 45 Chongcing (Chongqing) South Rd., Sec. 2 ☎ . 2394-5185/851 🕐 Geschl. Mo 💲 $ 🚌 Bus: 3, 243, 248, 262, 268, 304

ZOLLMUSEUM

Das Besondere an diesem wirklich ungewöhnlichen Museum ist die Ausstellung sichergestellter Schmuggelware. So ist zum Beispiel die drei Meter hohe, aus Elfenbein geschnitzte Pagode nicht zu übersehen, ganz zu schweigen von der umfangreichen Waffensammlung, zu der auch eine goldplattierte deutsche Luger gehört, in die der Name Heinrich Krieghoff und das Datum 15. 3. 37 eingraviert sind. Andere Ausstellungsstücke zeigen die keineswegs absolut sicheren Methoden des Drogenschmuggels, in Shampooflaschen oder ausgehöhlten Buddhastatuen.

A 56 ✉ General-Zollamt, 13 Dacheng St. ☎ 2550-5500 oder 2212-2214 🕐 Geschl. Sa und So, Anmeldung erforderlich 🚌 Bus: 9, 12, 52, 206, 223, 250, 274, 304, 601

DR. SUN YAT-SEN MEMORIAL HOUSE

Dieser hübsche Komplex im japanischen Stil, mit einem gepflegten Garten mit Bonsaibäumchen, Karpfenteichen, Pavillons und Bogenbrücken, war einst ein Luxus-Gasthaus, in dem Sun 1913 abstieg. Das Haus besitzt eine kleine Sammlung von Sun-Erinnerungsstücken wie Fotos und Dokumente.

A 56 ✉ 46 Jhongshan (Zhongshan) North Rd., Sec. 1 ☎ 2381-3359 🕐 Geschl. Mo 💲 $

NATIONAL TAIWAN UNIVERSITY HOSPITAL

Gegenüber dem Eingang zum 2-28 Memorial Park in der Gongyuan Road steht ein auffallendes Gebäude im Stil der Neurenaissance, eines

von zweien, die das alte Krankenhaus bilden. Es wurde 1916 errichtet und ist der größere Teil des einstmals größten Krankenhauses im Fernen Osten. Die vier Gruppen römischer Säulen, die den Pilaster tragen, sowie die vielen von dekorativem Stuck umgebenen Fenster lockern die Rotklinkerfassade auf. Das zweite, schon 1907 erbaute Gebäude ist weniger auffällig, aber die Eingänge, die Veranden im ersten Stock, das zweistöckige Dach und die pulvergraue Farbe verleihen ihm eine klassische Eleganz.

A 56 ✉ 1 Changde St. 🚇 MRT: NTU Hospital

RED HOUSE THEATER

Dieses merkwürdig achteckige Gebäude steht mitten in Simending. Es wurde 1908 als Markt erbaut, dann für Aufführungen der Pekingoper genutzt, und während der japanischen Besatzung war es ein Kino. Der erste Stock des 1999 renovierten Hauses beherbergt unter einer großartigen Gewölbedecke eine Bühne für Marionetten- und Kinder-Theater.

A 56 ✉ 10 Chengdu Rd. ☎ 2311-9380 🕐 Geschl. Mo 🚇 MRT: Ximen

SHANDAO-TEMPEL

Dies ist einer der sieben großen Tempel, die japanische Buddhisten während der Besatzung Taiwans bauten. Er wurde 1933 erbaut und hat keine große Ähnlichkeit mit den anderen buddhistischen Tempeln Taiwans; aus der Entfernung sieht er eher aus wie ein Wohnblock mit einer eindrucksvollen Pforte mit vier Säulen. Der neunstöckige Tempel hat ein eigenes Museum mit einer herausragenden Sammlung buddhistischer Kunst bis zurück in die Zeit der Nördlichen Wei-Dynastie (386–534). Das auffallendste Stück ist eine Guanyin-Statue aus der Zeit der Song-Dynastie (960–1279).

A 56 ✉ 23 Jhongsiao (Zhongxiao) East Rd., Sec. 1 ☎ 2341-5758 🕐 Geschl. Mo 🚇 MRT: Shandao-Tempel

OFFIZIELLE RESIDENZ SHIHLIN

Dieses große Anwesen des einstigen Präsidenten Chiang Kai-shek ist heute ein Park und seit 1996 der Öffentlichkeit zugänglich. Nach der sehr langen Zufahrt, die eines Präsidentenanwesens würdig ist, können Sie auf verschiedenen Pfaden durch die Gärten schlendern, vorbei an Pagoden, Pavillons und einem Versuchs-Gewächshaus. Zum Park gehören auch die Gärten vor dem Haus, in dem Chiang und seine Frau Soong Mayling einst Entspannung suchten. Die Highlights sind ein Springbrunnen in einem Garten voller Statuen, ein wunderschöner Orchideenpavillon mit klassischen Holzwänden und verzierten Traufen und ein chinesischer Garten mit geschlängelten Pfaden, Karpfenteichen und einem stabilen Pavillon mit roten Pfeilern.

handwerk, maßstabsgetreue Modelle der Siedlungen, Waffen, Alltagsgegenstände, Geräte für Landwirtschaft und Fischerei, Kleidung und Schmuck. Die spirituelle Seite dieser Kulturen wird durch Grabbeigaben und Gegenstände aufgezeigt, die für Opferungen, Wahrsagerei und Teufelsaustreibungen verwendet wurden. Im Kino im Erdgeschoss werden kurze Filme, leider nur in chinesischer Sprache, über die verschiedenen Kulturen gezeigt.
www.museum.org.tw

Die wundervollen Gärten von Chiang Kai-sheks Anwesen, bekannt als Offizielle Residenz Shihlin (Shilin), sind seit 1996 ein öffentlicher Park

🅰 56 ✉ 1, Lane 460, Jhongshan North Rd., Sec. 5 ☎ 2881-2512 🚇 MRT: Shilin

🅰 57 ✉ 282 Jhihshan (Zhishan) Rd., Sec. 2. ☎ 2841-2611 🕐 Geschl. Mo 💲 $$ 🚇 MRT: Shihlin, dann Bus 213, 255, 304, Minibus 18, 19

SHUNG-YE-MUSEUM DER UREINWOHNER FORMOSAS

Auf fünf Stockwerken ist hier alles über die anerkannten Gruppen der Ureinwohner zu sehen. Eine Karte von Taiwan in der Lobby zeigt die Regionen und Dörfer, in denen die einzelnen Stämme lebten; das Museum hat jedem Stamm eine eigene Abteilung gewidmet. Zu den Exponaten gehören Kunst, Kunst-

EINKAUFSZENTRUM SIMENDING (XIMENDING)

Diese trendige Gegend ist Taiwans Antwort auf Tokios Shinjuku-Distrikt. Die Ansammlung von Kaufhäusern, Kinos, Fußgängerzonen, Boutiquen, Secondhandläden und Restaurants lockt abends und besonders am Wochenende Heerscharen junger Leute an. Abends und an

Das Astronomische Museum entführt den Besucher in die Geschichte der Himmelsbeobachtung von den Anfängen bis heute

den Wochenenden sind viele Straßen der Umgebung für Fahrzeuge gesperrt.

🅰 56 🔲 Ximen

TEMPEL SINGTIAN (XINGTIAN)

Dieser gut besuchte Tempel ist Guangong geweiht, dem rotgesichtigen, schwarzbärtigen Gott des Krieges und Schutzheiligen der Kaufleute. Der Tempel ist ein hervorragendes Beispiel taoistischer Architektur – ohne den übertriebenen Prunk vieler anderer Tempel. Die mehrstöckigen Dächer haben geschnitzte Schiffsbugfirste und sind an den Rändern mit großen, bunten Drachen verziert. Vor der großen Haupthalle steht ein gewaltiger kupferner Weihrauchkessel mit vergoldetem Drachenhenkel. Hier segnen Mönche und Nonnen in blauen Roben die Menschen mit Räucherstäbchen. Das ist ein Teil des *shoujing*, bei dem sie verschiedene Teile

ihres Körpers berühren, um Seelen zur Rückkehr einzuladen, die aus einem Schrecken heraus den Körper verlassen haben. Auf dem überdachten Hof vor der Haupthalle – hier sind vor allem die herrlich geschnitzten Drachensäulen sehenswert – biegen sich Reihen von Klapptischen unter dem Gewicht der als Opfer dargebrachten Früchte und Blumen. Im Gegensatz zu vielen anderen Tempeln hat dieser keine Spendenbox, das Verbrennen von Papiergeld ist hier verboten, und auch lautstarke religiöse Zeremonien sind unerwünscht.

🅰 56 ✉ 109 Mincyuan (Minquan) East Rd., Sec. 2 ☎ 2502-7924 🚌 Bus 5, 49, 63, 214, 225, 277, 285

SU HO MEMORIAL PAPER MUSEUM

Wer hätte gedacht, dass Papier so interessant sein kann? Im Erdgeschoss des Papiermuseums ist handgefertigtes Papier aus aller Welt zu bestaunen und mit der Ausrüstung des Museums kann sich jeder sein eigenes Stück zum Mitnehmen herstellen (kostet extra). Im ersten Stock erfahren Sie alles über Geschichte, Materialien und Herstellung von Papier, der Schwerpunkt des zweiten Stocks ist die Geschichte der Papierherstellung in Taiwan. Im dritten Stock befindet sich der Nachbau einer Papierfabrik. www.suhopaper.org.tw

🅰 56 ✉ 68 Changan East Rd., Sec. 2 ☎ 2507-5539 🕐 Geschl. So und an wichtigen Feiertagen 💲 $ 🚇 MRT: Zhongxiao-Xinsheng

TAIPEI ASTRONOMICAL MUSEUM

Das vierstöckige Astronomische Museum befasst sich mit den Themen frühe Astronomie, Planet Erde, Weltraumwissenschaft und -technologie, Sterne und Galaxien sowie das Universum, dargestellt durch Modelle, Bilder, Fotos, Videos und Computeranimationen. Mehrere Teleskope erlauben dem Besucher einen genaueren Blick in den Himmel (10–12 und 14–16 Uhr). Im IMAX-Kino des Museums laufen von 9 bis 16 Uhr jede Stunde (am Wochenende noch öfter) faszinierende Filme über die Erforschung des Weltraums, und im Iwerks-3D-Kino sorgen polarisierte Gläser für eine ganz neue Erfahrung. www.tam.gov.tw

🅰 56 ✉ 363 Jihe Rd. ☎ 2831-4551, Durchwahl 703 für Englisch 🕐 Geschl. Mo 💲 $; $ für die IMAX- und Iwerks-Vorstellungen 🚇 MRT: Shilin ∎

Viele der schönsten Reiseziele Taiwans – von malerischen Goldgräberstädten bis hin zu spektakulären Küstenlandschaften – befinden sich nur eine kurze Autofahrt von Taipeh entfernt.

Umgebung von Taipeh und der Norden

Eine einfache Teekanne aus Ton

Brettspieler, die Flaschenverschlüsse als Spielsteine benutzen, ziehen im Wenchang-Park in Taoyuan Zuschauer an

Umgebung von Taipeh und der Norden

TAIPEH KANN ALS BASIS FÜR ERKUNDUNGEN DER UMGEBUNG DER STADT und des Nordens der Insel dienen. Die meisten Attraktionen finden sich in der Nähe und sind ideal für kleine Ausflüge aus der manchmal hektischen Hauptstadt.

Etwa 40 Minuten nördlich des Stadtzentrums von Taipeh bieten die Berge des Nationalparks Yangmingshan einen faszinierenden Kontrast zur Hauptstadt. Die Straßen und Wanderpfade im Nationalpark ermöglichen wirklich atemberaubende Blicke auf das Becken von Taipeh und das nördliche Taiwan, während die heißen Quellen, Fumarolen, Seen und Bergwiesen für landschaftliche Abwechslung sorgen.

Westlich des Nationalparks Yangmingshan liegt, von Taipeh aus leicht mit dem MRT zu erreichen, der ländliche, Thermalquellen bietende Ferienort Beitou. Sie können hier in einem ruhigen Gasthaus im japanischen Stil in Ihrem eigenen Zimmer in heißem Quellwasser baden. Auch die historische Stadt Danshuei

(Danshui) ist von Taipeh aus mit dem MRT zu erreichen. Hier können Sie Überresten der europäischen Kolonialgeschichte und einem der berühmtesten ausländischen Einwohner dieser Stadt, dem kanadischen Missionar George Leslie Mackay (1844–1901), nachspüren. Die kleine Stadt ist ideal für einen Spaziergang, weil alle Attraktionen nahe beieinander liegen.

Toufen
Jhuna
(Zhuna
Houlong
Miaoli
Shihtan
Sanyi
Dahu
Huoyanshan
(Fire Mountain)
Nature Reserve
Shengsing
Station
Houli

ZENTRALER WESTEN
S. 207

In Jioufen (Jiufen) findet sich eine wildere Seite der taiwanesischen Geschichte. Diese Stadt wuchs von einer winzigen Bergsiedlung zu einer verruchten Stadt der Abenteurer, Händler und Prostituierten heran, nachdem hier in den 1890er Jahren Gold entdeckt worden war. Die reizenden alten Gebäude mit ihren Teehäusern ziehen viele nostalgisch gestimmte Besucher aus Taipeh an.

Von Danshuei aus folgt der North Coast Highway der rauen Küstenlinie mit ihren zerklüfteten Klippen und Felsformationen östlich bis Keelung, Taiwans zweitem großen Hafen. Unmittelbar südöstlich dieser Stadt umarmt die Northeast Coast National Scenic Area den engen Korridor zwischen den Bergen und dem Pazifik. Reisende finden hier eine wilde Küstenlandschaft, Sandstrände und schöne Meerblicke.

Das Ostende des Northern Cross Island Highway beginnt im Kreis Ilan und durchschneidet das Zentralgebirge der Insel. Einige dieser von Bergpfaden durchzogenen Gebiete werden gegenwärtig wieder aufgeforstet.

Südwestlich von Taipeh findet sich die für ihre Töpferwaren bekannte Stadt Yingge. Der Sansia-Zushih-Tempel (Sanxia-Zushi-Tempel) im nahegelegenen Sansia gilt als herausragendes Beispiel für einen mit modernen Techniken restaurierten traditionellen Tempel.

Westlich und südwestlich von Taipeh sind die Attraktionen weniger natürlich. Hier finden sich zum Beispiel Freizeitparks, unter ihnen das schrullige »Fenster auf China« mit seinen Miniaturnachbildungen berühmter Bauten wie der Verbotenen Stadt, der Sphinx und des Eiffelturms. ■

Die Teehäuser von Mujha (Muzha)

DIE TEEPLANTAGEN VON MUJHA (MUZHA) SCHMIEGEN SICH an die Berge oberhalb des 3,2 Kilometer langen Maokong-Tals im Südosten Taipehs. Das Tal, nach der Form seiner verwitterten Felsen »Katzenpfoten-Tal« genannt, ist bei vielen Stadtbewohnern, die in der abendlichen Kühle in einem der zahlreichen Teehäuser an den Hängen Tee trinken und den Blick auf Taipehs Lichtermeer unter sich genießen, sehr beliebt.

Mujha (Muzha) Teeplantagen-Rundweg

- ⛰ 93
- 🚌 Bus: 236, 237, 282 nach Jhengjhih (Zhengzhi) Universität, dann Minibus 10 ab Universität

Teehaus Yaoyue

- ⛰ 93
- ✉ 6 Lane 40, Jhihnan Rd., Sec. 3
- ☎ 2939-2025

Taipei Tea Promotion Center

- ⛰ 93
- ✉ 8-2 Lane 40, Jhihnan Rd., Sec. 3
- ☎ 2939-1473
- 🕐 Gesch. Mo; Versuchs-Teeplantage 10–11 und 14–15 Uhr

Big Teapot Teahouse

- ⛰ 93
- ✉ 37-1 Lane 38, Jhihnan Rd., Sec. 3
- ☎ 2939-5615

Die Teehäuser finden sich entlang der Jhihnan Road, Section 3, einer etwa sechs Kilometer langen Schleife, die sich von der Jhengjhih-Universität (Zhengzhi bzw. Politische Universität) etwa drei Kilometer nach Süden bis zum Kopf des Tals erstreckt. Die Straße verläuft erst westlich über den Jhihnan, dann wieder in nördlicher Richtung und windet sich für etwa 2,5 Kilometer durch Lane 40, Lane 38 und Lane 34 zu einer Kreuzung etwa einen Kilometer oberhalb der Jhengjhih-Universität.

Die Straße führt durch idyllische Plantagen und erreicht eine Ansammlung malerischer Teehäuser inmitten von terrassierten Hängen. Bei einer Tasse Tee können Sie den Teebauern bei der Arbeit zusehen.

Etwa 320 Meter nördlich des Jhihnan-Flusses findet sich an der Lane 40, umgeben von Holzpavillons und Picknicktischen, in einem tropischen Garten das **Teehaus Yaoyue** (»den Mond einladen«). Von hier aus haben Sie einen großartigen Blick auf die Teehäuser und Tempel auf der anderen Talseite. Man hat eigens einige Bäume gefällt, um tagsüber dieses Panorama und abends den Blick auf die entfernten Lichter von Mujha zu ermöglichen.

Etwa 370 Meter nördlich an der Lane 40 befindet sich das **Taipei Tea Promotion Center**, ein zweistöckiges Backsteingebäude mit weiß getünchten Zementverzierungen. Das dank raumhoher Fenster lichtdurchflutete Innere dieses Teemuseums beherbergt Teeutensilien.

Die Exponate illustrieren, wie Teesorten klassifiziert werden, und es gibt kostenlose Teeverkostungen und Kurse zur Teezubereitung. Das

Zentrum informiert ferner über bei der Teeproduktion verwendete Gerätschaften sowie die Herstellung der ausgestellten Teegeschirre. Von der Versuchs-Teeplantage an den Hängen hinter dem Zentrum genießt man einen spektakulären Blick auf Taipeh. Der bittere, aber anziehende Duft reifender Teeblätter trägt zu der Atmosphäre bei. Englischsprachige Führungen durch das Zentrum und die Plantage müssen mindestens zwei Tage im Voraus telefonisch gebucht werden.

An der Lane 38, etwa 270 Meter vom Museum entfernt, ragt das auf Säulen stehende **Big Teapot Teahouse** über die Hänge der Plantage. Die »Große Teekanne« ist aus Back-

steinen erbaut. Das Innere ist mit dunklem, lackiertem Holz im Stil der Kaiserzeit dekoriert. Von hier aus kann man über die Plantagen bis nach Taipeh sehen.

Das Big Teapot Teahouse gehört zu den besten Tipps in Mujha für die sogenannte Teeküche. Die meisten örtlichen Teehäuser servieren Gerichte aus den hiesigen Freilandhühnern. Das in diesem Teehaus servierte *Three Cup Range Chicken (San Bei Yeji)*, ein traditionelles ländliches Rezept, ist sehr lecker und passt ideal zum örtlichen Iron-Goddess- und Baojhong-Tee (Baozhong-Tee). Eine neue Seilbahn bringt die Besucher vom Zoo von Taipeh zum Jhihnan-Tempel und zu den Teeplantagen *($)*. ∎

Die hohe Lage und das milde Klima Nordtaiwans bieten ideale Bedingungen für den Teeanbau

Die Zubereitung des Tees und das Teetrinken können in Taiwan ein ausgeklügeltes Ritual sein

Taiwanesischer Tee

Mit seinen hoch gelegenen Berghängen ist Taiwan optimal für den Teeanbau geeignet, und so stammen einige der besten Teesorten der Welt hierher. Der Geschmack hängt von der Pflanzenart, der Höhe der Plantage, den örtlichen Klimabedingungen, der Erntezeit und der Trockenmethode ab.

Der *Dongding Oolong* aus der Umgebung der im Kreis Nantou gelegenen Stadt Lugu an den hohen Gebirgsausläufern am Rande des Zentralgebirges ist wohl die berühmteste Teesorte Taiwans. Der Teeanbau in Nantou blickt auf eine 150-jährige Geschichte zurück. Die feuchten Hügel, das kühle Klima und der hiesige Boden haben sich als geradezu ideal für den Teeanbau erwiesen.

Der *Dongding Oolong* durchläuft wie alle hochwertigen Teesorten einen langen Trocknungsprozess. Die Blätter werden zwei Stunden lang in der Sonne getrocknet und anschließend 20 Minuten lang gewendet. Auf diese Weise werden sie eingeritzt, der Saft tritt an die Blattoberfläche und oxidiert beim Kontakt mit der Luft. Dieser Fermentierungsprozess dauert drei Stunden. Anschließend werden die Blätter wieder erhitzt, um den Prozess abzubrechen.

Diese partielle Fermentierung unterscheidet den Oolong vom unfermentierten grünen Tee und von schwarzem Tee, der einen vollständigen Prozess durchläuft.

Anschließend packen die Teebauern den Tee in Säcke und rollen diese kräftig, bis die Blätter zu kleinen, harten Kernen gepresst sind. Diese trocknen über Nacht und werden anschließend über einem Holzkohlenfeuer 40 Minuten lang geröstet, wodurch der Tee seinen charakteristischen rauchigen Nachgeschmack erhält.

Der *Dongfang Mei Ren* (Orientalische Schönheit) aus der Grenzregion der Kreise Hsinchu und Miaoli ist ein sehr außergewöhnlicher Tee, dessen Geschmack von in den Teeblättern lebenden Insekten herrührt. Die Käfer legen ihre Eiersäcke in einer klebrigen Paste ab, die geerntet und gemeinsam mit den Teeblättern gebrüht wird. Der Geschmack erinnert an Earl Grey, ist aber erdiger und kräftiger.

Die Orientalische Schönheit ist berühmt und teuer – 600 Gramm kosten 90 US-Dollar –, aber keineswegs der teuerste taiwanesische Tee. Dies ist vielmehr der *Lishan Oolong*, der für dieselbe Menge 200 US-Dollar oder mehr kosten kann. Der *Lishan Oolong* wächst an den

Hängen des Lishan (Birnenberg) in einer Höhe von 2200 Metern. Diese Teesorte wird zweimal im Jahr geerntet, während *Dongding Oolong* zum Beispiel fünfmal geerntet wird, und sein Geschmack ist so kräftig, dass er bis zu zehnmal aufgebrüht werden kann. Dieser blassgoldene, feine Tee gehört zu den besten der Welt.

In Taiwan werden zahlreiche weitere beliebte Teesorten angebaut, vor allem der nur leicht fermentierte *Baojhong* (Baozhong) und der stärker fermentierte *Iron Goddess* (Eiserne Gottheit) oder *Tieguanyin* (auch Iron Buddha, Eiserner Buddha, genannt), der eine braune

Farbe, einen vollen, reifen Geschmack und einen leicht süßlichen Nachgeschmack aufweist.

Die Zubereitung des Tees folgt einem festen Ritual. Lassen Sie frisch gekochtes Wasser ein wenig abkühlen, gießen Sie es dann über den Tee in der Kanne, um die Blätter zu waschen. Wirbeln Sie dieses Wasser herum, gießen Sie es in die passenden Tassen und schütten Sie es anschließend weg. Für den zweiten – und besten – Aufguss lassen Sie den Tee ein paar Sekunden ziehen, dann gießen Sie die Flüssigkeit in einen Krug. Servieren Sie den Tee in kleinen Tassen. Die weiteren Aufgüsse erfordern mehr Zeit. Je besser der Tee ist, desto mehr Aufgüsse können Sie machen. ■

Nach der Teeernte (oben) werden die Blätter getrocknet (Mitte) und verpackt. Manchmal werden Teeblätter auch für Gerichte verwendet (unten)

Yangmingshan

Yangmingshan National Park

www.ymsnp.gov.tw

⚐ 93

✉ 1-20 Jhuzihhu (Zhuzihu) Rd., Yangmingshan, Taipei

☎ 2861-8744

🚍 Bus: 230, 260 zum Yangming Park, 15-minütiger Spaziergang hinauf zum Visitor Center

DER YANGDE BOULEVARD WINDET SICH VON TAIPEHS Bezirk Shihlin aus in die Berge nördlich der Stadt bis zum Eingang des Nationalparks Yangmingshan. Die Straße führt an den Luxusvillen der Oberschicht Taipehs vorbei, die das kühlere Klima, die saubere Luft und die Panoramen lieben. Im Nationalpark führen Pfade die Berghänge hinauf. Weniger ehrgeizige Besucher können den näher an die Gipfel heranführenden Straßen mit Hinweiszeichen auf die Hauptattraktionen des Parks folgen.

Man besucht den Nationalpark am besten während der Woche, da es an den Wochenenden und Feiertagen unerträglich voll werden kann und zu diesen Zeiten der Privatverkehr

Ein Straßenschild im Nationalpark warnt Autofahrer vor tief fliegenden Eulen (oben). Blühende Azaleen schmücken alljährlich die Hänge im Park (rechts)

stark eingeschränkt wird, um zur Benutzung der Busse anzuhalten.

Der Nationalpark bietet eine sehr abwechslungsreiche Landschaft, von zerklüfteten Klippen über schwefelverwitterte Berghänge und heiße Dampfquellen bis hin zu ruhigen Seen und ausgedehnten Hochgebirgswiesen. Im Zentrum des Parks,

neben dem Yangde Boulevard, zeigt das **Yangmingshan National Park Headquarters and Visitor Center** Exponate zur Geologie, Flora und Fauna des Parks.

Unmittelbar vor dem Besucherzentrum, neben hügeligen und windigen Pfaden gelegen, bietet der **Yangming-Park** ($) eine schöne Mischung aus Landschaftsgärten mit Teichen, Grotten, Wasserfällen, Baumgruppen und verschiedenen Attraktionen wie etwa der berühmten Blumenuhr. Von Mitte Februar bis Ende März, wenn die Kirschbäume blühen und Rhododendren und Azaleen den Park mit Farben überschwemmen, ist der Park besonders reizvoll. In anderen Teilen blühen auch Wildblumen. Diese ausnehmend schöne Jahreszeit im Nationalpark Yangmingshan zieht allerdings auch besonders viele Besucher an.

Mit dem Wagen können Sie rund 1,6 Kilometer entlang dem Yangde Boulevard zurückfahren, links in Richtung Osten auf die Cingshan (Qingshan) Road abbiegen und den Wegweisern zu den Attraktionen des Parks folgen. Die Straße führt zu einem besonders schönen Beispiel der Launen von Mutter Natur, dem **Lengshueikeng (Lengshuikeng) Fumarole Nature Preserve**, wo schwefelhaltige Wolken aus einer Öffnung wogen und über dichten Bambushainen schweben. Hier finden Sie auch den von dicht bewachsenen Felsen umgebenen und nach der Farbe seines Wassers benannten **Milch-See**. Die milchweiße Farbe rührt von dem hohen Schwefelgehalt des Wassers her. An anderen Orten im Park, wie in Dayoukeng, Macao und Sihhuangping (Sihuangping), finden sich ähnliche Dampf und Gase ausstoßende Hohlräume. Die Umgebung dieser Orte erinnert mit ihrer Schwefelfarbe und den zerfallenden Felsen an eine Mondlandschaft.

Das Gebiet des heutigen Nationalparks wurde in der späten Qing-Dynastie zuerst für den Nassreisanbau und als Weideland für Wasserbüffel genutzt. Man kann noch heute einige Hochweiden finden. Einige von ihnen, zum Beispiel **Cingtiangang** (**Qingtiangang**, $ mit dem Auto über eine Zufahrtsstraße) – eine üppige, tief grasgrüne Wiese am Ende einer Zufahrt unmittelbar östlich von Lengshueikeng –, weisen sogar noch kleine Herden genüsslich grasenden Viehs auf. Cingtiangang ist ein beliebtes Ziel für Familien sowie für laute Studentenausflüge.

Fahren Sie wieder zurück auf die Cingshan Road. Sie kommen nun rasch zur Abzweigung zum **Menghuan Pond** zur Linken. Das Wasser des Teichs wird von einer Schicht Pflanzen bedeckt, vor allem von taiwanesischem Brachsenkraut, einem seltenen Wasserfarn.

Fahren Sie nun auf der Cingshan Road weiter nach Norden, bis Sie zu einer T-Kreuzung kommen, und folgen Sie den Schildern nach Osten zur **Siaoyoukeng (Xiaoyoukeng) Recreation Area** am Nordsattel des Cisingshan (Sieben-Sterne-Berg) – dem höchsten, sich bis auf 1120 Meter erhebenden Gipfel im Nationalpark Yangmingshan. Dies bringt Sie zu einem der geologisch interessantesten Orte im Park. Hier haben stark säurehaltige heiße Quellen und schwefelhaltige Gase, die aus der Siaoyoukeng-Falte herausströmen, die Oberfläche der Fel-

sen angegriffen und sie zusammenfallen lassen. Das Resultat ist eine riesige, dampfende und unfruchtbare Narbe in dem Berghang, sicherlich einer der außergewöhnlichsten Anblicke im Nationalpark. Eine Terrasse oberhalb des Besucherzentrums von Siaoyoukeng bietet einen beeindruckenden Blick auf dieses Phänomen. Im Inneren des Zentrums finden Sie ein Modell des Berges und seiner Umgebung sowie eine gute Erklärung der hiesigen Geologie.

Die Vogelbeobachtung ist eine beliebte Beschäftigung im Nationalpark, in dem man so farbenfrohe Arten wie den Kappenliest sehen kann

Sie können den Cisingshan vom **Siaoyoukeng Visitor Center** *(69 Jhuzihhu/Zhuzihu Rd., Tel. (02) 2861-7024, Mo geschlossen)* aus erklimmen. Die Strecke ist rund 1,6 Kilometer lang, man benötigt etwa 40 Minuten. Der Ausblick vom Gipfel ist atemberaubend.

DATUN NATURE PARK

Unmittelbar südlich von Siaoyoukeng biegen Sie links in Richtung Westen auf den Bailaka Highway (County Route 101A) ab, der Sie in den nordwestlichen Bereich des Nationalparks Yangmingshan und zum Datun Nature Park führt. Dieser liegt am Fuß des 1080 Meter hohen **Datunshan**, des zweithöchsten Berges im Nationalpark.

Die Abzweigung zum Park liegt gegenüber dem Schmetterlingskorridor. Der Park öffnet sich hier in ein Tal, das zwischen hoch aufragenden Bergen liegt und dessen Wiesen von einem sich windenden Teich und auf Pfählen erbauten, hölzernen Fußwegen durchschnitten werden.

Sie können den Weg zum Gipfel des Datunshan entlang dem Bailaka Highway fortsetzen oder den Pfad vom Datun Nature Park aus erklimmen. Dieser führt Sie durch Bambusgehölze und Pampasgras bis auf den Gipfel.

Das Panorama vom Beobachtungspavillon auf dem windumtosten Gipfel aus ist großartig. Es bieten sich faszinierende Blicke auf Berge, Flüsse und den Pazifik. In nordwestlicher Richtung können Sie den Fluss Danshuei (Danshui) sehen, dessen breite Mündung in der Sonne des Spätnachmittags ein leuchtendes Orange annimmt. Im Süden verlieren sich die Berge in der Ferne.

Die Inselhauptstadt, die unter einer das Becken von Taipeh bedeckenden Dunstglocke liegt, und ihre Vororte sind von Datun aus ebenfalls zu sehen. Tagsüber beeindruckt die schiere Größe dieser urbanen Agglomeration, nach Sonnenuntergang verwandelt sie sich in ein wunderschönes, riesiges Lichtermeer. An jeder Aussichtsplattform am Weg findet sich eine Karte mit den Namen der Gipfel vor Ihnen. Der Cisingshan, dessen Hang von einem dampfenden Krater bedeckt wird, gehört zu den eindrucksvollsten.

WANDERWEGE

Im Mai können Sie auf den Berggipfeln des Nationalparks praktisch alle 151 Schmetterlingsarten sehen, die er beherbergt. Aber auch in anderen Jahreszeiten können Sie viele von ihnen beobachten, vor allem entlang dem schattigen **Schmetterlingskorridor**, einem drei Kilometer langen Wanderweg, der sich von den Osthängen des Datunshan bis zum Gebiet des Erzihping (Erziping) windet. Sie benötigen für ihn etwa zwei Stunden.

Von Erzihping aus können Sie den **Vogelbeobachtungspfad** nehmen, in dessen Verlauf Sie bis zu 20 unterschiedliche Vogelarten sehen können. Die Vögel sind bei Sonnenauf- und Sonnenuntergang am aktivsten. Der Weg endet am Campingbereich des Cisingshan in der Nähe des Verwaltungsgebäudes des Nationalparks Yangmingshan. ■

Im Frühling besuchen viele Menschen den Yangming-Park, um die Kirschblüte zu genießen

Beitou

DIE JAPANER ERÖFFNETEN HIER 1896 DAS ERSTE KURHOTEL und machten Beitou damit zu Taiwans erstem Ferienort mit Thermalquellen. Beitou erlebte seine Blütezeit während des Zweiten Weltkriegs, als es bei den japanischen Truppen sehr beliebt war. Die Einheimischen sagen, dass die Kamikazepiloten hier ihre letzten Tage verbrachten und Mädchen aus Beitou »heirateten«, bevor sie in den Tod flogen.

In den folgenden Jahren ging Beitous Beliebtheit zurück. Aber ein neues Interesse an Thermalquellen und der Anschluss an die MRT-Linie Ende der 1990er Jahre haben die Stadt zu neuem Leben erweckt. Heute ist Beitou von Taipeh aus der am einfachsten zu erreichende Ort mit Thermalquellen (siehe S. 42f zur Geologie der Thermalquellen).

Das etwa zehn Gehminuten die Jhongshan (Zhongshan) Road vom MRT-Bahnhof Beitou hinauf gelegene **Beitou Hot Springs Museum** bietet einen Schnappschuss der Geschichte Beitous und der Kultur der taiwanesischen Thermalquellen. Das ursprünglich 1913 von den Japanern erbaute, heute restaurierte Gebäude aus Backstein und Holz im viktorianischen Stil diente einst als öffentliches Badehaus. Das fünfzehn mal sechs Meter messende, römischen Vorbildern nachempfundene **Schwimmbecken** im Erdgeschoss vermittelt einen Eindruck, wie ernst die Japaner die Badekultur nahmen. Das Becken ist von Säulen umgeben, während romantische Motive die Buntglasfenster schmücken.

Der wunderschön restaurierte und von Schiebetüren aus Reispapier gebildete **Tatami-Raum** beherrscht den ersten Stock. Andere Räume beherbergen Ausstellungsstücke über die Geologie der Thermalquellen und die Geschichte der Region Beitou. Die **Hollywood of Taiwan Film Gallery** zeichnet die Geschichte der örtlichen Filmindustrie nach, die in den 1950er und 1960er Jahren ihre Blütezeit erlebte.

Etwas weiter östlich entlang der Jhongshan Road beschwören dicke Dampfwolken über einer brodelnden Schwefelgrube im **Hell Valley** *(Mo geschl., Tel. 2893-9981)* die apokalyptische Atmosphäre herauf, der diese Gegend ihren Namen verdankt.

Nach Auskunft seiner Kuratoren war das **Taiwan Folk Art Museum** (an der Youya Road, von Hell Valley aus die hügelige Jhongshan Road hinauf) einst ein Klub für Kamikazepiloten. Das im traditionellen japanischen Stil erbaute Gebäude ist heute ein Volkskundemuseum mit Garten, das eine sehr vielseitige Sammlung von Exponaten zur Kultur Taiwans und seiner Ureinwohner beherbergt. Die **Ausstellung über das Fußbinden** im ersten Stock ist besonders interessant. Diese traditionelle Technik wird hier durch Erläuterungen, Fotografien und die winzigen Schühchen der Frauen, die dieses Schicksal erleiden mussten, demonstriert.

Eine erhabenere und umfassendere Variante des sich im »Höllental« bietenden Anblicks findet sich im **Longfeng Valley** an der Cyuanyuan (Quanyuan) Road, wo hölzerne Beobachtungsplattformen auf eine ehemalige Schwefelmine, eine der einst 27 in Beitou, Ausblick bieten. Erdspalten stoßen hier Dampfwolken aus, die hoch über einer von giftigen Schwefelgasen verursachten Einöde schweben.

Auf dem Höhepunkt seiner Popularität besaß Beitou mehr als 70 Gasthäuser und Hotels, von denen heute nur noch etwa ein Dutzend übrig sind (siehe S. 252). ∎

Beitou Hot Springs Museum (1913 erbaut), das ehemalige öffentliche Badehaus

typische Vulkanlandschaft

Dampf

Dampf steigt vom erhitzten Wasser auf

Mineralien lagern sich an den Ufern des Beckens ab

Wasser wird durch Erdspalten an die Oberfläche gedrückt

unterirdischer Wasserlauf und von unterirdischem heißen Gestein erhitztes Wasserreservoir

aufgeheiztes Gestein unter der Erdoberfläche

Zu Fuß durch Danshuei (Danshui)

In der historischen Hafenstadt Danshuei (Danshui) finden sich Erinnerungen an Taiwans Kolonialvergangenheit und die Arbeit des kanadischen Missionars George Leslie Mackay sowie lebhafte Straßen am Fluss Danshuei.

Nehmen Sie vom MRT-Bahnhof Danshui aus den Red Bus No. 26 die Jhongjheng (Zhong-zheng) Road entlang bis zur Haltestelle Aletheia University, die etwa zwei Kilometer vom Bahnhof entfernt liegt. Von der Bushaltestelle aus gehen Sie, nachdem Sie Eintritt bezahlt haben, einen Gartenpfad hinauf zu einem Hügel mit Blick auf die Mündung des Danshuei und den Pazifik. Sie finden dort das aus rotem Beton erbaute **Fort San Domingo** ❶ *(1, Lane 28, Jhongzheng Rd., Danshuei, Tel. 2623-1001, Mo geschl.).*

Diese kleine, robuste Festung steht fast stellvertretend für einen Großteil der Geschichte Taiwans. Sie wurde 1629 von den Spaniern erbaut. Später diente sie den Holländern, den Chinesen und den Briten, die sie in ihr Konsulat umwandelten.

Danshueis Fort San Domingo stammt aus dem Jahr 1629

Das Erdgeschoss besitzt vier Gefängniszellen, die auf einen kleinen, von hohen Wänden umschlossenen Übungsplatz blicken, und beherbergt ein Modell des Forts sowie Informationen über seine Geschichte. Die beiden Räume im ersten Stock enthalten Kopien von zeitgenössischen Landkarten und ein wunderschön gearbeitetes Modell eines holländischen Kriegsschiffs aus dem 17. Jahrhundert, der Prins Willem.

Ein Fußpfad führt am Fort entlang zum ehemaligen **Britischen Konsulat** ❷, einem Backsteingebäude von 1871, dessen breite Veranden und Erkerfenster Ausblicke auf den Fluss eröffnen. Die Räume sind mit Möbeln der späten 19. und frühen 20. Jahrhunderts geschmückt. Kehren Sie zum Eingang des Forts zurück und wenden Sie sich nach rechts zur **Aletheia University** (auch bekannt als Oxford University College), wobei Sie zur Linken eine imposante neugotische Kirche sehen können.

Hinter Wiesen und Gärten erkennen Sie das ursprüngliche College-Gebäude, in dem sich heute das Aletheia University Museum ❸ *(32 Jhenli/Zhenli St., Danshuei, Tel. 2621-2121)* befindet. Dieses kleine Gebäude stellt eine reizende Kombination britischer Kolonialarchitektur und chinesischer architektonischer Schnörkel dar. Es weist unter anderem ein traditionelles Ziegeldach auf, das von einem Kirchturm in Form eines buddhistischen Chedi mit einem Kruzifix auf seiner Spitze gekrönt wird. Das Museum ist dem Gedenken Mackays gewidmet, der aufgrund seiner Güte in Taiwan hoch geachtet wurde.

Kehren Sie wieder zum Eingang der Universität zurück und gehen Sie links die enge Jhenli (Zhenli) Street hinunter. Nach etwa 140 Metern finden Sie an der linken Straßenseite kleine Esslokale und Imbissbuden. Etwas weiter liegt an der Jhenli Street 6-1 *(kein englischsprachiges Schild, Tel. 2621-1785, ab 15 Uhr geschl.)* ein **nach vorn offenes Restaurant** ❹. Kosten Sie die hausgemachte Sojamilch und *a-gei,* ein japanisches Gericht aus Reisnudeln in Tofu.

Gehen Sie die Jhenli Street etwa hundert Meter weiter in Richtung Fluss bis zur Kreuzung

Einheimische nennen die Büste des Missionars Mackay »die Tintenfisch-Statue«

Jhongshan (Zhongshan) Road. Biegen Sie rechts ab und gehen Sie den Hügel etwa hundert Meter hinunter. Hier steht in einem kleinen Park mitten auf der Straße eine große **Granitbüste Mackays** ❺. Unmittelbar links von Ihnen befindet sich eine kleine Gasse, an der nach 30 Metern das **Mackay Hospital** ❻

liegt, das heute ein kleines, dem Missionar gewidmetes Museum beherbergt *(geöffnet So 14.30–16.30 Uhr)*. Dieses von Mackay errichtete Gebäude war das erste westliche Krankenhaus Taiwans. Nebenan befindet sich die ebenfalls von Mackay erbaute **Danshuei Church**. Von dem ursprünglichen Bauwerk blieb jedoch nicht viel erhalten. Gehen Sie zurück zur Jhongshan Road und biegen Sie nach rechts bzw. Südosten zur MRT-Strecke ab. Nach etwa 250 Metern findet sich am Kopf der Lane 95 eine Filiale der Bank of Taiwan. Biegen Sie nach rechts in diese enge Gasse ab, sodass Sie nach 50 Metern zum der Göttin Guanyin geweihten **Longshan-Tempel** ❼ kommen. Er gehört zu den ältesten Taiwans. Gehen Sie nun wieder die Lane 95 zur Jhongshan Road hinauf, biegen Sie nach rechts ab, und Sie sehen weiter die Straße hinunter den MRT-Bahnhof, an dem Ihr Rundgang begann. ∎

⬛ Siehe Karte S. 93
▶ Fort San Domingo
↔ 1 km
🕑 90 Minuten
▶ MRT-Bahnhof Danshui

UNBEDINGT ANSEHEN

- Fort San Domingo
- Britisches Konsulat
- Aletheia University Museum
- Longshan-Tempel

Aletheia University Museum

Ehemaliges britisches Konsulat

Fort San Domingo ❶

Fort Eingang

Aletheia University Bushaltestelle

START

Granitbüste Mackay ❺

MACKAY ST.

Mackay Hospital ❻

Danshuei Church

SANMIN ST.

❷ ❸ Aletheia University Eingang

JHENLU ST.

»Nach vorn offenes Restaurant« ❹

JHONGSHAN RD.

SINMIN (XINMIN) ST.

JHONGSHAN NORTH RD.

SINSHENG (XINSHENG) ST.

JHONGSHAN RD.

SHUEIYUAN (SHUIYUAN) ST.

0 ────── 400 Meter

JHONGIHENG RD.

LANE 95

❼ Longshan-Tempel

MRT-Bahnhof Danshui

Bushaltestelle

Nach Taipei ↘

SHUEFU (XUEFU) RD.

JHONGIHENG RD.

Danshuei ←

Die Nordküste

North Coast
🅰 93
Besucher-
information
www.northguan-nsa.gov.tw
✉ North Coast &
Guanyinshan
National Scenic Area
Tourist Center,
164-2, Putoukeng,
Puping Village,
Sanjhih (Sanzhi)
Township, Taipei
County
☎ 2636-4503, Neben-
anschluss 190

Ju-Ming-Museum
www.juming.org.tw
✉ 2 Sishih (Xishi)
Lake, Jinshan
Township, Taipei
County
☎ 2498-9940
🕐 Geschl. Mo (und Di,
sofern Mo ein Feier-
tag ist)
💲 $$

VON DANSHUEI (DANSHUI) AUS FÜHRT DER NORTH COAST Highway (Provincial Highway 2) an der Küste östlich der Hafenstadt Keelung entlang. Diese Gegend ist für ihre breiten Sandstrände und die vielen faszinierenden Felsformationen bekannt. Die 64 Kilometer lange Route ist leicht innerhalb eines Tages zu bewältigen.

Etwa 25 Kilometer östlich von Danshuei befindet sich einer der beliebtesten Strände der Nordküste: die **Baisha (White Sand) Bay** (Sonnenuntergang bis 8 Uhr geschl., $), eine etwa 800 Meter breite, weißsandige Bucht. Der Strand kann an Sommerwochenenden so voll werden, dass man kaum noch den Sand sehen kann. Während der Woche und im Winter ist es jedoch deutlich ruhiger.

Am **Cape Fuguei (Fugui)**, wo die Straße von Taiwan, das Ost-chinesische Meer und der Pazifik aufeinandertreffen, hat man einen wunderbaren Meerblick. Dieses Kap ist für seine Felsen und sein üppiges Grün bekannt.

Etwa drei Kilometer weiter östlich steht in **Shihmen (Shimen,** Steintor) ein Steinbogen an der Küstenseite der Straße. Besteigen Sie diesen acht Meter hohen Bogen, entspannen Sie sich auf den Überresten von Kanonenstellungen und genießen Sie den Blick.

Der Legende zufolge ertranken zur Zeit der Qing-Dynastie 17 Kaufleute, als sie bei rauer See die Straße von Taiwan überqueren wollten. Der Hund eines der Kaufleute versuchte vergeblich, seinen Herrn zu retten, bevor er an Land schwamm, wo er so lange am Strand saß, bis er verendete. Der **18-Könige-Tempel** ehrt das Gedenken dieser Unglücklichen und auch des Hundes, dessen Statue in dem auf den Ozean blickenden Hauptschrein östlich von Shihmen die wichtigste Position einnimmt. Die Besucher des Tempels zünden Zigaretten an und stellen sie in Ständer, so als handele es sich um Weihrauch, weil die Kaufleute angeblich gerne rauchten. Sie gelangen von der 31-Kilometer-Marke des Highways aus über eine Seitenstraße zum 18-Könige-Tempel.

Unmittelbar vor der Stadt Jinshan, nach etwa 40 Kilometern auf

dem Highway, führt eine andere Seitenstraße ins Binnenland zum **Ju-Ming-Museum**, das einem von Taiwans führenden Künstlern gewidmet ist. Es enthält etwa 500 Skulpturen und 500 Bilder des sehr produktiven Ju.

Zurück auf dem Highway, können Sie an der Jinbaoli Street im Zentrum von Jinshan ausgezeichnete Beispiele für Bauwerke aus der Qing-Dynastie sehen. Eine Aussichtsplattform in der Stadt blickt auf die Candlestick Islets (Kerzenhalter-Inselchen) 460 Meter vor der Küste.

Taiwans Nordküste erreicht ihren dramatischsten Punkt an dem etwa 1,5 Kilometer langen Kap bei **Yeliou (Yeliu)**, rund fünf Kilometer östlich von Jinshan. Die eindrucksvollen Felsformationen des Yeliou Geological Park erheben sich aus einer öden Sandsteinlandschaft. Eine Steinbrücke führt über einen Gezeitenpool zur Spitze des Kaps.

Hinter Yeliou liegt **Ocean World** (Tel. 2492-1111, $$$), für Liebhaber von Aquarien und Delphinen. Der etwa 1,5 Kilometer breite Sandstrand in der **Green Bay** unmittelbar südlich von Yeliou ist zu der Ferienanlage Green Bay Seashore Recreation Club entwickelt worden. ■

Ein hölzerner Fußweg führt zu einem Aussichtspunkt auf dem Mount Keelung zwischen Jioufen (Jiufen) und dem Meer. An der Nordküste hat man häufig einen tollen Blick auf den Ozean

Jioufen (Jiufen)

JIOUFEN, ABGESCHIEDEN AUF EINEM BERG HINTER DER Shenoa Bay und etwa 45 Minuten östlich von Taipeh gelegen, wurde in den 1890er Jahren durch Goldfunde zum Leben erweckt. Danach kamen Tausende Glücksritter. Auf dem Höhepunkt des Goldrausches in den 1930er Jahren wurde die Stadt so wild, dass man ihr den Spitznamen »Little Shanghai« verlieh. Nach dem Zweiten Weltkrieg versiegten die Goldvorkommen und der Wohlstand der Stadt ging verloren.

Die guten Zeiten kamen nach der Veröffentlichung des Filmklassikers *City of Sadness* (Stadt der Trauer) von Regisseur Hou Hsiao-Hsien im Jahr 1989 wieder. In seiner Beschreibung der Zeit zwischen dem Ende der japanischen Besatzung und dem Jahr 1949, als nationalistische Kräfte auf Taiwan eine Exilregierung etablierten, setzt der Film Jioufen stellvertretend für Taipeh ein.

Nach dem Erscheinen von *City of Sadness* interessierten sich Taiwans Künstler plötzlich für die engen Straßen und die alte Architektur der Stadt, viele kamen der Inspiration und billigen Ateliers wegen nach Jioufen. Ihnen folgten Besucher, die ein nostalgisches Verlangen haben.

Jioufen besitzt einen für Taiwan einzigartigen Reiz. Es ist ein reines Vergnügen, durch seine Straßen und engen Gassen voller Wohnhäuser und Kunst- und Souvenirläden zu spazieren und in Teehäusern und Cafés mit überwältigendem Blick auf Berge und Pazifik zu entspannen.

Die meisten Besucher kommen über die County Route 102, die entlang dem Ostrand der Stadt zur Ciche (Qiche) Road wird. Die Kreuzung Ciche und Jishan Road ist ein guter Ort, die Dorferkundung zu Fuß zu beginnen, da die meisten Attraktionen sich von hier aus zu ebener Erde oder bergab befinden.

Der erste Abschnitt der **Jishan Road** ist dicht mit Gold- und Schmuckläden, Esslokalen, Boutiquen, Kunstgalerien und Souvenirläden sowie kleinen Restaurants und Kneipen besetzt. Etwa hundert Meter die Jishan Road hinauf befindet sich in der Nähe ihres Endes die Kreuzung mit der **Shuci (Shuchi) Road**, einem steilen, 362 Stufen langen Weg in nordsüdlicher Richtung. Er war Hauptschauplatz der Dreharbeiten für *City of Sadness*. Die alten Gebäude beiderseits der Steinstufen sind fast alle drei Stockwerke hoch und bieten freien Blick auf das Meer.

Hier finden Sie weitere Teehäuser, Galerien und Restaurants, deren Qualität und Preise die der Läden an der Jishan Road übertreffen.

An der Ecke Shuci und Cingbian (Qingbian) Road zeigt die **Jioufen Folk Art Gallery** Exponate zur Heimatkunde. Dem Museum gegenüber liegt das Restaurant **City of Sadness** *(294-2 Cingbian Rd., Tel. (02) 2406-2289)*, in dem einige Filmszenen gedreht wurden.

Gehen Sie vom Restaurant aus nach links und in westlicher Richtung 13 Meter die Cingbian Road hinauf, und biegen Sie an der Shibei Alley rechts zum **Jioufen Gold Mining Museum** ab, das eine Sammlung von Goldgräber-Gerätschaften sowie Gesteinsproben besitzt. Es gibt hier keine Informationen in englischer Sprache. Der Kurator veranstaltet jedoch Goldgräbervorführungen und sorgt auf diese Weise für die Unterhaltung der Besucher. ∎

Die einstmals wilde Goldgräberstadt Jioufen (Jiufen) gewährt heute den Besuchermassen einen nostalgischen Blick in die Vergangenheit

Keelung

Keelung
🅰 93
Besucher-information
http://tour.klcg.gov.tw
✉ Tourist Information
Center, Keelung City
Govt., I Yi Ist Rd,
Keelung City
☎ (02) 2427-4830

DAS SOWOHL ÜBER DEN NORTH COAST HIGHWAY ALS AUCH den Northeast Coast Highway erreichbare Keelung mit seinen 400 000 Einwohnern ist Taiwans zweitgrößter Hafen. Wie die anderen Häfen war die Stadt Einfalltor für ausländische Besatzer, Missionare und Händler. Obwohl Keelung heute wenig historische Sehenswürdigkeiten zu bieten hat, lohnt es einen Zwischenstopp.

Sie können ihren Rundgang durch die Stadt an der riesigen Statue von Guanyin, der Göttin der Barmherzigkeit, auf einem Hügel im **Jhong-jheng (Zhongzheng) Park** *(geöffnet tägl. 9–17 Uhr)* in der Nähe des Stadtzentrums beginnen. Die 22,5 Meter hohe Statue blickt gelassen über Stadt und Hafen.

Gehen Sie den Hügel weiter hinauf zum **Ershawan-Fort**, einer 1840 erbauten Festung. Heute ist nur noch das renovierte Festungstor im mittelalterlichen Stil zu sehen. Nachdem Sie die Festung betreten haben, können Sie über die schattigen Wege spazieren und eine nachgebaute Kanone bewundern.

Interessante Felsformationen markieren die Küstenlinie bei Keelung

Besuchen Sie **Heping Island**, die die Südseite des Hafens von Keelung schützende »Friedensinsel«, um einen schönen Blick auf die wetterzerfurchten Felsformationen zu werfen. An der Nordküste dieser 66 Hektar großen Insel liegt ein großer Freizeitpark *(Tel. (02) 2462-8714, $)*.

Bei einheimischen Touristen ist Keelung vor allem für seinen **Miaokou Yeshih** (**Yeshi**, Tempelmund-Nachtmarkt) berühmt, der an der Rensan Road am Dianji-Tempel vorbei verläuft. Diese Strecke aus Restaurants und Lebensmittelständen ist eine gute Gelegenheit, taiwanesische Snacks und die lebhafte Atmosphäre zu genießen. ■

Northeast Coast National Scenic Area

DIE NORTHEAST COAST NATIONAL SCENIC AREA NIMMT den engen Korridor zwischen den östlichen Bergen und dem Pazifik ein und verläuft von dem östlich von Keelung gelegenen Nanya in südlicher Richtung fast bis zur 66 Kilometer entfernten Stadt Toucheng. Dieses Landschaftsschutzgebiet ist durch Küstenlandschaften, Sandstrände und spektakuläre Blicke auf die See geprägt.

Die nordöstliche Küste weist Klippen und Meeresarme auf (oben)

Die Gegend besitzt auch historische Attraktionen wie diesen Tempel am Caoling Historic Trail (unten)

Die meisten Sehenswürdigkeiten sind leicht über den Northeast Coast Highway (Provincial Highway 2) zu erreichen, wobei man manchmal neben der Straße parken und ein paar Schritte gehen muss. Da nicht alle Hinweiszeichen in englischer Sprache sind, ist es am besten, einen Führer mitzunehmen.

Nanya ist der nördliche Eingang zur Northeast Coast National Scenic Area. Diese Gegend ist bekannt für ihre zerklüfteten Felsformationen entlang der Küste. Die kleinen, malerischen Fischerdörfer vor einer Kulisse aus üppig grünen Bergen verstärken diesen Eindruck.

Northeast Coast National Scenic Area

www.necoast-nsa.gov.tw

🅰 93

✉ Fulong Visitor Center, 6 Singlong (Xinglong) St., Fulong Village, Gongliao Township, Taipei County

☎ (02) 2499-1115, Nebenanschluss 221

Gut 1,5 Kilometer weiter haben Wind und Wellen am **Bitou Cape** ein faszinierendes Ensemble aus Klippen und Felsformationen inklusive Meereshöhlen, Plattformen, Aushöhlungen, Felsvorsprüngen und Kuppen geschaffen. Die Plattformen am Fuß des Kaps haben die Form von Bienenwaben und Tofu angenommen. Von der Bitou Elementary School aus führt ein Weg zum Kap und zu mitreißenden Rundblicken. Der Pfad endet am leuchtend weißen **Bitou Lighthouse** 120 Meter über der tosenden Brandung. Der Leuchtturm selbst ist 12,3 Meter hoch.

Die sich bei **Longdong Cape**, dem »Drachenhöhlen-Kap«, aus dem Meer erhebenden Sandsteinklippen sind Taiwans beliebtester Ort für Felsenkletterer. Die 30 Meter hohen Klippen eignen sich gut, um diesen Sport zu erlernen. Von der Spitze des Kaps aus hat man einen umwerfenden Blick auf Bitou Cape im Norden und Sandiao Cape im Süden.

Sie können einen Pfad hinunter zum **Longdong Bay Park** (Tel. (02) 2490-9445, $) an der größten Bucht der Nordostküste nehmen. Wegen seines klaren Wassers und der vielen hier vorkommenden Meereslebewesen ist dieser Ort bei Tauchern und Anglern gleichermaßen beliebt.

An der Südseite der Bucht liegt der **Longdong South Ocean Park**, der einen Yachthafen, Meerwasserpools und eine Ausstellung zur Meeresökologie in seinem Besucherzentrum (Tel. (02) 2490-2112, $) in sich vereint. Der Parkeingang liegt an der 96-Kilometer-Markierung des Highways. Die Meerwasserpools sind umgebaute Seeohrbecken. Abhängig von den Gezeiten ist das Wasser hier knietief bis hin zu drei Meter tief. Weil die Pools mit dem Meer verbunden sind, schwimmen Sie hier zuweilen inmitten von Fischschwärmen, Seesternen, Krabben und Krebsen. Ausstellungsstücke im Besucherzentrum erklären die interessante Geologie und Meeresfauna der Gegend ringsum.

Der unmittelbar südlich von Longdong liegende **Jinshawan Beach Park** besteht aus schönen Sandstränden. Die »Goldsandbucht« unterscheidet sich vor allem durch ihre relative Einsamkeit und das Fehlen touristischer Einrichtungen von den anderen Stränden der Gegend. Kein Eintritt, da hier aus Umweltschutzgründen das Schwimmen verboten ist.

Der 80 Hektar große **Yanliao Seaside Park** (Tel. (02) 2490-2991, $$) hingegen ist der größte Strandpark an der Nordostküste. Sie finden ihn an der 104-Kilometer-Marke des Highways. Sein Netz aus Fußwegen und Pavillons verleiht der Gegend einen chinesischen Charakter. Der Sandstrand (der längste Taiwans) erstreckt sich über etwa drei Kilometer. Dies machte ihn zum idealen Landungsplatz, als die Japaner 1895 in Taiwan einfielen. Ein Monument im Stil taiwanesischer Tempel in der Nähe des Strandes gedenkt jener, die gegen die Besatzer kämpften. Der Park umfasst auch terrassierte Reisfelder und Hügel, von denen aus Sie einen schönen Blick aufs Meer haben. Am Strand können Sie Segelboote, Surfbretter und Angelausrüstung mieten oder in einem der Cafés einen Snack zu sich nehmen.

Etwa drei Kilometer weiter südlich liegt das **Longmen Riverside Camping Resort** (Tel. (02) 2499-1791, $), Taiwans größtes Campinggebiet. Die Campingplätze liegen innerhalb des Landschaftsschutzgebietes – eine überraschend malerische Gegend angesichts der früheren Nutzung als Steinbruch –, in der Nähe der Einmündung des Shuangsi (Shuangxi), des größten Flusses Nordost-Taiwans, in den Pazifik. Es gibt in der Nähe des Flusses auf

Wiesen oder Holzplattformen mehr als 230 Campingparzellen, erwarten Sie also keine Einsamkeit.

Der »Drachenpforte«-Campingplatz bietet außerdem überdachte Holzplattformen und Parkplätze für Wohnmobile mit Stromanschluss. Sie können Paddel- und Ruderboote sowie Kanus mieten und stromauf-wärts durch üppiges Grün fahren. Von den Campingplätzen aus gelangt man über eine Hängebrücke zum nahe gelegenen Yanliao Seaside Park.

An der Südseite der breiten Mündung des Shuangsi liegt in der Nähe der Stadt Longmen der breite **Fulong Beach** *(Tel. (02) 2499-1211, $).* Er gehört zu den beliebtesten

Nanya ist berühmt für seine gestreiften Sandsteinformationen

Sränden, da die Flussmündung für ruhigere Arten des Wassersports ideal ist. Man kann hier alle möglichen Ausrüstungsgegenstände für Wassersport mieten oder auf mit schattigen Pavillons besetzten Wanderwegen die Gegend erkunden.

Das **Fulong Visitor Center** (*Tel. (02) 2499-1115, Nebenanschluss 221*), das offizielle Informationszentrum für das gesamte Landschaftsschutzgebiet, bietet umfangreiche Informationen zur örtlichen Geologie, Geographie, Kultur, Flora und Fauna. In einigen Sälen sind auch kurze Filme über das Gebiet zu sehen. Am schönsten ist die reizende Ausstellung von Kunstwerken, die lokale Künstler aus angeschwemmtem Treibholz angefertigt haben. Eine kleine Ausstellung informiert über das Leben der örtlichen Bauern und Fischer und eine Kunstgalerie zeigt in wechselnden Ausstellungen die Arbeiten lokaler Künstler.

Das an der Nordseite des Sandiao Cape liegende **Maoao Fishing Village** ist das beste Beispiel eines traditionellen Fischerdorfs an der gesamten Küste. Drei Flüsse, von prächtigen Bengalischen Feigenbäumen gesäumt, fließen von den Bergen herab durch das aus nach alter Technik errichteten Steinhäusern bestehende Dorf und tragen zu dem malerischen Effekt bei.

Am **Sandiao Cape** – dem östlichsten Punkt Taiwans – hat man einen wunderbaren Blick auf den Pazifik, die zerklüftete Küste nördlich des Bitou Cape und südlich der Honeymoon Bay. An der Spitze des Kaps steht das weiße **Sandiao Cape Lighthouse** (*Tel. (02) 2499-1300, geschl. Mo*).

Gut drei Kilometer weiter südlich balancieren in Lailai Angler auf schlüpfrigen Steinplattformen und stemmen sich gegen die Brandung. Diesen Küstenabschnitt charakterisiert ein reiches Plankton- und Algenvorkommen, das viele Fische und dadurch auch zahlreiche Angler anlockt.

Südlich des nahe gelegenen Dorfes **Dali** haben Formationen von Küstenfelsen durch Erosion die Gestalt rechteckiger Tofustücke und geologischer Schichtstufen angenommen. All dies trägt zum fantastischen Landschaftseindruck bei.

Hinter dem Tiangong-Tempel des Städtchens liegt das Südende des **Caoling Historic Trail**, der nach Norden zu der Kleinstadt Fulong führt. Dieser historische Wanderweg ist der erhaltene Rest eines Pfads aus der Zeit der Qing-Dynastie, der zu Beginn des 19. Jahrhunderts angelegt wurde, um das Becken von Taipeh mit der Lanyang Plain zu verbinden und Siedler zu ermutigen, sich auf dieser Ebene niederzulassen. Der zehn Kilometer lange Pfad ermöglicht einige tolle Blicke auf das Meer und endet unmittelbar westlich von Fulong am Shuangsi-Fluss.

Etwa vier Kilometer südlich von Dali befindet sich das auf die **Honeymoon Bay** (Flitterwochen-Bucht) blickende Dorf Dasi (Daxi). Die Bucht ist nach ihrer herzförmigen Küstenlinie benannt, obwohl unromantische Besucher meinen könnten, dass sie eher einem Hufeisen ähnelt. Der Sandstrand ist bei Ebbe hundert Meter breit, dann kann man Tausende kleiner Krabben sehen. Die Wellen werden bis zu zwei Meter hoch, weshalb dieser Strand bei Taiwans Surfern populär ist.

Im **Beiguan Tidal Park** (*Tel. (03) 978-0727*) zeichnen mit Aussichtspavillons besetzte und von schattigen Bengalischen Feigen gesäumte Steinwege die Küstenlinie nach. Sie können von hier aus schöne, in den Pazifik hineinragende Formationen von Küstenfelsen (zumeist Schichtstufen und gemusterte Tofu-Felsen) betrachten. Einer der Pfade führt auf die Spitze einer der größten Schichtstufen und zu einem grandiosen Ausblick. ■

Links: Ein Felsenkletterer am Longdong Cape, einem der beliebtesten Orte für diesen Sport an der Nordostküste

Sansia Zushih Tempel

⛰ 93

✉ I Changfu St., Sansia (Sanxia), Taipei County

☎ (02) 2671-1031

💲 $ (Spende)

Li Mei-shu Memorial Gallery

www.limeishu.org

⛰ 93

✉ 10 Lane 43, Jhonghua (Zhonghua) Rd., Sansia, Taipei County

☎ (02) 2673-2333

🕐 Sa und So, Gruppen nach Absprache

💲 $

Der fein geschmückte Sansia-Zushih-Tempel gehört zu den schönsten Beispielen taiwanesischer Tempelarchitektur

Sansia-Zushih-Tempel (Sanxia-Zushi-Tempel)

DER SANSIA-ZUSHIH-TEMPEL IST EIN HERAUSRAGENDES BEISPIEL für eine gelungene moderne Restauration traditioneller taiwanesischer Tempelarchitektur. Der ursprünglich 1769 erbaute Tempel ist dreimal wieder aufgebaut worden. Die jüngste Restaurierung hat bereits 1947 begonnen und dauert noch an, sodass man die Restauratoren bei der Arbeit beobachten kann. Der Tempel repräsentiert taiwanesische Tempelkunst auf höchstem Niveau.

Jeder Balken der Terrassendächer der Tempelgebäude ist opulent dekoriert und nur wenige Abschnitte der Innen- und Außenwände sind frei von Bildern oder Schnitzereien. Die dachtragenden Säulen sind mit verblüffend lebensecht geschnitzten menschlichen Gestalten besetzt und vergoldet. Die Innenwände tragen Holzschnitte und Reliefs, die chinesische Legenden darstellen. Neben Motiven der chinesischen Mythologie zeigen die Schnitzarbeiten Bären, Pekinesen, Truthähne, Tintenfische und Krabben – in der taiwanesischen Sakralarchitektur seltene Elemente.

Der Komplex enthält zahllose Türen, Tafeln, Säulen und Bronzestatuen. Kampferholz und Zypresse sind zunächst zu mythologischen Motiven geschnitzt und anschließend mit Blattgold bedeckt worden.

Sie betreten den Komplex durch den ersten Hof und kommen durch die schwere **Sanchuan-Bronzetür** in die Sanchuan-Halle. Die Wände und Fensterrahmen zu beiden Seiten des Tores sind mit Steinmetzarbeiten geschmückt. Zwei kühn gemeißelte Steinlöwen bewachen den Eingang. Der männliche Löwe hält in seinem Maul eine Perle, während die Löwin mit einem Löwenjungen spielt.

Die Decke der **Sanchuan-Halle** ist ein großartiges Beispiel für die Komplexität chinesischer Tempelarchitektur. Schichten von übereinandergestapelten Konsolen klettern hinauf zu den Dachfirsten, wobei eine alte, geschickte Technik angewendet wurde, die es ermöglicht, das recht große Gewicht des Ziegeldaches ohne den Einsatz von Nägeln zu tragen.

Die **Drachentorhalle** (rechts) und die **Tigertorhalle** flankieren die Sanchuan-Halle. Drachen, Löwenjunge und Blumen darstellende Schnitzarbeiten bedecken die Steintrommeln beiderseits der Türen. Wie die Löwen am Sanchuan-Tor dienen sie dem Schutz vor bösen Geistern.

Sie gelangen durch die beiden Hallen zum zweiten Hof. Hier sind drei Paare aus **Steinsäulen** mit fein gearbeiteten, dreidimensionalen Figuren geschmückt. Eines dieser Paare zeigt Blumen und Vögel, wobei jede Säule 50 Vögel aufweist, die auf den Zweigen eines Pflaumenbaumes sitzen.

Ein Paar Bronzelöwen bewacht die zum **Hauptschrein** hinaufführenden Stufen. Hier befindet sich das Bild des Göttlichen Vorfahren in einem Schrein auf einem Hochaltar in der zentralen Halle. Am Eingang zur Halle finden sich außergewöhnlich detailreiche Steinsäulen mit drei bis vier Schichten tief geschnitzten Figuren. Der Göttliche Urahn sitzt unter einer mit goldenen Firsten und Reliefs geschmückten Holzdecke. Die Schnitzereien an den Dachfirsten sind aus China-Zypresse gearbeitet.

Der **Trommel-Turm** (links) und der **Glocken-Turm** flankieren den Hauptschrein. Beide besitzen ein hexagonales Dach aus drei Terrassen, auf deren Firsten sechs mittels Mosaikfliesen dargestellte Drachen in wilden Posen zu sehen sind.

Der Sonnengott präsidiert im **Ostschrein** hinter dem Glocken-Turm, während die Mondgöttin den **Westschrein** hinter dem Trommel-Turm bewohnt. Es handelt sich um Bronzestatuen, die so angeordnet sind, dass ein günstiges Gleichgewicht von Yin und Yang gewährleistet ist.

LI MEI-SHU MEMORIAL GALLERY

Li Mei-shu gilt als einer der einflussreichsten Nachkriegskünstler Taiwans und ist für die Pracht des Sansia-Zushih-Tempels verantwortlich. Li begann 1947 mit der Restaurierung des damals baufälligen Tempelkomplexes, kurz vor seinem Tod 36 Jahre später arbeitete er noch immer an diesem Projekt. Die Galerie beherbergt viele seiner Gemälde und zeichnet sein Lebenswerk nach. ■

Steinmetzarbeiten im Sansia-Zushih-Tempel

Jiaosi (Jiaoxi) und der Kreis Ilan

JIAOSI (JIAOXI) IM KREIS ILAN IST EIN BELIEBTER ORT FÜR Thermalkuren mit Hunderten Hotels und Gasthäusern. Das Baden im Thermalwasser begann bereits während der Qing-Dynastie, als die Einheimischen Wände um die Becken errichteten, um die Privatsphäre der Badenden zu schützen. Nach der Ankunft der japanischen Besatzer 1895 wurden zusätzlich Badehäuser und Gasthäuser gebaut.

Heutzutage wird das Wasser von den Quellen direkt in die Hotelzimmer gepumpt. Die meisten Hotels verfügen zusätzlich über Außenbecken für Tagesgäste. Das Wasser ist farb- und geruchlos und manche Gäste trinken es auch.

Etwa 500 Meter nördlich des Bahnhofs, an der Kreuzung Jhongshan (Zhongshan) und Gongyuan Road, liegt der häufig auch Yuanshan-Park genannte **Jiaosi-Park**, ein schöner Landschaftsgarten mit Karpfenteichen.

Folgen Sie vom Bahnhof aus etwa einen Kilometer der Jhongshan Road bis zum reich geschmückten **Sietian-Tempel** (*Xietian-Tempel, 51 Jhongshan Rd., Sec. 1, Tel. (03) 988-2621*). Der 1804 erbaute Tempel ist einer der größten dem Kriegsgott Guangong geweihten Tempel Nordtaiwans.

Rund 3,5 Kilometer westlich des Bahnhofs die Wufeng Road entlang stürzt der **Wufengci (Wufengqi) Waterfall** von den umliegenden Bergen herab. Ein Pfad führt die Berge hinauf zu diesem Spektakel, das sich über drei Terrassen erstreckt. Gehen Sie den Pfad bis zum dramatischeren zweiten Abschnitt hinauf und dann zur Spitze des Wasserfalls, wo Sie zusehen können, wie das Wasser hundert Meter tief über die Felsen in die Becken herabfällt.

Südlich von Jiaosi können Sie in der Stadt Ilan im **Taiwanese Opera Museum** (*101 Fusing/Fuxing Rd., Sec. 2, Ilan City, Tel. (03) 932-2440, geschl. Mo & Feiertage, $*) eine farbige Sammlung allerlei Brimboriums der taiwanesischen Oper, von Musikinstrumenten, Kostümen und Gegenständen des Puppentheaters bestaunen. Die Exponate illustrieren die Entstehung der taiwanesischen Volksoper und werden ergänzt von farbenfrohen Marionetten und winzigen Requisiten des Puppentheaters.

WIEDERAUFFORSTUNGS-GEBIETE

Ilan markiert das östliche Ende des Northern Cross Island Highway (Provincial Highway 7), der Taiwans Zentralmassiv durchschneidet. Halten Sie Ausschau nach der **Cilan (Qilan) Forest Recreation Area** *(6 Taiya Rd., Sec. 4, Taiping Village, Datong Township, Ilan County, Tel. (03) 980-9606, $),* 38 Kilometer südwestlich der Stadt Ilan an einer nach Lishan führenden Abzweigung des Highways 7. Dieses schöne Wiederaufforstungsgebiet im Lanyang Valley bietet wundervolle Bergpanoramen.

Etwa zwölf Kilometer in das Wiederaufforstungsgebiets hinein finden Sie das **Chinese Historic Men Arboretum**, einen Wald mit 51 riesigen, uralten Zypressen. Jede ist nach einer chinesischen historischen Persönlichkeit benannt, deren Alter angeblich mit dem des jeweiligen Baums korrespondiert.

Etwa 17 Kilometer westlich der Stadt Cilan den Northern Cross Island Highway entlang schmiegt sich der häufig nebelumhüllte **Mingchih (Mingchi) Lake** zwischen die hoch aufragenden Berge in der **Mingchih Forest Recreation Area** *(41 Mingchih Lane, Yingshih Village, Datong Township, Ilan County, Tel. (03) 989-4106).* Ein mit Aussichtspavillons besetzter Pfad windet sich durch die alten Zypressenbestände an den Ufern des Sees.

Unmittelbar südlich von Cilan tritt das 95 Grad Celsius heiße Mineralwasser der **Renze Hot Springs** an die Erdoberfläche. Die Hotels des Kurorts fügen kühles Wasser hinzu, um Thermalbäder überhaupt zu ermöglichen.

Die Straße steigt von den Renze Hot Springs zur **Taipingshan Forest Recreation Area** *(58-1 Taiping Lane, Taiping Village, Datong Township, Ilan County, Tel. (03) 954-5114, http://recreate.forest.gov.tw, $)* hinauf. Diese Region bietet Gärten, einen Waldpark und Blick auf die Berge. Eine enge Abzweigung windet sich weitere 18 Kilometer bis zum kristallklaren kleinen **Cueifeng (Cuifeng) Lake**. ∎

Die Cilan (Qilan) Forest Recreation Area ermöglicht herrliche Ausblicke auf Berg und Tal

Jiaosi (Jiaoxi) & Kreis Ilan

🅰 93

Besucherinformation

http://tourism.e-land.gov.tw

✉ Tourism section, Ilan County government, 451 Heping Rd., Kaisuan (Kaixuan) Ward, Ilan County

☎ (03) 925-1000, Nebenanschluss 1361

🕓 Geschl. So

Wulai

Wulai
⛰ 93

Wulai Aboriginal Culture Village
✉ 31, Pubu Rd., Wulai Township
☎ 2661-6635
💲 $

Besucher genießen von der die Schlucht hinauffahrenden Seilbahn aus den Blick auf die Wulai Falls

DER BERG- UND THERMALORT WULAI LIEGT NUR 40 AUTO-minuten von Taipeh entfernt. Obwohl das Dorf fast nur aus Souvenirläden, Hotels und Esslokalen besteht, ist die Umgebung von großer landschaftlicher Schönheit. Hier lebt eine große Gemeinde der Atayal-Ureinwohner, die an verschiedenen Orten Schauveranstaltungen durchführen.

In Wulai ist Motorverkehr verboten. Fahrzeuge müssen am Schlagbaum am Nordende der Stadt parken. Von hier aus führt eine kleine Brücke über den Fluss Nanshih (Nanshi) in das Dorf. Sie benötigen für den Spaziergang durch das **Dorf Wulai** nur fünf Minuten. Am Ende des Dorfes führt eine zweite Brücke wieder über den Nanshih.

Von hier aus können Sie die **Wulai Falls** erreichen, die Hauptattraktion der Gegend. Das Wasser stürzt von einer vertikalen Klippenkante 80 Meter in den Nanshih hinunter.

Links von der Brücke kommunizieren Menschen an den Ufern des Nanshih in Wulais **Freibad** mit der Natur. Die aus Flussfelsen erbauten Beckenwände regulieren den Zufluss an kaltem Wasser, sodass die drei Becken unterschiedliche Temperaturen aufweisen.

Hinter der Brücke fährt eine elektrische Mini-Eisenbahn (*$*) regelmäßig zum zwei Kilometer südlich gelegenen **Wulai Aboriginal Culture Village**, das gegenüber den Wulai Falls am anderen Flussufer liegt. Sie können die Wasserfälle auch zu Fuß in 20 Minuten über eine gepflasterte einspurige Straße, die durch die Schlucht neben dem Nanshih führt, erreichen. Das volkskundliche Freilichtmuseum ist im Besitz und unter der Leitung örtlicher Vertreter der Volksgruppe der Atayal. Man kann Kunsthandwerk und typische Lebensmittel kaufen und Gesangs- und Tanzdarbietungen beiwohnen. Eine Eintrittskarte für das **Aboriginal Culture Center** berechtigt zum Besuch einer Folkloreaufführung.

Vom Dorf Wulai aus fährt eine Seilbahn (*$*) steil zur Spitze der **Wulai Falls** hinauf. Dort lieg ein altmodischer Freizeitpark namens »Dreamland«. Er verfügt über einen See, an dem Sie Boote mieten können, zahme Reittiere und einen kleinen Zoo. ■

Yingge

YINGGE IST FÜR SEINE TONWARENFABRIKEN UND SEINE gut sortierten Keramikläden bekannt, weshalb die Tourismusbehörde ihm den klangvollen Namen »Stadt der Töpferei« verliehen hat. Es lohnt einen Besuch, um zu sehen, wie geschickte Experten Tonklumpen in schöne Stücke verwandeln.

Ein Handwerker formt in einer von Yingges vielen Töpfereien einen Tontopf

Das **Yingge Ceramics Museum**, ein beeindruckendes, modernes Gebäude, das runde und glatte Glasflächen mit frei liegendem Beton und Stahl kombiniert, ist ein guter Ort für eine Einführung in die modernen und historischen Techniken der Keramikherstellung.

Der Vordereingang – eine große Öffnung in der Wand – ist durch eine über einen Teich führende Brücke, die Sie an Wasserkaskaden und Kunstinstallationen vorbeiführt, mit dem Hauptgebäude verbunden. Das Keramikmuseum besteht aus drei ineinander verschachtelten Gebäuden. Die Hauptausstellungsräume und die Verwaltung befinden sich im Nordgebäude. Das mittlere Gebäude – das Foyer – wird dank seiner Glaswände von Licht durchflutet. Das Südgebäude weist die auffälligste Fassade auf, eine glatte und sanft gewölbte Wand aus Glas.

Das Museum zeigt mehr als 2000 sowohl historische als auch zeitgenössische Exponate, die nach vier Kategorien geordnet sind: Entwicklung und Techniken der Keramik in Taiwan; Geschichte der Stadt Yingge; Keramik der Urgeschichte, der Ureinwohner und der Taiwanesen; Hightech-Keramik. Sie werden viel interessantes Hintergrundmaterial sowie Audioführungen in Englisch finden. Das Museum umfasst auch einen zehn Hektar großen Keramikpark unter freiem Himmel.

Yingges Straßen sind voller Töpferläden, viele mit angeschlossenen Werkstätten. Das schier grenzenlose Angebot reicht von Toilettenschüsseln und einfachen Tontöpfen bis hin zu Musikinstrumenten, Kopien von Artefakten der Ming- und der Qing-Zeit sowie exquisitem Porzellan. Der historische Kern der Töpferwarenproduktion und die Hauptattraktion für Besucher ist die mit Kopfsteinpflaster bedeckte, 300 Meter lange **Old Pottery Street**. Dieser Fußgängern vorbehaltene Teil der Jianshanpu Street weist 105 Geschäfte auf. Man versteht fast überall Englisch und organisiert auch die Lieferung ins Ausland. ■

Yingge

🅰 93

Yingge Ceramics Museum

www.ceramics.tpc.gov.tw

✉ 200 Wenhau Rd.,
Yingge, Taipei County

☎ (02) 8677-2727

🕐 Geschl. Mo

💲 $

Die Kreise Taoyuan und Hsinchu

Kreise Taoyuan & Hsinchu

🅰 92

Cihhu (Cihu)

✉ Dasi Township, Taoyuan County

☎ (03) 332-2101, (03) 388-3552 (Guide-Services); Anruf wenigstens einen Tag im voraus

💲 $

»Fenster auf China«

www.woc.com.tw

✉ 60-2 Henggangsia (Henggangxia), Gaoyuan Village, Longtan Township, Taoyuan County

☎ (03) 471-7211

💲 $$$$

Shihmen (Shimen) Reservoir Scenic Area

✉ 34 Erping, Daping, Longtan Township, Taoyuan County

☎ (03) 471-3740

💲 $

Leofoo Village

www.leofoo.com.tw

✉ 60 Gongzihgou, Renan Ward, Guansi Township, Hsinchu County

☎ (03) 547-5665

DIE MEISTEN BESUCHER TAIWANS WISSEN GAR NICHT, DASS sie sich im Kreis Taoyuan befinden, wenn sie auf dem Taiwan Taoyuan International Airport, etwa 50 Kilometer südwestlich von Taipehs Stadtzentrum, landen. Diese Nähe sorgt dafür, dass viele Einwohner Taipehs am Wochenende nach Taoyuan kommen, weshalb man diese Zeit meiden sollte. Weiter südwestlich liegt die Stadt Hsinchu, Geburtsort der riesigen Computer- und Elektronikindustrie Taiwans.

In **Cihhu (Cihu)** nahe der Stadt Dasi (Daxi), 50 Kilometer südwestlich von Taipeh auf dem Provincial Highway 7, ruht Chiang Kai-shek in einem seiner ehemaligen Landhäuser in einem Sarg aus Granit und Marmor. Es handelt sich nur um eine »vorübergehende« Grabstätte, weil Chiang vor seinem Tod verfügt hatte, dass sein Leichnam in seine Heimat, die Provinz Zhejiang in China, zurückgebracht werden solle. Die Zahl der Besucher seines Grabes ist in den letzten Jahren stark zurückgegangen, weil der Mythos um Chiang langsam einer realistischen Einschätzung weicht. Aber noch immer kommen Menschen zu seinem stark bewachten Mausoleum und verbeugen sich vor dem Sarkophag des ehemaligen Führers der Republik China.

Der schrullige und heruntergekommene, dennoch unterhaltsame Freizeitpark **»Fenster auf China«**, der nahe der Stadt Longtan eine Fläche von 25 Hektar einnimmt, zeigt die bekanntesten Bauwerke der Welt im Maßstab 1:25. Sie können also in kürzester Zeit an Pekings Verbotener Stadt, der Chinesischen Mauer und Taipehs Longshan-Tempel entlangflanieren. Es finden sich auch ausländische Bauten wie die Freiheitsstatue oder der Schiefe Turm von Pisa. Die Modelle sind mit großer Detailliebe gearbeitet. Hunderte von maßstabsgetreuen Bonsaibäumen und menschlichen Figuren umgeben die Miniaturbauten. Sie können auch

mit einer Minieisenbahn durch den Freizeitpark fahren.

Der westliche Abschnitt des Northern Cross Island Highway beginnt im Kreis Taoyuan, bevor er in der Nähe der **Shihmen (Shimen) Reservoir Scenic Area**, die einen der größten Seen Taiwans aufweist, in die Berge führt. Der Stausee

wurde 1964 fertiggestellt und dient heute nicht nur als Wasserreservoir und zur Stromerzeugung, sondern mit seinem schimmernd smaragdgrünen Wasser inmitten fruchtbarer Berghänge auch als Erholungsgebiet für gestresste Städter. Sie können in diesem Landschaftsschutzgebiet Paddelboote mieten, mit einem Schiff fahren oder um den See wandern.

Weiter den Highway hinauf liegt wunderschön inmitten des Zentralgebirges die Ureinwohner-Stadt **Fusing (Fuxing)**. Die Straße führt von hier aus weiter nach Osten und Südosten durch einige der schönsten Landschaftsstriche Taiwans, ehe sie die Stadt Ilan in der Nähe der Nordostküste erreicht.

HSINCHU

Die Stadt Hsinchu, die Hauptstadt des Kreises Hsinchu, ist für das feuchte, windige Wetter und den Hsinchu Science Park, Taiwans Zentrum der Elektronikindustrie (siehe S. 124f) bekannt. Die Stadt bietet Besuchern aber nicht viel mehr als Kneipen und Klubs.

Im Süden des Kreises Hsinchu, südlich des »Fensters auf China«, liegt **Leofoo Village**, ein Freizeit- und Safaripark. Die Hauptattraktion, die Achterbahn **Flume Ride**, kriecht zunächst zum Gipfel eines Pseudo-Vulkans, um dann eine 45-Grad-Abfahrt hinabzuschießen. Minibusse fahren die Besucher durch den von Löwen, Giraffen, Zebras und anderen Tieren bewohnten Safaripark. ■

Kitschig, aber witzig: Nachbauten des Jefferson Memorial und anderer berühmter Bauwerke erfreuen Kinder in Taoyuans »Fenster auf China«

Taiwans Silicon Valley

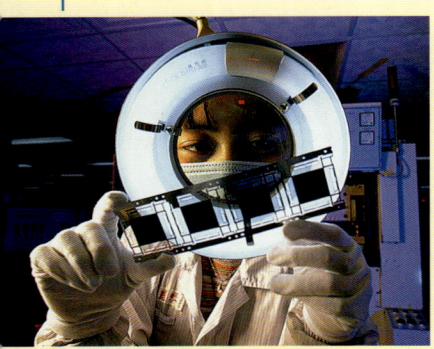

Taiwan ist schon seit Langem eine wichtige Exportnation für Asien und die Welt, die sich bis zu den 1980er Jahren auf Massenprodukte wie Spielzeug, T-Shirts, Schuhe, Textilien, Tennisschläger konzentrierte. Dann aber wandten sich die Produzenten dieser einfachen Waren von Taiwan ab und verlagerten ihre Fabriken nach China, Südostasien und an andere Orte, wo Grund und Boden sowie Arbeitskräfte billig waren. Dieser Exodus hinterließ eine große Lücke in der Industrie Taiwans. Taiwan hat diese mittlerweile durch seine Elektronikindustrie geschlossen.

Die Insel ist in der Elektronik unschlagbar. Hier werden mehr Monitore, Mäuse, Motherboards, Laufwerke, Digitalkameras und Scanner als in irgendeinem anderen Land der Welt produziert. Darüber hinaus stellt Taiwan mehr als ein Viertel aller Desktop-Computer und mehr als die Hälfte aller Notebooks der Welt her – mehr als zehn Millionen Stück sind es etwa pro Jahr.

Taiwan ist außerdem eine bedeutende Weltmacht in der Herstellung von Computerchips. Die Taiwan Semiconductor Manufacturing Corporation und die United Microelectronics Corporation sind auf dem Weltmarkt unbestritten führend für maßgefertigte Chips mit integrierten Schaltkreisen, die für die meisten Computer, Mobiltelefone und Videospiele benötigt werden.

Dieser Erfolg ist kein Zufall. Die Regierung brachte diese Industrie 1980 mit der Gründung des Hsinchu Science Park auf den Weg. Dort investierende Firmen erhielten Steuervergünstigungen, Forschungsgelder und Zuschüsse für Ausbildung und Technologie. Der Wissenschaftspark ist ein unglaublicher Erfolg und heute stammt ein Großteil der elektronischen Produktion Taiwans aus dieser 90 Minuten südlich von Taipeh liegenden Hightech-Schmiede. Gegenwärtig läuft der Hsinchu-Komplex geradezu über. Er beheimatet etwa 400 Firmen und Dutzende stehen auf einer Warteliste. Die Gesamtinvestition nähert sich der Marke von 32 Milliarden US-Dollar, der im Park generierte jährliche Umsatz beträgt 30 Milliarden US-Dollar. Mehr als 80 Prozent der dortigen Firmen gehören zur Hightech-Industrie.

Mehrere andere asiatische Länder, die sich ebenfalls der Hochtechnologie verschrieben haben, sind nicht in der Lage gewesen, Taiwans Erfolg zu wiederholen. Hsinchus Größe und Organisation verschaffen dem Wissenschaftspark einen wichtigen Wettbewerbsvorteil gegenüber den Nachkömmlingen in der Elektronikindustrie: Wenn alle in einer Sparte aktiven Firmen nahe beieinanderliegen, können sie gut kooperieren. Ein Produzent von integrierten Schaltkreisen zum Beispiel muss nicht lange nach Firmen suchen, die auf Aufgaben wie etwa das Testen oder das Verpacken der Chips spezialisiert sind.

Angesichts der Überfüllung des Hsinchu Science Park gründete die Regierung 1996 in der Nähe von Tainan einen zweiten Wissenschaftspark und bot dort dieselben Vergünstigungen wie in Hsinchu an. Der neue Park hatte von Anfang an so viel Erfolg, dass in der Nähe der zentral liegenden Stadt Taichung ein dritter gegründet worden ist.

Hightech-Produkte machen heute mehr als die Hälfte von Taiwans Ausfuhren aus, unter den größten Exportnationen der Welt belegt die kleine Insel Rang 13. Es überrascht nicht, dass die Taiwanesen große Anhänger der Elektronik sind und die Pro-Kopf-Ausstattung mit elektronischen Geräten zur höchsten in der Welt gehört. ∎

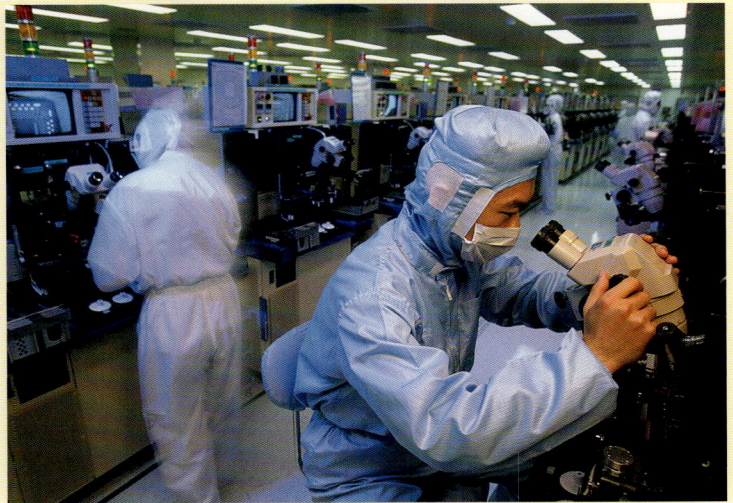

Taiwanesische Arbeitskräfte stellen einen erheblichen Teil der Weltproduktion an Silikon-chips (links), Notebooks (oben) und anderen Hightech-Produkten her. Seit den 1980er-Jahren haben Hunderte von Firmen Milliarden US-Dollar investiert und Taiwan zu einem der größten Elektronikexporteure weltweit gemacht

Der Kreis Miaoli

DER KREIS MIAOLI ERSTRECKT SICH VON HSINCHU AUS nach Süden bis zur Nordgrenze des Kreises Taichung im Westen Taiwans. Der Kreis ist ein wenig abgelegen, wenn Taipeh Ihre Basis ist. Aber wenn Sie von Taipeh aus den Sun Yat-sen Freeway nach Taichung oder Kaohsuing nehmen, können Sie einige interessante Zwischenstopps in der Region einlegen.

Einer dieser Aufenthalte sollte dem **Shihtoushan** (**Shitoushan**, Löwenkopfberg) unmittelbar hinter Miaolis Nordgrenze gelten. Aus der Ferne – und mit ausreichend Fantasie – betrachtet, ähnelt der 496 Meter hohe Shihtoushan tat-sächlich dem Kopf eines Löwen. Doch wesentlicher ist die Bedeutung des Berges für den Buddhismus. Die Berghänge sind mit teils in Höhlen gebauten und inmitten schöner Wald-stücke liegenden buddhistischen Tempeln besetzt. Wenn Sie ein paar

Tage Frieden und Einsamkeit suchen, können Sie in einigen Klöstern auch angenehm übernachten.

Von dem Tor oberhalb des Parkplatzes führen Steinstufen auf den Berggipfel. Sie kommen dabei an vielen Tempeln, Schreinen und anderen Attraktionen vorbei. Wieder sanft absteigend führt die Treppe an weiteren solchen Sehenswürdigkeiten vorbei. Der letzte Abschnitt des Pfades führt durch Wald und Bambushaine und ist besonders schön. Die Wanderung dauert etwa drei Stunden. Am Weg liegen kleine, traditionelle Esslokale.

Die Treppe bringt Sie zurück zu dem **Cyuanhua (Quanhua) Hall** (*Tel. (03) 782-2020*) genannten Tempel. In dessen Haupthalle, dem **Kaishan Monastery**, können Sie die Nonnen und Mönche in friedlicher Umgebung bei ihren klösterlichen Verrichtungen sehen. Unter der Halle servieren Nonnen in der Cafeteria vegetarische Gerichte. Das Kloster bietet auch Übernachtungsmöglichkeiten.

Auf dem Gipfel des Pfades erreichen Sie den **Wangue Pavilion** (Mondschau-Pavillon), von dem aus Sie das herrliche Bergpanorama genießen können, bevor sie wieder an Tempeln, Höhlenschreinen und Pavillons entlang hinabsteigen.

SANYI

Sanyi, im südlichen Miaoli neben dem Sun Yat-sen Freeway gelegen, gilt als Taiwans Zentrum der Holzschnitzerei. Die Hauptstraße, die **Jhongjheng (Zhongsheng) Road**, ist besetzt mit Läden und Werkstätten. An der nahen Shueimei (Shuimei) Street finden Sie 200 Geschäfte für Holzschnitzarbeiten und andere Holzprodukte. Folgen Sie der Beschilderung zum **Guangsheng Village**, wo viele der Holzschnitzer Taiwans ihre Werkstätten haben und nichts dagegen einwenden, wenn Besucher ihnen bei der Arbeit zusehen.

Ebenfalls im Guangsheng Village liegt das **Sanyi Woodcarving Museum**, das schöne Holzskulpturen präsentiert und über die Geschichte, Technik und Stilrichtungen der Holzschnitzerei informiert, jedoch oft in chinesischer Sprache.

Südlich von Sanyi haben tektonische Kräfte, Wind und Regen im **Huoyanshan Nature Reserve** (*Forestry Bureau, 2 Jhongshan/ Zhongshan Rd., Hsinchu City, Tel. (03)*

522-4163) zerklüftete Gipfel und von Felsbrocken bestreute Hänge hinterlassen. Den besten Blick auf den Huoyanshan, den »Feuerberg«, hat man von Süden bei Sonnenuntergang, wenn die Gipfel feuerrot und orangefarben erstrahlen.

Eine 16 Kilometer lange Bahnstrecke zwischen Sanyi und dem südlich liegenden Houli wird Eisenbahnliebhaber erfreuen. Die Züge winden sich durch Tunnel und über Brücken in die Berge hinauf. Die wunderschön restaurierte **Shengsing (Shengxing) Station** befindet sich auf dem höchsten Punkt der Strecke, über 400 Meter über dem Meeresspiegel. ■

Sanyi Woodcarving Museum

✉ 88 Guangsheng Village, Sanyi Township, Miaoli County

☎ (03) 787-6009

🕐 Geschl. Mo

💲 $

Nebliger Wald im Kreis Miaoli (links)

Besucher des Sanyi Woodcarving Museum bewundern das Relief einer Tür (oben)

Sanyi
🅰 92
Besucherinformation
www.sanyi.gov.tw
☎ Sanyi Township Administration, (03) 787-2801

Besucher können im Dongshan River Water Park durch flaches Wasser waten

Weitere Sehenswürdigkeiten

DONGSHAN RIVER WATER PARK

Der häufig auch Cingshuei (Qingshui) Park genannte Wasserpark liegt im Kreis Ilan, östlich von Luodong neben dem Fluss Dongshan. Der Park ist voller Teiche, Becken, Pavillons und Stege. Besucher können durch die flachen Becken waten oder für die tieferen Bereiche Boote mieten. Keramiklöwen bewachen das Flussufer, das mit farbigen Mosaiken hübsch geschmückt ist.
🅰 93 ✉ 2036 Siehe (Xiehe) Rd., Wujie Township, Ilan County ☎ (03) 950-2097

FRIEDHOF JINBAOSHAN UND TERESA DENGS GRAB

Der Blick hinab ins Tal, auf die Stadt Jinshan und die Nordküste, den der gepflegte Friedhof an einem Berghang eröffnet, ist faszinierend. Die meisten Besucher kommen, um Taiwans berühmtesten musikalischen Export zu ehren, die 1995 mit 43 Jahren zu früh verstorbene und hier beigesetzte Teresa Deng, die auf ganz Taiwan betrauert wurde. Dengs – in Taiwanesisch, Mandarin, Englisch und Japanisch gesungene – Popmusik hat in Ost- und Südostasien Millionen Menschen bewegt. Eine Musikanlage an ihrem Grab spielt ihre berühmtesten Lieder.
🅰 93 ✉ 18 Sishih (Xishi) Lake, Jinshan Township, Taipei County

SHIHSANHANG MUSEUM OF ARCHEOLOGY

Diese junge und große Einrichtung liegt westlich der Mündung des Danshuei am Fuß des Mount Guanyin, gegenüber dem Hafen von Danshuei, und wurde direkt über einer wichtigen archäologischen Fundstelle errichtet, die selbst Teil der Ausstellung und 500 bis 1800 Jahre alt ist. Das Museum wurde 1998 eröffnet. Die Volksgruppe der Shihsanhang verfügte, anders als andere vormoderne Bewohner Taiwans, über Kenntnisse der Metallerzeugung, vielleicht durch chinesische Kaufleute vermittelt. Das Museum zeigt Silber, Kupferwaren, Goldschmuck und Münzen.

Planen Sie möglichst Zeit ein, um mit Mietfahrrädern über die gewundenen Pfade vom Museum den Fluss hinauf etwa vier Kilometer zur Bali-Danshuei-Fähre zu fahren. Vermieter befinden sich am Fähranleger. Der Pfad führt durch einen geschützten Mangrovenhain. Eintrittskarten für das Museum *($)* können im Museum selbst, an beiden Fährterminals und dem MRT-Bahnhof von Danshui erworben werden. Die Eintrittskarten berechtigen auch zur Fährfahrt und zu dem Shuttleservice zum und vom Museum. www.sshm.tpc.gov.tw
✉ 200 Bowuguan Road, Bali Township, Taipei County ☎ (02) 2619-1313 ∎

Die Ostküste ist die am wenigsten berührte Region Taiwans, ein Ort von großer natürlicher Schönheit, voller spektakulärer Schluchten und ländlicher Gegenden.

Die Ostküste

Am Mystery Valley (Shen-migu) Trail, Taroko-Schlucht

Abgeschiedenheit verleiht der Ostküste einen durch Küstenpanoramen noch gesteigerten Reiz

Die Ostküste

DIE ZERKLÜFTETE UND NOCH WEITGEHEND UNBERÜHRTE OSTKÜSTE ZWIschen Taiwans Zentralgebirge und dem Pazifik weist die schönsten Fluss- und Küstenlandschaften der gesamten Insel auf. Hoch aufragende Klippen fallen senkrecht ins Meer, wilde Flüsse schneiden tiefe Spalten in die Berge. Im Binnenland bieten reizende ländliche Dörfer auf welligen Hügeln, Teeplantagen, heiße Thermalquellen und schöne Talpanoramen eine willkommene Abwechslung von der Rauheit der Küste.

Ein Vorteil der Ostküste besteht darin, dass ihre Attraktionen leicht zu erreichen sind. Die meisten liegen unmittelbar vor Ihnen, während Sie die Straße hinunterfahren, die über den Großteil der Strecke zwischen Hualien, der größten Stadt der Region, und Taitung im Süden den Verlauf der Küste nachzeichnet.

Am Cingshui (Qingshui) Cliff fallen steile Felswände von bis zu tausend Meter hoch aufragenden Bergen direkt hinunter ins Meer. Den japanischen Besatzern gelang es, an der Kante der Klippe eine Straße anzulegen.

Eine ähnlich beeindruckende Ingenieursleistung stellt die durch die atemberaubende, nördlich von Hualien liegende Taroko-Schlucht führende und den östlichen Abschnitt des Central Cross Island Highway einnehmende Straße

dar. Die Taroko-Schlucht ist eine der größten Touristenattraktionen Taiwans und die Landschaft ist wohl die schönste der gesamten Insel. Durch den Bau der Straße von 1956 bis 1960 wurde der Zugang zu den riesigen Marmorvorkommen in der Schlucht erleichtert, was zu einem Boom des Marmorabbaus führte und dem nahe gelegenen Hualien den Namen »Marmorstadt« einbrachte.

Die East Coast National Scenic Area ist für eine reizvolle Autofahrt gut geeignet. Die Inseln Green Island und Orchid Island, die nur eine Bootsfahrt von Taitung entfernt liegen, bieten tropische Pracht sowie Geschichte und Kultur, während die Landschaft eher bukolisch wird, wenn man sich von Taitung in die East Rift Valley National Scenic Area begibt. ∎

Hualien

DAS AUFGRUND DER GROSSEN MARMORMINEN IN DER NÄHE gelegenen Taroko-Schlucht auch »Marmorstadt« genannte Hualien ist die größte Stadt an der Ostküste, eine ordentliche und geschäftige Ortschaft im Schatten des Zentralgebirges und Ausgangspunkt für Ausflüge zur spektakulären Taroko-Schlucht und die wilde Ostküste hinunter nach Taitung. Hualien selbst verfügt ebenfalls über Attraktionen sowohl innerhalb des kompakten Stadtzentrums als auch in der Umgebung.

Der **Riverside Park** folgt dem Verlauf des durch die Stadt fließenden Flusses Meilyuan (Meilun). Sie gelangen von einem Fußweg kurz vor einer Brücke am Nordende der Jhongjheng (Zhongzheng) Road zu dem Park. Gehen Sie etwa 500 Meter in nördlicher Richtung durch den Park und überqueren Sie eine andere Brücke zum **Märtyrerschrein**, der in den Hang des Berges Meilun gebaut worden ist. Der Märtyrerschrein gedenkt der für die taiwanesische Geschichte bedeutenden chinesischen Helden. Über eine steile Treppe erreichen Sie diesen friedlichen Tempel im klassischen chinesischen Architekturstil mit ausholenden Schwalbenschwanzdächern auf eindrucksvollen roten Säulen und mit ziemlich farbenfrohen Malereien auf den Dachvorsprüngen.

Weiter den Berg hinauf erlaubt der Park, der auch einen Spielplatz besitzt, einen sehr schönen Blick auf Hualien.

Gegen Ende der Jhonghua (Zhonghua) Road, unmittelbar bevor sie einen kleinen Kanal auf dem Weg zum Karpfen-See quert, liegt Hualiens berühmtester Tempel, **Cihhueitang (Cihuitang)**, der »Saal der Mutterliebe«. An der linken Seite dieses Tempelkomplexes liegt der prunkvolle Tempel **Wangmu Niangniang Miao**, die »Königliche Mutter des Westens«.

Für den benachbarten **Palast des Jadekaisers** (Yuhuang Dadi Tian), einem Pilgerziel mit Übernachtungsmöglichkeiten für bis zu 2000 Menschen, wurden große Mengen des örtlichen Marmors verbaut. Die Schlafsäle sind an Festtagen vollständig belegt, vor allem am 18. Tag

des zweiten Mondmonats (etwa sechs Wochen nach dem Neujahrstag des Mondjahres), wenn Pilger aus ganz Taiwan und anderen Ländern Ostasiens den Segen der Priester einholen, um von chronischen Krankheiten geheilt zu werden.

Am Stadtrand von Hualien liegt der **Karpfen-See** (Liyutan), einer von Taiwans größten Naturseen, ein Ziel für einen schönen halbtägigen Ausflug. Der See liegt zwischen tropischen Obstplantagen in den Ausläufern des Zentralgebirges. Sie können sich ein Ruder- oder ein Paddelboot mieten oder über die vier Kilometer lange Straße um den See spazieren. Einige gut ausgeschilderte Wanderwege führen in die nahen Berge und eröffnen schöne Blicke auf den See und die Landschaft.

Unmittelbar südlich von Hualien illustriert das Freilichtmuseum **Ami Culture Village** die Kultur und die Traditionen des örtlichen Ureinwohnerstammes der Ami – Taiwans größter, etwa 150 000 Köpfe zählender ethnischer Minderheit.

Rund zehn Kilometer südlich des Stadtzentrums findet sich am Highway 11 neben dem East Coast National Area Scenic Area Visitor Center (siehe S. 140ff) der **Hualien Ocean Park**. Dieser Freizeitpark von Weltformat erstreckt sich über 51 Hektar

und bietet ein Delfinarium, einen Wasserpark, eine Anlage für Seelöwen und Robben sowie zahlreiche Fahrgeschäfte. Die Hotels von Hualien unterhalten einen Shuttleservice zum Park. ■

Betelnuss-mädchen

Sie werden außerhalb der größeren Städte am Straßenrand junge, spärlich bekleidete Mädchen in Glaszellen bemerken, die zumeist extrem gelangweilt aussehen. Sie verkaufen Betelnüsse *(binlang)*, die beim Kauen leicht stimulierende Frucht der Arecapalme, die auf den Zähnen und dem Zahnfleisch rote Flecken hinterlässt. Die Uniform der Betelnuss-schönheiten besteht gewöhnlich aus einer engen Bluse und einem Minirock, häufig noch mit Seitenschlitzen – und manchmal aus noch weniger. Die Hauptkunden der Mädchen sind Fern- und Taxifahrer, denen die Mädchen schöne Augen machen, während sie sie bedienen. ■

Die Hualien Aboriginal Dancers, ein Ami-Ensemble, arbeiten vor allem in Taipeh und im Ami Culture Village südlich von Hualien

Die Taroko-Schlucht

Taroko-Schlucht
🏔 131

DIE TAROKO-SCHLUCHT IST SCHLICHT EIN WUNDERLAND, das selbst den abgebrühtesten Besucher beeindruckt. Die tiefen Marmorschluchten mit reißendem Wasser und hoch aufragenden Klippen können es mit den schönsten landschaftlichen Attraktionen in aller Welt aufnehmen. Die Hauptroute, der Central Cross Island Highway – selbst ein Wunder der Ingenieurskunst –, verläuft am Fuß der Schlucht und führt an den meisten Sehenswürdigkeiten vorbei.

Tarokos tiefe Marmorschluchten, das reißende weiße Wasser und die hohen Klippen machen die Schlucht zu einer der größten Attraktionen Taiwans

Der Bau des Central Cross Island Highway durch die Taroko-Schlucht galt früher als nahezu unmöglich. Im Jahr 1956 begannen Straßenbaumannschaften – zumeist ehemalige Soldaten, die mit der Kuomintang-Regierung von China herübergekommen waren –, sich mit Sprengstoff und Bulldozern ihren Weg durch die massiven Marmorklippen zu bahnen. Bis 1960 war eine 78 Kilo-meter lange Straße und damit die vollständige Verbindung zwischen der Ost- und Westküste Taiwans fertiggestellt. Bei dem äußerst gefährlichen Bau der Straße verloren 450 Menschen ihr Leben.

Die Schlucht ist ein Teil des 37 000 Hektar einnehmenden **Taroko National Park**. Der Ursprung dieses eindrucksvollen Gebiets liegt in der Entstehung der Insel Taiwan vor etwa zwölf Millionen Jahren, als die philippinische tektonische Platte mit der eurasischen Landmasse kollidierte, sodass sich die Erdkruste auffaltete und Taiwans Zentralmassiv entstehen ließ. Gigantische Marmorplatten kamen bei Taroko ans Tageslicht und wurden langsam durch den Liwu-Fluss abgetragen, wodurch eine tiefe, mit Felsbrocken besetzte und von Marmorklippen eingefasste Schlucht entstand.

Wenn Sie dem **Central Cross Island Highway** vom Eingang des Nationalparks in die Schlucht folgen, können Sie fast sofort einen tollen Blick genießen. Sie fahren über eine sich schlängelnde, aus den Klippen geschnittene Straße, die häufig durch Tunnel führt, an deren Ende Sie einen neuen spektakulären Blick auf die Schlucht, den reißenden Liwu und die hoch aufragenden Klippen haben. Die Panoramen werden dramatischer, während Sie weiter in Richtung der Hauptsiedlung **Tiansiang (Tianxiang)** fahren, die sich 22,5 Kilometer westlich des Parkeingangs zwischen grüne Berge schmiegt.

Etwa 90 Meter westlich von Tiansiang gelangen Sie über eine Hängebrücke für Fußgänger zum erhabenen **Siangde-Tempel (Xiangde-Tempel)**, einer Ansammlung von Pagoden, prunkvollen Gebetssälen und Bodhisattva-Statuen. Daneben liegt die sich über sechs Ebenen erstreckende **Pagode des Himmlischen Gipfels**. Erklimmen Sie sie und genießen Sie den Blick auf Tiansiang und die Landschaft.

Etwa drei Kilometer nördlich von Tiansiang führen am Eingang des dritten Tunnels dieses Straßenabschnitts steile Stufen hinunter in die Schlucht und zu den **Wenshan Hot Springs** *(aufgrund von Taifunen und durch tektonische Aktivität erzeugte Instabilität bis auf Weiteres geschlossen)*. Hier befindet sich ein von Marmorwänden umrahmtes großes Becken mit heißem Wasser

Der Tagesfang am friedlichen Lotus-See

neben dem Dasha, einem Nebenarm des Liwu. Eine Quelle führt dem Becken durch einen Riss in der Marmorwand Wasser zu, während ein Auslass Wasser ausfließen lässt. Genießen Sie es, gleichzeitig 48 Grad Celsius heißes Wasser aus der Thermalquelle und kaltes Flusswasser über ihren Körper laufen zu lassen.

Wenn Sie den Central Cross Island Highway entlanggehen oder mit dem Fahrrad fahren, erleben Sie die Majestät der Taroko-Schlucht natürlich unmittelbarer. Dieser Abschnitt ist kaum breit genug für zwei Autos, und es gibt keine Radwege. Wenn Sie mit dem Rad fahren oder zu Fuß gehen, sollten Sie in jedem Fall in Tiansiang starten und sich in Richtung Osten zum Parkeingang begeben, weil dieser Weg immer nur bergab führt. Es gibt eine Reihe autofreier Abschnitte, darunter der **Neun-Kehren-Tunnel** (siehe S. 137). Eine andere Möglichkeit besteht in der Benutzung Wanderwege (siehe S. 138f). ∎

Besucherinformation
www.taroko.gov.tw
✉ Taroko National Park Headquarters and Visitor Center, 291 Fushih (Fushi) Village, Sioulin (Xiulin) Township, Hualian County
☎ (03) 862-1100
🕐 Geschl. Mo jeder zweiten Monatswoche

Ein Wasserfall am Schrein des Ewigen Frühlings in der Taroko-Schlucht

Mit dem Auto: Taroko-Schlucht

Diese kurvige Route über den Central Cross Island Highway vom Eingang des Taroko Gorge National Park bis Tiansiang (Tianxiang), der Hauptsiedlung im Park, misst nur 22,5 Kilometer. Kalkulieren Sie aber viel Zeit für die interessanten Stopps und das Bewundern der Sehenswürdigkeiten ein.

An Nordufer des Flusses Liwu liegt das **Taroko National Park Headquarters and Visitor Center 1** *(Tel. (03) 862-1100)* gegenüber dem Torbogen-Eingang des Nationalparks. Sie erhalten hier Broschüren und Karten. Die Parkwächter geben auch Informationen über die Wetterbedingungen und Orte, die man besser meiden sollte.

Ein ausgeschilderter Seitenweg beginnt 2,3 Kilometer westlich des Eingangs und führt Sie zum **Schrein des Ewigen Frühlings (Changchun) 2**. Seine Gebirgskulisse, die klassische chinesische Architektur und der 14 Meter tiefe Wasserfall vor dem Schrein sorgen für einen malerischen Anblick. Ein steiler Weg hinter dem Schrein (siehe S. 139) führt in die Berge zu einem großartigen Blick auf die Gipfel des Zentralmassivs.

Vom Schrein aus führt die Straße 7,7 Kilometer lang an den steilen Wänden der Schlucht entlang bis zu einer Abzweigung zur **Buluowan Recreation Area 3** *(Tel. (03) 861-2528, geschl. 1. und 3. Mo im Monat)*. Eine kurze, aber steile Straße führt zu der örtlichen Atayal-Siedlung, die heute ein aufgetakeltes Touristendorf ist. Ihre Lage in den Gebirgsausläufern, umgeben von drei steilen Bergen, ist jedoch ungemein spektakulär.

Dieses Freizeitgebiet ist der beste Ort, um sich die Überreste des historischen **Houhan Old Trail 4** anzusehen. Vor der Eröffnung der Überlandstraße war dieser Weg, vor Jahrhunderten von den Atayal angelegt, die wichtigste Route über die Insel.

Zurück auf der Hauptstraße, fahren Sie 3,6 Kilometer weiter nach Westen zur **Schwalbengrotte 5**, einem Straßenabschnitt, in dem ein langer Tunnel durch die Klippen gesprengt worden ist. Der untere Bereich der gegenüberliegenden Marmorklippe ist von Hunderten kleiner Grotten durchlöchert, die durch vor langer Zeit ausgetrocknete unterirdische Flüsse entstanden sind. Früher nisteten hier Tausende von Schwalben, aber der über die Jahre angewachsene Verkehr hat sie vertrieben. Sie könnten allerdings schon bald zurückkehren, denn die Parkverwaltung hat diesen dramatischen Abschnitt der Straße für den Verkehr gesperrt (es ist eine Umleitung gebaut worden). Die Grotte setzt sich über mehr als 450 Meter fort und führt schließlich zu einem Café und einem Souvenirladen.

Im weiteren Verlauf finden sich die Jinheng-Brücke und am Nordufer des Liwu der düstere **Yindianren (Indianerfelsen)** ⑥, ein gigantische Felsblock, der durch die Erosion eine dem Profil eines Indianerhäuptlings ähnelnde Form angenommen hat, gehört zu den berühmtesten Sehenswürdigkeiten in der Schlucht.

Ein weiterer Fußgängern vorbehaltener Abschnitt liegt 3,6 Kilometer weiter, der kurvenreiche **Neun-Kehren-Tunnel** (Jyucyudong/Jiuqudong) ⑦, eine Reihe durch reinen Marmor geschnittener, kurzer Tunnel. Die Dramatik der Taroko-Schlucht erreicht hier ihren Höhepunkt. Die Schlucht zwängt sich zwischen Klippen, während terrassenbildende Wasserfälle neben dem Liwu herabrauschen, der diesen engen Abschnitt der Schlucht hinunterrast. Am Ende des Tunnels gewinnen Sie einen Eindruck von der gewaltigen Größe der Schlucht, die sich hier weit öffnet. Von dem Aussichtspunkt an der

Lioufang-Brücke (Liufang-Brücke) ⑧ haben Sie einen guten Blick auf den Tunnel.

Etwa zwei Kilometer weiter in die Schlucht hinein erreichen Sie die **Brücke der Mütterlichen Hingabe** (Cihmu-/Cimu-Brücke) ⑨. Werfen Sie einen Blick auf das Flussbett und die von den Bergen herabgestürzten Felsblöcke.

Die Straße bringt Sie zwei Kilometer weiter westlich nach **Tiansiang (Tianxiang)** ⑩, der größten Siedlung in der Taroko-Schlucht. Hier finden Sie die meisten Übernachtungsmöglichkeiten, von Pensionen bis hin zu Luxushotels. Unmittelbar vor Tiansiang führt eine Hängebrücke über den Fluss zu einer sechsstöckigen Pagode an einem Bergkamm. Sie ist Bestandteil des Komplexes des Siangde-Tempels (Xiangde-Tempel; siehe S. 135). ∎

🅜 Siehe Karte S. 131
► Taroko National Park Headquarters and Visitor Center
↔ 22,5 km
🕐 3,5 Stunden
► Tiansiang (Tianxiang)

UNBEDINGT ANSEHEN

- Schwalbengrotte
- Yindianren (Indianerfelsen)
- Neun-Kehren-Tunnel
- Lioufang-Brücke (Liufang-Brücke)

Baiyang Falls Trail und weitere Wanderwege

Baiyang Falls und andere Wanderdwege

 131

 Siehe Taroko National Park Headquarters and Visitor Center, S. 135.

Der Water Curtain Tunnel am großartigen Baiyang Falls Trail

VIELE DER WEGE DURCH DIE TAROKO-SCHLUCHT WAREN Pfade, die der Stamm der Atayal angelegt hatte. Einige davon wurden in Wanderwege umgewandelt.

BAIYANG FALLS TRAIL

Dieser wunderbare Spaziergang beginnt an einem 300 Meter langen Tunnel, einen Kilometer nördlich von Tiansiang (Tianxiang), am Central Cross Island Highway. Das Ende des Tunnels öffnet sich auf Klippen und eine Schlucht, die ein schnell fließender Seitenarm des Liwu geformt hat. Sie finden hier eine Kartentafel (in Chinesisch) und eine Aussichtsplattform. Anschließend gehen Sie über eine kleine Brücke. Zu Beginn verläuft der Pfad langsam nach oben zu einem weiteren Aussichtspunkt mit Blick auf die Stromschnellen, bevor er eben wird und an der Seite der Schlucht sowie durch mehrere Tunnel hindurch zu den donnernden **Baiyang Falls** führt. Hier fließt das Wasser zwischen riesigen, ausgeblichenen Felsbrocken hervor und kracht in eine smaragdgrüne Lagune hinab. Den besten Blick auf den 15 Meter hohen Wasserfall und den gemusterten Marmor hat man, wenn man sich über eine Hängebrücke zu einem Aussichtspunkt begibt.

Gehen Sie wieder über die Brücke zurück und folgen Sie dem Pfad 200 Meter bis zum **Water Curtain Tunnel** (Shueiliandong/Shuiliandong). Die Parkverwaltung hat ihn nach dem Erdbeben vom 21. September 1999 (siehe S. 218) geschlossen. Wenn Sie mit einer Taschenlampe durch das mit einem Schloss verschlossene Tor leuchten, können Sie den namengebenden »Wasservorhang« erkennen. Sie kehren denselben Weg zurück. Der gut zwei Kilometer lange Spaziergang dauert etwa 90 Minuten. Nehmen Sie für die Tunnel eine Taschenlampe mit.

ETERNAL SPRING (CHANGCHUN) SHRINE TRAIL

Wer diesen kurzen, aber anstrengenden, nach dem Schrein des Ewigen Frühlings benannten Weg bewältigt, wird mit einem schönen Panorama des Zentralmassivs belohnt. Der Weg beginnt einige Hundert Meter neben dem Central Cross Island Highway, 2,3 Kilometer westlich des Eingangs zum Taroko National Park. Von dem Schrein aus geht es im Zickzackkurs steil hinunter. Ein **Glockenturm** und der nahe gelegene **Kuanyin-Höhlentempel** markieren die höchsten Punkte dieses Pfades. Anschließend führt der Weg wieder hinunter zum Central Cross Island Highway, etwa drei Kilometer östlich des Tempels. Man benötigt für den 1,35 Kilometer langen Weg etwa 25 Minuten.

LOTUS POND TRAIL

Dieser 6,8 Kilometer lange Wanderweg führt hinauf zum Lotus-See, auf 1200 Meter Höhe über dem Meeresspiegel das höchstgelegene natürliche Gewässer in der Taroko-Schlucht. Der Anfang des Weges liegt in Hueitouwan, etwa sechs Kilometer westlich von Tiansiang, an einer Haarnadelkurve des Central Cross Island Highway. Der sich über 2,5 Kilometer erstreckende erste Abschnitt ist nicht viel mehr als ein gemütlicher Spaziergang, für den man etwa 30 Minuten benötigt. Nach der Überquerung einer auf der rechten Seite liegenden, wackeligen Hängebrücke führt der Weg im Zickzackkurs den Berg hinauf und überwindet dabei auf 4,3 Kilometern Länge 500 Höhenmeter, ehe er den Lotus-See erreicht. Der zweite Teil des Weges kann deshalb anstrengend sein und etwa zwei Stunden in Anspruch nehmen. Sie kehren auf derselben Route zurück. Am See gibt es eine kleine Herberge.

MYSTERY VALLEY (SHENMIGU) TRAIL

Hier folgen Sie einem ursprünglich von den Ureinwohnern angelegten Jagdpfad entlang dem **Fluss Shakatang** – einem Seitenarm des Liwu – über 4,4 Kilometer durch dichte Waldgebiete mit Baumfarnen, vorbei an kristallklaren Teichen, riesigen, weißen Felsbrocken und gestreiften Marmorklippen. Starten Sie an der Shenmigu-Brücke direkt hinter der Zentrale des Nationalparks, in der Nähe des Osteingangs des Parks. Überqueren Sie die Brücke, und wenden Sie sich nach links zu der eisernen Treppe, die zum Weg hinunterführt. Der für seine zahlreichen Flussüberquerungen bekannte Weg bietet an vielen Stellen einen umwerfenden Blick auf die Schlucht und die Berggipfel. Sie kehren auf dem Weg zurück, den Sie gekommen sind. Die Route beansprucht etwa vier Stunden. ■

Die schöne Fußgängerbrücke bei Sansiantai (Sanxiantai) soll einem Drachen gleichen. Sie führt zu einer kleinen Felseninsel, die von einem holzgedeckten Fußweg umrundet wird

Mit dem Auto die Ostküste hinunter

Diese Autofahrt beginnt in Hualien und führt an der einsamen und relativ unberührten Ostküste entlang, bevor Sie 170 Kilometer weiter südlich Taitung erreichen. Sie durchqueren dabei die East Coast National Scenic Area.

Starten Sie am **Hualien Visitor Center** ❶ (Tel. (03) 867-1326) am Highway 11, etwa zehn Kilometer südlich vom Stadtzentrum Hualiens, am Eingang zur East Coast National Scenic Area. Sie erhalten hier Kartenmaterial und Broschüren. Das Besucherzentrum weist einen Ausstellungssaal mit Exponaten zur Ökologie und zum Kunsthandwerk der Ureinwohner auf. An den Seiten des Saals befindet sich ein Modell des Küstenverlaufs. Drücken Sie auf den Knopf an der Wand – plötzlich erscheint ein VW-Bus und fährt langsam die Route ab.

Vier Kilometer weiter liegt der **Henan-Tempel** ❷ mit seiner 15 Meter hohen, honigfarbenen Statue Guanyins, der Göttin der Barmherzigkeit.

Hinter dem Tempel verengt sich die Straße auf zwei Spuren; sie führt weiter den Fuß des Zentralmassivs hinauf und ermöglicht schöne Blicke auf den Ozean. Die Straße wendet sich dann kurz ins Binnenland, wo Sie wellige Hügel,

Bauernhäuser und Reisfelder bei Shueilian (Shuilian) sehen können, bis Sie, 14 Kilometer vom Henan-Tempel entfernt, eine Brücke über den Fluss **Fanshuliao** ❸ erreichen. Nachdem Sie diese Brücke überquert haben, sollten Sie über die Straße gehen und einen kurzen Fußmarsch zu der alten, aufgegebenen Brücke neben der gerade überquerten unternehmen. Von hier aus genießen Sie einen wunderbaren Blick, wenn Sie über den Rand des Abgrunds in die enge, tiefe Schlucht sehen, die hier die Berge bis zum nahen Pazifik durchschneidet. Einer örtlichen Legende zufolge hatten die Ami-Ureinwohner eine solche Hochachtung vor Mut, dass jeder, der diese zwölf Meter breite Schlucht mithilfe von Bambusstangen überwinden konnte, ihr Führer werden würde. Es heißt, die Bambushaine in der Schlucht hätten von den Bambusstangen, die die jungen Männer bei ihren Versuchen verwendeten, sehr profitiert.

Der Highway 11 steigt nun weiter die Berge hinauf zu noch erhabeneren Blicken auf den Ozean, bevor er hinunter zur vier Kilometer entfernt liegenden **Baci (Baqi) Recreation Area 4** führt. Der Aussichtspunkt dieses Erholungsgebiets ermöglicht einen weiten Blick über den grauschwarzen Sand der Jici (Jiqi) Bay und die entlang der Küste verlaufenden Berge.

Anschließend windet sich die Straße zur Bucht und zum eleganten, 2,5 Kilometer langen Bogen des **Jici (Jiqi) Seaside Resort 5** *(Besucherzentrum, Tel. (03) 871-1251, geschl. Okt.–April).* Diese Ferienanlage liegt zwischen fruchtbaren Landspitzen vor steilen Bergausläufern. Der Strand ist trotz der wenig ansprechenden Farbe des Sandes bei Einheimischen sehr beliebt. Am Nordende des Strandes, fünf Kilometer von dem Aussichtspunkt bei Baci (Baqi) entfernt, können Sie am Besucherzentrum parken.

Der Highway 11 folgt von nun an den Konturen der zerklüfteten Küstenlinie durch die malerische Landschaft zwischen den fruchtbaren Bergen an der Küste und dem Pazifischen Ozean. Anschließend wendet sich die Straße kurz ins Binnenland und führt durch die Stadt **Fongbin**, bevor Sie wieder in Richtung Küste, Ozean und Bergpanoramen bis zur felsigen Küste bei **Shihmen (Shimen)** fahren, das 62 Kilometer von Hualien und 25 Kilometer von der Jici-Bucht entfernt liegt.

Kurz bevor ein Schild Ihre Ankunft in Shihmen ankündigt, sollten Sie an dem ersten Haus an der Küstenseite (links) der Straße parken, dem zweistöckigen, offen gebauten **JOKI 6** *(3 Shihmen/Shimen, Fongbin Township, Hualien County, Tel. (038) 781-616, www.joki.com.tw).* Es handelt sich um einen Coffeeshop und eine Kunstgalerie mit Blick auf die Felsenküste sowie einigen sehr fantasievollen Möbelstücken und Skulpturen aus Holz, Stahlrohren und glatten, gemaserten Felsen von der hiesigen Küste.

Nur zwei Kilometer weiter den Highway 11 hinunter, bringt Sie eine nach links abzweigende Straße zur **Shihtiping (Shitiping**, die »Steinstufenterrasse«) **7**, die nach den Vulkanfelsen benannt ist, die hier zu etwa einen Kilometer

	Siehe Karte S. 131
►	Hualien Visitor Center
↔	152 km
⏱	5 Stunden
►	Taitung

UNBEDINGT ANSEHEN
- Fanshuliao
- Sansiantai (Sanxiantai)
- Donghe-Brücke

einnehmenden, terrassenförmigen Platten abgetragen worden sind. Das Besucherzentrum (Tel. (03) 878-1452) bietet Erläuterungen der örtlichen Topografie, der Meeresflora und -fauna, allerdings nur in chinesischer Sprache. Die Gegend ist zu einem Landschaftsgarten gestaltet worden und ein hölzerner Fußweg bringt Sie zu Aussichtsplattformen, von denen aus Sie die Brandung vor die ungewöhnliche Küstenlinie krachen sehen können.

Der Fluss **Siougulyuan** (**Xiuguluan**, siehe S. 145) mündet an der 68-Kilometer-Marke des Highway 11 in den Pazifik. Der Fluss wird von der eleganten, 120 Meter langen **Changhong-Brücke** mit einem großartigen Blick über die Küstenberge und die Flussmündung überspannt. Etwa 90 Meter hinter der »Regenbogen-Brücke« markiert ein schlanker, hoher Obelisk den Wendekreis des Krebses. Sie befinden sich nun offiziell in den Tropen.

Die Acht Unsterblichen

Die in der chinesischen Kunst häufig dargestellten Acht Unsterblichen erreichten die Unsterblichkeit durch Zufall. Nach einer mystischen Erfahrung außerhalb seines Körpers musste der Mystiker Li Tie Guai feststellen, dass sein vermeintlicher Leichnam in der Zwischenzeit verbrannt worden war, sodass er in den Körper eines lahmen Bettlers schlüpfen musste; er trägt eine Krücke und ist der Schutzpatron der behinderten Menschen. Der Alchemist Jhong Li Cyuan fand ein Behältnis mit dem Elixier des Lebens; er trägt einen Fächer und ist der Schutzpatron des Militärs. Der Musiker Lan Cai trägt als Patron der Blumenzüchter einen Blumenkorb. Jhang Guo Lao, der sich zu sterben weigerte, ist mit einem Esel zu sehen und der Schutzheilige der alten Menschen. He Sian Gu wird ebenfalls mit einem Blumenkorb dargestellt und ist die Schutzheilige der Haushälter. Lü Dongbin trägt einen Fliegenwedel und ist der Schutzheilige der Barbiere. Der Flötenspieler Han Siang Zih hält eine Flöte und ist der Schutzpatron der Musiker. Der von einem korrupten königlichen Hof abgestoßene Cao Guo Jiou meditierte gerade auf einem Berg, als er zufällig den anderen Unsterblichen begegnete. Er ist der Schutzheilige der Schauspieler. ∎

Zehn Kilometer weiter gelangen Sie zu den **Basian (Baxian) Caves** ❽. In diesen »Höhlen der Acht Unsterblichen« sind Beweise für menschliche Besiedlung in der Altsteinzeit entdeckt worden und das Besucherzentrum (Tel. (089) 88-1418, geschl. 12–13.30 Uhr) – das wie das Innere einer Höhle gestaltet ist – präsentiert einige Überreste aus dieser Zeit, geologische Informationen und lebensgroße Figuren der ersten Bewohner der Region bei der Jagd. Leider sind die meisten Informationen in chinesischer Sprache. Hinter dem Besucherzentrum führen Pfade zu einem Dutzend kleinerer Höhlen, die heute mit vergoldeten Buddhas und Bodhisattva-Bildern, Gläubigen und Touristen überfüllt sind. An Geschenkbuden floriert das Geschäft mit religiösen Andenken. **Shihyusan** (**Shiyusan**, »Steinschirm«) ist eine enge, aber sehr große Felslandzunge, die bei der 106-Kilometer-Marke des Highways über 900 Meter weit ins Meer hineinragt. Die Felsformationen und der Meerblick lohnen einen kurzen Halt. Sechs Kilometer weiter südlich sollten Sie links vom Highway 11 abbiegen, um nach zwei Kilometern **Sansiantai (Sanxiantai)** ❾ (die »Plattform der Drei Unsterblichen«; Besucherzentrum, Tel. (089) 850-785, geschl. 12–13 Uhr) zu erreichen, wo eine hübsche Fußgängerbrücke mit einem Bogenrand, der einem Drachen gleichen soll, die Landzunge mit einer kleinen Insel verbindet. Hölzerne Fußwege führen um die windumtoste Insel herum, die von drei großen, schwarzen Felsen gekrönt wird. Sie ähneln angeblich den drei Unsterblichen, legendären chinesischen Figuren, die diese Region besucht hatten. Der Rundgang nimmt etwa 90 Minuten in Anspruch. Der aus glatten, schwarzen Kieselsteinen bestehende, wellengepeitschte Strand bei Sansiantai ist bei Touristen sehr beliebt.

Zurück am Highway 11, fahren Sie 24 Kilometer weiter nach Süden durch die Stadt **Chenggong** bis zum **East Coast National Scenic Area Visitor Center** (Tel. (089) 841-520). Das Besucherzentrum des Landschaftsschutzgebietes zeigt Kunstwerke der Ureinwohner, Illustrationen und Modelle der Topografie, Flora und Fauna der Ostküste sowie eine Sektion zu Freizeitaktivitäten unter freiem

Eine beeindruckende Buddhastatue in den Basian (Baxian) Caves

Himmel. Jedoch sind nur wenige Informationen in englischer Sprache verfasst. Vom Platz vor dem Zentrum aus hat man einen schönen Blick auf den Pazifik und **Green Island** (siehe S. 152f). Das benachbarte **Ami Folk Center** *(Tel. (089) 841-751)* präsentiert traditionelle Behausungen sowie religiöse Gebäude der Ureinwohner.

Biegen Sie an der 140-Kilometer-Marke direkt vor der **Donghe-Brücke** ❿ rechts ab und fahren Sie gut 180 Meter zu einem Parkplatz, von dem aus Sie einen großartigen Blick auf den Fluss **Mawuku** haben. Sein Wasser rast vor der Kulisse eines überwältigenden Bergpanoramas durch eine tiefe, mit gigantischen Felsblöcken besetzte Schlucht. Fahren Sie nun zur Brücke zurück und überqueren Sie sie, so gelangen Sie zu dem kleinen Fischerdorf **Jinzun**. Unmittelbar vor dem Dorf befindet sich auf der linken Seite ein kleiner, namenloser Coffeeshop. Sie können hier in freundlicher Atmosphäre entspannen während Sie von der Terrasse aus auf Berge, schwarzsandige Strände und die Brandung blicken. Ein Pfad führt zum Strand.

Zehn Kilometer weiter südlich öffnet sich die Landschaft direkt hinter der Stadt Dulan auf lange Strände und Palmenhaine. Gut 1,5 Kilometer hinter der Stadt kommen Sie zu einem interessanten Hinweisschild: **Water Flowing Upwards** ⓫. Biegen Sie hinter dem Schild rechts ab, fahren Sie an den auf der linken Seite liegenden Souvenirläden vorbei, parken Sie und schauen Sie sich den breiten Bewässerungskanal an, dessen Wasser in der Tat bergauf zu fließen scheint – wenn Wasser da ist, also nach Regengüssen. Es bedarf hier allerdings keiner wissenschaftlichen Erklärung, da es sich nur um eine optische Täuschung handelt.

7,5 Kilometer weiter liegt die letzte Station vor Taitung, **Siaoyehliou (Xiaoyeliu)** ⓬. Hinter dem Besucherzentrum *(Tel. (089) 281-136)* – das einige Becken mit tropischen Fischen und geographische Informationen über die Region bietet – befindet sich ein hübscher, kleiner Park aus Wiesen, Palmen und zur Küste hinunterführenden Wegen. Sandsteinfelsen, eine Seltenheit an der von Vulkangestein geprägten Ostküste, inspirierten hier zu Namen wie Tofufelsen, Bienenwabenfelsen und Pilzfelsen. ■

Siaoyehliou (Xiaoyeliu), ein weiterer Ort an der Ostküste mit interessanten Felsformationen

Siougulyuan (Xiuguluan)

DER AUS EINER 3200 METER HOCH GELEGENEN QUELLE ENT-
springende Siougulyuan (Xiuguluan), der längste Fluss an der Ostküste, schlängelt sich über 108 Kilometer bis zu seiner Mündung in
den Pazifik – in der Mitte zwischen Hualien und Taitung – hinunter.

Der untere Abschnitt des Flusses
durchschneidet zunächst die hohen
Klippen in der Nähe von Rueisuei
(Ruisui), bevor er das etwa zehn
Kilometer von der Küste entfernt
liegende Cimei (Qimei) erreicht.
Anschließend rast er durch eine tiefe
Schlucht, fließt unter der Chang-
hong-Brücke nahe Dagangkou hin-
durch und mündet dann breit ins
Meer. Der Flusslauf weist insgesamt
23 Stromschnellen auf.

Die schönste Art, diesen spektakulären Flusslauf zu genießen, besteht natürlich in einer Raftingfahrt,
wie sie tatsächlich jährlich etwa
100 000 Menschen unternehmen.
Diese Fahrt dauert drei bis vier
Stunden und kann gemächlich oder
eher erfrischend sein. Die beste Zeit
dazu ist in der Regel die Monsunzeit
von April bis Oktober.

Sie können sich in Rueisuei einer
Gruppe für eine Weißwasserfahrt anschließen. Weitere Informationen erhalten Sie im Rueisuei Rafting Service
Center *(215 Jhongshan/Zhongshan
Rd., Sec. 3, Rueisuei Township, Tel.
(03) 887-5400)*. Die Ausrüstung wird
gestellt, Sie benötigen aber Kleidung
zum Wechseln, da Sie vermutlich
durchnässt werden. Wenn Sie selbst
nach Rueisuei fahren, sollten Sie vor
zwölf Uhr dort sein, später fahren
kaum noch Schlauchboote ab.

Sie können außerdem 29 Kilometer auf dem Rueigang (Ruigang)
Highway den unteren Flussabschnitt
entlangfahren. Dies ist auch eine
ideale Route zum Radfahren.

Im Juni findet auf dem Fluss ein
Weltcup-Rennen von 200 mit jeweils
sechs Personen bemannten Booten
statt, das viele Besucher anzieht. ∎

**Siougulyuan-Fluss
(Xiuguluan)**

🅰 131

**Besucher-
information**

www.eastcoast-nsa.gov.tw

☎ East Coast
National Scenic
Area Visitor Center
(089) 841-520

**Wildes Weiß-
wasser und
spektakuläre
Landschaft sind
für die große
Beliebtheit des
Siougulyuan
(Xiuguluan)
verantwortlich**

East Rift Valley

East Rift Valley

🅰 131

**Besucher-
information**

www.erv-nsa.gov.tw

✉ East Rift Valley
National Scenic
Area Visitor Center,
215 Jhongshan
(Zhongshan) Rd.,
Sec. 3, Rueilian
(Ruiliang) Village,
Rueisuei (Ruisui)
Township, Hualien
County

☎ (03) 887-5306

**Sanfte Brisen
und hohe Start-
rampen machen
das friedliche
East Rift Valley
bei Paraglidern
sehr beliebt**

DAS VERSCHLAFENE KÜSTENSTÄDTCHEN TAITUNG IST DIE
Ausgangsbasis für einen Ausflug in das benachbarte East Rift Valley.
Dieses Tal, das das Küstengebirge unterhalb Hualiens im Norden mit
Taitung im Süden verbindet, bildet eine ländliche Rückzugsmöglich-
keit vom Drama der Taroko-Schlucht und der Wildheit der Ostküste.
Der Highway 9 folgt dem Talboden, vorbei an ruhigen Panoramen
aus grünen, welligen Hügeln, Weideland, Teeplantagen, Wiederauf-
forstungsgebieten und Thermalquellen, die von hohen Bergen um-
rahmt werden, und ist ideal für eine gemütliche Autofahrt.

Ein Netz aus Seitenstraßen und der
Mangel an Straßenschildern in
englischer Sprache können die
Orientierung erschweren, weshalb
man über das Hotel einen Fahrer
buchen oder in ein qualifiziertes
lokales Reisebüro gehen sollte.

Obwohl ein auf Milchviehhal-
tung spezialisierter Bauernhof eine
eher ungewöhnliche Touristen-
attraktion zu sein scheint, strömen
die Einheimischen zur **Chulu
Pasture** *(1 Muchang, Mingfeng
Village, Beinan Township, Taitung
County, Tel. (089) 571-002)*, um den
Kühen dabei zuzusehen, wie sie
weiden und gemolken werden. Sie

posieren vor Fiberglasrindern für
Fotos und trinken in einer Snack-
Bar die berühmte Milch dieses
Bauernhofs. Die meisten Touristen-
busse kommen nachmittags, wenn
die Viehherden zum Weiden gebracht werden.

Nachdem er Chulu hinter sich
gelassen hat, windet sich der Highway 9 durch eine schöne Talland-
schaft zum **Bunun Foundation
Village** *(Tel. (089) 561-211)*, einer
der wenigen autarken Ureinwohner-
gemeinden auf Taiwan. Diese 150
Menschen widmen sich erfolgreich
dem Tourismus, während sie zugleich ihre Kultur erhalten haben.

Die gut geführte Kooperative unterhält ein Kunsthandwerkzentrum, Geschäfte, ein traditionelle Bunun-Gerichte servierendes Restaurant, Unterkünfte für Besucher und ein Theater für die zweimal täglich stattfindenden Kulturprogramme.

Ebenfalls im Yanping Township, im winzigen Hongye Village, liegt Taiwans eigenes »Feld der Träume« an der Hongye Primary School *(1 Honggu Rd., Tel. (089) 561-015).* Schüler dieser Schule, überwiegend aus dem Stamm der Bunun, wurden hier 1968 zu den unerwarteten Helden Taiwans, als sie Japan, den

Bunun. Ein Freiluftrestaurant unter einem Holzdach blickt auf die Szene, während die ansehnlichen Berge der Umgebung zur friedlichen Atmosphäre beitragen.

Der Highway 9 führt über eine Reihe leuchtend roter Stahlbogenbrücken weiter durch das Tal, an Schluchten, Ananasplantagen, Palmenhainen und sich an die Berghänge schmiegenden Dörfern vorbei. Fahren Sie den Luye Scenic Drive durch Teeplantagen hinauf zur **Luye Tea Farm** auf dem Luye-Plateau. Der zweistöckige Pavillon und das Teehaus bieten

Bunun Cultural and Educational Foundation
www.bunun.org.tw
⛰ 131
✉ 191 Ward 11, Taoyuan Village, Yanping Township, Taitung County
☎ (089) 561-211

Frauen des Bunun-Stammes

amtierenden Baseball-Weltmeister der Little League, bei einem Freundschaftsspiel schlugen (siehe S. 148f). Der bescheidene Saal der Schule zeigt zum Gedenken an dieses Ereignis Fotografien und Baseballutensilien.

In der Nähe des **Hongye Hot Spring Resort** *(120 Honggu Rd., Tel. (089) 561-311, $)* liegt unter freiem Himmel eine Freizeiteinrichtung aus Thermalquellenbecken, im Besitz und unter Leitung der

einen großartigen Blick in das vom Fluss Beinan geformte Tal. Weideland bildet hier mit Ananas- und Palmenplantagen ein schönes Patchworkmuster. Dieser Ort ist bei wagemutigen Paraglidern sehr beliebt, die sich vor dem Teehaus von zwei Rampen hinab spektakulär ins Tal stürzen.

Das Teehaus verfügt im ersten Stock über eine Freiluftgalerie. Im Erdgeschoss können Sie Tee und Süßigkeiten kosten. ■

Luye Tea Farm
⛰ 131
✉ 145 Lane 42, Gaotai Rd., Yongan Village, Luye Township, Taitung County
☎ (089) 550-797 oder (089) 552-127

Baseball in Taiwan

An einem friedlichen Sommerabend in Sinjhuang (Xinzhuang), einem Vorort von Taipeh, fliegen Drachen in der Luft, Kinder spielen, von Grills steigt Rauch auf. Doch im örtlichen Baseballstadion geht es wie in einem Irrenhaus zu. Alle Augen sind auf das Spielfeld gerichtet, wo die gelb gekleideten Brother Elephants mit 0:6 gegen die Chinatrust Whales zurückliegen. Nun aber holen die Elephants auf und versetzen ihre flaggenschwenkenden, trommelnschlagenden und trompetenblasenden Fans in einen Freudentaumel. Am Ende siegen die Elephants mit 8:6. Ihre Fans gehen beglückt in die Nacht. Die Anwesenheit so vieler aufgekratzter Fans in einem großen, neuen Stadion ist ein vergleichbar großes Comeback für den Baseball in Taiwan.

Baseball hat in Taiwan eine lange Geschichte. Die Japaner brachten das Spiel Anfang des 20. Jahrhunderts auf die Insel und 1930 siegte Taiwan in einem legendären Turnier erstmals gegen die Kolonialherren. Der Sport erlebte den Höhepunkt seiner Popularität in den 1960er-Jahren, als Taiwans Little-League-Team den ersten von schließlich 17 Weltmeistertiteln gewann. Die Chinese Professional Baseball League (CPBL) wurde 1990 gegründet; 1992 gewann Taiwans Nationalmannschaft bei den Olympischen Spielen in Barcelona die Silbermedaille.

Das Baseballfieber in Taiwan erreichte 1996 seinen Höhepunkt. In jenem Jahr strömten mehr als 1,3 Millionen Zuschauer in die Stadien und die Fernsehquoten schossen in die Höhe. Ein großer Wettskandal Ende der 1990er-Jahre führte jedoch zum Zusammenbruch mehrerer Teams und das Zuschauerinteresse ließ nach. Im Jahr 2002 hatte der Sport seine alte Beliebtheit aber wieder erreicht. Drei neue Baseballstadien wurden eröffnet, zwei am Rande von Taipeh, ein drittes in Kaohsiung.

Baseball ist in Taiwan nicht die von den Amerikanern vertraute, ruhige Sportart, sondern eine laute, lärmende Angelegenheit.

Japaner brachten Baseball in ihre taiwanesische Kolonie. Nun sind beide Länder Rivalen (oben rechts). Die Spieler werden mit Papierschlangen begrüßt (rechts)

Es gibt in der CPBL keine Heimmannschaften, die Teams sind vielmehr im Besitz großer Firmen und touren durch die zehn Spielstätten der Liga, in denen die mit Trommeln, Feuerwerkskörpern und Krachmaschinen ausgerüsteten Fans einen Heidenlärm veranstalten.

Der Sport hat kürzlich einen weiteren Schub aus den USA erhalten. Eine Reihe taiwanesischer Spieler ist von Clubs der Major League unter Vertrag genommen worden und viele hoffen, dass einer von ihnen es dem in Amerika so erfolgreichen Japaner Ichiro gleichtun kann. Der Pitcher Wang Chien-ming, der 2006 bei einer renommierten Baseball-Auszeichnung in den USA den zweiten Platz belegte, scheint über das entsprechende Potenzial zu verfügen. ■

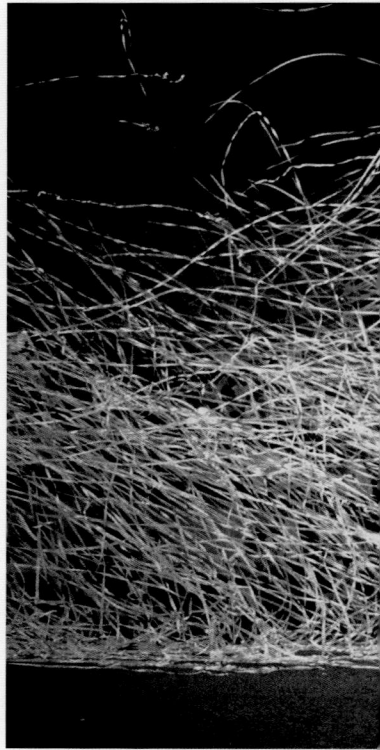

National Museum of Prehistory und Beinan Culture Park

National Museum of Prehistory

www.nmp.gov.tw

🅰 131

✉ 1 Museum Rd., Taidong

☎ (089) 381-166

💲 $$

IM JAHR 1980 WURDE BEIM BAU DES BAHNHOFS VON TAItung eine bedeutende prähistorische Siedlungsstätte entdeckt. Die Ausgrabungen brachten die am vollständigsten erhaltene urzeitliche Siedlung ans Tageslicht, die bislang in Taiwan entdeckt worden ist. Seitdem ist die Ausgrabungsstätte zum Beinan Culture Park ausgebaut worden, während das 2001 fertiggestellte National Museum of Prehistory die Fundstücke ausstellt. Das Museum dokumentiert das Leben und die Geschichte der Ureinwohner Taiwans.

NATIONAL MUSEUM OF PREHISTORY

Das Gebäude des Nationalen Museums für Ur- und Frühgeschichte ist eine architektonische Mixtur aus Dächern unterschiedlicher Formen, willkürlich angeordneten, eckigen und runden Fenstern und vielfarbi-

gen Wänden in grün getöntem Beton und Backstein. Auf dem Hauptplatz steht ein runder Springbrunnen, in dessen Zentrum eine Säule von einer Sonnenblume gekrönt wird.

Nehmen Sie die Treppe vom Foyer im Erdgeschoss und gehen Sie in den ersten Stock und einen Glaskorridor. Die **Dauerausstellung im ersten Stock** präsentiert einen Überblick über Taiwans Naturgeschichte und seine Ureinwohner und zeichnet dabei chronologisch die geographischen und geologischen Veränderungen sowie die Besiedlungsphasen durch unterschiedliche Völker bis hin zu den heutigen Ureinwohnerstämmen nach.

Von den Galerien aus führt Sie ein Schild zu einer spiralförmigen Rampe, die den Abstieg zu einer archäologischen Grabungsstätte symbolisieren soll und Sie zu zahllosen **kleinen, jeweils einem Thema gewidmeten Ausstellungssälen** über Taiwans Natur- und Frühgeschichte führt. Am Anfang steht die früheste bekannte Kultur Taiwans, die in Höhlen lebenden Changbin, die in einem lebensgroßen Diorama vorgestellt werden. Die um dieses Diorama angeordneten Exponate reichen zum Teil 30 000 Jahre zurück. Die folgenden **Ausstellungssäle im Untergeschoss** sind ähnlich gestaltet.

Das Museum beherbergt Tausende unbezahlbarer Stücke, darunter Speerspitzen aus Jade und geschnitzte Jadeschmuckstücke aus der Steinzeit, Werkzeuge und Schmuck aus der Eisenzeit, dekorierte Tonwaren aus der Jungsteinzeit, rituelle, ornamentale und als Grabbeigaben verwendete Gegenstände aus Jade, Bronze und Eisen und schließlich beeindruckende Steinfiguren und Steinsärge, Steinräder und reich geschnitzte Megalithen.

Ein Aufzug fährt Sie vom Untergeschoss wieder in den ersten Stock und in modernere Zeiten. Hier illustrieren mehrere Ausstellungssäle die historische und kulturelle Entwicklung der verschiedenen Ureinwohner-Volksgruppen Taiwans anhand von Werkzeugen, Landwirtschafts- und Fischfangutensilien, Ikonen, Behausungen, Musikinstrumenten, Kleidung, Kunst und Handwerkserzeugnissen.

BEINAN CULTURE PARK

Der hügelige, etwa 300 000 Quadratmeter große archäologische Park am Fuß des Berges Beinan (Beinanshan) war ursprünglich – vor 2000 bis 3000 Jahren – der Standort einer prähistorischen Beinan-Siedlung. Ein Platz markiert seinen Eingang. Von hier aus führt ein Weg zu einem **Amphitheater**, in dessen Mitte ein runder Marmorblock mit Motiven von Jadeohrringen das Volk der Beinan symbolisiert. Ein weiterer Weg führt vom Amphitheater zum **Besucherzentrum**. Hinter dem Besucherzentrum finden Sie die zweistöckige **Aussichtsplattform** mit einem weiten Blick auf die in der Ferne liegende Stadt Taitung.

Ein anderer Weg windet sich vom Amphitheater zur tatsächlichen **Ausgrabungsstätte**. Hier können Sie sich in der benachbarten Ausstellungshalle über die Ausgrabungen informieren. ■

Schauen Sie zu, wie Archäologen im Beinan Culture Park die Geheimnisse der Ureinwohner Taiwans entdecken (links), und betrachten Sie ihre Funde im National Museum of Prehistory (oben)

Beinan Culture Park

🅰 131

✉ 200 Culture Park Rd., Nanwang, Taitung

☎ (089) 233-466

🕐 Geschl. Mo

💲 $

🚉 Bahnhof Taitung

Green Island

**Green Island
(Lyudao/Ludao)**
⚠ 131

**Anreise mit der
Fähre**
Viele Fähren fahren vom
Fugang Harbor, zehn
Minuten nördlich von
Taitung City am Provincial
Highway 11. Für weitere
Informationen siehe S. 238f

**Die Jhaorih
(Zhaori) Hot
Springs sind eine
der wenigen von
Salzwasser ge-
speisten Quellen
in der ganzen
Welt**

DIE »GRÜNE INSEL« (LYUDAO/LUDAO) ERFREUT SICH DANK
ihrer Strände, Korallenriffe und Landschaft stetig wachsender Beliebtheit. Die Insel hat allerdings eine dunkle Vergangenheit. Sie besitzt eine Reihe von Gefängnissen. In einem waren noch in den 1980er-Jah-
ren politische Häftlinge inhaftiert. Es ist nun Teil einer Gedenkstätte,
die sich dem Leiden jener widmet, die sich gegen die Taiwan fast 40
Jahre lang unterdrückende Diktatur auflehnten.

Eine 17 Kilometer lange Straße führt
um die Insel herum. Beginnen Sie
Ihre Fahrt am **Green Island Visitor Center** *(Tel. (089) 672-026)*
gegenüber dem Flughafen in Jhongliao (Zhongliao) Village. Im Inneren finden Sie Exponate zur Geologie, Flora und Fauna, Fischbecken
und Fotografien der Korallen und
anderer Meereslebewesen.

Vom Besucherzentrum aus kön-
nen Sie zum **Leuchtturm** gehen,
der sich an der Nordwestspitze der
Insel erhebt. Dieser 33 Meter hohe
Turm wurde mit Geldern der US-
Regierung erbaut, nachdem ein

amerikanisches Schiff 1937 auf Felsen gelaufen und gesunken war.

Zurück in Jhongliao Village sollten Sie etwa zwei Kilometer in östlicher Richtung bis zum Fischerdorf
Gongguan fahren, dessen pastell-
farbene Häuser am Rand einer kleinen, hufeisenförmigen Bucht mit
Felsformationen stehen.

Von hier aus sind es nur weitere
550 Meter bis zum ehemaligen
Gefängnis, das von seinen Insassen
ironisch »Villa Oase« genannt wurde. Während der langen Jahre des
Kriegsrechts in Taiwan wurden hier
Tausende politische Häftlinge ge-

fangen gehalten. Das Gefängnis ist heute der **Green Island Human Rights Memorial Park**. Darin steht Asiens einziges Monument für die Menschenrechte, das die Namen aller hier ehemals inhaftierten politischen Häftlinge trägt. Es handelt sich um ein beeindruckendes Denkmal für die Freiheit, die sich mit dem Ende des Kriegsrechts 1987 durchgesetzt hat. Das renovierte Gefängnismuseum illustriert die Haftbedingungen, denen die Insassen ausgesetzt waren.

Unmittelbar hinter dem Park wendet sich die Straße abrupt nach Süden und führt die Westküste der Insel hinunter. Einige Hundert Meter nach dieser Kehre kommen Sie zur **Guanyin-Höhle**. In ihrem Inneren befindet sich ein Tempel, in dem ein umhüllter Stalagmit Guanyin, die Göttin der Barmherzigkeit, verkörpert.

Die zerklüftete Westküste der Insel besitzt einige hübsche, weiß-sandige Strände – auch wenn hoch liegende Korallen an manchen das Schwimmen unmöglich machen.

In **Haishenping** führt ein steiler Weg zu einer kleinen Pagode und einem Panoramablick.

An der Südostspitze der Insel liegt die populärste Attraktion: die ungewöhnlichen **Jhaorih (Zhaori) Hot Springs**, eine von weltweit drei Thermalquellen, die von Salzwasser gespeist werden.

Etwa 1,6 Kilometer von den Quellen erstreckt sich in der südwestlichen Ecke der Insel der **Dabaisha Beach**. Ein Holzsteg bringt Sie zum Strand, ehe er über bei Ebbe freiliegende Korallen weiter ins Meer führt. Am Ende des Stegs können Sie schnorcheln.

Etwa einen Kilometer nordwestlich befinden sich an der Westküste zwei Meereshöhlen, **Longsia (Longxia)** und **Basian (Baxian)**.

In **Nanliao**, etwa einen Kilometer nordwestlich der Höhlen, ist es möglich Zweiräder zu mieten sowie Tickets für ein Glasbodenboot zu kaufen. Es gibt auch Tauchgeschäfte, in denen Sie Ausflüge buchen können, wenn Sie über die erforderlichen Tauchqualifikationen verfügen. ∎

Anreise mit dem Flugzeug
Täglich viele Flüge von Taitung Airport
☎ Mandarin Airlines, (02) 2717-1230 (Buchungsbüro in Taipeh); (089) 362-669 (Buchungshotline in Taitung)

Green Island ist für seine zerklüftete Küste und verwitterten Felsformationen bekannt; der Generalsfelsen (unten) ähnelt rechts angeblich einem menschlichen Gesicht und links einem menschlichen Kopf mit imperialer Kopfbedeckung

Orchid Island

**Orchid Island
(Lanyu)**
🅰 I31

**Anreise mit der
Fähre**
Tägliche mehrere Fähren
vom Fugang Harbor, zehn
Minuten nördlich von
Taitung City am Provincial
Highway 11. Für weitere
Informationen siehe S. 238f

**Aufwendig ge-
schmückte Kanus
sind der Stolz der
auf Orchid Island
einheimischen
Volksgruppe der
Dahwu**

DIE »ORCHIDEEN-INSEL« (LANYU) LIEGT 65 KILOMETER VOR
der Südostküste Taiwans. Die Landschaft dieser kleinen, 44 Quadratkilometer großen Insel wird von hoch aufragenden vulkanischen
Bergen über üppig grünen Tälern und einer hohen Küstenlinie mit
Blick auf weite Buchten beherrscht. Auf der Insel leben etwa 2000 Angehörige der auch Yami genannten Dahwu, Taiwans kleinster ethnischer Gemeinschaft. Ihnen gelang es, die meisten ihrer traditionellen
Vorstellungen zu bewahren. Obwohl es ein wenig Tourismus gibt, ist
die Insel unberührter als Green Island (siehe S. 152f).

Die Dahwu pflegen ihre traditionelle
Lebensweise so weit wie möglich und
ernähren sich von den Erträgen des
Landes und des Meeres. Sie fischen
in dekorierten Kanus, bauen Süßkartoffeln und Taro an, ernten Muscheln
und züchten Schweine und Ziegen.

Einige leben noch in den traditionellen Häusern, die sich zum Teil unter der Erde befinden: Zum Schutz
vor den schweren Taifunen sind
sie in Böschungen und Berghänge
hineingegraben. Die Häuser sind
von niedrigen Wänden umgeben
und tragen Reetdächer. Daneben
wurden Pavillons errichtet, um gutes
Wetter genießen zu können.

Wie Green Island, so verfügt auch
die Orchideeninsel über eine die
Küste entlangführende, befestigte
Straße, die 50 Kilometer lang ist und
an der die sechs Dörfer der Insel liegen. Die Fähre legt in der Nähe des
Hauptdorfes und Verwaltungszen-
trums **Yeyou** an der Westküste an,
während der Flughafen etwas weiter

südlich in Yuren liegt. In Yeyou können Sie Motorroller ausleihen oder Taxis mieten.

Drei Kilometer nördlich von Yeyou gelangen Sie zu einer knaufförmigen Landspitze mit einem Leuchtturm, der auf Felsformationen blickt, deren Namen – Krokodil-Felsen und Panzer-Felsen – ihre Erscheinung recht gut beschreiben. Die Straße führt auf die Nordwestspitze der Insel hinauf und erreicht die **Wukong-Höhlen**, eine Reihe riesiger, aber flacher Höhlen in hohen Meeresklippen. Die Höhleneingänge sind durch Kruzifixe (Missionare waren auf der Orchideeninsel recht erfolgreich) gekennzeichnet, während Nischen in den Klippen neben den Eingängen biblische Szenen darstellende Statuen beherbergen.

Die Straße führt anschließend einen Kilometer weit an der nördlichen Küstenlinie entlang, ehe sie **Langdao** erreicht, wo Sie die schönsten Beispiele für die Architektur der Dahwu finden. Auf einem auf den Pazifik blickenden Hügel steht eine

Ansammlung von Häusern, von denen nur die Dächer zu sehen sind. Die meisten Häuser verfügen über kleine Gemüsegärten und auf Stelzen stehende Pavillons im Hof.

Die Ostküste der Insel weist zahlreiche ungewöhnliche Felsformationen aus versteinerten Korallen auf. Eine der interessanteren ist der **Zwei-Löwen-Felsen**, zwei in die See ragende Wände, die jenen Löwen ähneln, die man sonst als Tempelwächter überall sieht.

Etwa zwei Kilometer weiter südlich liegt der **Schlachtschiff-Felsen**, der diesen Namen trägt, weil seine Form an die eines Schiffsbugs erinnert und die Felsnasen Gefechtstürmen gleichen. Etwas weiter südlich markiert ein einladend kristallklares Becken den Eingang zur **Höhle der Liebenden**.

Direkt hinter dem Schlachtschiff-Felsen liegt in einer schönen, halbkreisförmigen Bucht **Dongcing (Dongqing) Village**, ein guter Ort, um sich die Kanus der Dahwu anzusehen. ∎

Anreise mit dem Flugzeug

Täglich mehrere Flüge vom Taitung Airport

☎ Mandarin Airlines, (02) 2717-1230 (Buchungsbüro in Taipeh); (089) 362-669 (Buchungshotline in Taitung)

Feiere!

Im Frühling feiern die auch Yami genannten Dahwu das eindrucksvolle Fest Feiyu Jie mit dem Stapellauf ihrer neuen Kanus. Die Kanus sind der ganze Stolz der Dahwu. Sie werden aus vor Ort wachsenden Hölzern hergestellt, indem 27 Holzteile zusammengefügt und durch Zapfen zusammengehalten werden. Anschließend werden die Kanus mit auffallenden Farben und Mustern geschmückt. Während des »Fests der Fliegenden Fische« (die übrigens eine lokale Delikatesse sind und als heilig gelten) tragen die Männer der Dahwu Lendenschurze und ungewöhnliche rituelle Rüstungen aus Rattan und Silber. Das wertvollste Teil ist der aus Silber gearbeitete konische Helm mit Augen-

schlitzen. Heute werden für die Herstellung der Helme Münzen behauen, während früher Metall aus geplünderten Schiffswracks verwendet wurde. ∎

Bei Festen werden traditionelle Dahwu-Kostüme, unter anderem ein Helm aus Silber, getragen

Weitere Sehenswürdigkeiten

CARP HILL PARK (LIYUSHAN)

Dieser Park in Taitung City liegt auf einem kleinen Berg, der seinen Namen wegen seiner angeblichen Ähnlichkeit mit einem Karpfen trägt. An seinem Osthang liegt der **Drachen-und-Phönix-Tempel** (Longfeng/Fotang). Obwohl der Tempel keine architektonische Besonderheit darstellt, lohnt das Panorama den Aufstieg auf die Pagode. Der Tempel besitzt eine kleine Sammlung von Objekten der Beinan-Kultur, die teilweise 3000 bis 5000 Jahre alt sind, unter anderem Steinsärge und Werkzeuge. Ein kurviger Weg führt Sie auf den Gipfel des Berges, mit schönem Blick unter anderem auf Taitung City und Green Island (Lyudao/Ludao; siehe S. 152f.).

🔼 131 ⊠ Boai Rd., Taitung City

MIT DEM AUTO VON SUAO NACH HUALIEN

Diese 180 Kilometer lange Küstenroute zwischen den Hafenstädten Suao und Hualien führt durch teils spektakuläre Landschaften. Die Straße ähnelt einer Achterbahn und ermöglicht großartige Blicke auf den Pazifik. Diese Route wurde 1875 ursprünglich als einspurige Verbindung in den Süden angelegt. Seit 1932 für Konvois geöffnet, ist sie nach und nach verbreitert worden, sodass man heute in beide Richtungen fahren kann. Sie erreicht ihren dramatischen Höhepunkt am **Cingshuei (Qingshui) Cliff**, wo sie 20 Kilometer lang nah an Klippen entlangführt, die mehr als 900 Meter tief zum Pazifik abfallen. In den schnelleren, komfortableren Zügen aus Taipeh verpasst man wegen der vielen Tunnel einen großen Teil der Landschaft.

🔼 131

JHIHBEN (ZHIBEN)

Die Japaner erbauten Jhihben, einen der größten und ältesten Thermalkurorte Taiwans, Anfang des 20. Jahrhunderts. Auf den ersten Blick ist es heute ein etwas schäbiger Ort mit zahlreichen Hochhaushotels, aber die Qualität wird besser, wenn Sie das Tal weiter hinauffahren. Die Hotels zapfen für ihre Gäste Quellwasser aus den Bergen ab. Wenn Ihnen nach einem Thermalbad ist, sollten Sie sich zum **Hotel Royal Chihpen** (23 Lane 113, Longcyuan/Longquan Rd., Wencyuan/Wenquan Village, Beinan Township, Taitung County, Tel. (089) 510-666) begeben, das Innen- als auch Freiluftbecken bietet.

🔼 131

JHIHBEN (ZHIBEN) FOREST RECREATION AREA

Dieser schöne Park, nur wenige Autominuten vom Hotel Royal Chihpen entfernt, bietet kultivierte Gärten, ein Besucherzentrum und umfangreiche Informationen über die Flora und Fauna des Parks (nur in Chinesisch). Dieses Gebiet ist auch der Startpunkt für eine Reihe von Wanderwegen. Der **Scenic Trail** ist ein schöner, 45-minütiger Spaziergang durch zumeist künstlich angelegte Bereiche. Er endet am 1,8 Kilometer langen **Green Shower Trail**, der Sie durch Wälder aus Mahagonibäumen, Eschen und Kampferbäumen führt. Der anspruchsvollere, 2,1 Kilometer lange **Banyan Shaded Trail** erklimmt dichte Wälder aus Baumfarnen, Kampferbäumen, Feigenbäumen und riesigen Bengalischen Feigen. Der Weg **Brave Man's Slope** ist die Mutter aller Wanderwege in Jhihben. Er führt Sie über 729 Stufen direkt auf den Gipfel des Parks. 500 Meter über dem Meeresspiegel haben Sie einen großartigen Blick auf den Urlaubsort Jhihben, Taitung City und die Berge. http://recreate.forest.gov.tw

🔼 131 ⊠ 6 km westlich des Thermalquellenbereichs an der Longcyuan (Longquan) Rd., Wencyuan (Wenquan) Village, Beinan Township, Taitung County

☎ (089) 513-395 🟦 $

RUEISUEI (RUISUI) HOT SPRINGS

Diese 1919 angelegte Thermalanlage bietet einen öffentlichen Badebereich und das **Rueisuei Hot Springs Hotel** (*23 Hongye Village, Rueisuei Township, Hualien County, Tel. (03) 887-2170*). Die Wassertemperatur ist mit 48 Grad Celsius sehr hoch und das durch den hohen Eisengehalt orangefarbene Wasser ist auf den ersten Blick nicht sehr einladend. Das Wasser soll bei Rheuma und Hautallergien jedoch eine heilende Wirkung haben. Sie können sich anderen Badenden anschließen oder Einzel-, Familien- oder Gruppenwannen buchen. Die Anlage befindet sich 75 Kilometer südlich von Hualien am Highway 9.

🔼 131 ☎ (08) 872-179 ∎

Tainan, die älteste Stadt Taiwans, verfügt über architektonischen Reichtum und eine religiöse und koloniale Vergangenheit, während in Kaohsiungs lebhaftem Hafen das Herz von Taiwans Exportwirtschaft schlägt. An der tropischen Südküste geht es gemächlicher zu.

Der Süden

Mazu, die Beschützerin der Seefahrer

Der Süden

DER SÜDEN TAIWANS ERSTRECKT SICH VON TAINAN – DER ÄLTESTEN STADT und ersten Hauptstadt Taiwans – bis zur Spitze der Insel bei Eluanbi im Nationalpark Kenting. Diese Gegend war einst die dichtestbesiedelte Taiwans, doch durch die Verlagerung des wirtschaftlichen und kulturellen Schwerpunkts nach Taipeh haben sich auch viele Menschen umorientiert. Kaohsiung, Taiwans zweitgrößte Stadt, ist nach wie vor das wichtigste industrielle Zentrum, aber insgesamt geht es im Süden Taiwans ruhiger zu.

Tainan ist stolz auf seine Geschichte. Hier vertrieb Koxinga 1662 die holländischen Besatzer aus Taiwan. Noch heute kann man die Überreste einiger holländischer Forts sehen. Tainan beherbergt fast ein Viertel aller historischen Monumente Taiwans, zumeist jahrhundertealte Tempel, und kümmert sich sorgfältig um ihre Erhaltung.

Das lebhafte Kaohsiung, Seehafen und industrielles Zentrum, mag auf den ersten Blick eher abstoßend wirken, verfügt jedoch über einige Sehenswürdigkeiten, vor allem gute moderne Museen. Die gigantischen Anlagen des Hafens, in den sich große Containerschiffe durch einen engen Kanal zwängen, bilden den Nerv der überwiegend exportorientierten Industrie Taiwans. Kaohsiung ist für sein lebhaftes Nachtleben bekannt – es handelt sich schließlich um eine Hafenstadt!

Das etwa 65 Kilometer nordöstlich von Kaohsiung gelegene Foguangshan lohnt ebenfalls einen Besuch. Dieser buddhistische Klosterkomplex ähnelt einer eigenen kleinen Stadt. Was Ende der 1960er-Jahre als kleine Zuflucht auf einem Berggipfel begann, hat sich zum Hauptsitz der reichsten buddhistischen Sekte Taiwans entwickelt und bietet nun grandiose Schreine und Tempel, Museen und Kunstgalerien voll wertvoller Kunstwerke und schöner Antiquitäten.

Die verlockendste Attraktion ist jedoch der vor allem an Sommerwochenenden häufig sehr gut besuchte Nationalpark Kenting. Mit seinen weißsandigen Stränden, Korallenriffen und dem türkisblauen Wasser ist dies der tropische Spielplatz der Insel, der bei Tauchern, Wanderern, Radfahrern und Vogelliebhabern äußerst populär ist. ∎

Brandung an der Küste bei Nanwan, einem der zahlreichen Strände im Nationalpark Kenting

ZENTRALER WESTEN
S. 207

Baihe
Sinying (Xinying)

Coral Lake

Königin-des-Himmels-Tempel in Luermen (»Hirschohr-Tor«)
Madou
Jiali
Tsengwen

TAINAN

Altes Fort in Anping
Ewige Festung
Yongkang
TAINAN

Zu den Penghu-Inseln

Cishan (Qishan)
Meinong

KAOHSIUNG

Cishan
Laonong

Central Mountain Range

OSTKÜSTE
S. 129

Lujhu (Luzhu)

Gangshan
Nanze
Lotus-See
Cheng Cing Lake Ocean World
Love River
KAOHSIUNG
Leuchtturm Cijin
Tianhou-Tempel
Chengcing Lake

Foguangshan (Light of Buddha Mountain)

Pingtung
Fongshan
Daliao
Neipu
Wanlyuan (Wanluan)

Cijin Beach & Seashore Park
Cijin (Qijin)
Kaohsiung-Hafen
Linyuan
Donggang
Wandan
Chaojhou (Chaozhou)

PINGTUNG

Linbian
Jiadong

Liouciou (Liuqiu)

Fangliao

SÜD-CHINESISCHES MEER

PAZIFISCHER OZEAN

20 Kilometer

Zur Orientierung

Taipeh

Hengchun-Halbinsel

National Museum of Marine Biology & Aquarium
Checheng
KENTING NATIONAL PARK
Hengchun
Hengchun Farm
Kenting Forest Recreation Area
Longluan Lake
Sheding Park
Guanshan
Kending Farm
Houbihu
Kending
Eluanbi
Kenting NP Headquarters & Visitor Center
Kending Beach

Bashih (Bashi) Channel

Tainan

Tainan

🅰 159 und 161

**Besucher-
information**

✉ Tourism Information
Service Center,
Tainan Branch, 2F,
90 Jhongshan
(Zhongshan) Rd.,
Tainan

☎ (06) 226-5681

**Kaiserliche
Zollstation aus
der späten
Qing-Dynastie
auf dem Gelände
des Alten Forts
in Anping**

TAINAN WAR VON 1624 BIS 1885 TAIWANS POLITISCHES UND militärisches Zentrum und von 1683 bis 1885 seine Hauptstadt. Die älteste Stadt Taiwans ist die Heimat von fast einem Viertel der geschützten Kulturdenkmäler der Insel, vor allem alter Tempel, Schreine und Festungen. Am besten erkundet man sie im Rahmen einer Stadtführung.

Eines dieser Gebäude, die **Ewige Festung** (*16 Nanwen Rd., Anping District, $*) im Westteil der Stadt, wurde 1874 während der Endphase der Qing-Dynastie errichtet. Diese Festung war die erste, die die Chinesen im westlichen Stil erbauten. Ein Graben umgibt die hohen Wände des Forts, das man durch einen gemauerten Bogentunnel betritt, nachdem man die Brücke über den Graben überquert hat. Der Tunnel geht durch einen Übungsplatz im Zentrum der Festung. Rechts vom Eingang können Sie auf die Wälle klettern, auf denen zwei riesige Armstrong-Kanonen – Kopien der Originale – auf die Straße von Taiwan gerichtet sind.

Das **Alte Fort in Anping** (*28 Guosheng Rd., Anping District, $*), ebenfalls im Westteil Tainans, wurde 1624 bis 1634 von den Holländern erbaut. Sie verwendeten dabei aus Java importierte Backsteine und Mörtel, den sie aus der Mischung von glutenreichem Reis, Zuckerrohrsirup und zerstoßenen Muschelschalen gewannen. Das Fort wurde auf den Namen »Zeelandia« getauft. Heute ist nur noch eine Originalwand erhalten. Während der japanischen Besatzung (1895–1945) wurden die noch erhaltenen Wände abgerissen, um den Bau einer dreistöckigen Plattform zu ermöglichen, auf der wiederum die Residenz des

Zolldirektors errichtet wurde. Ihre kleinen Räume sind mit historischen Überbleibseln und Illustrationen angefüllt. Ohne Rücksicht auf die Architektur der Festung wurde an der Rückseite des Gebäudes ein Wachturm angebaut, von dessen Spitze man einen schönen Blick auf Stadt und Ozean hat.

Nach Fort Zeelandia erbauten die Holländer 1653 zusätzlich **Fort Provintia** (*212 Minzu Rd., Sec. 2, Central District, $*). Von dieser Festung sind nur noch die Originalfundamente erhalten. Nachdem der später zum Gott erhobene Pirat und Krieger Koxinga die Holländer 1662 aus Taiwan vertrieben hatte, erlebte die Festung eine Reihe von Wiedergeburten und Namenswechseln. Anstelle der ursprünglichen Bauten in dem heute **Chihkan-Türme (Chikan-Türme)** genannten Bereich befinden sich nun zwei Ge-

bäude im klassischen imperialen Stil. Vor einer der Wände stehen – in einem mit Karpfen besetzten Wassergraben – auf steinernen Schildkröten mit Inschriften versehene Stelen aus der Qing-Dynastie. Eine Brücke führt über den Graben und durch ein Mondtor zum Fuß des alten Forts und zum Zugang zu den Türmen.

Gegenüber den Türmen führt eine lange, rote Außenwand – mit auffälligen Wandfriesen und dekorativen Dachvorsprüngen – zum Eingang des **Tempels der Heiligen Himmelsgaben** (*Szutian Wumiao; 229 Yongfu Rd., Sec. 2, Central District*). Der Guangong, dem Gott des Wohlstands und des Krieges gewidmete Tempel ist eine der ältesten taoistischen Tempelanlagen in Tainan. Er stammt aus der Yongli-Phase der Ming-Dynastie (1647–1683) und gilt als einer der authentischsten der gesamten Insel.

Eine mit Reliefs geschmückte Steinfassade ziert den Eingang zum Haupttempel, in dem der rotgesichtige, bärtige Guangong in einem Schrein sitzt. Der Schrein ist mit behauenen Steintafeln, die eine Ansammlung von Tieren und taoistischen Unsterblichen zeigen, bedeckt. Es gibt eine große Pagode für die Verbrennung von Geistergeld und eine runde Decke mit geschnitzten und vergoldeten Gottheiten.

Der nahe gelegene **Tempel der Großen Himmelskönigin** (*Lane 227, 18 Yongfu Rd., Sec. 2, Central District*) ist einer von 17 Tempeln Taiwans, die Mazu, der Göttin des Meeres, geweiht sind. Dieser wurde 1664 als Schrein einer Ikone der beliebtesten Göttin der Insel errichtet und gilt als einer der ältesten Taiwans. Das Eingangstor führt, an Stein-

Mazu und Wächter im Tempel der Großen Himmelskönigin

säulen vorbei, zu einer vergoldeten Mazu, die auf einem Altar in der Haupthalle sitzt und von zwei Steinstatuen auf Sockeln flankiert wird, die mythische Generäle darstellen. Die Wandgemälde erinnern an Prinz Ning Jing, einen der letzten Angehörigen der Ming-Dynastie, der sein Haus stiftete, um den Bau des Tempels zu ermöglichen.

Etwa 1,5 Kilometer südlich des Tempels der Großen Himmelskönigin finden Sie Tainans **Konfuzius-Tempel** (*2 Nanmen Rd., Central District*), Taiwans ältesten dem Philosophen geweihten Tempel. Jheng Jing (Zheng Jing), Koxingas Sohn, errichtete ihn ursprünglich 1665, und er ist seitdem fast zwanzigmal renoviert worden. Der Tempel ist ein schönes Beispiel für klassische chinesische Architektur. Der Dachschmuck ist allerdings zurückhaltender als bei Tempeln anderer chinesischer Religionen. Der Eingang befindet sich in einem kleinen Park voller Bengalischer Feigenbäume. Konfuzius wird im mit zwei Dachvorsprüngen versehenen **Hauptsaal des Großen Erfolges** mit einer Geistertafel geehrt, die von einem vergoldeten Holzgitter eingerahmt ist. Die Geistertafeln von zwölf Schülern befinden sich an separaten Tischen. Holztafeln, auf die ehemalige Kaiser und die Präsidenten der Republik China kalligrafische Schriftzeichen geschrieben haben, hängen von der Wand in der Nähe der Decke herab.

Das restaurierte **Große Südtor** (*Lane 34, Nanmen Rd., Central District*), etwa einen Kilometer südlich des Konfuzius-Tempels, ist eines der wenigen ursprünglichen Tore der Stadtmauer Tainans. Seine Wände aus Steinquadern und Beton umgeben ein Gebäude im chinesischen Stil, das heute ein Café ist. Sie können also Kaffee und Snacks genießen, während sie auf ein paar alte Kanonen blicken – die jedoch nicht so alt sind wie das Südtor selbst.

Östlich des Südtors befindet sich der **Koxinga-Schrein** *(152 Kaishan Rd., Central District, $)*, ein weiteres Beispiel für klassische chinesische Architektur. Der inmitten kühler Gärten und Pavillons liegende Schrein wurde 1875 aufgrund eines kaiserlichen Dekrets errichtet, im Zweiten Weltkrieg jedoch beschädigt. Dieses solidere Gebäude trat 1962 an die Stelle des ursprünglichen Bauwerks.

Der Schrein ist einem traditionellen Haus mit Innenhof nachempfunden und besteht aus einem Toreingang, einem Hauptsaal, einem hinteren Saal, allesamt eingerahmt von Korridoren mit Kolonnaden an den Außenwänden. Hinter dem Toreingang stehen Statuen von Koxingas treuen Generälen, Gan Huei und Jhang Wan-di (Zhang Wandi), während die Korridore Geistertafeln von 114 loyalen Offizieren tragen, die Koxinga vom Festland folgten.

Eine Koxinga-Statue sitzt im Hauptsaal mit seinen Holzwänden. Eine moderne, abstrakte Granitstatue des Heroen befindet sich im Foyer der **National Exhibition Hall**, südöstlich vom Hauptschrein.

Im Jahr 1683 beschloss der über den bevorstehenden Fall der Ming-Dynastie zutiefst betrübte Prinz Ning Jing, Selbstmord zu begehen. Als seine fünf Konkubinen dies hörten, kamen sie ihrem Herrn zuvor und erhängten sich. Ning Jing setzte daraufhin seinem Leben tatsächlich ein Ende. Der **Tempel der Fünf Konkubinen** *(201 Wufei St., Central District)* wurde als Schrein für die fünf Damen gebaut. Dieser kleine Tempel in einem ungepflegten Park ist mit Porträts geschmückt. Hinter dem Tempel finden Sie das Grabmal der Konkubinen.

Der **Tempel des Höchsten Stadtgottes** *(133 Cingnian/Qingnian Rd., Central District)* ist der größte Tempel des Stadtgottes Tainans. Im Inneren beschreiben Holztafeln die Etikette und gutes Benehmen, während zwei riesige Abaki die Zahl guter und schlechter Taten im Leben des Menschen symbolisieren, die über das Schicksal im Jenseits bestimmen. ∎

Der zum Gott erhobene Pirat und Krieger Koxinga, der 1662 die Holländer vertrieb, wird auf Taiwan in vielen Tempeln verehrt, vor allem im Koxinga-Schrein in Tainan

Taipehs Baoan-Tempel bietet den für taiwanesische taoistische Tempel typischen Dachschmuck

Tempelarchitektur

Tempel in Taiwan sind zumeist einer verwirrenden Fusion aus unterschiedlichen Gottheiten, Praktiken und Ritualen gewidmet. Buddhistische und taoistische Ikonen sitzen nebeneinander, häufig findet sich vor konfuzianischen Tempeln auch noch eine Ikone dieses Weisen. Zu all diesem kommen zuweilen noch weniger bedeutsame Götter hinzu, viele von ihnen wiederum Heroen der chinesischen Mythologie.

Sie können einen taoistischen Tempel an seinem weit ausholenden Dach mit langen Reihen von Ikonen auf den Dachfirsten erkennen. An oder in der Nähe der Spitze befindet sich häufig eine Perle oder ein Drachen oder eine Pagode, die von einer Parade aus Drachen und anderen Tieren sowie häufig noch von den drei »Sternengötter« genannten weisen alten Männern, die Wohlstand, Nachwelt und Langlebigkeit verkörpern. Taoistische Tempel sind häufig Mazu, der Göttin des Meeres, Guangong, dem Gott des Wohlstands und des Krieges, und Tudigong, dem Erdgott, geweiht. Sie werden feststellen, dass es in ihnen hektisch zugeht. Die Gläubigen verbrennen Weihrauch, werfen Steine, die über die Zukunft Auskunft geben sollen, und verbrennen Bündel falschen Geldes, das sogenannte Geistergeld.

Buddhistische Tempel sind ruhiger und dienen eher der Besinnung als der Anbetung. Viele liegen in Klosteranlagen und weisen eine feierlichere, gedämpftere Atmosphäre auf. Im Vergleich zu Gotteshäusern anderer Religionen sind sie jedoch auch nicht gerade ruhig. Guanyin, im buddhistischen Pantheon die Göttin der Barmherzigkeit, spielt in vielen buddhistischen Tempel Taiwans eine wichtige Rolle.

Die Anlage von Tempeln folgt in Taiwan einigen allgemeinen Prinzipien. Die meisten besitzen einen rechteckigen Grundriss. Der Standardentwurf sieht einen Vorhof sowie eine Wand mit drei Türen – eine Haupttür und zwei flankierende Seitentüren – vor, die zu den Schreinen führen. Ein Tor oder Zaun steht häufig vor der Haupttür, um bösen Einflüssen den Weg zu versperren und das Glück zu hindern, den Tempel zu verlassen. Die Haupttür wird manchmal geöffnet, um besuchende Götter oder Ikonen einzulassen, wobei Feuerwerk umherschleichende böse Geister vertreiben soll.

Wenn die Haupttür versperrt ist, treten Besucher durch die Seitentüren ein. Alle Türen haben Schwellen, die die Geister und andere böse Einflüsse abwehren sollen. Wächter stehen an den zur Gottheit führenden Türen, zum Beispiel ein Paar Steinlöwen an den Haupttoren,

Kaohsiungs Konfuzius-Tempel (oben links) weist kaum Schmuck auf, während das Dach von Taipehs Gaundu-Tempel (Mitte links) Figuren trägt und Löwen das Kloster Foguang-shan im Kreis Kaohsiung bewachen (links unten). Die Bronzetüren des Märtyrerschreins in Taipeh (oben) sind eine seltene Erscheinung

und verschiedene wilde, farbig gemalte Wächter schmücken die Haupttür sowie die Seitentüren. In die Hauptsäulen sind häufig Drachen geschnitten. Für die Chinesen verkörpern Drachen alle guten Dinge: Stärke, Güte, Weisheit und Fruchtbarkeit.

Größere Tempel weisen häufig drei Hallen auf. Die Hauptgottheit befindet sich gewöhnlich in der zweiten Halle, während die anderen Hallen weniger bedeutsame Götter beherbergen. Man erkennt die Hauptgottheit sofort an ihrer Größe, der Pracht ihrer Umgebung und ihrer Positionierung im Zentrum der größten Halle,

wo sie von Dienern sowie einem kleineren Bild desselben Gottes umgeben ist. Weniger wichtige Götter residieren in den Seiten- und Hinterräumen der Tempel, und auf jeder Seite steht ein Trommelturm oder ein Glockenturm. Die Glocke ruft die Menschen zum Gottesdienst und vertreibt zugleich böse Geister.

Tempel sind wesentliche Bestandteile jeder taiwanesischen Stadt. Die Taiwanesen sind religiöse Pragmatiker – sie besuchen Tempel, um Hilfe zu erbitten. Wenn ein Gott diese nicht bieten kann, gehen viele halt zum nächsten. Tempel sind daher zumeist Orte, an denen sich Religion und Kommerz vermischen. ∎

Kaohsiung

Kaohsiung

△ 159

**Besucher-
information**

✉ Tourist Service Center,
Kaohsiung
International Airport,
Arrivals Lobby, 2
Jhongshan
(Zhongshan) 4th Rd.,
Kaohsiung

☎ (07) 805-7888,
Hotline:
0800-252-550

✉ Tourism Bureau,
Kaohsiung branch, 5F,
235 Jhongjheng
(Zhongzheng) 4th Rd.,
Kaohsiung

☎ (07) 281-1513

**Kaohsiung
Museum of
History**

http://w4.kcg.gov.tw/
~khchsmus

✉ 272 Jhongjheng
(Zhongzheng) 4th Rd.

☎ (07) 531-2560,
Nebenanschluss 312

🕑 Geschl. Mo

💲 $

🚌 Bus: 1, 2, 14, 25, 56,
60, 76, 77, 78, 248

**Kaohsiung
Museum of Fine
Arts**

✉ 20 Meishuguan Cian
(Qian) Rd.

☎ (07) 555-0331

🕑 Geschl. Mo

💲 $

🚌 Bus: 73, 205

MIT SEINER BEVÖLKERUNG VON 1,5 MILLIONEN MENSCHEN ist Kaohsiung Taiwans zweitgrößte Stadt. Es ist gleichzeitig der größte Hafen Taiwans, einer der größten Häfen der Welt und Taiwans industrielles Zentrum. Kaohsiung verfügt ferner über zahlreiche Museen und historische Bauwerke. Und obwohl das Nachtleben nicht mehr so ausgelassen wie früher ist, ist es noch lebhaft genug.

Der Gipfel des **Shoushan** (»Berg der Langlebigkeit«), der vorwiegend aus Parkanlagen besteht, blickt auf Kaohsiungs ausgedehnten Hafen. An seinem Osthang liegt der ursprünglich 1679 errichtete und 1926 wieder aufgebaute mehrstöckige **Yuan-heng-Tempel**. Seine imposante Haupthalle beherbergt drei gigantische, vergoldete Buddha-Statuen, Teil einer Sammlung von vielen glänzenden Abbildern des Erleuchteten. In Gipfelnähe des 355 Meter hohen Berges liegt der **Märtyrerschrein**, ein eindrucksvoller Komplex im klassischen chinesischen Stil mit soliden roten Säulen, weit ausholenden Ziegeldächern und großen Holztüren. Ihm fehlt jedoch der Pomp seines Namensvetters in Taipeh (siehe S. 79). Wanderwege im Park führen durch Wälder zu weiten Meerespanoramen.

Vom Schrein aus führt die Straße hinunter zur sehr engen Nordeinfahrt des Hafens und zum restaurierten **ehemaligen britischen Konsulat** (geschl. Sa–Mo und an Tagen nach Feiertagen, $, Tel. (07) 525-0007), das auf einem steilen Hügel mit Blick auf Meer und Hafen liegt. Das 1858 aus Backstein erbaute Konsulat ist eines der ältesten Beispiele für Kolonialarchitektur in Taiwan. Es ist heute ein Museum und präsentiert unter anderem historische Fotografien, Karten und Modelle.

Der **Liouhe-Nachtmarkt (Liuhe-Nachtmarkt)** verläuft entlang der Liouhe 2nd Road zwischen der Jhongshan (Zhongshan) 1st Road und der Zihli (Zili) 2nd Road einige Blocks südlich des Bahnhofs von Kaohsiung. Sie finden zu beiden Seiten der Straße Hunderte von Imbissstuben und -wagen sowie Kneipen. Die Tische und Stühle stehen direkt an Fußwegen und an der Straße. Der Nachtmarkt öffnet um 18 Uhr, am lebhaftesten wird es aber erst nach 21 Uhr. Er schließt um zwei Uhr nachts.

Eines der schönsten Bauwerke der Stadt – während der japanischen Besatzung Sitz der Stadtregierung Kaohsiungs – ist heute das **Kaohsiung Museum of History**. Das Museum, vor dessen Eingang sich ein gepflasterter Platz und ein gepflegter Garten befinden, zeigt sowohl chinesische als auch westliche architektonische Elemente. Seine Wände weisen Türme auf und es wird von einem ausholenden Ziegeldach bedeckt, während die Fassade – mit ihren großen, gleichsam einen Glasvorhang formenden Fenstern in beiden Stockwerken – von einem grandiosen Säuleneingang mit einem klassisch chinesischen Dachaufbau beherrscht wird. Innen zeichnen Kunstwerke, Antiquitäten, Modelle und Karten die Geschichte der Stadt nach.

Nördlich der Stadt liegt das **Kaohsiung Museum of Fine Arts** in einer großzügigen Anlage, komplett mit Amphitheater, Skulpturenpark und einem natürlichen See. Das Kunstmuseum veranstaltet viele internationale Ausstellungen.

Erklimmen Sie die Pagode unmittelbar hinter dem Eingang zum Naherholungsgebiet am **Cheng-**

cing (Chengqing) Lake am nordöstlichen Stadtrand. Sie können dort den Blick auf den See – das Wasserreservoir Stadt – und den umgebenden gepflegten Garten genießen. Ein Weg windet sich durch die bewaldeten Gebiete in der Umgebung des Sees. Eine Brücke mit neun Ecken führt über das Gewässer in Richtung des **Grand Hotel – Cheng Ching Lake** (siehe S. 255), ein großes Haus im klassischen chinesischen Palaststil des gleichnamigen und noch berühmteren markanen Hotels in Taipeh (siehe S. 79).

CIJIN (QIJIN)

Cijin ist eine parallel zum Festland liegende Insel, deren Nordspitze sich an der engen Einfahrt zum Hafen von Kaohsiung befindet. Die in den letzten Jahren aufpolierte Nord-

Der Love River fließt durch Kaohsiung, Taiwans zweitgrößte Stadt und einer der wichtigsten Häfen Asiens

Chengcing (Chengqing) Lake

✉ 32 Dabei Rd., Niaosong Township

☎ (07) 370-0821

💲 $$

🚌 Bus: 60 ab Bahnhof Kaohsiung

Der Leuchtturm Cijin (Qijin) schützt die Nordeinfahrt des Hafens von Kaohsiung

hälfte bietet einige Sehenswürdigkeiten, die in fußläufiger Entfernung voneinander liegen. Eine vierminütige Fährüberfahrt von dem kleinen Pier neben dem Eingang zum Binhai-Fischereikai bringt Sie zu einer Mole nahe dem Beginn der **Cijin Seafood Street**, an der sich zahlreiche Fischrestaurants und -stände befinden.

Der farbenfrohe **Tianhou-Tempel** scheint in der hiesigen lebhaften Atmosphäre um seinen Platz zu kämpfen. Dieser 1691 erbaute »Tempel der Himmelskaiserin« ist Mazu gewidmet, der Schutzgöttin der Seefahrer und Fischer, und eines der ältesten Bauwerke Kaohsiungs. Die sehr dekorativen Dächer mit schiffsbugartig geformten Dachfirsten voll mythischer Figuren und die zylindrischen Ziegel, die die weit ausholenden Dächer gleichsam hinunterfließen, sind seine attraktivsten Merkmale.

Gehen Sie vom Tempel in nördlicher Richtung die Tongshan Road entlang, bis Sie zu den Stufen gelangen, die zum kuppelbedeckten **Leuchtturm Cijin** (**Qijin**, geschl. Mo) sowie dem weiß gestrichenen Haus des Leuchtturmwärters an der Nordeinfahrt des Hafens führen. Für einen Leuchtturm ist dieser mit nur elf Meter Höhe eher klein, aber Sie können hier einen faszinierenden Blick auf die sich durch die Hafeneinfahrt zwängenden riesigen Containerschiffe werfen. Unmittelbar westlich des Leuchtturms stehen die Ruinen der 125 Jahre alten **Festung Cihou** (**Qihou**, geschl. Mo), eine in eine Anhöhe gegrabene Anlage aus Backstein.

An der Westseite Cijins liegen, nicht weit von der »Meeresfrüchte-Straße«, der exotische schwarzsandige **Cijin Beach** und der **Cijin Seashore Park** mit seiner

Promenade voller Kunstwerke und seinem Blick auf Parkland und Küste.

NATIONAL SCIENCE AND TECHNOLOGY MUSEUM

Das östlich des Bahnhofs im nordöstlichen Teil Kaohsiungs liegende Museum ist weltweit eines der größten seiner Art. Sie können in seinen sieben Stockwerken voller zum Teil interaktiver Exponate einen sehr spaßigen Nachmittag verbringen. Wenn Sie Kinder dabeihaben, müssen Sie jedoch mehr Zeit einplanen.

Die **Hall of Chinese Achievements** nimmt den wichtigsten Platz im Eingangsstockwerk des Museums ein. Sie finden hier den Nachbau einer alten chinesischen Stadt, in dem das Alltagsleben demonstriert wird, sowie Exponate zu der faszinierenden Anzahl chinesischer Erfindungen, die ihren Weg in die westliche Welt fanden. Die Ausstellung **Electronic World** zeigt Ihnen, wie die Elektrizität seit ihrer Erfindung bis zur Entwicklung des Silikonchips und miniaturisierter integrierter Schaltkreise eingesetzt worden ist. Die Abteilung **Food Industry** beherbergt einen computerisierten Küchenchef, der Ihnen sogar kulinarische Tipps gibt.

Sie können in der Abteilung **Dwelling and Environment** auf einer Erdbebenplattform ein simuliertes Erdbeben erleben, während ein Antivibrationstisch veranschaulicht, wie Architekten moderner Gebäude bereits beim Bau Erdbeben und Orkane berücksichtigen. Die Sektion **Biology and Technology** illustriert die schöne neue Welt der Biotechnologie und zeigt, wie Mikrobiologie, Biochemie, Genetik und Elektronik für Zwecke der Medizin, der Landwirtschaft und des Umweltschutzes eingesetzt werden.

Dschungeltrommeln und Rauchzeichen verbinden Telefon- und Internetutensilien miteinander, um in der Abteilung **Communications** die Geschichte der Kommunikation darzulegen. Die Ausstellung **Plastic and Rubber** führt die fast unendlichen Einsatzmöglichkeiten von Kunststoff vor, während die Abteilung **Petrochemical Products** demonstriert, wie Rohöl raffiniert wird und daraus verschiedenste Produkte entstehen. Der Bereich **Air Navigation and Aerospace** enthält einen Nachbau der Internationalen Raumstation (ISS) und eine Ausstellung zum Lockheed F-104 Star Fighter, der einst als Taiwans modernstes Kampfflugzeug galt.

Das Museum verfügt auch über einen IMAX-Kinosaal *($)*. ∎

National Science and Technology Museum

www.nstm.gov.tw

✉ 720 Jiouru (Jiuru) Ist Rd., Sec. I

☎ (07) 380-0089

🕐 Geschl. Mo

$ $

🚌 Bus: 57, 60, 73, 201

Geliebte Mazu

Mazu ist die beliebteste unter den mehr als hundert chinesischen Gottheiten. Die Himmlische Mutter und Beschützerin der Seefahrer war im 10. Jahrhundert die Tochter eines Regierungsbeamten in der Provinz Fujian. Sie verfügte angeblich über die Fähigkeit, Fischer und Seefahrer vor bevorstehenden Seekatastrophen zu warnen. Nach ihrem Tod wurde ihr ein Tempel mit Blick auf das Meer errichtet. Schon bald entstanden an der gesamten Südküste Chinas Tempel und die Zahl ihrer Anhänger nahm zu. An jedem 23. Tag des dritten Mondmonats findet Taiwans prachtvollstes religiöses Fest, die Prozession Dajia Mazu, statt. In der darauffolgenden Woche wird ihr Abbild in einem Rausch aus Kostümen, Musik und Lärm durch Zentraltaiwan getragen. Eine Million Menschen sehen dabei zu. ∎

Lotus-See

 159

✉ Huantan Rd.,
Zuoying District,
Kaohsiung

Eine neuneckige Brücke führt im Zickzack zur fantastischen Drachen- und Tiger-Pagode am Lotus-See

Der Lotus-See

DIE PAGODEN UND PAVILLONS AM LOTUS-SEE WIRKEN WIE aus einem Märchen. Diese Tempel am Rand des ruhigen Sees inmitten der farbenfrohen und fantasievollen – und sehr großen – Darstellungen mythischer Tiere und Götter lohnen wirklich einen Besuch.

Die identischen, benachbarten **Drachen-Pagode** und **Tiger-Pagode** reichen über eine neuneckige Brücke in den See hinaus. Am Ende der Brücke gehen Sie durch das aufgerissene Maul eines Drachens, um Friese von Chinas mythologischen 24 gehorsamsten Söhnen zu sehen. Die Wände der Pagoden sind mit ähnlichen Bildern sowie Szenen aus Himmel und Hölle geschmückt. Eine kleine Brücke verbindet die Drachen-Pagode mit der Tiger-Pagode, deren Wände ebenfalls Friese aufweisen. Von hier aus gelangen Sie zum hinteren Ende eines Tigers und gehen schließlich durch sein Maul wieder auf die neuneckige Brücke.

Der Eingang zum **Sommer-Pavillon** und zum **Herbst-Pavillon**, weniger als hundert Meter nördlich der Pagoden, zeigt eine große Statue einer gelassenen Guanyin, der Göttin der Barmherzigkeit, über einem sich windenden Drachen. Zwei identische dreistöckige Pagoden stehen beiderseits dieser Statue. Zwischen ihnen beginnt ein langer Pier, der zum etwa 180 Meter weit im See liegenden **Wuli-Pavillon** führt.

Der von leuchtend rot emaillierten und von Goldziegeln bedeckten Wänden umschlossene **Konfuzius-Tempel** am Nordende des Lotus-Sees ist der größte Taiwans und zugleich ein Beispiel für – in Taiwan – recht selten zu findende Architektur im Stil der Song-Dynastie. Seine drei Innenhöfe und Grotten voller Bonsaipflanzen werden von Wänden mit Simsen und Mondtoren unterteilt. Wie die meisten Konfuzius-Tempel vermeidet dieses Bauwerk die ausgefeilten Verflechtungen taoistischer und buddhistischer Tempel. Der ursprüngliche Konfuzius-Tempel an diesem Ort wurde 1624 erbaut, während dieser erst 1976 baulich vollendet wurde. ∎

Foguangshan

DER NORDÖSTLICH VON KAOHSIUNG GELEGENE, AUSGE-
dehnte buddhistische Tempelkomplex fand seinen Ursprung im Jahr
1967 als eine Zuflucht in den Bergen unter der Leitung seines Grün-
ders, des Ehrwürdigen Sing Yun (Xing Yun), hat sich dann aber zum
größten und reichsten buddhistischen Kloster Taiwans und Wall-
fahrtsort für Sing Yuns Anhänger entwickelt. Dieser bemerkenswerte
Ort bietet zahlreiche Begräbnisnischen, Schreine, Meditationssäle,
Kolonnaden, Pavillons, Gärten, Teiche, Grotten, Bibliotheken und
Kunstgalerien. Zudem befindet sich hier eine recht außergewöhnliche Sammlung von Buddha-Statuen.

**Hunderte
vergoldete
Buddha-Statuen
reihen sich in
Foguangshan,
eine der wunder-
samen Sehens-
würdigkeiten in
diesem großen
buddhistischen
Kloster**

Sie betreten das Kloster Foguangshan
– »Berg des Lichts Buddhas« – vom
Parkplatz aus und kommen an einem
Hügel mit einem siebenstöckigen
Friedhof vorüber, auf dem 50 000
Grabnischen für die verstorbenen
Anhänger von Sing Yun (Xing Yun)
reserviert sind. Über den Gräbern
steht eine 36 Meter hohe vergoldete
Statue des Buddhas Amitabha,
die von 480 kleineren, aber identi-
schen Statuen flankiert wird.

Nehmen Sie von hier aus den Weg,
der zum **Cultural Exhibition
Center** führt, in dem von Anhängern Sing Yuns gestiftete Kunstwerke
ausgestellt sind. Von hier aus gelangen
Sie in einen spiegelbesetzten Korridor, den identische, ein bis zweiein-
halb Meter hohe Statuen des sitzen-
den Buddhas säumen, und dann in
eine weitere Galerie, die in allen
möglichen Formen und Größen ge-
staltetes Holz enthält. Die nächste
Galerie zeigt die veröffentlichten
Werke des Ehrwürdigen Sing Yun sowie seine Kleider und einen Koffer.

Der **Hauptschrein** steht vor
dem Cultural Exhibition Center, wo
drei große, vergoldete Buddhas unter
einer 20 Meter hohen, gemusterten
Decke sitzen. Durch die im oberen
Bereich der Wände eingelassenen
Fenster fällt genügend natürliches
Licht auf 14 000 Buddha-Abbilder
in den winzigen Wandnischen des
Hauptschreins.

Der Hauptschrein öffnet sich auf
einen kolonnadengesäumten Platz
und anschließend entlang der
Pilgrims Lodge auf einen weiteren
Platz und eine Grotte hinter dem
Haupttor des Klosters. Im Inneren
des Haupttores beherbergen die Säle
des **Buddhist Cultural Museum**
eine unbezahlbare Sammlung alter
und auch zeitgenössischer Abbildungen des Buddhas.

Rechts des Haupttors befindet
sich die wunderbar kitschige **Pure
Land Cave**. Sie betreten einen
breiten Weg, an dem Abbilder von
Buddhas Schülern stehen, anschließend kommen Sie durch einen einer
Höhle nachempfundenen Korridor,
dessen Wände mit den acht Prinzipien Buddhas beschriftet sind. ∎

**Foguangshan
(Berg des Lichts
Buddhas)**
www.fgs.org.tw

🅰 159

✉ Dashu Township,
Kaohsiung County.
E-mail: fgs6205@
fgs.org.tw

☎ (07) 656-1921,
Nebenanschluss
6203–6205

🆂 Kostenlose englisch-
sprachige Führun-
gen; Tempel vorab
informieren

🕐 Speisesaal
11.30–12 Uhr

Sonnenuntergang im Nationalpark Kenting, Taiwans tropischem Spielplatz

Nationalpark Kenting

DIE EINEN GROSSEN TEIL DER HALBINSEL HENGCHUN EINNEHMENDE, halbkreisförmige Küste voll weißsandiger Strände, Korallengärten und üppig-tropischer Hänge ist zum größten Teil durch den Nationalpark Kenting geschützt, einen der natürlichen Schätze Taiwans. Dieses schöne Landschaftsschutzgebiet weist die wärmsten Wintertemperaturen in Taiwan auf und ermöglicht ein klassisches Strandleben.

Die Küstenlinie ist durch Wind und Wellen verwittert. An der Ostküste des Parks blicken windumtoste Klippen auf den Pazifik, während seltsame Felsformationen – darunter eine einem ehemaligen US-Präsidenten ähnelnde – und riesige Felsblöcke seinem Westrand eine dramatische Note verleihen.

Tafelland aus angehobenen Korallenfelsen steigt an dieser zerklüfteten Küste rasch ins Binnenland und macht die Region zu einem Paradies für Wanderer, Vogel- und Naturfreunde. Sie können in der Kenting Forest Recreation Area durch dichten Regenwald und an pockennarbigen Korallenfelsblöcken vorübergehen, die sich vor langer Zeit vom Meeresboden erhoben haben. Entspannte Wanderungen durch den Eluanbi-Park mit seinem historischen Leuchtturm an der Südspitze der Halbinsel Hengchun (und Taiwans) sind eine schöne Alternative. Bewaldete Pfade schlängeln sich an Bergkämmen, Höhlen und faszinierenden Formationen aus Kalkstein und Korallen vorbei.

Anspruchsvollere Routen finden sich im Sheding-Park und im Nanrenshan-Park. Diese Gegenden dürfen Sie allerdings nur mit einer Genehmigung und einem Führer des Kenting National Park Headquarters and Visitor Center betreten, da es sich um besonders geschützte Gebiete handelt. Weitere Möglichkeiten der aktiven Freizeitgestaltung sind Radfahren, Kanu- und Kajakfahrten, Bootsfahrten und Angeln.

Vor der Küste erstreckt sich ein Korallenriff, das eine unvorstellbare Vielfalt an Lebewesen aufweist (siehe S. 184ff). Verständlicherweise sind Tauchen und Schnorcheln hier besonders beliebt. Tauchschulen vermieten Ausrüstung und bieten Anfängerkurse an.

Das direkt am Wasser liegende Kending Town und das weiter im Binnenland liegende Hengchun bieten die erforderliche Infrastruktur: Hotels, Restaurants, Geschäfte, Autovermietungen und Freizeiteinrichtungen; das Besucherzentrum des Nationalparks liegt unmittelbar westlich von Kending Town. ∎

Nationalpark Kenting

KENTING WAR 1982 TAIWANS ERSTER NATIONALPARK, dessen 324 Quadratkilometer heute alljährlich von fünf Millionen Menschen besucht werden. Sie sollten also besser während der Woche und nicht am Wochenende kommen, um Busse, Staus und Menschenmengen zu vermeiden.

Das unmittelbar westlich von Kending Town zentral liegende **Kenting National Park Headquarters and Visitor Center** zeigt Exponate und Fotografien zur Geographie, Topografie, Flora und Fauna und zu den Korallen des Parks und ist für eine erste Orientierung gut geeignet. Sie können hier einen Englisch sprechenden Führer buchen, sofern Sie über ein eigenes Fahrzeug verfügen (rufen Sie einen Tag vorher an). Das Besucherzentrum bietet Multimediainformationen in Englisch, gute Karten und weitere Informationen.

Westlich des Besucherzentrums liegt am Provincial Highway 26 die **Nanwan** oder **South Bay**, ein 600 Meter breiter Bogen gelben Sandes, der bei Sonnenanbetern, Anglern und Wassersportlern beliebt ist. Leider ist das Schwimmen hier aufgrund der vielen durchs Wasser rasenden Jetskis nicht ungefährlich.

Wenn Ihnen nach Baden zumute ist, sind **Kending Beach** (siehe S. 178) oder **Baisha Beach** (siehe S. 174) deshalb bessere Tipps. Die Gasthäuser, Souvenirläden, Restaurants, Tauch- und Surfgeschäfte gegenüber der Bucht verleihen diesen Stränden den Charakter von Ferienorten. Sie können hier spannende Tauchausflüge buchen, um die ungeheure Vielfalt der Korallen (siehe S. 184ff) und das sonstige Leben im Meer zu erkunden. Sie können auch einen drei- oder viertägigen Tauchkurs belegen, der umgerechnet etwa 250 Euro kostet.

Folgen Sie dem Provincial Highway 26 nach Westen zur County

Road 153, die Sie zum Westteil des Nationalparks und zum **Longluan-See** bringt. Diese Kombination aus Wasserreservoir und Marschland gilt als einer der besten Orte Taiwans, um Wasservögel auf ihrem alljährlichen Weg von Japan, China und Sibirien und entlang der australasiatischen Route zu beobachten (siehe S. 176f). Von Oktober bis Mai halten sich hier Schnepfen, Regenpfeifer, Enten, Reiher, Kormorane und Wildgänse auf. Vom auf einem kleinen Felsvorsprung mit Blick auf den See liegenden **Longluan Lake Nature Center** aus können Sie die Vögel durch Teleskope beobachten.

Die County Road 153 führt auf die gedrungene Halbinsel westlich des Nationalparks nach **Houbihu** mit seinem kleinen, aber lebhaften Fischerei- und Yachthafen. Am Spätnachmittag kehren hier leuchtend blaue Fischerboote mit dem Tagesfang zurück, der teilweise sofort nach Sashimi-Art zubereitet und am

Der Nationalpark Kenting weist Taiwans schönste Strände und – an Wochenenden – auch die meisten Menschen auf

Kenting National Park
www.ktnp.gov.tw
🅰 159 und 179
✉ Kenting National Park Headquarters and Visitor Center, 596 Kenting Rd., Hengchun Township, Pingtung County
☎ (08) 886-1321

Meerwasser
spritzt an der
Küste auf ge-
schichtete Fels-
formationen.
Die verwitterten
Felsen sind ein
Markenzeichen
des Nationalparks
Kenting

Hafen serviert wird. Im Yachthafen liegen Boote für Lust- und Angelfahrten sowie Glasbodenboote.

An der Spitze der Halbinsel, auf der der See liegt, führt die County Road 153 weiter zum **Maobitou-Park** *(Tel. (08) 886-7520)*, der in einem Gewirr freiliegender Korallenfelsformationen in den Bashih (Bashi) Channel weist. Die Gegend bezieht ihren Namen »Katzennasenkap« von einigen dieser Felsformationen, die, aus der Ferne (und mit viel Fantasie) betrachtet, der Nase einer kauernden Katze ähneln, während das Kap den Körper bildet. Gehen Sie die Treppe zum Pavillon am höchsten Punkt hinauf und genießen Sie den großartigen Blick auf die charakteristische zerklüftete Korallenküste.

Einige Kilometer weiter an der County Road 153 liegt an der Westseite des Kaps bei **Baisha** (White

Sand Beach), verborgen hinter einem ebenfalls Baisha heißenden kleinen Dorf, zwischen Felskuppen und vor Palmenhainen, Hibiskusbäumen und Reisfeldern, ein 400 Meter breiter weißsandiger Strand, dessen Charme in seiner relativen Abgeschiedenheit besteht. Er grenzt an einen ländlich-friedlichen Teil der Halbinsel, komplett mit Dörfern, Reisfeldern, Bananen- und Ananasplantagen. Es gibt Pläne, dieses Gebiet zu entwickeln, was diesen schönen Flecken Erde wahrscheinlich seines Reizes berauben wird.

Von Baisha aus führt die County Road 153 etwa fünf Kilometer in nördlicher Richtung sanft hinauf zum 172 Meter hohen **Guanshan** und außergewöhnlichen Panoramen nach Norden über die Küste, Fischerdörfer und ins Binnenland auf den Longluan-See, die South Bay und die fruchtbaren Berge im

National Museum of Marine Biology and Aquarium (siehe S. 182f), etwa elf Kilometer weiter im Norden. Im Wasser dieses Küstenabschnitts bietet sich ein großartiges Schauspiel aus Korallen und Meereslebewesen in Technicolor. Wenn Sie tauchen oder schnorcheln wollen, ist dies einer der besten Orte dazu. Sanft abfallende Riffe voller Meeresleben finden sich im südlichen Bereich dieses Küstenabschnitts, während die Unterwasserlandschaft weiter nördlich mit großen Rifftafeln, tiefen Schluchten und Tunneln dramatischer ist (siehe S. 184ff).

KENTING FOREST RECREATION AREA

Dieses 435 Hektar große Wiederaufforstungsgebiet wurde schon 1906 während der japanischen Besatzung als botanischer Garten und Herbarium angelegt. Obwohl ein Teil des Parks noch heute auf diese Weise genutzt wird, bestehen die Hauptattraktionen heute in seinen Tropenwäldern, seltsamen Korallenfelsformationen, Höhlen und Ausblicken auf die Halbinsel Hengchun. Gut markierte Pfade winden sich durch Palmenhaine und unheimliche Wälder aus Bengalischen Feigenbäumen, bevor sie an riesigen, pockennarbigen Felsnasen aus Korallenfelsen und dichten tropischen Wäldern vorbei zur magischen **Feen-Höhle** führen. Die enge, 137 Meter lange Höhle enthält Hunderte von angestrahlten Stalaktiten und Stalagmiten. Nachdem Sie die Höhle verlassen haben, gehen Sie einen zum höchsten Punkt des Nationalparks (520 m) führenden Weg weiter hinauf, von dem aus Sie ein Aufzug in einem Betonturm zu einer Aussichtsplattform oberhalb des Blätterdachs und zu einem großartigen Rundumblick fährt. ■

Osten. Ein Pfad führt am Rand des Guanshan entlang. Seine Aussichtsplattformen bieten weitere schöne Blicke auf die Küste, bevor der Pfad durch dichte Bananen- und Feigenhaine und Hibiskusbäume weiter bis zum **Fude-Tempel** führt, wo Anhänger des Erdgottes Bündel roten Papieres in einen brennenden Ofen stopfen. Dieser ist mit einem kuppelgekrönten Schornstein, mit Bildern sich windender Drachen und einem dreistufigen Dach im Pagodenstil geschmückt. Neben diesem Ofen befindet sich der Feilaishih (Feilaishi), der »hierher geflogene Felsen«, ein riesiger Korallenfelsblock, der vor etwa 500 Jahren tatsächlich von einem Taifun von den Philippinen hierhergebracht wurde.

Vom Guanshan an nimmt der Nationalpark einen engen Streifen der Westküste ein und endet am

Kenting Forest Recreation Area

http://recreate.forest.gov.tw

✉ 201 Gongyuan Rd., Hengchun Township, Pingtung County

☎ (08) 886-1211

💲 $

Die Vögel

Taiwan besitzt aufgrund seiner Lage an der australasiatischen Vogelflugroute und dank seines Netzwerks aus Flussmündungen, Marschland und einsamen Gegenden an der zerklüfteten Küste und in den Bergen eine riesige Vielfalt an Vogelarten.

Auf Taiwan sind etwa 480 einheimische und Zugvogelarten identifiziert worden, also etwa ein Zwanzigstel aller Vogelarten überhaupt. Zum Vergleich: Japan weist etwa 500, die USA rund 800 und China etwa 1200 Spezies auf.

Taiwans Fauna ist bei dem rasanten wirtschaftlichen Wachstum des Landes häufig missachtet worden, aber in den 1980er Jahren ist eine Umweltschutzbewegung entstanden, die immer mehr Anhänger gefunden hat. Diese Bewegung hat mehrere wichtige Siege errungen, vor allem in Gebieten mit seltenen Vogelarten. Taiwan besitzt 53 wichtige Lebensräume für Vögel, die 18 Prozent der Inselfläche einnehmen. Heute stehen 81 Prozent dieser Fläche unter Naturschutz.

In Taiwan gibt es viele Möglichkeiten für die Vogelbeobachtung und ebenso zahlreiche entsprechende Touren, vor allem in den Bergen, an der Küste und auf vorgelagerten Inseln. Zu den bekanntesten Orten für die Beobachtung von Wasservögeln gehören der Guandu Nature Park am Nordwestrand Taipehs, das Ilan-Delta, die Mündung des Keya im Kreis Hsinchu, die Mündung des Dadu in Zentraltaiwan, die Mündung des Zengwun in der Nähe von Tainan und das Mündungsgebiet des Gaoping in Südtaiwan.

Der am leichtesten zugängliche Ort ist der Guandu Nature Park *(55 Guandu Rd., Guandu, Taipeh, Tel. (02) 2858-7417, $, geschl. Mo, www.gd-park.org.tw)*. Dieses schöne, 60 Hektar große Marschland ist Heimat zahlloser Vögel, sowohl einheimischer Spezies als auch für Zugvögel. Die Stadtregierung Taipehs erwarb dieses Areal 2001 für 430 Millionen NT$ von Reisbauern und ließ die Gegend sich in ihren ursprünglichen Zustand zurückverwandeln. Innerhalb von zwei Jahren war wieder ein weites, offenes Marschland mit hohem Gras, kleinen Teichen und einheimischen Bäumen entstanden, das wiederum seltene Vogelarten angezogen hat. Das Vogelschutzgebiet ist in der Tat Vögeln vorbehalten, der Zutritt wird streng kontrolliert. Aber drei Beobachtungsstationen erlauben immerhin einen guten Blick in das Gebiet.

Vogelkenner sind von Guandu beeindruckt. Alle erdenklichen Reiherarten sind hier ebenso häufig wie Buschsänger, Krickenten, Turmfalken und Rohrweihen. Seltenere Spezies sind ebenfalls anzutreffen, darunter Ibisse und Uferschnepfen.

Ein weiterer berühmter Ort ist der Longluan-See im Nationalpark Kenting (siehe S. 173). Chinesische Sperber machen hier Ende September Zwischenstation, während der Kieferntees a Anfang Oktober eintrifft. Viele andere Zugvögel – darunter Schnepfen, Regenpfeifer, Enten und Gänse – stoßen hinzu. Die Umgebung des Sees ist auch die Heimat eines einheimischen Vogels, der als Bülbül bekannt ist.

Eine berühmte einheimische Vogelart Taiwans ist der Mikado-Fasan, der auf der taiwanesischen Tausend-Dollar-Note zu sehen ist. Weitere bekannte Spezies sind die Formosa-Blauelster, das Taiwanesische Bergrebhuhn, der Swinhoe-Fasan und das taiwanesische Sommergoldhähnchen.

Ein endemischer Swinhoe-Fasan. Taiwan bietet eine große Vielfalt an einheimischen und Zugvogelarten

Die Mündung des Zengwen ist die Heimat von Taiwans berühmtestem Vogel, dem Schwarzgesichtlöffler. Von den weltweit geschätzten 300 Tieren dieser Spezies haben vor Zeiten einmal 200 an der Mündung dieses Flusses überwintert.

Taiwan ist ferner ein beliebter Zwischenstopp des seltenen Nymphenpitta, dessen Gesamtbestand nur 2000 Tiere beträgt. Dieser Zugvogel ist in Taiwan wegen seines farbenfrohen Gefieders als der »neunfarbige Vogel« bekannt. Er nistet während der heißen Sommermonate in den kühleren Regionen Taiwans und fliegt für den Winter in die tropischen Gebiete südlich der Insel. ∎

Zur großen Vogelvielfalt auf Taiwan gehört auch der Taiwanesische Häherling (oben links), der Neunfarbenpitta (oben rechts), das Wasserhuhn (oben) und Blaustirnhühnchen (unten)

Der Segel-Felsen im Nationalpark Kenting (rechts) ist aufgrund seiner Ähnlichkeit mit dem ehemaligen US-Präsidenten auch als Nixon-Felsen bekannt

Mit dem Auto über die Halbinsel Hengchun

Diese spektakuläre Route zeichnet einen großen Teil der Küstenlinie des Nationalparks Kenting nach. Sie führt am Bashih (Bashi) Channel an der Westseite des Parks entlang, anschließend hinunter nach Süden zur Spitze der Halbinsel bei Eluanbi, Taiwans südlichstem Punkt, und dann nach Norden, an windumtosten Klippen hoch über dem Pazifik an der Ostseite des Parks entlang. Die Route ist englischsprachig ausgeschildert.

Beginnen Sie Ihre Fahrt am **Kenting National Park Headquarters and Visitor Center ❶** (siehe S. 173), wo Sie einen englischsprachigen Führer buchen können (rufen Sie einen Tag vorher an), und informieren Sie sich über die Geographie, Topografie, die Korallen sowie die Flora und Fauna des Nationalparks Kenting.

Fahren Sie nun in Richtung Südosten auf dem Provincial Highway 26 (Kenting Road) durch **Kending Town**. Am Ostrand der Stadt können Sie hinter dem auffälligen, hinten rundlichen und in den Bashih Channel ragenden **Frosch-Felsen** bald **Kending Beach (Small Bay) ❷** erkennen. Dieser hübsche, gelbsandige Strand liegt am Fuß eines kleinen

Felsvorsprungs, der über Holzstufen zu erreichen ist. Das Café sorgt hier für einen gewissen tropischen Charakter und ist ein guter Ort, um zu entspannen und das Treiben am Strand zu beobachten. Leider haben sich hier röhrende Jetskis breit gemacht, sodass es nur noch abgetrennte Bereiche für Schwimmer an beiden Seiten der Bucht gibt. Im Tauchgeschäft – wie das Café an der hölzernen Uferpromenade gelegen – kann man eine Schnorchelausrüstung ausleihen, um sich die schönen Korallen am Südende der Bucht anzusehen.

Fahren Sie den Provincial Highway 26 etwa einen Kilometer weiter in südöstlicher Richtung und genießen Sie den unverstellten Blick auf den Bashih Channel und den seltsamen **Segel-**

Felsen 3 direkt vor der Küste. Dieser gigantische, 19 Meter hohe Felsbrocken besteht aus Korallengestein, das angeblich schon vor langer Zeit von dem Tafelland hinter der Küstenlinie herabgefallen sein soll. Aus der Ferne erinnert der Felsen an die straffen Segel einer Dschunke, aber wenn Sie näher herankommen, beginnt er dem Profil des ehemaligen US-Präsidenten Richard Nixon (1913–1994) zu ähneln, was ihm seinen zweiten Namen »Nixon-Felsen« eingebracht hat.

Der Segel-Felsen markiert den Anfang eines **Tropical Coastal Forest 4** genannten Bereichs, der, bevor die Menschen hier Bäume fällten, eine Fläche von 500 Hektar an einem zwölf Kilometer langen Küstenabschnitt bis zur Spitze der Halbinsel bei Eluanbi einnahm. Heute ist nur noch ein (geschützter) 1,6 Kilometer langer und zwei Hektar großer Streifen übrig.

Mehrere Kilometer hinter dem südlichen Rand dieses Waldes liegt der schöne Strand von **Shadao 5**. Sein glitzernder Sand besteht aus winzigen Muschelschalen, Korallen und Fragmenten tierischer Einzeller, die den Sand durch ihren hohen Gehalt an Kalziumkarbonat glitzern

lassen. Mit dem kristallklaren Wasser macht dies den 220 Meter breiten Strand zum schönsten im Nationalpark Kenting. Es handelt sich zugleich um ein Landschaftsschutzgebiet, weshalb sie hier weder schwimmen noch am Strand spazieren gehen können. Hinter dem Strand liegt aber die kleine **Seashell Sand Exhibition Hall**, von deren Veranda aus Sie sich dieses Kleinod zumindest ansehen können. Im Inneren des Zentrums wird Ihnen die Ökologie des Strandes erklärt.

🅼 Siehe Karte S. 159
➤ Kenting National Park Headquarters and Visitor Center
↔ 28 km
⊕ 3 Stunden
➤ Jialeshuei (Jialeshui)

UNBEDINGT ANSEHEN
- Tropical Coastal Forest
- Shadao
- Eluanbi-Park
- Longpan-Park

Der ursprünglich 1882 erbaute und seitdem zweimal wieder aufgebaute Leuchtturm von Eluanbi ist noch heute in Betrieb. Der Eluanbi-Park (rechts) kombiniert Parkland und Tropenwald

Fahren Sie anschließend einen Kilometer weiter zum **Eluanbi-Park** 6 *(Tel. (08) 885-1101)* an der Spitze der Halbinsel, wo der Bashih Channel in den Pazifik fließt. Ein großer Teil seiner 59 Hektar ist von kühlem Tropenwald bedeckt, in dem die Zweige der Feigen, der Hibiskusbäume und der Bengalischen Feigenbäume ein Blätterdach über den sich schlängelnden Pfaden bilden. Sie werden hier ein ungewöhnliches Element des Parks bemerken: Wände aus pockennarbigen Korallen – einige bis zu sechs Meter hoch –, auf denen Büsche und Kletterpflanzen wachsen. Man hat hier ab und zu auch einen großartigen Blick auf die Küste und den Pazifik, vor allem vom Tough Guy Rock, dem Ocean Pavilion und von einem Holzweg an der korallenbesetzten Küste.

Das eindrucksvollste von Menschen erschaffene Merkmal des Parks ist der von weiß gestrichenen Steinwänden umzäunte **Eluanbi-Leuchtturm** 7. Dieses 21,4 Meter hohe Bauwerk wurde ursprünglich 1882 errichtet, seine heutige Form stammt aber aus der Zeit nach dem Zweiten Weltkrieg, in dem der Leuchtturm bombardiert wurde. Er diente der Warnung vorbeifahrender Schiffe und als Festung zum Schutz vor Angriffen der örtlichen Ureinwohner, was ihn zu einem der wenigen befestigten Leuchttürme in der Welt macht. Neben dem Geschenkladen gegenüber dem Leuchtturm führt ein Weg hinunter zum Ozean und zum südlichsten Punkt Taiwans.

Vom Eluanbi-Park aus beginnt die Straße in Richtung Norden auf das Grasland der Pazifikküste der Halbinsel hinaufzuführen. Legen Sie den ersten Zwischenstopp am etwa 2,5 Kilometer nördlich von Eluanbi gelegenen **Longpan-Park** 8 ein. Hier gelangen Sie, nach einem kurzen Fußmarsch vom Parkplatz, zu den Klippen mit großartigem Blick auf die windumtoste Küstenlinie und den Pazifik (nächster Halt: Hawaii!). Obwohl die Korallenklippen weder besonders hoch – etwa 60 Meter – noch sonderlich steil sind, ist der Ausblick weit und spektakulär. Die starken Winde sorgen dafür, dass die Schraubenbäume und Pandanusbüsche hier verkrüppelt sind. Diese Gegend kann sehr einsam sein, eine Seltenheit auf der dicht besiedelten Insel Taiwan.

Wenn man die Straße weiterfährt, führt sie, an Wiesen und Weiden vorbei, ins Binnenland, ehe sie wieder zum an der Küste liegenden **Fongchueisha (Fengchuisha)** 9, 2,5 Kilometer nördlich des Longpan-Parks, zurückführt. Dieses Gebiet ist für seine Wanderdünen bekannt, die bei sommerlichen Regenfällen vom Tafelland zur Küste hinunterwandern und an ihrem breitesten Punkt eine 200 Meter breite Kaskade aus gemustertem Sand bilden. Der Winterwind treibt den meisten Sand dann wieder zurück aufs Tafelland. Der Bau der Küstenstraße und von den örtlichen Behörden vorgenommene Pflanzungen haben dieses Phänomen in den letzten Jahren deutlich eingeschränkt.

Die Straße bietet außergewöhnliche Ozean-panoramen, während sie über weitere 5,5 Kilo-meter den Konturen der Küstenlinie folgt. Bie-gen Sie an der T-Kreuzung rechts ab und fahren Sie 2,2 Kilometer weiter zur **Jialeshuei (Jiale-shui) Scenic Area** ➓ *(Tel. (08) 880-1083)*, die für ihre von Wind und Wellen geformten Felsformationen an der Küste bekannt ist. Vom Parkplatz aus ermöglicht ein 2,5 Kilometer lan-ger Pfad die genauere Untersuchung dieser selt-samen Formationen, bis Sie **Shanhaipu** – die

»Berg-Meer-Fälle« – erreichen, wo das Wasser über eine Klippe in den Pazifik fällt. Für ein paar Dollar können Sie die Tour mit einem der offe-nen Wagen absolvieren.

Von Jialeshuei aus können Sie wieder ent-lang der Küste zurück- oder nach **Gangkou** ins Binnenland fahren. Diese zweite Route durch die Hügel bringt Sie in ein ländliches Gebiet aus Reisfeldern und Palmenhainen, Gemüsefarmen und Dörfern bis nach Hengchun, dem Hauptort auf der Halbinsel. ■

National Museum of Marine Biology and Aquarium

National Museum of Marine Biology & Aquarium

www.nmmba.gov.tw

🅰 159

✉ 2 Houwan Rd., Houwan Village, Checheng Township, Pingtung County

☎ (08) 882-5001

💲 $$

🚌 Kenting Shuttle-Bus ab Kaohsiung International Airport, Pingtung Bus Co.; alle 30 Min., $$$ einfache Fahrt

DIESES MUSEUM UND AQUARIUM VON WELTKLASSE IST DER Bildung, Forschung und Erhaltung von Taiwans Süß- und Seewasserlebensräumen gewidmet und präsentiert beeindruckende Wasserbecken, Wassersäulen, Unterwassertunnel und mit lebenden Tieren gefüllte Dioramen, um die unterschiedlichen Ökosysteme Taiwans zu porträtieren. Die Anlage ist sehr informativ, macht aber vor allem Spaß.

Sie werden im Vorhof von einem gigantischen Wal begrüßt, der so lebensecht wirkt, als tolle er tatsächlich in seinem Becken herum.

Wenn Sie das großzügige Foyer betreten, sehen Sie weitere lebensgroße Modelle von Delfinen, Walen und Haien, die von der Decke auf Sie herabblicken.

Ein Wasserfall kündigt den Eingang zu einer der drei Ausstellungsflächen an, den **Waters of Taiwan**.

Eine Serie von Becken verfolgt hier die Reise des Regenwassers bis zu Flussmündungen und dem Ozean. Die Ausstellung **High Mountain Stream** ermöglicht einen Blick auf das Ökosystem eines Flusses, unter anderem auf einige seltene Formosa-Lachse. Von hier aus geht es den Fluss hinab zu Nachbildungen der Ökosysteme der Mitte eines Flusslaufs, der Wasseroberfläche, eines Stausees und einer Flussmündung.

Das **Oyster Rack**, ein Gestell, an dem lebende Austern unter Wasser an Seilen hängen, demonstriert die traditionelle Austernzucht an Taiwans Westküste, während ein anderes Exponat das Ökosystem der Gezeitenzone illustriert.

Gegenüber können Sie in einem Berührungsbecken weniger mobile Formen des Lebens im Meer begutachten, darunter Seesterne, Seeigel und Seegurken. Weitere Aspekte von Taiwans Riffökologie werden in faszinierenden Farben in den Abteilungen **Coral Reef Canyon** und **South Bay Reef** vorgeführt.

Die zweite bedeutende Ausstellung heißt **Coral Kingdom**. Sie beginnt an einem raumhohen, runden Wassertank voll lebendiger Korallen und hin- und herschießender vielfarbiger Rifffische.

Etwas weiter betreten Sie in der Abteilung **South China Sea** einen klaren, 84 Meter langen Unterwassertunnel, in dem Sie das Gefühl haben, sich tatsächlich gemeinsam mit Rochen, Riffhaien, Schnappern, Mondfischen, Delfinen und dem besonders merkwürdig aussehenden Rundkopf-Geigenrochen im Wasser zu befinden. Schließlich finden Sie sich im Rumpf eines Schiffswracks wieder, wo Sie informiert werden, wie sich Meereslebewesen versunkene Schiffe als Lebensraum zunutze machen.

Anschließend wird in einer Ausstellung über den **Schutz von Korallenriffen** vorgeführt, wie Korallen durch Industrieabwässer und andere Faktoren geschädigt werden. Von hier aus gelangen Sie schließlich zum **Säugetierbecken**, an dem Sie von unterhalb der Wasseroberfläche aus zum Beispiel Belugawale beobachten können.

Wenn Sie kurz vor 10.30 oder 15 Uhr am Aquarium eintreffen, können Sie der 30-minütigen Schauveranstaltung der vier Belugawale beiwohnen, deren Kunststücke das

Publikum faszinieren. Die Schau zielt weniger auf Kommerz ab, sondern will vor allem vorführen, wie die Belugawale im Aquarium gehalten werden. Die Schau wird von einem (chinesischsprachigen) Kommentar begleitet, unter anderem über die natürliche Umwelt der Tiere, ihre Nahrung, ihre sozialen Beziehungen und Kommunikation sowie ihr Training im Aquarium.

Sie sollten ebenfalls rechtzeitig am außergewöhnlichen **Open Ocean** eintreffen, um zuzusehen, wie die Bewohner des Parks gefüttert werden (Fütterungszeiten: 10, 13 und 16.30 Uhr). Man blickt hier auf einen riesigen, raumhohen Abschnitt eines Beckens und kann beobachten, wie Hunderte Tiere – Rochen, Schlammhaie, Riffhaie, Dickkopf-Makrelen, Mondfische und Meeresschildkröten – den Taucher fast vollständig einhüllen, wenn er mit seinen Futtersäcken ins Wasser kommt. Das dritte und neueste bedeutende Exponat ist das Schaufenster **Waters of the World**. In den vier hier dargestellten Gebieten – Polarregion, Tangwald, Tiefsee und Urzeitmeere – treten die Besucher durch eine virtuelle Nachbildung in das jeweilige Ökosystem ein. Diese virtuelle Welt ist ein großer Hit; Sie können zu Hause zum Beispiel erzählen, dass Sie den Kampf zwischen einem Pottwal und einem Riesenkraken gesehen haben. ■

Lebensgroße Walmodelle (links) begrüßen die Besucher des National Museum of Marine Biology and Aquarium. Im Coral Kingdom (oben) sind riesige Becken mit lebenden Korallen und einer faszinierenden Vielfalt tropischer Fische gefüllt

Diese Wolke aus Papageifischen ist nur eine Kostprobe des faszinierenden Meereslebens Taiwans

Regenwälder unter Wasser

Taiwan liegt nahe der Klimagrenze, jenseits derer Korallen nicht gedeihen. Die starke, warme Kuroshio-Strömung teilt sich jedoch an Taiwans Südspitze und versorgt die Region mit warmem Wasser, Nahrung, Fischen und Korallenlarven. Im Verbund mit der Erwärmung durch den alljährlichen Monsun schafft diese Situation ideale Bedingungen für Korallen. Sie sind denn auch in den meisten Gewässern Taiwans zu finden, vor allem aber im Süden, in der Umgebung von Kenting, wo ein 60 Kilometer langes Korallenriff mehr als 60 Prozent der weltweiten Korallenarten eine Heimat bietet.

Gigantische Gehirnkorallen sowie Geweih-, Salatblatt-, Pilzleder- und kleinpolypige Steinkorallen wachsen am felsigen Fuß der Küste, während sich im tieferen Wasser Wiesen aus Weichkorallen und Seegräsern in der sanften Strömung wiegen. Insgesamt leben fast 300 Korallenspezies in den Küstengewässern des Nationalparks, etwa 250 Steinkorallen- und 39 Weichkorallenarten.

Wie alle Korallenriffe ist auch das des Nationalparks Kenting sehr empfindlich. Um zu gedeihen, benötigen Korallen eine exakte Kombination bestimmter Faktoren. Hierzu zählen die Meerestemperatur, die Intensität des Sonnenlichts, der Nahrungs- und Sedimentgehalt des Wassers, Meeresströmungen und die Zahl der Fressfeinde. In Kenting finden die Korallen eine optimale Kombination vor.

Die Korallen in Kenting sind von Mutter Natur bevorzugt, werden aber vom wirtschaftlichen Fortschritt bedroht. Überfischung ist eines der Probleme. Das Fischen mit Dynamit ist heute selten geworden, aber die zu intensive Fischerei vor der Küste hat bis auf die kleinsten nahezu alle Fische aus den Gewässern von Kenting entfernt. Taucher sind häufig von der geringen Größe der tropischen Fische und dem Fehlen essbarer Fische überrascht. Auf den Korallenriffen findet man oft Fischernetze, und zwar sowohl gerade benutzte als auch verlorene, die für Taucher und Fische gleichermaßen eine Gefahr darstellen.

Die größte Bedrohung besteht jedoch in den Schwemmsandablagerungen, die von Tropenstürmen und den jahreszeitlichen Regenfällen ins Meer gespült werden. Große Mengen Schwemmsand können zusammen mit den Abwässern aus Hotels und Freizeiteinrichtungen die Korallen und andere lebende Organismen ersticken. Ein großer Teil des Schwemmsandes wird durch den schnellen Ausbau des National-parks Kenting verursacht. Bauschutt ist ein ständiges Problem und achtlos aufgeworfene, große Haufen warten nur auf schwere Regen-fälle, die sie ins Meer spülen. Weitere schädliche Faktoren sind Ölverschmutzungen, heftige Taifune und nicht zuletzt achtlos auf den Riffen herumtrampelnde Taucher. Manche schnitzen sogar ihren Namen in die Riffe!

Es gibt aber auch gute Nachrichten. Die Korallen in Kenting befinden sich noch in einem relativ guten Zustand und die Behörden Taiwans bemühen sich, das Tempo und den Charakter des Fortschritts zu verändern. Der Nationalpark Kenting wurde 1982 eröffnet. Vor-her wurden seine 33 000 Hektar für die Land-wirtschaft, die Fischerei, die Waljagd und die Holzwirtschaft genutzt. Zudem fand hier die für große Teile Taiwans typische ungeordnete Besiedlung statt. Diese Unordnung endete 1982, auch wenn viele der Bewohner im Park verbleiben durften.

Die Nationalparks Taiwans unterscheiden sich von denen westlicher Länder, in denen die Bautätigkeit und sogar der Zutritt streng regle-mentiert sind und der Naturschutz im Mittel-punkt steht. In ganz Taiwan versucht man, die recht widerstreitenden Interessen der Wirt-schaft und des Naturschutzes auszubalancieren, mit ziemlich wechselndem Erfolg. In Kenting wird nach wie vor viel gebaut – zumeist Hotels und andere große touristische Einrichtungen –, und es gibt nach wie vor einen Interessen-konflikt zwischen Fischern, Bauern, Hoteliers und Jetski-Verleihern auf der einen, Tauchern, Wal- und Vogelliebhabern, Meeresbiologen und der Verwaltung des Nationalparks auf der anderen Seite.

Die sichtbarste Niederlage für den National-park Kenting stellt das Third Nuclear Power Plant an der South Bay dar. Die Tourismus-behörde wollte hier ein Hotel bauen, verlor den Kampf aber, und heute ist das heiße Ab-wasser des Atomkraftwerks für einen großen Teil der Ausbleichung der Korallen in Kenting verantwortlich. ∎

Große Korallenbestände machen das Schnorcheln zur Alternative zum Gerätetauchen

KENTINGS KORALLENRIFFE

Unterhalb der Wellen warten dicht mit Korallen besetzte Höhlen, Grotten, Bogen und Kämme, geschmückt mit Muscheln, Meereslilien, Seesternen und umgeben von Fischen aller Arten.

1. Riffkamm
2. vom Sturm aufgewühltes Becken
3. Sternchenkoralle
4. Gehirnkoralle
5. Korallentisch
6. Riffabhang
7. Säulenkoralle
8. Vasenschwamm
9. Anemone
10. Geweihkoralle
11. Elchgeweihkoralle
12. Elliptische Sternkoralle
13. Meeresfächer
14. Bäumchen-Weichkoralle
15. Federwurm

16. Kuhreiher
17.–18. Schwarz-
gesichtlöffler
19. Chinesische
Seeschwalbe
20. Flussregenpfeifer
21. Walhai
22. Schwarzer Marlin
23. Mondfisch

24. Silberspitzenhai
25. Riffhai
26. Mantarochen
27. Meeresschildkröte
28. Kaiserfischschwarm
29. Feuerfisch
30. Kaiserfisch
31. Rotfeuerfisch
32. Clownfisch

33. Falterfisch
34. Falterfisch
35. Muräne
36. Kaiserfisch
37. Palettenstachler
38. Leopard-Drückerfisch
39. Orangestreifen-
Drückerfisch

Weitere Sehenswürdigkeiten

CHENG CING (QING) LAKE OCEAN WORLD

In dem Freizeitgebiet am Cheng Cing Lake in den Außenbezirken von Kaohsiung wurde 1961 dieser riesige, unterirdische Bunkerkomplex mit einer eine halbe Tonne wiegenden Schutztür gebaut, um privilegierte Menschen vor der nuklearen Vernichtung durch das kommunistische China zu schützen. Später wurde der Bunker in ein Aquarium umgewandelt. Heute können Sie hier unter anderem also tropische Fische, Korallen und eine Ausstellung über Wale sehen.

Die einst befestigte Stadt Hengchun besitzt noch einige historische Überreste, wie seine Stadttore

⚑ 159 ✉ 32 Dabi Rd., Niaosong Village, Niaosong Township, Kaohsiung County ☎ (07) 732-5710 💲 $ 🚌 Bus: 60 vom Bahnhof Kaohsiung

HENGCHUN

Hengchun, Hauptort in der Region Kenting, ist stolz darauf, die einzige Stadt Taiwans zu sein, deren vier ursprüngliche Stadttore allesamt noch intakt sind. Die 1879 erbauten Tore waren einst Teil der Mauer, die die Stadt vor unzufriedenen Eingeborenen und imperialistischen Mächten aus Japan und dem Westen schützen sollte. Sie liegen heute inmitten einer lebhaft-modernen Stadt, das **Westtor** zum Beispiel in einem Kreisverkehr im Zentrum des Geschäftsviertels. Das **Nordtor** schlägt heute eine Schneise in die in die Stadt führende Straße,

während das am Stadtrand stehende **Osttor** mit einem noch erhaltenen Teil der Mauer verbunden ist. Folgen Sie von hier aus der nach Osten führenden Straße nach **Chuhuo** (»Feuer kommt heraus«), wo Sie ein merkwürdiges geologisches Phänomen sehen können: aus der Erde austretendes Gas, das ein Feuer in einer runden Felsengrube nährt. Einfallsreiche Händler verkaufen hier Folienkartoffeln und Folienbehälter (mit Blechgriff) mit Mais, um über den Flammen Popcorn zuzubereiten. In der Regenzeit wird die Öffnung häufig durch Schlamm verstopft.

⚑ 159

HENGCHUN FARM

Dieser privat betriebene Bauernhof in der Nähe Hengchuns ist für seine natürlichen, chemiefreien Anbaumethoden bekannt. Man kann hier übernachten und sich über ökologische Landwirtschaft informieren. Es gibt zudem ein Restaurant, ein Café und ein Ausstellungszentrum mit einschlägigen Informationen. Der Hof verkauft seine Produkte auch.

⚑ 159 ✉ 28-5 Shanjiao Rd., Shanjiao District, Hengchun Township, Pingtung County ☎ (08) 889-2633 💲 $$

KENDING FARM

Die japanischen Besatzer gründeten diesen insgesamt 1,15 Hektar einnehmenden Bauernhof 1904 als Forschungseinrichtung und er dient noch heute diesem Zweck. Er ist bei einheimischen Touristen aufgrund seines großzügigen Weidelandes und der Viehherden, beides Seltenheiten in Taiwan, beliebt. Besucher können im Besucherzentrum des Bauernhofs frisch pasteurisierte hauseigene Kuh- und Ziegenmilch kosten. Man hat von den Weiden aus einen großartigen Blick auf den Bashih (Bashi) Channel. Die Forschungsstation beschäftigt sich mit der Zucht von Rindern und Schafen und der Vorbeugung gegen Viehkrankheiten.

⚑ 159 ✉ 1 Muchang Rd., Kending District, Hengchun Township, Pingtung County ☎ (08) 886-1341

Ein Abbild der Göttin Mazu sitzt inmitten vergoldeter Pracht im Königin-des-Himmels-Tempel von Luermen

Die Ufer des Love River in Kaohsiung sind bei Liebespaaren beliebt

LOVE RIVER

Die Ufer des »Liebesflusses« in Kaohsiung sind zu einem schönen Park mit Promenade gestaltet worden, der abends durch Lokale unter freiem Himmel und Liveveranstaltungen lebhaft wird.
▲ 159

KÖNIGIN-DES-HIMMELS-TEMPEL IN LUERMEN (»HIRSCHOHR-TOR«)

Dieser Tempel in Nordwesttaiwan stöhnt unter dem Gewicht von Hunderten kleiner Figuren, die auf den Firsten seiner Stufendächer stolzieren. Unter den Vorsprüngen jeder Terrasse der Dächer befinden sich vergoldete und gemusterte Schnitzereien, während die Steinfassade mit weiteren Mustern und mythologischen Szenen geschmückt worden ist. Im Hauptschrein beschützen sich windende Drachen Mazu, die Königin des Himmels. Vor ihr steht eine Reihe mit farbigen Kostümen geschmückter Figuren aus schwarzem Kampferholz.
▲ 159 ✉ 236 Lane 1, Siancao (Xiancao) St., Sec. 3, Annan District, Tainan City ☎ (06) 284-1048

SHEDING NATURE PARK

Dieser Park hat viele Gemeinsamkeiten mit seinem Nachbarn, der Kenting Forest Recreation Area. Bemerkenswert sind die auf Felsnasen aus Korallengestein wachsenden Bäume, die die nordöstlichen Winde so verkrüppelt haben, dass sie übergroßen Bonsaipflanzen gleichen. Der Park ist einfach gehalten und weist nur wenige Pavillons für die Vogelbeobachtung und kaum Wege auf.
▲ 159 ✉ Eingang durch die Kenting Forest Recreation Area; siehe S. 175

TUCHENG – TEMPEL DER HEILIGEN MUTTER

Was ihm an Alter fehlt, macht dieser 1970 im Nordwesten Taiwans erbaute Tempel durch seine Größe wett. Seine beherrschende Lage und Isolation tragen zu seiner Pracht bei. Am Eingang stehen Drachensäulen mit zwei Pagoden an den Seiten. Der Hauptschrein ist höhlenartig und luxuriös geschmückt.
▲ 159 ✉ 160 Lane 245, Chengbei Rd., Annan District, Tainan City ☎ (06) 257-7547 ■

Die zerklüfteten, windumtosten und unberührten Inseln der Taiwanstraße erlauben einen ganz anderen Blick auf Taiwan und mit ihren Monumenten und Museen sind sie ein guter Beweis für die seit mehr als 50 Jahren gespannten Beziehungen zum chinesischen Festland.

Inseln der Taiwanstraße

Ein farbenfroh verziertes Dach auf Kinmen

Inseln der Taiwanstraße

IN DER STÜRMISCHEN WASSERSTRASSE, DIE TAIWAN VOM CHINESISCHEN Festland trennt, liegen drei Gruppen unverbauter und dünn besiedelter Inseln, die keinerlei Ähnlichkeit mit der belebten Hauptinsel haben. In der Mitte zwischen Taiwan und dem Festland liegt Penghu, die größte Inselgruppe, bestehend aus 64 kleinen Inseln. Die durch Brücken verbundenen drei Hauptinseln – Penghu, Baisha und Siyu (Xiyu) – sind am einfachsten zu erreichen und haben die meisten Besucher. Die Inseln Kinmen und Matsu, die zum Teil nur rund zwei bis drei Kilometer von der chinesischen Provinz Fujian entfernt liegen, geben deutliche Hinweise auf die gespannte Beziehung Taiwans zu seinem nächsten Nachbarn.

Penghu wurde vor mehr als 700 Jahren Teil des chinesischen Reiches und diente Auswanderern aus Fujian auf ihrem Weg nach Taiwan als Zwischenstation. Aus dieser Zeit stammen die vielen kulturellen und historischen Stätten. Hier ist Taiwans erster Mazu-Tempel zu finden, die alte Festung Sitai (Xitai) auf Siyu (Xiyu) und außerdem viele restaurierte Gebäude, die im südlichen Fujian-Stil erbaut wurden. Darüber hinaus war Penghu Ausgangspunkt für Vorstöße der Holländer und Franzosen.

Auf Penghu gibt es kaum Industrie und – von den Ausflugsbussen im Sommer abgesehen – auch nur wenig Verkehr. Die Landschaft ist überwiegend flach, mit Buschwerk und Gras bewachsen. Mit den Klippen aus Basaltsäulen, die aus dem Meer aufragen, den herrlichen Stränden, umsäumt von Korallen, sind diese

Inseln einfach traumhaft. Von einem Besuch im Winter kann man allerdings nur abraten, denn dann heult hier ein beißender Wind, und es wird kälter als irgendwo sonst in Taiwan.

Diese harten Bedingungen haben die 90 000 Einwohner der Inseln zu einem widerstandsfähigen Völkchen werden lassen. Stoisch fristen sie ihr Leben mit dem Anbau von Erdnüssen, Süßkartoffeln und Hirse sowie der Fischerei – wenn auch inzwischen der Tourismus eine lohnende Alternative bietet.

Auf den Inseln Kinmen und Matsu beweisen Museen, Denkmäler und Parks zum Gedenken an blutige Schlachten sehr deutlich, welche Spannungen zwischen Taiwan und China bestehen. Die weiter entfernten Inseln sind nur durch Fähren oder in der Gruppe mit gecharterten Booten zu erreichen. ∎

Die Penghu-Inseln sind ein Paradies für Wassersportler

STRAIT ISLANDS

Taipeh

Zur Orientierung

C H I N A

Liang Inselchen

Dongyin Inselchen

Cinbi (Qinbi) ✈ Beigan Inselchen
Tempel der Himmelskönigin (Tianhou) ◆ Tangci (Tangqi)
Tanghoudao Beach
Cingshuei (Qingshui) Village *Nangan Inselchen*

Matsu Inseln

Sijyu (Xiju) Inselchen

Jyuguang (Juguang) Inselchen Dongiyu (Dongju) Inselchen

Schlachtfeld von Guningtou & Schlachtmuseum

Historische Gebäude in Beishan

Gedenkbogen für Ciou Liang-gong's (Qiu Liang-gong) Mutter

Lake Ci

Beobachtungsstation Mashan
Shanhou Folk Culture Village
Artilleriemuseum (23. August)
Erholungsgebiet Taihu

Lieyu selchen

Jincheng

Keramikfabrik von Kinmen
Kinmen Granite Hospital

Wentai Pagode **Jyuguanglou**
Kinmen Inselchen

T a i w a n s t r a ß e

Penghu-Archipel

Mudou Islet
Jibei Inselchen
Baisha Inselchen Sianjiao (Xianjiao) Islet
Tongliang Banyan *Gupo Islet* Baisha Islet
Cross-Sea Bridge Niao (Bird) Islet
Siaomen (Xiaomen) Inselchen Yuanbei (Round Shell) Islet
Siyu (Xiyu) Inselchen Jishan Islet
Dörfchen Hamlet Dinggou Islet
Festung Sitai (Xitai)
Leuchtturm Yuwongdao (Yuwengdao) **Penghu-Aquarium**
Dacang Inselchen **Penghu Island**
Tongpan Islet **Lintou-Park**
Hujing Islet **Shihli Beach**
Jhongshe (Zhongshe) Village **Magong**
Wangan Islet **Fongguei-Höhlen (»Windtruhe«-Höhlen)**
Chuanfan (Sail) Islet
Jiangjunao (General's Harbor) Islet

ZENTRALER WESTEN
S. 207

Cimei (Qimei) Islet
Grabmal der Sieben Tugendhaften Schönheiten

Nach Kaohsiung

DER SÜDEN
S. 157

0   20 Kilometer

Penghu

DIE MEISTEN BESUCHER DIESES ARCHIPELS AUS 64 INSELN werden vermutlich zuerst die drei Hauptinseln kennenlernen: Penghu, Baisha und Siyu (Xiyu), schmale, gebogene Inseln, die durch Brücken verbunden sind und die Penghu-Bucht kreisförmig umrahmen.

Penghu

🄰 193

**Besucher-
information**

www.penghu-nsa.gov.tw

✉ Penghu National
Scenic Area Visitor
Center, 171
Guanghua District,
Magong City,
Penghu County

☎ (06) 921-6445

**Die säulen-
förmigen Klippen
von Siyu (Xiyu),
der schönsten
unter den Haupt-
inseln Penghus**

DIE INSEL PENGHU

Auf der Hauptinsel des Archipels liegt auch die größte Stadt **Magong**, ein verschlafenes Örtchen, in dem die Hälfte der Inselbevölkerung lebt.

Im Ostteil des Städtchens steht der **Tempel der Himmelskai-
serin (Tianhou)**, der – sehr angemessen – Mazu, der Schutzheiligen der Seeleute, gewidmet ist und 1593 erbaut wurde: Damit ist er der älteste Tempel Taiwans. Seine Innenwände sind mit feinen Holzschnitzereien in Form von Ornamenten und mythologischen Figuren geschmückt. Im ersten Stock berichten Steintafeln von der Vertreibung der »rothaarigen Barbaren« – gemeint sind die Holländer – im Jahr 1624. Diese Schrifttafeln gelten als die ältesten Taiwans. Hier befindet sich auch eine Tafel mit vergoldeten Schriftzeichen von Kaiser Qianlong (Reg. 1736–1796) aus der Qing-Dynastie.

Südlich der Stadt, an der Landstraße 201, liegt der einen Kilometer lange, windige **Shihli (Shili) Beach** nahe der südlichen Zufahrt zur Bucht. Das ruhige, blaue Wasser bildet einen schönen Kontrast zum feinen Korallen- und Muschelsand des Strandes.

Etwas weiter westlich an der Landstraße 201 kommen Sie zu den **Fongguei-Höhlen** (»Windtruhe«-Höhlen). Die Erosion durch Wind und Wellen hat die Klippen in zerklüftete Formationen verwandelt. Wasserfontänen schießen durch die Löcher hoch und spritzen auf die Felsen.

An der Landstraße 204, östlich von Magong, liegt der **Lintou-Park**, einer der Besuchermagnete der Insel. Hier säumt ein Wald aus Kasuarinen und Lintou-Bäumen einen traumhaften, weißen Sandstrand und das blaue Wasser. Gärten voll tropischer Blumen sorgen in dieser wundervollen Umgebung für Farbtupfer. Auf dem Militärfriedhof am Westende des Parks steht eine Miniaturausgabe der Chiang Kai-shek Memorial Hall in Taipeh.

DIE INSEL BAISHA

Im **Penghu-Aquarium** gibt es viel zu sehen: traditionelles Fischereizubehör, Aquakultur, das Leben in einem Fischerdorf, die Entwicklung der Fischkutter, eine futuristische Unterwasserwelt, künstliche Korallenriffs und einen Unterwassertunnel, von dem aus man den Fischen direkt in die Augen sehen kann.

Der prachtvolle **Tongliang-Banyanbaum**, dessen Alter auf mehr als 200 Jahre geschätzt wird, überschattet den Hof des **Baoan-Tempels** in dem Dorf **Tongliang** an der Westspitze von Baisha. Der Baum ist vermutlich der größte Banyan, den Sie jemals sehen werden. Seine Luftwurzeln bilden einen eigenen, 660 Quadratmeter großen Wald. Die Einheimischen verehren diesen mächtigen Baum, denn für sie ist seine Fähigkeit, in einer unwirtlichen Umgebung zu überleben und zu wachsen, ein Symbol für ihr eigenes Leben.

Von hier aus überquert die **Seebrücke** den Houmen-Kanal (»Brüllendes-Tor-Kanal«). Sie verbindet Baisha mit Siyu (Xiyu) und ist mit 2500 Metern Länge die längste Brücke Taiwans.

DIE INSEL SIYU (XIYU)

Diese Insel mit ihrer gewundenen Küstenlinie, in der sich viele kleine Buchten und Höhlen verbergen, ist die schönste der drei. Etwa in der

Mitte der Landstraße 203, an einer Seitenstraße Richtung Ostküste, liegt das **Dörfchen Erkan**, ein großes Familienanwesen im klassischen Architekturstil Süd-Fujians. Beachten Sie die fein gearbeiteten Reliefs über und unter den Fenstern, an den Türen und den Traufen.

Nahe der Südspitze der Insel, am südlichen Eingang zur Bucht, steht die **Festung Sitai (Xitai)**. Das weitläufige Bauwerk, das von hohen Mauern umgeben und von breiten, gewundenen Tunneln durchzogen ist, wurde 1887 für eine 5000 Mann starke Besatzung gebaut. Sie können den Wall bis zu den Geschützstellungen hinaufsteigen und von dort die Taiwanstraße überblicken. Von der Festung führt eine Straße Richtung Westen durch das Dorf Waian bis an die Südwestspitze der Insel mit dem **Leuchtturm Yuwongdao (Yuwengdao)**. ■

Fähren und Charterboote befördern Besucher von Insel zu Insel

Penghu-Aquarium
www.ph.tfrin.gov.tw

✉ 58 Citou (Qitou) Village, Baisha Township, Penghu County

☎ (06) 993-3006 oder (06) 993-3007

🕐 Geschl. Mo

💲 $$

Weitere Inseln Penghus

Penghus weitere Inseln

193

Penghu County Public Bus & Boat Administration

☎ (06) 927-2376

Für weitere Penghu-Inseln s. S. 206.

DIE VERSTREUT LIEGENDEN INSELN VON PENGHU HABEN von allem etwas zu bieten: wilde Küstenlandschaften, schöne Strände, kristallklares Wasser und leicht zugängliche Korallenriffe. Viele dieser Inseln, die in der Größe von wenigen Hundert Quadratmetern bis zu einigen Quadratkilometern variieren, sind unbewohnt. Zwischen manchen gibt es eine Fährverbindung, aber man kann auch in Magong ein Boot chartern.

SÜDLICHE INSELN

Direkt vor der südlichen Einfahrt in die Penghu-Bucht liegt das Inselchen **Tongpan**. Seine Küste wird von sechseckigen, säulenförmigen Felsformationen gesäumt. Diese Inseln sind durch vulkanische Aktivität entstanden und die Säulen haben sich gebildet, als die Lava durch das Seewasser plötzlich abgekühlt wurde. Wegen dieser geologischen Besonderheit hat die örtliche Tourismusbehörde der Insel optimistisch den Bei-

namen »Yellowstone-Park der Penghus« verpasst. Die Felsformationen lassen sich von einem Pfad aus erforschen, der um die gesamte Insel herumführt. Die Korallenbänke im flachen Wasser machen Tongpan zu einem beliebten Ziel für Schnorchler. Im einzigen Dorf der Insel steht an der Anlegestelle der kleine, aber reich verzierte **Fuhai-Tempel**.

Südöstlich von Tongpan liegt die etwas größere Insel **Hujing**, deren säulenförmige Felsformationen nicht

ganz so spektakulär sind. Das Wasser um diese Insel ist klarer als in den meisten anderen Teilen des Penghu-Archipels. Der Legende zufolge errichteten hier einst die Holländer eine Festung, die im Laufe einer sehr erbitterten Schlacht versunken sein soll. Versuche, die gesunkene – und offenbar nicht allzu stabil erbaute – Festung zu finden, blieben jedoch bislang erfolglos.

Auf der weiter südlich gelegenen Insel **Wangan** leben rund 4000 Menschen; damit ist sie die am stärksten besiedelte der äußeren Inseln. Aber Wangan ist groß genug, um so vielen Menschen Platz zu bieten und dennoch einen Eindruck von Leere zu vermitteln, vor allem auf seinen windigen Grasebenen. Am Westrand des höchsten Punkts (52 Meter) befindet sich der kleine Krater **Tiantaishan**, der einer Legende zufolge der Fußabdruck von Lyu Dong-bin

(Lu Dong-bin) sein soll, einem der Acht Unsterblichen. Besonders eindrucksvoll ist er nicht, aber Touristen besuchen ihn gern wegen seiner mythologischen Bedeutung. Außerdem hat man von dieser Stelle aus einen weiten Blick über das Meer. In **Jhongshe (Zhongshe) Village** an der Westküste der Insel steht eine Gruppe gut erhaltener Häuser aus der Zeit der Qing-Dynastie, von denen einige noch bewohnt sind.

Etwa anderthalb Kilometer östlich von Tongpan liegt die viel kleinere, aber stärker erschlossene Insel **Jiangjunao**. Ihren Wohlstand verdankt die »Haupthafen-Insel« dem Abbau eines marmorierten Gesteins, der inzwischen aber eingestellt wurde. Das Ungewöhnliche an dieser Insel sind die vielen mehrstöckigen Gebäude – ein Umstand, der die Tourismusbehörde veranlasst hat, sie als »Klein Hongkong« zu preisen.

Eine Reihe historischer Gebäude trägt zum Zauber der Penghu-Inseln bei

Fischtrocknung in der Sonne. Viele Inselbewohner verdienen ihren Lebensunterhalt mit der Fischerei

Ihren Wohlstand feierte die Insel mit dem Bau von zwei geschmückten Tempeln, **Jiangjun** und **Mazu**. Ein dritter, wesentlich älterer Tempel, **Yongan**, stammt aus der Ming-Dynastie; damals nutzte ein General die Insel als Basis, um Pläne für die Vertreibung der Holländer aus Taiwan zu schmieden. Etwas weiter östlich liegt die Insel **Chuanfan** (»Segelinsel«), die diesen Namen ihrer segelähnlichen Form verdankt. Bei Ebbe kann man dorthin wandern.

Die Insel **Cimei (Qimei)**, die südlichste des Penghu-Archipels, wurde nach sieben legendären Schönheiten benannt, die es angesichts der Bedrohung ihrer Tugend durch eine Piratenhorde vorzogen, sich in einen tiefen Brunnen zu stürzen. Das über dem Brunnen errichtete, schlichte **Grabmal der Sieben Tugendhaften Schönheiten** an der Südspitze der Insel würdigt ihre Tat. Säulen aus erodiertem Basalt in allen erdenklichen Formationen säumen die Ostküste der Insel. In **Longcheng** beispielsweise sind merkwürdig verschachtelte Felsterrassen entstanden. Auf **Nioumuping (Niumuping)** gibt es einen flachen Steinblock, den die Erosion erstaunlich akkurat in die Form von Taiwan gebracht hat

und der deshalb "Klein Taiwan" genannt wird. Vor der Nordküste zieht eine geniale steinerne Fischfalle Besucher an. Fallen wie diese sind auf vielen der Inseln zu sehen.

NÖRDLICHE INSELN

Die winzige, nur 210 Quadratmeter große Insel **Mudou** am nördlichsten Rand des Archipels wird von einem 40 Meter hohen, schwarz-weiß gestreiften Leuchtturm dominiert, der 1902 erbaut wurde. Im kristallklaren Wasser vor dem kleinen, weißen Sandstrand der Insel tummeln sich Schwärme tropischer Fische.

Funkelnde Strände aus feinem Korallensand – sie gehören zu den schönsten des gesamten Archipels – bedecken die Westküste von **Jibei**. Korallen wachsen nur wenige Meter vor der Südspitze der Insel.

Zwei sandige Buchten an der Ostseite und Korallenriffe voller Leben direkt vor der Küste machen die wurmförmige Insel **Gupo** – südöstlich von Jibei – zum perfekten Ort, um Spaß am Strand zu haben und zu schnorcheln. Einen Namen hat sich die Insel mit dem Seetang gemacht, der hier in Massen wächst und zu Beginn des Winters geerntet wird.

Südlich von Jibei und östlich von Gupo liegt **Sianjiao (Xianjiao)** mit seinen breiten, weißen Sandstränden und den Korallenbänken vor der Küste. Ein großer Teil dieser Insel besteht aus Sand, was sie schon von Weitem wie eine Luftspiegelung schimmern lässt.

WESTLICHE INSELN

Die Westküste des Inselchens **Baisha** (nicht zu verwechseln mit der großen Insel Baisha) südöstlich von Sianjiao hat eine Reihe von Sandstränden zu bieten, die nach Süden hin immer breiter werden. Die besonders spektakulären säulenförmigen Felsformationen an der Südküste sind ein beliebter Nistplatz der Seeschwalben – sehr zur Freude der Vogelbeobachter.

Ein paar Hundert Meter südlich liegt **Niao**, die »Vogelinsel«, auf der es allerdings keine Vögel gibt. Was es dafür gibt, sind reihenweise Basaltsäulen, die an der Ostküste hohe Klippen bilden.

Zwischen Niao und der Hauptgruppe der Penghu-Inseln liegt **Yuanbei**, die »Runde-Muschel-Insel«, die ebenfalls von säulenförmigen Gesteinsformationen umgeben ist. Die Reihen von Basaltsäulen an der Ostküste erinnern in ihrer Form an einen Faltenrock. Die Gewässer zwischen Yuanbei, Baisha und Niao sind besonders reich an Korallen.

Jishan, südlich von Niao, besteht aus zwei Inselchen, die bei Ebbe verbunden sind. Die kleinere der beiden ist fast vollkommen von Klippen umschlossen, was sie zu einem Vogelparadies macht.

Die Steinsäulen von **Dinggou** weiter südöstlich sind zu einem Gewirr von Winkeln und Höhen verwittert, das an einen riesigen versteinerten Wald erinnert. Von März bis September brüten Schwärme von Seevögeln in dieser zerklüfteten Landschaft. Sie fliegen zu sehen und ihre Schreie zu hören ist ein unvergessliches Erlebnis. ■

Nur noch selten kann man Fischern beim Flicken ihrer Netze zusehen, da immer mehr Menschen Arbeit in der Tourismusindustrie finden und ihre traditionellen Berufe aufgeben

Kinmen

Kinmen

◮ 193

**Besucher-
information**

www.kmnp.gov.tw

✉ Kinmen National
Park Administration
Center, 460 Boyu
Rd., Sec. 2, Jinning
District

☎ (082) 313-100

Hinweis: Das Schlachtfeld
von Guningtou, das
Guningtou-Schlacht-
museum, das Artillerie-
museum 23. August wie
auch die Taihu Recreation
Area gehören zum
Naturpark Kinmen.

DER KINMEN-ARCHIPEL VOR DER SÜDKÜSTE DER CHINESI-
schen Provinz Fujian war Schauplatz erbitterter Kämpfe zwischen
Kommunisten und Nationalchinesen, die ausbrachen, nachdem sich
Letztere 1949 vom Festland zurückgezogen hatten. Wie Mazu (siehe
Seite 203), so wurde auch diese Inselgruppe 1958 von der chinesischen
Artillerie beschossen. Viele Jahre waren die Kinmen-Inseln mit bis zu
70 000 hier stationierten Soldaten wahre Festungen. Bis 1992 standen
sie unter Kriegsrecht und durften von Zivilisten nicht betreten werden.

Da verwundert es nicht, dass sich
Kinmen heute auf seine militärische
Vergangenheit verlässt, um Besucher
anzulocken. Aber der Archipel hat
auch Naturschönheiten zu bieten
und außerdem eine ganze Reihe res-
taurierter Gebäude aus der Zeit der
Ming- und Qing-Dynastie.

Kinmen ist die Hauptinsel und
Jincheng der größte Ort, in dem es
die meisten Unterkünfte und andere
Annehmlichkeiten gibt. Hier steht
auch **Jyuguanglou**, eines in einer
ganzen Reihe von Denkmälern, Gebäuden und Museen, die die Erfolge
des taiwanesischen Militärs gegen die

Festlandchinesen glorifizieren. Dieses
Bauwerk ist das älteste, erbaut 1952.
Es besteht aus einer zweistöckigen
»Basis« mit Granitmauern und einem
Dach im Stil eines chinesischen
Palastes. Ein Raum im Erdgeschoss
ist einer Multimedia-Präsentation
von Kinmens Geschichte gewidmet.

Die fünfstöckige, sechseckige
Wentai-Pagode im Jincheng-
Distrikt von Kinmen, am südwestlichen Ende der Insel, wurde 1387
erstmals erbaut. Der massive Granit-
turm diente den Schiffen in den
trügerischen Gewässern rund um
Kinmen als Navigationshilfe.

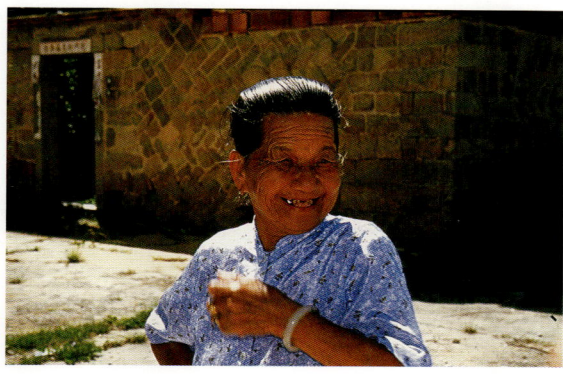

Heute haben die Einwohner von Kinmen gut lachen (links), obwohl es auf der Insel immer noch mehr Soldaten als Zivilisten gibt. Die in den massiven Fels des Bergs Taiwu gebaute Cingtian (Qingtian) Hall (linke Seite) diente lange Zeit militärischen Zwecken; heute ist sie gelegentlich für Führungen geöffnet

Im Jinning-Distrikt an der Nordwestspitze der Insel war das **Schlachtfeld von Guningtou** Schauplatz eines 56 Stunden andauernden Blutbads, das damit begann, dass die kommunistischen Truppen in den frühen Morgenstunden des 24. Oktobers 1949 an der Küste landeten. Anfangs konnten sie einigen Boden gewinnen, wurden dann aber von den Nationalisten zurückgedrängt. Den Siegern zufolge endete das Ganze mit 3000 Toten unter den Nationalisten und 12 000 unter den Kommunisten. Auf das Schlachtfeld gelangt man durch ein Stadttor im chinesischen Stil. Eine Gedenktafel am Strand erinnert an diese Schlacht.

Die Fassade des nahe gelegenen **Guningtou-Schlachtmuseums** ähnelt einer mittelalterlichen Festung. Auf einem Podest vor dem Eingang stehen drei vorstürmende Soldaten aus Bronze; Bronzereliefs, die heroische Kampfszenen darstellen, schmücken die Außenwände. Im Innern hängen zwölf große Ölgemälde, die ebenso wie Kriegsmaterial, Dokumente und Fotos an die siegreiche Schlacht erinnern.

Das **historische Gebäude in Beishan** ist mit Einschusslöchern von den Kämpfen übersät. Es steht am Cih-See und war die Kommandozentrale der Kommunisten, bis sie von den Nationalisten überrannt wurden. Eine Tafel vor dem baufälligen Gebäude berichtet auf Chinesisch von den Ereignissen, die hier stattfanden. Der **Cih-See (Ci-See)** wird heute überwiegend für die Fischzucht genutzt.

Der 1812 errichtete **Gedenkbogen für Ciou Liang-gongs**

Windlöwen

In der Zeit der Ming-Dynastie fielen die Wälder von Kinmen dem unersättlichen Verlangen von Koxinga – einem berühmten General, der unter anderem die Holländer aus dem damaligen Formosa vertrieb – nach immer neuen Schiffen zum Opfer. Durch die Abholzung war die Insel dem Wind schutzlos ausgeliefert. Die Einwohner flehten den Windlöwen – von dem sie glaubten, er könne die beißenden Winterwinde beherrschen – um Rettung an. Aufforstungen haben für neue schützende Wälder gesorgt, aber der Windlöwe hat nicht an Bedeutung verloren. Seine Statuen finden sich am Rand jedes Dorfes und bewachen wichtige Gebäude und Plätze, immer hoch aufgerichtet und oft mit einem roten Halstuch. ∎

(Qiu Liang-gong) Mutter an der Jyugang (Juguang) Road im Jinhu-Distrikt, östlich von Jinning, ehrt die tugendhafte Mutter von Ciou Liang-gong (Qiu Liang-gong), einem Generalgouverneur der festlandchinesischen Provinz Zhejiang, der auf Kinmen lebte. Seine Mutter galt als tugendhaft, weil sie 28 Jahre lang als Witwe lebte, ohne wieder zu heiraten.

Die **Keramikfabrik von Kinmen** produziert Behälter für das einheimische Feuerwasser Kaoliang, die bei Souvenirjägern und Sammlern Absatz finden. Im Westen dringt das **Kinmen Granite Hospital** tief in Kinmens höchsten Berg ein, den 253 Meter hohen Taiwushan.

Die **Beobachtungsstation Mashan** steht im Jinsha-Distrikt, auf einer Landzunge an der Nordostspitze der Insel. An dieser Stelle ist das chinesische Festland nur zwei Kilometer entfernt. Durch einen Schützengraben kommt man zu einem Bunker mit starken Ferngläsern, durch die man erkennt, was am anderen Ufer vor sich geht.

Musterbeispiele der Architektur aus der Zeit der Qing-Dynastie sind im **Shanhou Folk Culture**

Village zu bewundern. Hier stehen 28 zum Teil noch bewohnte, um die Jahrhundertwende erbaute Häuser im südlichen Fujian-Stil. Die Häuser haben orangefarbene Dächer in Form eines Schiffsbugs. Ein Haus fällt durch seine aufwendig geschnitzten Balken und die Wandmalereien besonders auf.

Das **Erholungsgebiet Taihu** ($) liegt rund um den Taihu-See. Auf drei kleinen Inseln im See stehen elegante Pavillons und eine Villa aus der Zeit der Ming-Dynastie im Park ist vollständig restauriert worden.

In diesem Park steht auch das **Artilleriemuseum 23. August**, das an die 587 Soldaten erinnert, die 1958 im Laufe eines 44-tägigen Bombardements von Kinmen fielen. Vom Festland wurden 470 000 Geschosse abgefeuert – allein 57 500 in den ersten 24 Stunden. Die Namen der Toten sind beiderseits des Eingangs eingraviert. Das Museum besitzt eine Sammlung von Panzern, Flugzeugen und Geschützen. Zwölf Abteilungen erinnern mit Fotos, Dokumenten, Modellen, Relikten und natürlich unzähligen Geschosshülsen an dieses Ereignis. ∎

Militärisches Gerät, ausgestellt im Artilleriemuseum 23. August. Die Militärmuseen auf Kinmen erzählen von der angespannten Lage zwischen Taiwan und dem chinesischen Festland

Matsu

WIE KINMEN, SO LIEGT AUCH MATSU DICHT VOR DER
Küste der chinesischen Provinz Fujian, und auch hier ist viel Militär
stationiert. Nur wenige Besucher verirren sich hierher, obwohl die 18
Inseln eigentlich einen intensiven Besuch lohnen würden. Einige sind
allerdings für Zivilisten gesperrt.

BEIGAN

Wenn Sie nach Matsu fliegen, kommen Sie hier an. Die gebirgige Insel ist die zweitgrößte des Archipels; hier leben 1300 Zivilisten. Von der Hauptsiedlung **Tangci (Tangqi) Village** führt eine Asphaltstraße zum **Tanghoudao Beach**, einem Sandflecken, der die beiden gebirgigen Inselhälften Beigans verbindet. In dem kleinen Dorf **Cinbi (Qinbi)** an der Nordküste stehen fast nur Häuser im östlichen Fujian-Stil. Am Strand von Banli an der Südküste der Insel befindet sich der reich geschmückte **Tempel der Himmelskönigin (Tianhou)**, der Mazu geweiht ist.

NANGAN

Dies ist Matsus größte und am dichtesten besiedelte Insel. Hier teilen sich 3700 Zivilisten eine Fläche von nur 10,4 Quadratkilometern. Es gibt ein paar Sehenswürdigkeiten in und um **Cingshuei (Qingshui) Village**. Das **Wenchien History and Folk Culture Museum** informiert über das Meer und seine Bewohner sowie Geschichte und Kultur der Inselbewohner. Die **Schriftwand Fushan** direkt neben dem Museum ist nicht zu übersehen. Rote Schriftzeichen auf weißem Grund verkünden hier: »Schlafe mit griffbereitem Schwert«. Damit sollten die Kuomintang-Truppen der Insel wach gehalten und die Kommunisten, die von jenseits des Wassers herüberschauten, abgeschreckt werden.

Im nahe gelegenen **Park Cingshuei (Qinshui)** befindet sich ein hübscher See inmitten von Gärten. Hier steht auch das **Matsu Military History Museum**, dessen zahlreiche Exponate von der angespannten Beziehung zum Festland berichten. ∎

Auf der einsamen Inselgruppe Matsu gibt es zwar goldene Strände, aber kaum Besucher

Matsu

🅰 193

Besucherinformation

www.matsu-nsa.gov.tw

✉ Matsu National
Scenic Area
Administration, No.
95-1, Renai Village,
Nangan Island

☎ (08) 362-5630

Ärger an der Taiwanstraße

In wirtschaftlicher Hinsicht könnten sich Taiwan und China kaum näher stehen. Die taiwanesischen Investitionen in China sind in den letzten zwei Jahrzehnten förmlich explodiert und auch ein Großteil von Taiwans Exporten geht aufs Festland. Doch politisch sind die beiden Länder verfeindet. China betrachtet Taiwan als abtrünnige Provinz und hat wiederholt gedroht, es mit Gewalt zurückzuholen. Taiwan zieht es jedoch vor, unabhängig zu bleiben.

Die meisten Taiwaner wollen, dass alles so bleibt. Volksbefragungen ergeben immer wieder, dass der Großteil der Bevölkerung die Trennung von China beibehalten will. Diese Entschlossenheit ist in den letzten zehn Jahren noch stärker geworden, da die in China geborene »Festlandsgeneration« viel an politischem Einfluss verloren hat und eine Art eigene taiwanesische Identität entstanden ist.

Die Taiwaner sehen keinen Sinn im Wiederanschluss an China, das sie als schlecht regiertes Land betrachten, in dem das Geschäftsleben von korrupten Beamten dominiert wird, in dem es kaum persönliche Freiheiten gibt und dazu noch wenig Lebensqualität. China besteht jedoch darauf, dass Taiwan zum Mutterland zurückkehrt und droht, die Vereinigung mit militärischen Mitteln zu erzwingen. Durch diese ständigen Drohungen, verbunden mit dem Abschuss von Marschflugkörpern in die Nähe Taiwans 1995 und 1996, hat sich China nahezu alle diplomatischen Wege verbaut.

Trotz ihrer unterschiedlichen Ziele gibt es Gespräche zwischen beiden Seiten. 1992 und 1993 fanden Diskussionen unter dem Motto »Geeintes China« statt, die in der Erkenntnis gipfelten, dass Taiwan und China zwar ein Land sind, aber eines mit zwei Regierungen. Das war der Höhepunkt der Beziehungen.

Solange das diplomatische Patt andauert, verhält sich Taiwan weiterhin so wie ein unabhängiges Land. Es wählt seine eigenen Führer und betreibt eine eigene Außenpolitik. Es gehört der UNO zwar nicht an, hat aber fast 30 diplomatische Verbündete weltweit und beantragt jedes Jahr erneut die Aufnahme.

Natürlich verfügt Taiwan auch über eigene Truppen. Seine Luftwaffe hat 150 Kampfflugzeuge des Typs Lockheed F-16 sowie 60 französische Mirage 2000 gekauft und besitzt weitere 130 im Land entwickelte Kampfflugzeuge. Es besteht Wehrpflicht und es gibt mehr als 300 000 Berufssoldaten.

Im März 2000 schienen beide Länder auf eine Krise zuzusteuern, als in Taiwan Präsident Chen Shui-bian (geboren 1951) gewählt wurde, ein energischer Verfechter der Unabhängigkeit. Genau wie 1996 – als Lee Tung-hui (geboren 1923) Präsident war – ignorierten Taiwans Wähler die Drohungen aus China und wählten den Kandidaten, der Peking am meisten missfiel. China reagierte zurückhaltend, wiederholte aber seine Haltung: Es gibt nur ein China, Taiwan ist ein Teil Chinas und wird nie unabhängig sein. Präsident Chen sagt, dass er bereit ist, über jedes Thema sprechen, auch über ein geeintes China.

Auf den Straßen Taipehs ist China kein Thema, und das Leben geht trotz der politischen Spannungen seinen gewohnten Gang. Eine vage Drohung reicht nicht aus, um die gute Stimmung und das Wirtschaftswachstum Taiwans zu beeinträchtigen. ■

Die ständigen Drohungen Chinas, sich die Insel irgendwann zurückzuholen, haben Taiwan zum Aufbau starker, modern ausgerüsteter Streitkräfte gezwungen (links und rechts)

Weitere Sehenswürdigkeiten

DIE INSEL DACANG

Diese Insel in der Penghu-Bucht, umgeben von den drei Hauptinseln, ist bekannt für ihre starken Gezeitenbewegungen. Bei Ebbe kann man die drei Kilometer von der Insel Baisha aus zu Fuß zurücklegen, was etwa eine Stunde dauert.

🅰 193 **Besucherinformation**

✉ Siehe Penghu National Scenic Area Administration, S. 194

DIE INSEL JYUGUANG

Die südlichste der bewohnten Inseln im Matsu-Archipel besteht eigentlich aus zwei Inseln, Dongjyu (Dongju) und Sijyu (Xiju). Auf den Inseln leben rund 600 Zivilisten, die meisten in dem Dorf **Dapu** in der Mitte von **Dongjyu**. An der Nordspitze der Insel steht der **Leuchtturm von Dongjyu**, der noch in Betrieb ist. Eine Steintafel, die die Abenteuer eines einheimischen Generals aus der Zeit der Ming-Dynastie beschreibt, der vor etwa 400 Jahren eine Piratenhorde in die Flucht schlug, ist auf einer Klippe, einen Kilometer südwestlich von Dapu, zu finden. Auf **Sijyu** herrscht etwas mehr Leben, aber die Hauptattraktion werden vermutlich Sie sein, weil die Insel eigentlich keine anderen Sehenswürdigkeiten hat.

🅰 193 **Besucherinformation** ✉ siehe Matsu National Scenic Area Administration, S. 203

DIE INSEL LIEYU

Diese Insel liegt etwa drei Kilometer westlich von Kinmen und wird auch »Klein Kinmen« genannt. Für die Anreise nehmen Sie am besten die Fähre von Jincheng auf der Hauptinsel. Von der Anlegestelle in **Sijhai (Xizhai) Village** auf Lieyu gehen Sie durch das **Siegestor** und durch das **Bada Memorial** für einheimische Soldaten, die 1933 im Chinesisch-Japanischen Krieg starben.

🅰 193 **Besucherinformation**

✉ Siehe Kinmen National Park Administration Center, S. 200

DIE INSEL SIAOMEN (XIAOMEN)

Eine Brücke verbindet die kleine Insel Siaomen (Xiaomen) am Rand des Houmen-Kanals mit Siyu (Xiyu), einer von Penghus Hauptinseln. An der Nordwestküste der Insel ist das **Whale Hole** zu finden, eine große Lücke in den Klippen, die aus der Ferne wie ein Wal aussieht. Goldener Sand bedeckt ein kleines Plateau in der Nähe des »Wal-Lochs«.

🅰 193 **Besucherinformation**

✉ Siehe Penghu National Scenic Area Administration, S. 194 ■

Zerklüftete Felsen und steile Klippen, wie hier auf Liang, sind typisch für die Matsu-Inseln

Zwar findet man auch in den urbanen, stark industrialisierten Küstenregionen so manche Sehenswürdigkeit, aber die Schönheit des Zentralen Westens entfaltet sich in den spektakulärsten Landschaften Taiwans, der Central Mountain Range.

Zentraler Westen

In der fruchtbaren Landschaft des Zentralen Westens wachsen überall Ananas

Eine Straße in Taichung lädt am Fengle-Park zu einer Erholungspause ein

Zentraler Westen

DER BREITE KÜSTENSTREIFEN DES ZENTRALEN WESTENS ERINNERT DRASTisch daran, wie dicht besiedelt Taiwan wirklich ist. Jeder Zipfel Land wird in einem steten Wechsel von Stadt, Industrie und Landwirtschaft genutzt. Die Vororte gehen in die Außenbezirke der nächsten über. Zwischen kleine Reisfelder, Ananas- und Bananenpflanzungen schieben sich Fabriken, gleich neben typischen Vororthäuschen hinter schmucken Zäunen. Doch an der östlichen Grenze der Region ändert sich die Landschaft allmählich, denn hier gehen die Tiefebenen der Küste in die Gipfel der Central Mountain Range über.

Der Zentrale Westen erstreckt sich rund um das Ballungszentrum von Taichung, der drittgrößten Stadt Taiwans, die man von Taipeh aus leicht über den Sun Yat-sen Freeway erreicht. Viele Besucher nutzen die Stadt als Ausgangspunkt für Ausflüge in das Umland – nicht nur wegen der geographisch günstigen Lage, sondern auch wegen des Nachtlebens der Stadt.

Zwar kann man an der Küste einige wenige Sehenswürdigkeiten anschauen, unter anderem den alten Flusshafen Lugang und den reich verzierten Chaotian-Tempel in Beigang – aber die wirkliche Attraktion ist die Berglandschaft.

Etwas nordöstlich von Taichung beginnt bei Dongshih (Dongshi) der Nordabschnitt des Central Cross Island Highway, einer ingenieurstechnischen Meisterleistung, die auf einer 277 Kilometer langen Serpentinenstrecke auf über

3300 Meter ansteigt. Hoch oben in den Bergen teilt sich die Autobahn bei Lishan: Eine Strecke führt weiter nordöstlich in den Kreis Ilan, die andere Richtung Osten nach Dayuling. Dort verzweigt sich der Highway erneut, eine Route führt östlich zur Taroko-Schlucht (siehe S. 134ff), eine andere nach Südwesten, wo sie den höchsten Punkt an den schneebedeckten Hängen (zumindest im Winter) des Hehuanshan erreicht und dann recht steil und gewunden in das malerische Wushe hinabführt: eine Idylle inmitten eines grünen Tals im Schatten nebelverschleierter Berggipfel. Etwa 25 Kilometer südwestlich markiert die Stadt Puli die ungefähre geographische Mitte Taiwans. (Hinweis: Wegen der Instabilität des Central Cross Island Highway ist dieser auf einem Abschnitt östlich von Guguan bis westlich des Deji-Reservoirs bis auf Weiteres geschlossen.)

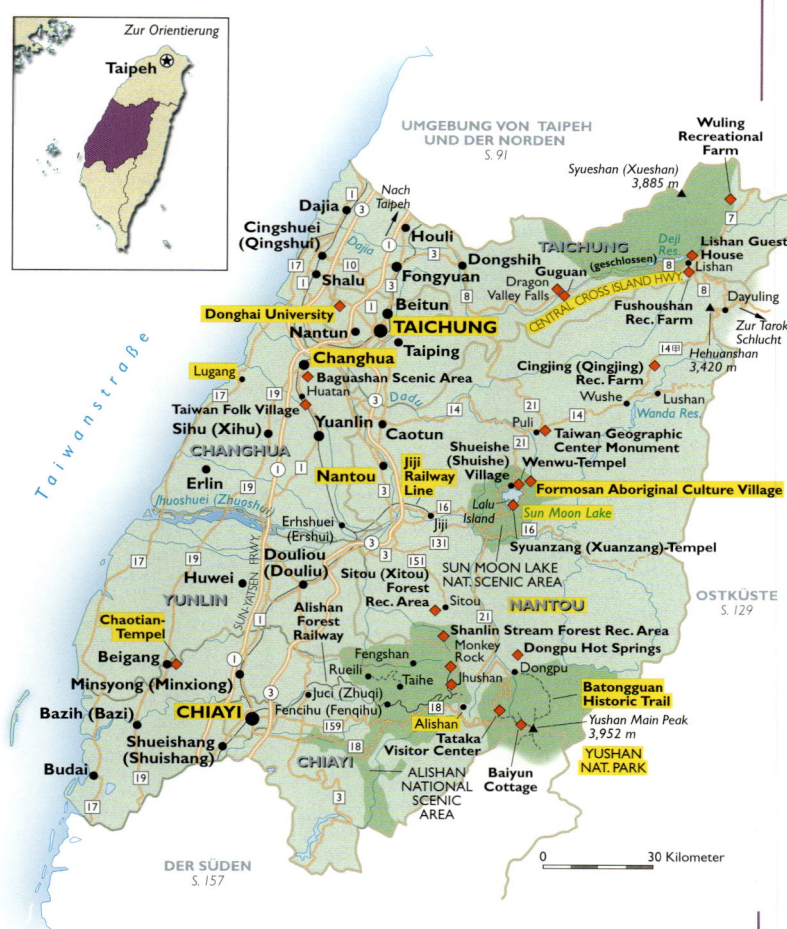

Zur Orientierung

Taipeh

UMGEBUNG VON TAIPEH
UND DER NORDEN
S. 91

Wuling
Recreational
Farm

Syueshan (Xueshan)
3.885 m

Nach
Taipeh

Dajia

Cingshuei
(Qingshui)

Houli

Dongshih

TAICHUNG

Deji
Res.

Lishan Guest
House
Lishan

Guguan (geschlossen)

Shalu

Fongyuan

Dragon
Valley Falls

CENTRAL CROSS ISLAND HWY.

Dayuling

Donghai University

Beitun

Fushoushan
Rec. Farm

Zur Taroko-
Schlucht

Nantun

TAICHUNG

Hehuanshan
3.420 m

Changhua

Taiping

Cingjing (Qingjing)
Rec. Farm

Lushan

Lugang

Baguashan Scenic Area

Huatan

Wushe

Wanda Res.

Taiwan Folk Village

Yuanlin

Caotun

Puli

Taiwan Geographic
Center Monument

Sihu (Xihu)

CHANGHUA

Shueishe
(Shuishe)
Village

Wenwu-Tempel

Erlin

Jhuoshui (Zhuoshui)

Nantou

Jiji
Railway
Line

Formosan Aboriginal Culture Village

Lalu
Island

Sun Moon Lake

Erhshuei
(Ershui)

Jiji

Syuanzang (Xuanzang)-Tempel

Douliou
(Douliu)

Sitou (Xitou)
Forest
Rec. Area

SUN MOON LAKE
NAT. SCENIC AREA

OSTKÜSTE
S. 129

Huwei

YUNLIN

Sitou

NANTOU

Alishan
Forest
Railway

Shanlin Stream Forest Rec. Area

Chaotian-
Tempel

Fengshan

Monkey
Rock

Dongpu Hot Springs

Beigang

Rueili

Taihe

Jhushan

Dongpu

Minsyong (Minxiong)

Juci (Zhuqi)

Batongguan
Historic Trail

Bazih (Bazi)

CHIAYI

Fencihu (Fenqihu)

Yushan Main Peak
3.952 m

Shueishang
(Shuishang)

Alishan

Tataka
Visitor Center

YUSHAN
NAT. PARK

Budai

CHIAYI

ALISHAN
NATIONAL
SCENIC
AREA

Baiyun
Cottage

DER SÜDEN
S. 157

0   30 Kilometer

Taiwanstraße

Südlich von Puli hat sich der Sonne-Mond-See dank seiner Schönheit und Einsamkeit zu einem der beliebtesten Ferienziele Taiwans entwickelt – ganz besonders bei Flitterwöchnern.

Die Schmalspurbahn, die Alishan Forest Railway, beginnt ihren 72 Kilometer langen Aufstieg in die Berge der Alishan National Scenic Area in der Stadt Chiayi. Die Eisenbahnstrecke steigt von 30 Meter über dem Meeresspiegel auf 2274 Meter an – und das in dreieinhalb Stunden Fahrt.

Der Start des beliebtesten Wanderpfads Taiwans führt zum Gipfel des höchsten Berges auf der Insel, des Yushan (»Jadeberg«), etwa 20 Kilometer östlich von Alishan. Allerdings ist dieser Aufstieg ebenso wie Bergsteigen am Yushan Main Peak (mit der höchsten Spitze auf 3952 Meter) sowie zu anderen Bergspitzen der Umgebung nur etwas für wirklich geübte Gipfelstürmer. Unterhalb des Gipfels breitet sich das Panorama der Central Mountain Range aus. ■

Taichung

Taichung

209

**Besucher-
information**

✉ Taichung Tourism
Information Service
Center, 1F, 95
Gancheng St.,
Nantun District

☎ (04) 2254-0809

🕐 Geschl. Sa und So

**National
Museum of
Natural Science
und Botanischer
Garten**

www.nmns.edu.tw

✉ Guancian (Guanqian)
Rd.

☎ (04) 2322-6940

🕐 Geschl. Mo (sofern
kein Feiertag) und
chinesisches Neujahr
(Silvester/Neujahrs-
tag)

💲 $ (Mi bis 10 Uhr
Eintritt frei)

**National Taiwan
Museum of Fine
Arts**

www.tmoa.gov.tw

✉ 2 Wucyuan
(Wuquan) West Rd.,
Sec. 1

☎ (04) 2372-3552

🕐 Geschl. Mo

🚌 Bus: 10, 11, 30,
40, 59

**Taichung, die
drittgrößte Stadt
Taiwans, bietet
eine der leben-
digsten nächt-
lichen Unter-
haltungsszenen
der Insel**

MIT EINER MILLION EINWOHNERN IST TAICHUNG DIE drittgrößte Stadt Taiwans. Ihren wirtschaftlichen Aufstieg verdankt sie den vielen kleinen und mittelständischen Unternehmen. Taichung genießt den Ruf eines Bildungs- und Kulturzentrums, das Nachtleben ist weithin berühmt, eine gute Basis für die Erkundung der Region.

Boutiquen, Teegeschäfte, Straßen-cafés, Restaurants und Kunstgalerien reihen sich dicht an dicht an der lebendigen **Jingming 1st Street**, einer hundert Meter langen Fußgän-gerzone im Hotel- und Geschäfts-viertel der Stadt, das Einheimische wie Touristen anzieht.

Gegenüber dem botanischen Garten der Stadt, rund einen Kilo-meter östlich der Jingming 1st Street, steht das **National Museum of Natural Science** mit vielen inter-aktiven Ausstellungen, die Kinder wie Erwachsene faszinieren. Vom Museumseingang führt der 220 Meter lange **Path of Evolution** (»Evolutionsweg«) zum Hauptge-bäude; die Pflanzen und Bäume am Wegesrand stellen die verschiedenen Jahreszeiten und Klimazonen Taiwans dar. Das Space Theater zeigt IMAX-Filme in 3D.

Der benachbarte **botanische Garten** ist wegen des riesigen, überdachten Areals, auf dem Klima und Ökologie eines Regenwaldes simuliert werden, besuchenswert.

Vom botanischen Garten er-streckt sich ein Grün- und Parkgür-tel über 1,6 Kilometer Länge bis zu den Gärten am **National Taiwan Museum of Fine Arts**. In den Gärten stehen zwischen etlichen Skulpturen 50 Steintafeln mit Kalli-grafien, die verschiedene Kalligrafie-schulen des kaiserlichen China repräsentieren. Das Museum wurde durch das Erdbeben im September 1999 stark beschädigt, aber wieder aufgebaut und zeigt jetzt chinesische Kunst und Antiquitäten sowie Wech-selausstellungen westlicher Kunst.

Auf dem Weg vom National Museum of Natural Science über die Jiansing (Jianxing) Road nach Osten kann man den **Baojue-Tempel** mit seinem blau glasierten Ziegel-dach kaum verfehlen *(140 Jiansing/ Jianxing Rd., Tel. (04) 2233-5179)*. Highlight im Tempel ist eine riesige, vergoldete Statue eines wohlbeleibten, lachenden Buddhas. Die 26,8 Meter hohe Figur sitzt auf einem hohlen

Sockel, der als Versammlungshalle dient; die Front des Fundaments ist mit chinesischen Schriftzeichen verziert, die »Allen Menschen Glückseligkeit« versprechen. Kleinere, dickbäuchige Buddhafiguren thronen überall im Tempel.

Am Ende der Jiansing (Jianxing) Road gelangt man rechts über die Shuangshih (Shuangshi) Road, Section 2, zum **Märtyrerschrein**. Er erinnert an 74 Chinesen, die 1911 vom Manchu-Hof in der einsetzenden Revolution hingerichtet wurden. Nebenan unterscheidet sich der **Konfuzius-Tempel** *(30 Shuangshih/Shuangshi Rd., Sec. 2, Tel. (04) 2233-2264, geschl. Mo. und 15.–28. Sept.)* von anderen Tempeln zu Ehren des berühmtesten Philosophen

Chinas durch die palastähnliche Architektur der Song-Dynastie, wie zum Beispiel an den nach unten gebogenen Dachfirsten zu erkennen.

Die **Folk Hall** im **Taichung Folk Park**, nördlich des Baojue-Tempels am Stadtrand, wurde im Architekturstil der Hokkien erbaut – typisch dafür sind die U-Form der Anlage und die Spitzdächer. Die Plaza im Park dient kulturellen und volkstümlichen Aufführungen.

Abwechslung bietet der private, 30 Hektar große **Encore Garden**, zehn Kilometer nordöstlich des Stadtzentrums: Die gepflegte Mischung europäischer und japanischer Landschaftsarchitektur verzieren Kopien berühmter europäischer Skulpturen. ■

Taichung Folk Park

✉ 73 Lyusyun (Luxun) Rd., Sec. 2

☎ (04) 2245-1310

🕐 Geschl. Mo

💲 $

🚌 Bus: 14, 34, 105

Encore Garden

✉ 41 Boyuan Ln., Minjeng Li

☎ (04) 2239-1549

💲 $$$

🚌 Bus: 2, 60

Changhua

🔼 209

**Besucher-
information**

www.chcg.gov.tw

✉ Cultural Affairs Bureau,
Changhua Cty. Govt.,
416 Jhongshan Rd.,
Sec. 2, Changhua City

Changhua

CHANGHUA IST EINE ETWAS UNSCHEINBARE STADT GLEICH
südwestlich von Taichung, die ausländische Besucher meist als Zwischenstopp auf dem Weg in die nah gelegene, historische Stadt Lugang
(siehe S. 213f) nutzen. Taiwaner kommen eher wegen des berühmten
Buddhas auf einem Hügel nach Changhua. Einige Sehenswürdigkeiten in der Stadt und Umgebung können einen Besuch abrunden.

**Im begehbaren
Innern des
riesigen Buddhas
auf einem Hügel
bei Changhua
erfährt man
mehr über den
Buddhismus**

Figur wiegt ganze 270 Tonnen, obwohl sie sogar hohl ist, sodass man
innen herumklettern und – durch
Ohren- und Augenöffnungen – die
Aussicht genießen kann. Im Innern
zeigen Dioramen das Leben Buddhas,
seine Lehre und Philosophie.

Der **Konfuzius-Tempel** der
Stadt *(6 Gongmen Rd.)* von 1726 ist
einer der ältesten konfuzianischen
Tempel Taiwans. Zwar wurde der Bau
achtmal neu errichtet, doch einige
ursprüngliche Merkmale der Qing-
Architektur haben überdauert.
Der Tempel ist vor allem wegen der
Schnitzereien im Hauptschrein und
der Paneele mit Lobreden auf Konfu-
zius von Kaiser Qianlong (reg. 1736–
1796) der Qing-Dynastie sowie auf
Chiang Ching-kuo, den verstorbenen
Präsidenten Taiwans, bekannt.

Etwa fünf Kilometer südlich von
Changhua, an der County Route 137
in Huatan, zeigt das **Taiwan Folk
Village** *(30 Sanfen Rd., Wanya
Village, Huatan Township, Tel. (04)
787-2029, $$$ (620 NT$), geschl. Mo,
www.tfv.com.tw)* traditionelle taiwa-
nesische Kultur und mehr. Ein »his-
torisches Taiwan« mit einhundert
Häusern, Werkstätten und kleinen
Fabriken soll ein typisch taiwane-
sisches Dorf und Häuser ethnischer
Volksgruppen wiederauferstehen las-
sen. Das Dorf präsentiert auch ein
»Taiwan heute« mit Videospielen
und Wasserrutschen sowie ein »Tai-
wan von morgen« mit Aquarium,
Biologiemuseum und einer *Space-
Time Performance*, bei der man per
Boot künstlich inszenierte Natur-
katastrophen erleben kann. ■

Am östlichen Stadtrand von Chang-
hua erhebt sich die Hauptattraktion
der Gegend in der **Baguashan
Scenic Area** *(13-7 Guashan Rd.,
Changhua City, Tel. (04) 728-9608,
www.trimt-nsa.gov.tw)*, eine 30 Meter
hohe, schwarze Buddhastatue aus
Beton direkt am **Tempel des
Großen Buddhas**. Die riesige

Lugang

WÄHREND DER QING-DYNASTIE WAR LUGANG DIE GESCHÄF-
tige Anlaufstelle für Einwanderer und Handelsdschunken aus der chinesischen Provinz Fujian. Doch die Japaner schlossen den Flusshafen
kurz nach der Besetzung Taiwans 1895, um den Zustrom zu unterbin-
den. Seitdem sind die Hafenbecken verschlammt und unbrauchbar, die
Stadt versank in Bedeutungslosigkeit. Doch heute locken die restaurierten Bauten der Qing-Dynastie, viele in engen, gewundenen Gassen versteckt, die Tempel und Kunsthandwerkgeschäfte wieder Besucher an.

Die meisten Sehenswürdigkeiten in
Lugang säumen den größten Boulevard der Stadt und seine Nebenstra-
ßen, die quer durch die Stadt verlau-
fende **Jhongshan (Zhongshan)
Road**. An ihrem südlichen Ende, an
der Cingyun (Qingyun) Street, werden im **Staatsschrein/Tempel
des Krieges/Wenkai-Akademie**
– einer Kombination aus Schrein,
Schule und Tempel von 1824 – über
300 000 heilige Texte aufbewahrt.
Die klassischen Bauten mit ihren
ausladenden Ziegeldächern, aber
zurückhaltenden Firstverzierungen
und die feinen Wandinschriften verleihen der Anlage ein friedliches Flair
– das ganz zu seiner Geschichte als
Wissenschafts- und Literaturzen-
trum des 19. Jahrhunderts passt.

Nördlich der Akademie, an der
Jhongshan Road, gleich hinter der
Kreuzung Changlu Road, führt die
Sanmin Road links zum **Longshan-
Tempel**. Er ist Guanyin, der Göttin
der Barmherzigkeit, geweiht. Longshan, der »Drachenberg«, wurde im
17. Jahrhundert erbaut und erst 1786
zum heutigen Standort transportiert.
Er gilt als einer der architektonisch
bedeutendsten und besterhaltenen
Tempel der Qing-Dynastie in Taiwan. In dem Saal steht der Schrein
der Göttin, klassische Wandbilder
des berühmten Künstlers Guo Sin-
lin (Xin-lin) schmücken die Wände.
Die Innenhöfe und Hallen wirken
noch stiller als andere taoistische
Tempel, sodass man die Anlage auch
»Taiwans Verbotene Stadt« nennt.

Etwas fehl am Platze wirkt eine
europäische Villa in einer Stadt, die
sich ansonsten als chinesisches Kulturzentrum präsentiert, das **Lugang
Folk Arts Museum** (*152 Jhong-
shan/Zhongshan Rd., Tel. (04) 777-
2019, $ (130 NT$)*). Das für einen

wohlhabenden Landbesitzer 1919
von einem japanischen Architekten
errichtete Gebäude zeigt die wage-
mutige Mischung von cremefarbener
Fassade, Bogenfenstern und zwei
Rundtürmen mit Kuppeldächern zu
beiden Seiten. Innen werden historische Möbel, Einbauten, Schmuck,
Fotos, Kunsthandwerk, Bücher, Kleidung und viele chinesische Kuriositäten ausgestellt.

Weiter nördlich an der Jhongshan
Road führt die Minzu Road links zu
der mit Ziegelsteinen gepflasterten
Nine Turns Lane (Jinsheng

**Die beeindru-
ckende Fassade
des Lugang Folk
Arts Museum ist
ebenso sehens-
wert wie die Aus-
stellungen im
Innern**

Lugang

🗺 209

**Besucher-
information**

www.lukang.gov.tw

✉ Lugang Cultural
Foundation, 66
Fusing (Fuxing)
South Rd.

☎ (04) 778-0096

Die Putou Street in Lugang

Lane). Die schmale Gasse wird scherzhaft auch »Gasse mit Brustberührung« genannt, weil sie so eng ist, dass man kaum voreinander ausweichen kann. Sie sollte früher Verbrechern den Zugang in die Stadt erschweren und vor den starken Nordostwinden schützen, die alljährlich ab September die Stadt heimsuchen.

Traditionelles Kunsthandwerk wird in den teilweise hundert Jahre alten Läden an der Jhongshan Road verkauft. Unbedingt vorbeischauen sollte man im **Laternenshop Wu Dun-hou** *(312 Jhongshan Rd., Tel. (04) 777-6680)*, in dem der größte taiwanesische Meister dieser Kunst wunderschön bemalte Lampions verkauft. Einige Schritte weiter (Nr. 439) wird der kleine, 200 Jahre alte **Weihrauchladen Shih (Shi) Jin-yu** *(Tel. (04) 777-9099)* von Sandelholzduft erfüllt – die Mischung

zur Herstellung des in ganz Taiwan berühmten Weihrauchs ist allerdings ein Geheimnis.

Parallel zur Jhongshan Road verläuft die **Old Market Street**, die aus drei engen Gassen besteht: Putou, Yaolin und Dayu. Sie werden von restaurierten Ladenhäusern der Qing-Dynastie gesäumt. Die Läden verkaufen hier Kunsthandwerk, Spielzeug, Kleidung und nostalgischen Schnickschnack.

Das Bildnis von Mazu im Schrein des **Tempels der Himmelskaiserin (Tianhou)**, weiter nördlich an der Jhongshan Road 430, wurde angeblich 1684 von Lugang in die Stadt gebracht, als die Qing-Dynastie von Anhängern der Ming von der Insel vertrieben wurde: Die Legende machte den reich verzierten Tempel zu einer überaus beliebten Wallfahrtsstätte. ∎

Der Kreis Nantou

DER KREIS NANTOU LIEGT IM GEOGRAPHISCHEN HERZEN Taiwans und bietet eine überwiegend gebirgige Landschaft. Die einzigartige Schönheit der Gegend kann man zu Fuß oder per Auto in den waldreichen Naturparks entdecken.

Einer dieser Parks – zugleich der bekannteste – ist die **Sitou (Xitou) Forest Recreation Area**, in der die National Taiwan University in terrassierten Baumschulen jährlich über eine Million Baum- und Bambussetzlinge anpflanzt. Sie werden überall in Taiwan für Wiederaufforstungsprojekte eingesetzt. Zum Naturpark gehören auch weitläufige Bambuswälder – kein Wunder, dass rund 40 Prozent der Bambusproduktion Taiwans aus dieser Region stammen. Aber auch Zypressen-, Zedern- und Pinienwälder findet man hier, durchzogen von zahlreichen Wanderpfaden. Der beliebteste Trail schlängelt sich bis zu einer 46 Meter hohen Zypresse. Sie soll 2800 Jahre alt sein: Größe und Alter haben dem Baum den ehrenvollen Titel eines »heiligen Baums« eingebracht. Bambus wurde hier beispielsweise für die Brücke über den **University Pond** verwendet; er liegt an einem bergigen

Pfad, etwa 1,2 Kilometer westlich des Haupttors.

Rund 20 Kilometer südlich und noch höher in den Bergen gelegen, stößt man auf die wilde, unberührte **Shanlin Stream Forest Recreation Area** *(für einen Besuch das Nantou Cty. Govt. Tourism Bureau kontaktieren)*. Gleich hinter dem Eingangstor (wo man eine Parkgebühr entrichtet) führt ein Wanderpfad an einem mit Felsbrocken übersäten Bach und durch dichte Zedern- und Pinienwälder auf rund 800 Meter Länge zum tosenden **Green Dragon Waterfall**.

Östlich des Flusses Shanlin lädt **Dongpu Hot Springs** *(Dongpu Rd., Dongpu, Tel. (049) 270-1616)*, ein in luftiger Höhe gelegenes Bergdorf, zu landschaftlich reizvollen, aber schwierigen Wanderungen ein. Nach einem Tag in den Bergen kann man die müden Muskeln im Quellwasser der Hotelspas entspannen. ∎

Der Kreis Nantou

🔺 209

Besucherinformation

✉ Nantou County Government Tourism Bureau, 66 Jhongsing (Zhongxing) Rd., Nantou City

☎ (049) 222-2106, Durchwahl 226 und 308

Sitou (Xitou) Forest Recreation Area

✉ Visitor Center, 10 Forest Ln., Neihu, Lugu Village, Nantou County

☎ (049) 261-2111

Die riesigen Bambuswälder in der Sitou (Xitou) Forest Recreation Area erklären die allgegenwärtige Verwendung von Bambus in Taiwan

Central Cross Island Highway

**Das wunder-
schöne Deji-
Reservoir ist nur
eine der herr-
lichen Aussichten
am Central Cross
Island Highway**

DER CENTRAL CROSS ISLAND HIGHWAY VERLÄUFT AUF 277 Kilometer Länge von Dongshih (Dongshi), nordöstlich von Taichung, bis zur Taroko-Schlucht an der Ostküste der Insel. Abzweigungen führen nördlich bis Ilan und im Südwesten bis Puli. Die Landschaft ist von unvergleichlicher Schönheit und ungewöhnlich abwechslungsreich: tropischer Regenwald, tief hinabstürzende Wasserfälle, reißende Flüsse, idyllische Seen, heiße Bergquellen, wolkenverhangene Täler, Bergwälder und Berggipfel, die mit etwas Glück sogar schneebedeckt sind.

Zehntausend Arbeiter, viele von ihnen entlassene Soldaten der Nationalarmee Chinas, die wenig oder keinen Lebensunterhalt mehr hatten, arbeiteten vier Jahre lang bis zur Fertigstellung 1960 am Bau dieses beeindruckenden ingenieurstechnischen Meisterwerks. Die Straße folgt den alten Pfaden, die die Japaner verbreiterten, durch gefährliche Schluchten hindurch, unter dramatischen Felsvorsprüngen und an steilen, brüchigen Berghängen vorbei.

Von **Dongshih (Dongshi)**, einer Stadt, die bei dem Erdbeben am 21. September 1999 (siehe Kasten

Nur 800 Meter südlich von Lishan markiert ein Torbogen den Eingang zur **Fushoushan Recreational Farm** (29 Fushou Rd., Lishan Village, Heping Township, Taichung County, Tel. (04) 2598-9205, $). Hier wird verschiedenstes Obst gemäßigter Klimazonen auf Terrassenfeldern angebaut, die man von einem Aussichtspunkt aus bewundern kann. Zwischen den Feldern liegen Teiche und Pavillons, Wanderwege führen hinauf in die Berge. Die Farm wirkt von März bis Mai besonders reizvoll, wenn Pfirsich- und Apfelbäume sowie Azaleen und Löwenzahn auf den Bergwiesen blühen.

Von Lishan aus können Sie in zwei Richtungen weiterfahren: Im Nordosten geht es zum Ilan-Abschnitt der Straße nach Syueshan (Xueshan) und der Wuling Recreational Farm; im Südwesten geht es zurück zur Kreuzung bei Dayuling.

DER ILAN-ABSCHNITT

Auf der nördlichen Route kann man in **Wuling** Bergsteigtouren auf den **Syueshan (Xueshan)**, den »Schneeberg«, mit 3885 Meter der zweithöchste Berg Taiwans, buchen. Der schwierige Aufstieg beginnt in Wuling und dauert zehn bis zwölf Stunden. Die Aussichten auf dem Weg zum Gipfel sind atemberaubend. Die Saison für Bergsteiger liegt zwischen Oktober und Dezember sowie zwischen März und April. In den restlichen Monaten machen Schnee, Regen, Wind oder drohende Erdrutsche den Aufstieg zu gefährlich.

Ein beliebtes Ausflugsziel ist die **Wuling Recreational Farm** (3 Wuling Rd., Pingdeng Village, Heping Township, Taichung County, Tel. (04) 2590-1259, $$). Birnen-, Pfirsich- und Apfelgärten sowie Teeplantagen erstrecken sich hier auf 700 Hektar über terrassierte Berghänge und gedeihen in der klaren Bergluft ganz prächtig. Wanderpfade führen zu den Gipfeln der Umgebung.

S. 218) stark zerstört wurde, führt der Highway 20 Kilometer weit nach **Guguan (Valley Pass)**, einen Urlaubsort mit heißen Quellen, der ebenfalls vom Erdbeben nicht verschont blieb. Von hier aus führt ein 1,6 Kilometer langer Pfad durch ein üppig grünes Tal zu den 76 Meter hohen **Dragon Valley Falls**.

Hinter Guguan steigt die Straße steil an und windet sich bis **Lishan** in die Höhe – eine spektakuläre, ab Guguan zweistündige Autofahrt (siehe Hinweis). Lodges und Restaurants scheinen sich an steile Berghänge neben Obstgärten zu klammern. Auf den Trails hat man herrliche Aussichten über Berggipfel, weite Täler und das grasgrüne Tal des **Deli-Reservoirs** in der Tiefe, nördlich des Dorfes.

Hinweis:
Der Central Cross Island Highway ist auf einem Abschnitt östlich von Guguan bis westlich des Deji-Reservoirs bis auf Weiteres geschlossen. Der Verkehr wird auf den Abschnitt zwischen Puli und Wushe umgeleitet.

**Hehuanshan
Besucherzentrum**

✉ 170 Renai Rd., Renai
Township, Nantou
County

☎ (049) 280-222

Das schwere
Erdbeben am
21. September
1999 zerstörte
auch diesen
Tempel in Jiji im
Kreis Nantou

Erdbeben!

Taiwan wird nicht selten von
Erdbeben heimgesucht: Das
schwerste Beben ereignete sich am
21. September 1999 und erreichte
eine Stärke von 7,3 auf der Richter-
Skala. Das Epizentrum des Bebens
lag an der Chelongpu-Spalte, nahe
der Urlaubsregion rund um den
Sonne-Mond-See – und es war so
gewaltig, dass selbst Gebäude im
150 Kilometer entfernten Taipeh zu-
sammenstürzten. Insgesamt kamen
2405 Menschen ums Leben, 10 718
Menschen wurden verletzt. Rund
30 000 Gebäude fielen dem Erdbeben zum Opfer, 25 000 weitere
wurden beschädigt, rund 100 000
Menschen waren obdachlos. Am
schlimmsten traf es die Region des
Zentralen Westens. ∎

SÜDLICH BIS DAYULING UND WEITER

Wer die südliche Route nach Lishan
wählt, erreicht nach 30 Kilometern
Dayuling und hat hier erneut die
Wahl: Im Osten lockt die einzigartige
Taroko-Schlucht (siehe S. 134ff),
im Südwesten führt der Highway
über weite Graslandschaften und
durch Wälder mit Japanischem
Bambus sowie Kiefernwäldchen steil
bergauf. Dabei genießt man herrliche Aussichten über die Berggipfel
bis zum **Hehuanshan**, dem »Berg
der Harmonischen Glückseligkeit«
mit 3420 Meter Höhe über dem
Meeresspiegel. Sanfte Abhänge und
ein relativ regelmäßiger Schneefall
machten den Hehuanshan einst zum
einzigen Skigebiet Taiwans, aber der
Klimawandel hat mit seinen warmen
Temperaturen auch hier oben die
Schneebedingungen verändert,
sodass die Skilifte abgebaut wurden.
Doch wann immer Schneefall ange-
sagt ist, machen sich Skifans auf den
Weg, um hier ein wirklich ausgefalle-
nes Taiwan-Erlebnis zu genießen.

Vom Endpunkt der Straße in
Gipfelnähe führten mehrere kurze
Pfade mit faszinierenden Aussich-
ten über die endlose Weite. Der
Hehuanshan East Peak Trail
windet sich, am alten Skilift vorbei,
bis zur Spitze des östlichen Berg-
gipfels mit toller Aussicht auf die
Central Mountain Range. Hin- und
Rückweg dauern zwei Stunden.

Südwestlich und jenseits des Hehuanshan geht der Highway in einen
steilen, sich nach unten windenden
Abschnitt über, vorbei an den grünen Ebenen von Kunyang und den
Ahornwäldern bei Yuanfeng, ehe
die **Cingjing (Qingjing) Recreational Farm** *(Young Lion Mountain Hostel, Jenai Township, Nantou
County, Tel. (049) 280-2748)* erreicht
– eine der vielen beliebten Farmen,
auf denen die taiwanesischen Groß-
städter einmal grasende Kühe und
Schafe erleben können.

Die kleine Siedlung **Wushe** (*Visitor Center, 2 Renhe Rd., Renai Township, Nantou County, Tel. (049) 280-2205*), drei Kilometer südlich von Cingjing, scheint inmitten von Wolkenfeldern zu liegen. 1930 schlugen hier japanische Truppen einen Aufstand der Einheimischen blutig nieder, eintausend Chinesen und 200 Japaner starben dabei. Eine Gedenktafel erinnert im Dorf daran. Einige Läden verkaufen Kunst und Kunsthandwerk; in der Nähe schlängelt sich ein Pfad zum smaragdgrünen Wanda-Reservoir.

Lushan und seine heißen Quellen findet man neun Kilometer östlich von Wushe, zu beiden Seiten einer mit Felsbrocken übersäten Schlucht mit einem Fluss in der Tiefe. Eine lange, leicht schaukelnde Hängebrücke für Fußgänger verbindet die beiden Ortsteile hoch über der Schlucht, sodass man die heißen Quellen auf beiden Seiten genießen kann.

Der Südabschnitt des Highways führt nach 26 Kilometern in Richtung Südwesten zum weitläufigen **Puli**. Die Stadt traf es beim Erdbeben 1999 besonders schwer, wie die vielen leeren, vom Schutt frei geräumten Straßenzüge noch heute zeigen. Puli ist wegen seiner schönen Frauen, des angenehmen Wetters und seines Reisweins bekannt – der soll seinen besonderen Geschmack dem guten Wasser der Region verdanken. Die **Puli Winery** (*219 Jhongshan/ Zhongshan Rd., Sec. 3, Tel. (049) 290-1649, www.plwinery. com.tw*) produziert seit 1917 den berühmten Shaoshing-Reiswein; man kann hier ein kleines Museum besuchen oder auch Proben kosten. **Das Taiwan Geographic Center Monument**, einen Kilometer nordöstlich der Stadt am Central Cross Island Highway gelegen, markiert das geographische Zentrum Taiwans. ■

Die Landschaft rund um die Cingjing (Qingjing) Recreational Farm erinnert eher an die Alpen als an Asien

Der Sonne-Mond-See

Sonne-Mond-See

🅰 209

**Besucher-
information**

www.sunmoonlake.gov.tw

✉ Sun Moon Lake
National Scenic
Administration,
136 Jhongsing
(Zhongxing) Rd., Sun
Moon Lake, Yuchih
(Yuchi) Township,
Nantou County

☎ (049) 285-5668

DER SONNE-MOND-SEE IST EINES DER POPULÄRSTEN UR-
laubs- und Erholungsgebiete Taiwans, das vor allem frisch vermählte
Paare auf Hochzeitsreise anzieht. Der See zeigt sich in der Morgen- und
Abenddämmerung von seiner schönsten Seite, wenn die Sonnenstrahlen das Wasser in Rot- und Orangetöne tauchen und der Nebel auf-
steigt: ein Bild wie ein klassisches chinesisches Gemälde. An klaren, son-
nigen Tagen glitzert das Wasser unglaublich intensiv, die Tempel und
Pagoden am Seeufer bereichern die reizvolle Naturidylle.

Der See verdankt seinen Namen
eigentlich zwei Gewässern, dem
Sonnen- und dem Mondsee, die hier
einst nebeneinander lagen, bis sie
durch einen Staudamm der Japaner
zu einem See vereint wurden. Der

Bau des Staudamms hatte einen Vorteil: Der Sonne-Mond-See wurde mit
neun Quadratkilometern der wun-
derschöne größte See Taiwans.

Doch das Staudammprojekt hatte
auch einen großen Nachteil: Die

Thao, ein Ureinwohnerstamm, der an den Seeufern gelebt hatte, mussten die Hänge an dem Hügel zwischen den beiden früheren Seen verlassen, als man die Tiefebene flutete. Die Spitze dieses Hügel, heute **Lalu Island**, liegt über der Wasseroberfläche, doch die Grabfelder des Stammes wurden ebenso wie ihr größtes Dorf überflutet. Für die Thao ist die Insel ein spiritueller Ort, insbesondere die Ahornbäume dort sind heilig, sodass man heute keine Bootsausflüge rund um die Insel unternehmen und sie nicht betreten darf. Die Regierung bemüht sich gegenwärtig mit den Thao um Wiedergutmachung. Mittlerweile ist die Insel wieder unter der Kontrolle des Stam-

mes, der im See auch Aquafarming betreibt: Die Fische kann man in den Seerestaurants genießen. Der Stamm hat außerdem ein Mitspracherecht bei der Entwicklung der **Sun Moon Lake National Scenic Area**, die 1999 als Reaktion auf das Erdbeben (siehe Kasten S. 218) entstand, um den Tourismus anzukurbeln und den Wiederaufbau der Region zu unterstützen. Der Landschaftspark umfasst den See und die umliegenden Hügel.

Am Nordufer des Sees liegt die wichtigste Siedlung, **Sun Moon (Shueishe/Shuishe) Village**, mit einigen Hotels, Restaurants und Souvenirshops. Hier kann man auch Ruder- oder Paddelboote, Kanus sowie Bootsausflüge über den See buchen. Auch die Ausflugsschiffe legen hier an *(Shuishe Pier, Tel. (049) 285-5054)*, die Mole wird von einer einladenden Uferpromenade eingerahmt, die eines Tages den gesamten See umrunden soll.

AUSFLUGSFAHRT RUND UM DEN SEE

Rund um den See windet sich eine Uferstraße mit schönen Ausblicken auf den See und die Berge. Die Route führt problemlos zu den meisten Sehenswürdigkeiten der Region.

Östlich des Sun Moon Village, hinter dem nördlichen Mauttor der Region, steht der **Wenwu-Tempel**: Er thront stolz auf gleich drei ansteigenden Ebenen direkt am Hang. Im unteren Stockwerk befinden sich die Schreine die Kriegergottheiten Guangong und Yueh Fei (Yue Fei) aus der Song-Dynastie. Ein Saal weiter oben ist Konfuzius gewidmet; die luftige Höhe symbolisiert die Macht des Wissens über das Wesen des Krieges. Am Fuß der Steinstufen, die zum Tempel führen, stehen, auf zwei steinernen Globen balancierend, zwei Steinlöwen als Tempelwächter – die größten Asiens. Dank ihrer knallroten Farbe wirken die beiden recht Furcht einflößend. Da an den Dach-

Der Sonne-Mond-See zeigt sich je nach Licht und Nebelschwaden immer wieder anders

Chiang Kai-shek ließ die Pagode Cihen (Cien) – die »Pagode der Kindlichen Tugend« – zu Ehren seiner Mutter errichten

traufen Keramikstatuen fehlen, kommen die eleganten Linien des klassischen mehrstufigen Tempeldachs, perfekt zur Geltung. Gepflegte Bonsaibäume und in Tierform geschnittene Büsche schmücken die Innenhöfe des Tempels; reich verzierte Kolonnaden und Treppenaufgänge verbinden die Nebenhallen und Pavillons. Von dem Hügel hinter dem Konfuzius-Schrein kann man auf den verträumten Sonne-Mond-See hinuntersehen.

Über dem nordöstlichen Seeufer wurden 1968 auf Geheiß von Präsident Chiang Kai-shek der **Pfauen-Garten** angelegt. Er wollte damit Touristen an den See locken: So viele Pfauen sieht man wohl kaum je an einem Fleck beisammen.

Die Straße windet sich südlich nach **Dehuashe** am südöstlichen Ausläufer des Sees. Hier wurde der eher halbherzige Versuch, ein einheimisches Dorf nachzubauen, mittlerweile von den Thao selbst übernommen: Sie bauten auf dem Land ihrer Vorfahren einen kleinen Ort mit traditionellen Häusern auf, in denen nach althergebrachten Sitten gelebt wird. Das Dorf wird wegen seiner vielen Stammesbewohner zu Recht

Sun Moon Village genannt. Neben einem Zentrum für Kunsthandwerk sind die kulturellen Vorführungen für Besucher sehenswert.

Der **Tempel Syuanzang (Xuanzang)** erhebt sich auf einer Felsklippe hoch über der Rundstraße am Südufer des Sees. Er entstand 1965 als Heimstatt für einige der heiligsten Buddha-Reliquien Taiwans. Die gold- und schmuckverzierte Miniaturpagode des Altars am Hauptschrein enthält sieben *shelizih* (*shelizi*) – Steine, die man in den Überresten von tief verehrten, eingeäscherten Mönchen fand, die der Mönch Syuanzang (Xuanzang) während der Tang-Dynastie von einer Wallfahrt aus Indien mitgebracht hatte.

Wie viele Tempel in Taiwan, so verbindet auch der Syuanzang-Tempel Buddhismus und Taoismus, wie der Schrein für Guanyin, die Göttin der Barmherzigkeit, auf der ersten Ebene zeigt. Eine andere, kleine Pagode auf der dritten Ebene enthält (angeblich) ein Stück des Schädels von Syuanzang.

Unweit des Syuanzang-Tempels führt ein steiler, 500 Meter langer Aufstieg zur **Pagode Cihen (Cien)**, der »Pagode der Kindlichen Tugend«. Zumindest an Wochentagen ist dies einer der ruhigsten Ort weit und breit. Die einzelnen Kanten des neunstufigen Dachs sind verziert, die weißen Balustraden bilden einen hübschen Kontrast zu den ockerfarbenen Turmmauern. Chiang Kai-shek, der die Pagode zu Ehren seiner Mutter hatte errichten lassen, stiftete auch die Inschrift über dem Torbogen des Eingangs.

An der Spitze des Landzipfels, auf dem auch der Syuanzang-Tempel liegt, erhebt sich der ähnlich klingende, kleinere **Tempel Syuanguang (Xuanguang)**. Vor ihm liegt ein Pier, an dem Sie Ruder- oder Motorboote für einen kurzen Ausflug rund um Lalu Island mieten können. ■

Kulturdorf der Ureinwohner Formosas

DAS KULTURDORF DER UREINWOHNER FORMOSAS ER-
streckt sich auf 62 Hektar Fläche, rund 2,5 Kilometer östlich des
Sonne-Mond-Sees, und präsentiert die elf staatlich anerkannten
ethnischen Minderheiten Taiwans wie in einem künstlichen Mikro-
kosmos. Im Park liegt auch ein etwas unpassend wirkendes europäi-
sches Schloss mit Garten und Freizeitpark. Trotz dieser leicht kitschi-
gen Umgebung kann man hier viel über die interessante Kultur und
Geschichte der Ureinwohner lernen.

Kulturdorf der Ureinwohner Formosas

www.nine.com.tw

🗺 209

✉ 45 Jintian Ln., Dalin Village, Yuchih (Yuchi) Township, Nantou County

☎ (049) 289-5361

💲 $$$ (650 NT$)

Die Bauten und Traditionen taiwanesischer Stämme werden im Kulturdorf der Ureinwohner Formosas präsentiert

Der **Aboriginal Village Park**
präsentiert die Tao, Ami, Atayal,
Saisiat, Tsou und Thao gemeinsam in
einem Gebiet sowie die ethnischen
Minderheiten der Bunun, Puyuma,
Rukai und Paiwan jeweils in einem
eigenen »traditionellen« Dorf. Sie
können per Seilbahn vom Parkein-
gang zum höchsten Punkt der Anlage
fahren und von diesem Hügel aus
wieder hinab und durch die »Dörfer«
schlendern. Obwohl der Park die
Kultur der Ureinwohner kommerziell
nutzt, hat man sich bei der Nachbil-
dung der traditionellen Häuser und
den Darbietungen des Kunsthand-
werks viel Mühe gegeben und setzte
sogar Originalmaterialien ein. In den
»Dörfern« arbeiten Ureinwohner der
Stämme als Führer oder Kunsthand-
werker, verkaufen preiswerte, authen-
tische Speisen oder zeigen traditio-

nelle Gesänge und Tänze. Die Zeiten
der Vorführungen findet man auf
Schildern überall im Park.

Der **European Palace Garden**
ist ein weitläufiger Park mit Rasen,
Blumenbeeten, Statuen und Wasser-
fontänen vor einem kitschigen »Ba-
rockschloss«. Im Innern bietet ein
Restaurant chinesische und westliche
Küche. In der **Future World** kön-
nen Sie ins Kino gehen, unter ande-
rem in das *Showscan Theater*, das eine
riesige Leinwand aufbietet. Im Abo-
riginal Village Park lädt die **Amuse-
ment Isle** zu schwindelerregenden
Fahrten ein und am Eingang der
»Insel«, dem **Cultural Square**,
können Sie inmitten von Stammes-
pfählen und -skulpturen der Musik
der Ureinwohner lauschen, ihre Tän-
ze erleben oder dem traditionellen
Kunsthandwerk zuschauen. ■

Taiwans Ureinwohner heute

Das Schicksal der rund 450 000 taiwanesischen Ureinwohner (oder *Aborigines*, wie sie auf der Insel auch genannt werden) ähnelt dem der Ureinwohner der USA, Kanadas und Australiens, wo die jeweiligen Kulturen zwar anerkannt und respektiert werden, aber die Ureinwohner selbst eher am Rande der Gesellschaft leben müssen.

In den Anfängen 1945, unter der Herrschaft der Nationalisten, spielten Zukunft und Kultur der Ureinwohner keine Rolle. Viele hatten sich assimiliert und chinesische Namen angenommen. Immer weniger Ureinwohner hielten am traditionellen Lebensstil fest, andere zogen sich in die höheren Bergregionen, entlegene Gebiete im Osten und auf die Inseln vor der Küste zurück. Da viele Ureinwohner äußerlich wie Chinesen aussehen, entwickelte sich eine Politik des Schweigens, bei der die Ureinwohner ihre wahre Herkunft eher für sich behielten.

Doch in den 1990er-Jahren verbesserte sich ihre Situation: Verschiedene Gruppen forderten ihre Rechte deutlicher ein – wie Ureinwohner in aller Welt. Und der taiwanesische Staat reagierte. 1992 begann ein Sechsjahresplan zur Förderung der Kultur von Ureinwohnern; das Programm sorgte außerdem für medizinische Unterstützung, Rechtsberatung und Unternehmerkredite. Parallel dazu wurden die Straßenverbindungen zwischen den Dörfern der Ureinwohner und den nächstgelegenen Städten verbessert, Stammesgebiete in den Bergregionen wurden zu Schutzreservaten erklärt und konnten fortan nicht mehr ohne Weiteres außerhalb der Stämme verkauft werden.

Das staatliche Programm führte zu einem neuen Interesse an den Ureinwohnern: Anfang der 1990er-Jahre öffneten in Taipeh die ersten entsprechenden Themen-Bars, später folgten ähnliche Restaurants, die Küche der Ureinwohner tauchte immer öfter auch in chinesischen Restaurants auf. Ihre Musik und ihr Tanz lagen plötzlich im Trend, die alljährlichen Stammesfeste zogen immer mehr Zuschauer an.

Sogar die herkömmliche chinesische Bezeichnung hat sich gewandelt – von *shandiren* (»Bergvolk«) zu *yuanzhumin* (»Ureinwohner«). Einige tauschen mittlerweile den angenommenen chinesischen Namen gegen den traditionellen Namen mit Stammesbezeichnung aus.

Doch das generelle Wohlstands- und Bildungsniveau der Ureinwohner bleibt hinter dem der chinesischstämmigen Mehrheit zurück. Viele Ur-Taiwaner leiden unter sozialen Problemen wie Alkoholismus, Arbeitslosigkeit und Prostitution. Besorgniserregend ist auch das Verschwinden ihrer Sprache und Traditionen: Gesichtstätowierungen sind längst Geschichte, der alte Schamanenglaube wurde vor allem vom Christentum verdrängt. Zwar werden die Sprachen der Ureinwohner noch gesprochen, aber immer weniger sprechen sie als Muttersprache, die Jüngeren halten sich an Mandarin und Taiwanesisch. Obwohl Stammesführer noch immer respektiert werden, liegt die wahre politische Macht bei den gewählten Vertretern, die die althergebrachten Autoritäten untergraben.

Gegenwärtig setzt sich in Taiwan eine Bewegung für die Rückgabe der alten Stammesgebiete und eine autonome Verwaltung dieser Regionen ein. Eine Entscheidung dafür würde – gemeinsam mit dem Interesse an ihrer Kultur und dem neuen Selbstbewusstsein der Stämme – dabei helfen, die Traditionen der Ureinwohner Taiwans lebendig zu halten. ∎

Links oben: Ureinwohner feiern das Erntefest. Links unten: Die Älteren bewahren Traditionen und Kultur. Unten: Die Rukai inszenieren einen Stammestanz. Kulturelle Vorführungen sind typisch für die taiwanesischen Ureinwohner und ziehen immer viele Besucher an

Gläubige strömen
in den Chaotian-
Tempel, einen der
bedeutendsten
und farbenpräch-
tigsten Tempel
der Insel. Er ist
Mazu, der Schutz-
göttin der See-
fahrer, geweiht

Chaotian-Tempel in Beigang

BEIGANG IST WEGEN DES HERAUSRAGENDEN CHAOTIAN-
Tempels berühmt, einer Tempelanlage, die der Meeresgöttin Mazu geweiht ist. Unter den rund 400 Mazu-Tempeln Taiwans ist der ursprünglich 1694 erbaute Chaotian-Tempel dank seiner aufwendigen Architektur
der bedeutendste: Die unbändige Farbenpracht geht über alles hinaus,
was man in anderen taiwanesischen Tempelanlagen sehen kann.

Den Chaotian-Tempel (»Palast im
Angesicht des Himmels«) besuchen
jährlich über eine Million Gläubige,
sodass er fast immer überfüllt ist.
Doch vor allem während des einwö-
chigen Tempelfestes anlässlich des
Geburtstags von Mazu (am 23. Tag
des dritten Mondes im Mondjahr,
also im April oder Mai) verwandelt
sich der Tempel in ein ohrenbetäu-
bendes, buntes Spektakel.

Auffallend am Tempel sind vor
allem die mehrstufigen Dächer mit
ihren Dachfirsten und -traufen sowie
den gekrümmten Balken mit glasierten Keramikfiguren und Bildnissen.

Ein Dachbalken, der sich zum
Himmel aufschwingt, krönt die Halle
mit dem Hauptschrein. Im Zentrum
des Gebäudes steht eine Pagode, von
zwei Drachen flankiert. Ein farben-
prächtiges Durcheinander von Kera-

miken – Gottheiten, Monstern und
mythologischen Szenen – verziert
weitere Balken. Auf dem mittleren
Dachbalken sind außerdem Keramikfiguren zu sehen, die die wichtigsten
Götter der Langlebigkeit, des Wohlstands und der Nachwelt darstellen.

Die Steinsäulen in Drachenform
im Innern des Hauptgebäudes entstanden 1775. Auch viele andere
Zierelemente im Innern gehen auf die
Qing-Dynastie zurück. Im Innenhof
des Tempels verbrennen die Gläubigen Papier(geld)gaben an einer dreistufigen Pagode. Die Spendengeber
des Tempels – und davon gibt es
durchaus etliche – werden in hohen,
kegelförmigen Buddhastatuen neben
den Altären geehrt. Jede dieser Säulen
enthält Hunderte kleiner Buddha-
bildnisse, die von winzigen Lichtern
erhellt werden. ■

**Chaotian-
Tempel in
Beigang**
www.matsu.org.tw

⛩ 209

✉ 178 Jhongshan
(Zhongshan) Rd.,
Beigang, Yunlin
County

☎ (05) 783-2055

Alishan

ALISHAN IST EINE DER TOURISTENATTRAKTIONEN TAIWANS.
Besucher zieht es vor allem wegen des Sonnenaufgangs bei Jhushan
(Zhushan) hierher. Wie ein weißer Teppich breitet sich eine dicke Wol-
kendecke über den Tälern aus, einzig von den himmelwärts ragenden
Felsgipfeln durchbrochen. Alishan erreicht man zwar mit dem Auto,
reizvoller ist die Fahrt aber mit der Alishan Forest Railway ab Chiayi.

**Die Alishan
Forest Railway
schlängelt sich
auf ihrem Weg
von Chiayi nach
Alishan durch
eine spektakuläre
Bergkulisse**

ALISHAN FOREST RAILWAY

Die malerische Fahrt mit der Alishan
Forest Railway ist eine der schönsten
(wenn auch kurzen) Bahnfahrten
der Welt – nicht zuletzt wegen der
spektakulären Landschaft und der
eindrucksvollen Ingenieursleistung
dieser Strecke. Auf einer Schmalspurbahn schleppen die Lokomotiven die
hübschen roten und cremefarbenen
Waggons ab **Chiayi** (siehe S. 232)
in 30 Meter Höhe 72 Kilometer weit
auf bis zu 2274 Meter in der Alishan
Forest Recreation Area, zu einem der
höchstgelegenen Bahnhöfe der Welt.
Auf dem Weg dorthin überquert der
Zug 77 Brücken und passiert 50 Tunnel. 1899 wollten die Japaner das un-
zugängliche Gebiet für die Forstwirt-
schaft erschließen und richteten die
Bahnstrecke ein – doch erst 1912 war
sie bis Alishan ausgebaut.

Die dreieinhalbstündige Zugfahrt
beginnt idyllisch und führt über
14,2 Kilometer zunächst durch die
endlosen Bananen- und Ananasplantagen rund um Chiayi, ehe die
Strecke den spektakulären Aufstieg
in die Berge wagt. Die Bahn windet
sich rund um das in großer Höhe
gelegene **Dulishan** und schwingt
sich schließlich in noch größere
Gipfelhöhen empor. Den letzten
Abschnitt bewältigt sie in einer Art
Serpentinenstrecke bis Alishan.

Die Strecke führt an steil aufragenden Felsgipfeln und tiefen
Schluchten vorüber. Bambuswälder
beherrschen die tieferen Lagen, erst
in höheren Lagen gehen sie in dichte
Zedern- und Kiefernwälder über.

Die meisten Besucher zieht es in
die **Alishan Forest Recreation
Area**, das Drehkreuz der gleichnamigen Region. Von hier aus ziehen
Miniaturdampfloks die Waggons
noch weiter in die Berge bei Jhushan
hinauf, bis zum berühmten Wolkenmeer des Alishan (siehe S. 228). Die
Strecke nach Mianyue biegt auf dem
Weg dorthin ab und führt über 9,2
Kilometer vom Bahnhof Alishan
über einem weiten Tal in Richtung
Norden bis zum Endpunkt am
Monkey Rock, 2451 Meter über
dem Meeresspiegel.

ALISHAN FOREST RECREATION AREA

Das waldreiche Erholungsgebiet mit
zahlreichen Hotels, Restaurants und
anderen Einrichtungen gibt sich in
der Woche idyllisch und ruhig, verwandelt sich aber am Wochenende in
ein lautes Verkehrschaos voller Aus-
flugsbusse und Besuchermassen.

Alishan
🗺 209

**Alishan Forest
Railway**
✉ Taipei Main Railway
Station ((02) 2311-
1024); Chiayi
Beimen Railway
Station ((05) 276-
8094); Alishan
Station ((05) 267-
9833)
🕐 Abfahrt in Chiayi
tägl. 9 und 13.30
Uhr; ab Alishan
tägl. um 13.18 und
13.40 Uhr; die Fahrt
dauert 3,5 Stunden
💲 $$$

Alishan National Scenic Area

www.ali.org.tw

🏔 209

✉ 3-16 Chukou Village,
Fanlu Township,
Chiayi County

☎ (05) 259-3900

💲 $ (bestimmte
Abschnitte, unter
anderem Alishan
Forest Recreation
Area)

Die Region ist dank etlicher Straßen und einiger Wanderwege gut erschlossen, sodass man alle wichtigen Sehenswürdigkeiten leicht erreicht; eine gute Karte mit allen Trails zu finden ist dagegen nicht so einfach.

Der leichte, rund vier Kilometer lange **Alishan Loop Trail** beginnt hinter dem Alishan House: im Frühjahr ein wahres Blütenparadies. Der Pfad führt unter anderem am tausendjährigen **Drei-Generationen-Baum** vorbei – einer gewaltigen Zypresse, aus der ein zweiter, drei Meter hoher Baum gewachsen ist – und weiter zur **Geist-des-Baumes-Pagode**, die an altehrwürdige Bäume erinnert, die man hier 1936 einfach abgeholzt hatte. Der Weg passiert auch den schlichten buddhistischen **Tempel Cihyun (Ciyun)** und den reich verzierten, taoistischen **Tempel Shoujhen (Shouzhen)**, den man 1969 rekonstruierte. Die meist friedlich daliegenden **Schwesternteiche** sollen ursprünglich zwei Ureinwohner-Mädchen gewesen sein, die sich lieber ertränkten, als dem Willen eines brutalen Stammeshäuptlings der Region zu folgen. Dieser Abschnitt des Trails heißt **Wood Forest Corridor** und führt durch einen der dichtesten alten Rotzedernbestände Taiwans.

JHUSHAN

Die 30-minütige Bahnfahrt vom Bahnhof Alishan aus führt in die Berge bis Jhushan hinauf, das wegen seiner herrlichen Aussicht auf den Sonnenaufgang über den zerklüfteten Felsgipfeln inmitten eines scheinbar endlosen Wolkenmeeres berühmt ist. Die Wolken türmen sich hier oben zu riesigen Gebirgen auf, die die Felsgipfel immer wieder zu verschlucken scheinen. Wegen des unbeständigen Wetters ist eine klare Sicht natürlich nicht immer gewährleistet. In jedem Fall sollte man sich warm anziehen, da es vor der Morgendämmerung ziemlich kalt am Gipfel ist.

Zum frühmorgendlichen Ausflug zum Berggipfel sollten Sie am besten 45 Minuten vor Sonnenaufgang aufbrechen; im Hotel erfahren Sie die genaue Zeit des Sonnenaufgangs – und man weckt die Gäste rechtzeitig, damit sie den Zug oder Minibus pünktlich erreichen.

Jhushan erreichen Sie auch mit einem rund einstündigen Fußmarsch auf einem gepflasterten Weg und über steile Steintreppen hinweg. Diese Route ist selbst bei Dunkelheit leicht zu bewältigen, vor allem am Wochenende, wenn sich hier Hunderte anderer Besucher tummeln.

Auf der großen Aussichtsterrasse am Berggipfel erklärt eine Schautafel die Lage des **Yushan** (siehe S. 230f) und anderer Berge sowie die genauen Punkte des Sonnenaufgangs im Verlauf der Jahreszeiten. Wenn die Sonne schließlich aufgeht, hält die Menschenmenge kurz den Atem an, lässt

Hunderte von Kameras klicken – und schon macht sich alles auf zum Zug, um einen Sitzplatz zu ergattern.

WEITERE REGIONEN IN ALISHAN

Die Landschaft rund um das Dörfchen **Fengshan**, nordwestlich des Erholungsgebietes, wird von wunderschönen urzeitlichen Wäldern, steilen Felsformationen und tosenden Wasserfällen geprägt: eine der landschaftlich reizvollsten Gegenden Taiwans! Kein Wunder, dass man hier vor allem wandert, zumal etliche Waldpfade zu überwältigenden Aussichtspunkten auf die Bergwelt führen, unter anderem mit Blick auf den 2136 Meter hohen **Siaotashan (Xiaotashan)**, der allerdings fast immer im Nebel verborgen bleibt.

Bei **Laiji**, südlich von Fengshan an der County Route 149 gelegen, kann man über einen nackten Berg-vorsprung, der wie der scharfe Bug eines riesigen Schiffes geformt ist, 60 Meter tief in den Abgrund schauen.

Der **Rueitai (Ruitai) Old Mountain Trail** schlängelt sich drei Kilometer weit nach Osten durch einen hübschen Bambuswald zwischen den Orten Rueili (Ruili) und Taihe, westlich von Laiji. Die Bambuswälder Alishans sind ungewöhnlich hoch und erreichen in manchen Gegenden bis zu zehn Meter Höhe.

Etwa auf halbem Wege zwischen Chiayi und Alishan, an der Alishan Forest Railway, liegt **Fencihu (Fenqihu)**, eine dicht bewaldete, malerische Landschaft. Nur wenige Besucher verirren sich hierher, da die meisten direkt in die Alishan Forest Recreation Area fahren, sodass diese Gegend viel ruhiger ist. Ein Trail schlängelt sich bis zum Gipfel des **Dadongshan**, der ebenfalls einen wunderschönen Sonnenaufgang bietet. ∎

Die ersten Sonnenstrahlen kriechen über die Berge bei Jhushan (Zhushan) in Alishan und kündigen einen neuen Tag an

Nationalpark Yushan

**Nationalpark
Yushan**
www.ysnp.gov.tw
⚑ 209

**Shueili (Shuili)
Visitor Center**
✉ 300 Jhongshan
(Zhongshan) Rd.,
Sec. 1, Shueili (Shuili)
Township, Nantou
County
☎ (049) 277-3121,
Durchwahl 242
$ $

**Tataka Visitor
Center**
✉ 118, Taiping Rd.,
Tongfu Village, Sinyi
(Xinyi) Township,
Nantou County
☎ (049) 270-2200
🕐 Geschl. 2. und 4. Di
im Monat

Hinweis:
Für das Bergsteigen rund
um den Yushan ist eine
»Class-A«-Genehmigung ($)
erforderlich. Diese erhält
man im Shueili Visitor
Center. Die Anträge können
auch online von der Web-
site des Parks herunter-
geladen und dann dorthin
eingesandt werden.

DER YUSHAN – DER »JADEBERG« – IST MIT 3952 METERN DER höchste Gipfel Taiwans. Seine Spitze erreicht man auf verschiedenen Trails, auch wenn Schluchten und steile Abhänge den Aufstieg nicht einfacher machen. Doch mit etwas Erfahrung können Sie hier die unberührte Schönheit der taiwanesischen Bergwelt entdecken.

Der 1055 Quadratkilometer große Nationalpark Yushan erstreckt sich inmitten der Central Mountain Range, darunter elf miteinander verbundene Gipfel, die eine Art Kreuz bilden, mit dem Hauptgipfel des Yushan an der Spitze. Laubwälder bedecken die niederen Lagen im Park und gehen in mittleren Lagen in Nadel- und Bambuswälder, rund um die Bergspitzen selbst in Japanischen Bambus, Koniferen und nackten Fels über. An den Berghängen leben viele bedrohte Tierarten wie der Asiatische Schwarzbär oder der Sambar, der Pferdehirsch, dessen Population sich langsam erholt. Mit etwas Glück sieht man auch Formosa-Makaken und die ziegenähnlichen Seraue.

Unter den sechs Wanderrouten im Park ist das **Yushan Peaks System** am beliebtesten, da man hier bis zu sechs der elf Yushan-Gipfel, darunter auch den Hauptgipfel, erreicht. Der Trail beginnt am **Tataka Visitor Center** in 2610 Meter Höhe; von hier aus geht es 2,7 Kilometer weit auf dem Tatajia-Sattel zum Beginn des Yushan-Haupttrails. Nach weiteren 6,6 Kilometern Aufstieg erreicht man die **Baiyun Cottage**; diese »Hütte der Weißen Wolke« dient als Basislager für den Aufstieg zu den Bergspitzen des Yushan Peaks System. Die Hütte ist meist das erste Tagesetappenziel und die einzige Unterkunft am Berg; sie liegt in 3520 Meter Höhe.

Wer den Sonnenaufgang auf dem **Yushan Main Peak** erleben möchte, muss um drei Uhr morgens aufstehen, um den eineinhalb- bis zweistündigen Aufstieg zu meistern. Der letzte Abschnitt führt über nackten Fels, wo-

bei Zäune und Kettengeländer über den zerklüfteten Untergrund hinweghelfen. Sie schützen auch die Bergsteiger vor den kräftigen Winden dieser Gegend, die als »**Windtunnel**« berüchtigt sind. Auf der Spitze wird man mit einer herrlichen Aussicht auf die Central Mountain Range nach Osten belohnt, im Westen thronen

die Gipfel des Alishan, und beeindruckende Tausende Meter darunter breitet sich das Tiefland aus.

Der Pfad zum 3711 Meter hohen **Yushan South Peak** – eine Reihe Felsgipfel mit tiefen Schluchten zu beiden Seiten – zweigt kurz oberhalb der Baiyun Cottage vom Hauptweg ab. Auch hier locken tolle Aussichten, außerdem ist die Gegend dank der wenigen Wanderer viel einsamer als der Hauptgipfel. Der Aufstieg nach Süden dauert mit dreieinhalb Stunden auch etwas länger, ist dafür aber einfacher zu bewältigen.

Der 3528 Meter hohe **Yushan West Peak** liegt vier Kilometer von der Baiyun Cottage entfernt und gilt allgemein als einfachster Trail im Gebiet des Yushan. Der Pfad beginnt direkt an der Hütte.

Den Weg hinauf zum Gipfel des **Yushan North Peak** (3833 Meter) erreichen Sie ebenfalls ab der Baiyun Cottage, indem Sie zunächst dem Trail zum Hauptgipfel bis zur letzten Schlucht vor der Bergspitze folgen: Dort biegen Sie nicht nach rechts zum Gipfel ab, sondern gehen links und dann weiter einen Abhang hinunter. Der Hin- und Rückweg dauert etwa drei Stunden. Ein alternativer Abstieg ist der **Batongguan Historic Trail** (siehe S. 232), der den Yushan North Peak mit den heißen Quellen in Dongpu verbindet. ∎

Der Yushan, höchster Berg Taiwans, umfasst mehrere Gipfel über 3000 Meter. Der Aufstieg erfordert in jedem Fall sehr gute körperliche Fitness und Erfahrung im Bergsteigen

Weitere Sehenswürdigkeiten

Links: Fingerhut, eine der vielen Frühlingsblumen der unteren Lagen am Yushan. Rechts: Steinerne Löwen bewachen die Eingänge der meisten Tempel Taiwans. Dieser Löwe an einem Tempel in Taichung dient zugleich als Hutablage

de der Weg durch eine senkrechte Felswand getrieben. Von hier geht es auf einem steilen Abschnitt nach Dongpu hinab. Der gesamte Weg von der Hütte hierher dauert zehn Stunden, Sie müssen also früh aufbrechen!

🅰 209 **Besucherinformation**
✉ Siehe Nationalpark Yushan, S. 230ff

CHIAYI

Die Kleinstadt zwischen Tainan im Süden und Taichung ist Ausgangspunkt für die reizvolle Strecke der **Alishan Forest Railway** (siehe S. 227): Wer den Berg per Zug erobern möchte, wird in dem Ort mindestens eine Nacht verbringen. Der kleine Ort ist zwar recht einladend, bietet aber wenig Abwechslung. Immerhin gibt es einige Tempel; an der Mincyuan (Minquan) Road, direkt im Stadtzentrum, ist der **Beiyu-Tempel** – der »Tempel der Nördlichen Hölle« – wegen seiner Darstellung des Höllengottes im siebten Stock des Hauptturms sehenswert. Der Tempel entstand ursprünglich 1697 nur für dieses Bildnis, das die Einwanderer aus China mitbrachten. In den 1970er-Jahren wurde es restauriert. Wie bei einem Tempel für einen derart furchterregenden Gott zu erwarten, bringen die Gläubigen hier viele Opfer dar, wie Speisen und Papier(geld) zum Verbrennen. An der Wenhua Road, in der Nähe des Bahnhofs, kann man auf dem **Nachtmarkt Chiayi** taiwanesische Snacks, vor allem aus Chiayi, probieren.

🅰 209 **Besucherinformation**
✉ Chiayi City Govt. Tourism Bureau, 199 Jhongshan (Zhongshan) Rd., Chiayi City
☎ (05) 225-4321, http://travel.chiayi.gov.tw.

BATONGGUAN HISTORIC TRAIL

Dieser 152 Kilometer lange Wanderweg entstand 1875 als Verbindung zwischen der Ost- und Westküste. Weite Teile sind heute überwuchert, aber der Abschnitt zwischen dem Yushan North Peak im **Nationalpark Yushan** (siehe S. 230f) und den heißen Quellen des Urlaubsortes **Dongpu** ist in einem recht guten Zustand. Die Route gilt als Alternative für den Abstieg vom Hauptgipfel des Yushan: Statt zur Baiyun Cottage zurückzukehren, gehen Sie einfach weiter hinunter zum Yushan North Peak. Diesem Pfad folgen Sie, bis er rechts steil über eine Schotterböschung hinunterführt; die Wege zum North Peak und Batongguan Trail sind an dieser Abzweigung auch ausgeschildert. Ein Kettenzaun hilft, hier nicht auszurutschen. Der eigentliche Startpunkt des Trails liegt sechs Kilometer weiter und bietet hervorragende Aussichten auf die Yushan-Gipfel. Der Trail führt kontinuierlich bergab durch Wiesen in Waldgebiete; kurz vor Dongpu, am »Vater-und-Sohn-Abgrund«, wur-

DONGHAI UNIVERSITY

Die Universität, etwa 20 Fahrminuten nordöstlich der Innenstadt von Taichung gelegen, bietet eines der schönsten Universitätsgelände Taiwans. Der Campus erstreckt sich auf 139 Hektar bewaldeter Grünfläche. Viele Unigebäude entstanden im Stil der Tang-Dynastie, die so manches ele-

gant-zurückhaltende Stilelement der an Ornamentik reiche Ming-Architektur übernommen hat. Die schlichten Ziegeldächer erheben sich über geschwungenen Dachfirsten und Kolonnaden und verleihen den Gebäuden ein fast klosterähnliches Flair. Im starken Kontrast dazu steht die postmoderne **christliche Kapelle** der Uni, die in Form von zwei betenden Händen gen Himmel strebt. Sie stammt von dem chinesisch-amerikanischen Stararchitekten I. M. Pei.

 209 ✉ 181 Taichunggang Rd., Sec. 3, Taichung ☎ (04) 2359-0121

JIJI RAILWAY LINE

Bis in die 1980er-Jahre wurden auf dieser Schmalspurbahn zwischen den Kreisen Changhua und Nantou Baumstämme aus den Wäldern zu einem Sägewerk im malerischen Dorf Jiji transportiert. Heute gilt sie als populärste Landschaftsbahn Taiwans. Die 30-Kilometer-Fahrt dauert nur eine knappe Stunde, beginnt am Kolonialbahnhof in Jiji und windet sich durch die Wälder, vorbei an recht eindrucksvollen Berggipfeln.

209 **Besucherinformation** ✉ Jiji Visitor Center, 61 Mingniou (Mingniu) Rd., Jiji, Nantou County ☎ (049) 276-2546

TAICHUNG METROPOLITAN PARK

Der weitläufige Taichung Metro Park liegt auf einem Plateau am nordwestlichen Stadtrand von Dadushan. Mittelpunkt des Parks ist ein künstlicher, von Weiden gesäumter Teich. Überall auf dem Gelände findet man Abwechslung. Der Park zieht Hobbyastronomen ebenso wie verliebte Pärchen an, die hier den romantischen Blick auf die funkelnde Skyline und die Hafenlichter von Taichung genießen. Vom Teich führt ein Spazierweg zu einem Platz und einer sichelförmigen Himmelskarte mit aufgezeichneten Sternbildern und der Angabe, zu welchen Zeiten sie sichtbar sind. Ein weiterer Pfad schlängelt sich durch ein geschütztes Waldstück dichter Akazienhaine zur Parkgrenze. In den Wäldchen hebt allabendlich das Konzert zirpender Grillen und blinkender Glühwürmchen an. Am Haupteingang können Sie Fahrräder mieten.

209 ✉ 30-3 Sipin South Lane, Situn District, Taichung ☎ (04) 2461-2483 💲 $ ∎

Blick auf die glitzernde Skyline im Taichung Metropolitan Park, einem für seinen Sternenhimmel und Spaziergänge bei Mondlicht bekannten Park

Reise-
informationen

**Strohfiguren vor einem
Laden in Jhudong (Zhudong)
im Kreis Hsinchu**

REISEINFORMATIONEN

REISEPLANUNG

REISEZEIT

Taiwan ist während des ganzen Jahres ein schönes Reiseziel; von Mitte September bis Anfang November allerdings ist das Wetter auf der gesamten Insel am angenehmsten.

In der Zeit des chinesischen Neujahrsfestes (Jan./Feb.) ist das Reisen in Taiwan beschwerlich. Die öffentlichen Verkehrsmittel sind überfüllt, die Taxen heben die Preise an, Hotels sind ausgebucht und oftmals doppelt so teuer wie sonst; Geschäfte, Büros und Behörden sind geschlossen.

Weil abergläubische Taiwanesen während des Geistermonats – Ende August/Anfang September – ungern auf Reisen gehen, sind die Sehenswürdigkeiten dann nicht so überlaufen.

KLIMA

Taiwan befindet sich im Wendekreis des Krebses. Hier gibt es zwei Jahreszeiten: eine kühl und klamm, die andere warm und feucht. Die Regionen an der Ostküste erleben von Dezember bis März mit den Winden aus Nordost häufig Nieselregen. Wenn der Wind im April auf Südsüdwest dreht, steigen dort die Temperaturen wieder und liegen im Mai bereits beständig über 30 °C. Jetzt beginnt es stickig und unangenehm zu werden. Die durchschnittliche Tagestemperatur in Taiwan liegt aber bei 22 °C, mit Tiefsttemperaturen zwischen 12 und 17 °C.

Der Regen beginnt im Mai. Die stärksten Niederschläge fallen von Juni bis August, meistens als kurze, aber heftige Gewitterstürme am Nachmittag. Danach ist der Himmel aber wieder klar. Gegen Mitte September wird der Regen schwächer, die Temperaturen werden milder: Vorboten des taiwanesischen »Winters«.

In den Bergen sind die Sommerniederschläge am heftigsten, insgesamt ist es aber milder, und nachmittags entwickelt sich häufig Nebel. In höheren Regionen ist der Winter trockener und kälter, Schnee ist allerdings selten.

Im Südwesten der Insel herrscht eher subtropisches Klima. Die kühlere Jahreszeit von November bis März ist hier von milden bis warmen Sonnentagen gekennzeichnet. Die Durchschnittstemperatur in der warmen Jahreszeit liegt um 30 °C – in Taipeh ist es nur unwesentlich wärmer. Die nachmittäglichen Unwetter dauern aber immer einige Stunden. Zwischen Juli und Oktober ist Taifun-Saison in Taiwan. Die Nähe zum asiatischen Festland kann den Taiwanesen im Winter, wenn die kühlen Monsunwinde aus Zentralasien herüberwehen, Temperaturstürze um bis zu 20 Grad innerhalb weniger Stunden bescheren.

NICHT VERGESSEN

Von Mai bis Oktober benötigen Sie neben leichter Sommerbekleidung wegen des täglichen Regens auch wasserdichte Jacken. Bei Besuchen in den besseren Restaurants tragen Sie ein leichtes Jackett und passende Hosen bzw. ein Kleid. Ein warmer Pullover oder eine Jacke ist in den Bergen auch in den Sommermonaten angebracht. In der kühleren Jahreszeit ist entsprechend wärmere Bekleidung anzuraten.

Hochwertige Regenbekleidung ist für Wanderer, Fahrrad- oder Motorradfahrer ratsam. Diese Sachen müssen Sie aber nicht von zu Hause mitbringen – in Taiwan ist dies, wie Campingausrüstung, sehr günstig.

Unerlässlich sind Sonnenbrillen und Kopfbedeckungen mit breitem Rand. Denken Sie auch an den Regenschirm.

Zum Schuhwerk sollten Ausgehschuhe für die besseren Restaurants gehören, aber auch Freizeitschuhe und Sandalen. Für Wanderungen in den Bergen benötigen Sie robustes Schuhwerk. Von großer Bedeutung für den Umgang der Einheimischen gegenüber Touristen ist deren äußeres Erscheinungsbild. Es ist ratsam, immer sauber und ge-

pflegt aufzutreten. Damen sollten sich zurückhaltend kleiden. Obwohl auch Bermudas etc. akzeptiert werden, sind lange Hosen oder Röcke vermutlich eher angebracht. Die Herren tragen saubere Shorts, T-Shirts und Sandalen. Leichtes Schuhwerk wie Flip-Flops oder Westen ohne T-Shirt sind in Taiwan inakzeptabel.

Denken Sie an Toilettenpapier – die meisten öffentlichen Toiletten sind nicht damit ausgestattet.

VERSICHERUNGEN

Reiseversicherungen sollten z. B. Sonderzahlungen für verpasste Flüge, Kosten für ärztliche Betreuung und Diebstahl abdecken. Manche Sportarten erfordern einen erweiterten Versicherungsschutz.

Wenn Sie ein Auto mieten, überprüfen Sie die Versicherungssumme, die mit dem Mietpreis abgedeckt ist. Die Autovermietungen bieten auch erweiterte Versicherungspakete an.

Diebstahl oder Verlust von versicherten Gegenständen muss bei der Foreign Affairs Police gemeldet werden (siehe Notrufnummern, S. 243). Für Schadenersatzforderungen ist ein Polizeibericht nötig.

EINREISE-BESTIMMUNGEN

VISA

Reisende aus Deutschland, Österreich und der Schweiz, die über die internationalen Flug- und Seehäfen nach Taiwan einreisen, benötigen für einen Aufenthalt, der weniger als 30 Tage dauert, kein Visum im Voraus. Voraussetzung ist ein noch mindestens sechs Monate gültiger Reisepass. Außerdem muss ein gültiges Rückflug- oder Anschlussticket vorgelegt werden können. Wenn Sie auf dieser Basis ins Land eingereist sind, kann die Aufenthaltsdauer nicht verlängert werden. Sie dürfen nicht ohne Visum nach Taiwan einreisen, wenn Ihnen bereits einmal ein Visum verweigert wurde oder Sie vorbestraft sind.

Wenn Sie länger als 30 Tage bleiben möchten (maximal aber sechs Monate), beantragen Sie bei den zuständigen Stellen ein Touristenvisum:

Taipeh Vertretung Deutschland
Markgrafenstraße 35
10117 Berlin
Tel. (030) 20 36 10
Fax (030) 20 36 11 01
Zuständig für: Berlin, Brandenburg, Sachsen, Sachsen-Anhalt und Thüringen

Taipeh Vertretung Deutschland, – Büro Hamburg –
Mittelweg 144
20148 Hamburg
Tel. (040) 44 77 88 oder 44 20 38
Fax (040) 44 71 87
Zuständig für: Bremen, Hamburg, Mecklenburg-Vorpommern, Niedersachsen, Schleswig-Holstein

Taipeh Vertretung Deutschland – Abteilung für Öffentliche Dienste, Außenstelle Frankfurt/Main –
Rheinstraße 29
60325 Frankfurt/Main
Tel. (069) 74 57 34
Fax (069) 74 57 45
Zuständig für: Hessen, Nord-rhein-Westfalen, Rheinland-Pfalz, Saarland

Taipeh Vertretung Deutschland – Büro München –
Sonnenstraße 25
80331 München
Tel. (089) 51 26 79-0
Fax (089) 51 26 79-79
Zuständig für: Baden-Württemberg, Bayern

Visastelle in Österreich
Taipei Wirtschafts- und Kulturbüro
Wagramerstraße 19
1220 Wien
Tel. (01) 212 47 20-0
Fax (01) 212 47 20-86

Visastellen in der Schweiz
Taipeh Delegation Bern
Monbijoustraße 30
3011 Bern
Tel. (031) 3 82 29 27
Fax (031) 3 82 15 23

Délégation Culturelle et Économique de Taipei,
Bureau de Genève
56, rue de Moillebeau
1209 Genève
Tel. (022) 91 97 07-0
Fax (022) 91 97 07-7

Wenn Sie in Taiwan eine Verlängerung Ihres Visums beantragen möchten, wenden Sie sich an die Ministry of Interior National Immigration Agency – direkt oder an eine Außenstelle. Bei Überschreitung der Aufenthaltsdauer droht Ihnen eine strafrechtliche Verfolgung durch die Polizei und die Immigrationsbehörden. Wenn eine Klärung des Sachverhalts erst am Flughafen erfolgt, kann es passieren, dass man seinen Flug verpasst.

ZOLL-BESTIMMUNGEN

Reisende über 20 Jahre dürfen einen Liter Alkohol, 25 Zigarren, 200 Zigaretten oder ein halbes Kilo Tabak zollfrei einführen. Zu den Dingen, deren Einfuhr nach Taiwan erhebliche Geldbußen und Gefängnisstrafen nach sich ziehen, gehören Falschgeld und Fälschungsutensilien, pornografisches Material, Spielautomaten und ausländische Lotteriescheine, prokommunistische Publikationen aus kommunistischen Ländern und Gebieten, Waffen jeglicher Art (auch Spielzeugwaffen) und Munition, Drogen und Narkotika (bei größeren Mengen droht hier sogar die Todesstrafe), Waren, bei denen gegen das Urheberrecht verstoßen wurde, Antiquitäten sowie Tiere und anderweitig spezifizierte Schmuggelware, wie Früchte.
Wenn Sie Taiwan verlassen, sind Sie in einigen Fällen verpflichtet, eine Ausfuhrerklärung auszufüllen. Dies trifft dann zu, wenn Sie mehr als die erlaubte Menge an ausländischer Währung (z. B. mehr als 10 000 US $), mehr als 60 000 NT $ oder Gold- und Silberschmuck mitführen möchten, bei der Einreise deklarierte, aber nicht verwendete Währung ausführen wollen, mitgeführte

Warenmuster später wieder einführen wollen oder Datenträger verschiedener Art bei sich tragen. Weitere Informationen erhalten Sie beim Directorate General of Customs, Ministry of Finance, 13 Dacheng St., Taipeh, Tel. (02) 2550-5500, http://eweb.customs.gov.tw.

MEDIKAMENTE UND NARKOTIKA

Alle Substanzen, die nicht ärztlich verschrieben oder nicht medizinischer Natur sind, sind in Taiwan verboten. Wie fast überall in Asien wird auch hier der Gebrauch illegaler Drogen streng bestraft. Der Besitz von Kokain, Opium, Heroin, Methamphetaminen oder anderen narkotischen Drogen kann die Todesstrafe zur Folge haben. Auch geringe Mengen Marihuana für den eigenen Bedarf ziehen eine Haftstrafe nach sich. Sie sollten Medikamente deutlich für den persönlichen Bedarf kennzeichnen und ein Rezept bei sich tragen. Bei größeren Mengen an Medikamenten sollten Sie ein entsprechendes Schreiben Ihres Arztes vorweisen können.

ANREISE

FLUGLINIEN

Flüge aus aller Welt erreichen den Taiwan Taoyuan International Airport in Taipeh; asiatische Reiseziele werden vor allem durch den Kaohsiung International Airport im Süden bedient.
Zu den wichtigsten der ca. 40 Fluggesellschaften, die Taipeh ansteuern, gehören China Airlines, EVA Air, aber auch British Airways, KLM und Cathay Pacific. Direktflüge aus Europa starten in Frankfurt/Main, Wien, Amsterdam, Paris und London. Die Flugzeit z. B. von Frankfurt beträgt ca. 13 Stunden.

Internationale Fluggesellschaften in Taipeh
British Airways, Tel. 2512-6888
Cathay Pacific, Tel. 2715-2333
China Airlines, Tel. 2715-1212
Eva Airways, Tel. 2501-1999

TAIPEHS FLUGHAFEN

Der Taoyuan International Airport liegt ca. 45 km außerhalb des Zentrums von Taipeh und ist über eine Schnellstraße zu erreichen. Der Flughafen hat zwei Terminals: den etwas veralteten Terminal I und den modernen Terminal II.

Das Taiwan Tourism Bureau (Tel. (03) 398-2790) ist in beiden Terminals vertreten. Die freundlichen Mitarbeiter halten Landkarten bereit, können günstige Zimmer buchen oder die Fahrt ins Hotel organisieren. In den Terminals gibt es auch Informationsschalter vieler Hotels, wo Sie Zimmer und den Hoteltransfer buchen können. Die Kosten für die Fahrt ins Hotel liegen mit 1300 bis 1500 NT$ ebenso hoch wie die Taxikosten. Die Transferkosten können Sie auf Ihre Hotelrechnung setzen lassen. Ein Trinkgeld für den Fahrer ist nicht nötig. Wenn Sie mit einem Taxi nach Taipeh und Umgebung fahren wollen, folgen Sie der Beschilderung in den Terminals. Die Zustand der Taxen ist unterschiedlich. Auf den Fahrtpreis vom Flughafen in die Stadt erfolgt immer ein 50-prozentiger Aufschlag, mindestens aber 1100 bis 1200 NT$. Es wird kein Aufschlag für Fahrten zum Flughafen erhoben, aber die Taxen fahren ungern für weniger als 1000 NT$. Vier Busgesellschaften fahren von den Terminals ab und halten an mehreren Orten in Taipeh, u. a. auch an den größten Hotels. Eine Fahrt kostet 110 bis 140 NT$.

An beiden Terminals können auch Autos gemietet werden.

Am Flughafen gibt es Wechselstuben, aber auch Geldautomaten, an denen Sie u. a. mit Kreditkarten oder über Cirrus und Maestro Bargeld abheben können.

UNTERWEGS

UNTERWEGS IN TAIWAN

MIT DEM AUTO

Sie benötigen einen gültigen internationalen Führerschein und stählerne Nerven, wenn Sie in Taiwan Auto fahren möchten.

Es dauert eine Weile, bis Sie sich an den Verkehr gewöhnt haben. Die Verkehrsregeln werden mal strikt eingehalten, mal sind sie aber auch nur auf dem Papier vorhanden. Die meisten Straßen sind überfüllt, und ungeduldige Autofahrer haben keine Skrupel, äußerst waghalsige Überholmanöver zu tätigen. LKWs, Busse und Militärfahrzeuge setzen häufig ein Vorfahrtsrecht durch.

Wenn Sie mit den Verkehrsbedingungen nicht vertraut sind, können Sie auch ein Auto mitsamt Fahrer mieten – dies gilt insbesondere für innerstädtische Fahrten. Viele Hotels bieten diesen Service an. Um von einer Stadt in die andere zu gelangen, können Sie auch gut öffentliche Verkehrsmittel nutzen.

Viele Verkehrsschilder sind nicht ins Englische übersetzt, und englische Straßenkarten gibt es eher selten. In Taiwan herrscht Rechtsverkehr, und es besteht eine Anschnallpflicht für alle Autoinsassen. Die Polizei stoppt zuweilen Autos und verhängt Strafen, ohne dass das Verkehrsvergehen wirklich ersichtlich ist.

Autovermietungsgesellschaften finden Sie an den größeren Flughäfen und in den Innenstädten. Einige erlauben gegen Gebühr die Rückgabe des Autos an einem anderen als dem Ausgangsort. Stellen Sie sicher, dass sie einen Rundum-Versicherungsschutz abschließen – häufig ist dies nicht von vornherein in den Mietkosten enthalten.

MIT TAIWANESISCHEN FLUGGESELLSCHAFTEN

Nicht weniger als vier taiwanesische Airlines verbinden viele Städte des Landes miteinander. Außerdem bieten sie eine Flugverbindung nach Penghu, Matsu, Kinmen, Green und zu den Orchid Islands. Die Flüge sind günstig; so kostet z. B. ein Flug von Taipeh nach Kaohsiung ca. 2200 NT$. Sie können die Tickets natürlich direkt am Flughafen kaufen, besser ist es aber, im Voraus zu buchen. Für jeden Flug benötigen Sie einen gültigen Ausweis.

Taiwanesische Airlines

Far Eastern Air Transport
Tel. 2715-1921
Mandarin Airlines
Tel. 2514-2077
TransAsia Airways
Tel. 2718-6062
UNI Airways
Tel. 2715-6969

MIT DER FÄHRE

Viele Fährlinien verbinden die Hauptinsel mit den vorgelagerten Nachbarinseln. In Reisebüros können Sie die Tickets beziehen. Wegen der häufig widrigen Wetterverhältnisse sollten Sie sich vorher telefonisch die Abfahrtszeiten bestätigen lassen.

Strait Islands

Die Fahrt von Keelung nach Matsu dauert acht Stunden.
Nangan
Tel. (083) 626-655 (Dongyin)
oder (083) 677-555 (Matsu)
Sinhua (Xinhua) Navigation
Tel. 2424-6868 (Keelung)
Von Kaohsiung nach Kinmen benötigen Sie zehn Stunden.
Hefu Marine
Tel. (07) 551-3112
Jinhan Marine
Tel. (07) 332-9588
Kaohsiung und Magong (Penghu-Inseln) sind 4½ Stunden voneinander entfernt.
Taiwan Navigation
Tel. (07) 561-5313

Inseln an der Ostküste

Die Fähre von Taitung nach Green Island benötigt 35 bis 50 Minuten, von Taitung nach Orchid Island dauert es zwei bis drei Stunden, von Green Island nach Orchid Island planen Sie 1½ bis 2½ Stunden ein.
Victory
Tel. (08) 928-1047
Jiou-Xin Ferry
Tel. (08) 932-0413
Long-Hon Marine
Tel. (08) 928-0226
Xinfa Marine
Tel. (08) 928-1477

MIT DEM INTERCITY-BUS

Günstige, aber luxuriöse Busse sind im ganzen Land in regelmä-

Bigem Verkehr unterwegs. Die Tickets kaufen Sie im Reisebüro, im Hotel oder an den Busstationen. Während der Ferien sind die Busse zuweilen etwas überfüllt.

Intercity-Busgesellschaften
Guoguang Bus Corp.
Tel. (0800) 010-138
Free Go Express
Tel. (02) 2586-3065 (Taipeh)
Toward You Air Bus Co.
(0800) 088-626
United Highway Bus
Tel. (02) 2995-7799 (Taipeh)

MIT DEM ZUG

Das taiwanesische Bahnnetz ist flächendeckend, günstig und effizient, dabei aber etwas kompliziert. An langen Wochenenden oder in den Ferien sollten Sie die häufig überfüllten Züge lieber meiden.

Die Basis des Schienennetzes bilden die westliche, östliche, nördliche und südliche Linie. In Reisebüros können Sie Plätze reservieren. Es gibt fünf unterschiedliche Zugtypen: den Zihciang (Ziqiang), einen Rapid-Express mit Klimaanlage; den Jyuguang (Juguang), einen First-Class-Express, sowie den Fusing (Fuxing) als eingeschränkten Expresszug. Die anderen beiden, Pingkuai und Futong, sind langsam, besitzen keine Klimaanlage und bieten keine Sitzplatzreservierung – sie sind nicht zu empfehlen.

Rundreisetickets kaufen Sie am Informationsschalter der Taipeh Railway Station (Tel. 081-231-919, gebührenfrei). An den Informationsschaltern in den Bahnhöfen der größeren Städte wird auch Englisch gesprochen. Sie müssen allerdings manchmal Ihren Wunsch nach einer Sitzplatzreservierung etwas deutlicher formulieren. Reservierungen für die Expresszüge können 14 Tage im Voraus getätigt werden. Sie sollten Ihr Ticket spätestens einen Tag vor der Abfahrt abholen und einen Ausweis bereithalten. Online-Buchungen nehmen Sie auf www.railway.gov.tw vor.

Auf einigen Plätzen erhalten Sie einen kostenlosen Snack. Für größere Mahlzeiten stehen Speisewagen zur Verfügung.

Im Januar 2007 ist auf der 345 km langen Strecke von Taipeh nach Kaohsiung ein Hochgeschwindigkeitszug in Betrieb gegangen. Er hält in Taoyuan, Hsinchu, Miaoli, Taichung, Changhua, Yunlin, Chiayi sowie in Tainan und verkürzt die Fahrtzeit von 4½ Stunden auf 90 Minuten (www.thsrc.com.tw).

UNTERWEGS IN TAIPEH

MIT DEM CITYBUS

Die Busse fahren zwischen 6 und 23.30 Uhr. Jede Teilstrecke kostet 15 NT$. Wenn das »Shang«-Zeichen leuchtet, werfen Sie das Geld einfach in die Box beim Fahrer. Wenn beim Ausstieg die Zeichen rot aufleuchten, müssen Sie wieder zahlen. Es kann zur Verwirrungen führen, dass die Liniennummer und die Start- und Zielorte auf Chinesisch an den Bussen stehen. Häufig gibt es aber auch schon englische Übersetzungen. Der Bus Guide von Taipeh, den Sie in Hotels und großen Buchläden kaufen können, verschafft hier etwas Klarheit. Eine gute Alternative zum Bus ist eine Kombination aus MRT und Taxi.

MIT DEM MRT

Das Mass-Rapid-Transit-Netz von Taipeh (MRT) ist eines der besten und größten Asiens. Die fünf MRT-Linien bringen Sie zumindest in die Nähe der meisten Sehenswürdigkeiten der Stadt. Hinweisschilder, Pläne und Auskünfte sind auf Englisch. Die Tickets kosten je nach Strecke zwischen 20 und 65 NT$. Ein Tagesticket ist für 150 NT$ zu haben. Es werden auch Mehrfahrtenkarten verkauft. Die Fahrkartenautomaten zeigen klar an, welchen Betrag Sie für eine Strecke zu zahlen haben; die Wege sind gut markiert. An den einzelnen Stationen finden Sie Umgebungspläne mit Hinweisen auf die wichtigsten Sehenswürdigkeiten. Betriebszeit ist von 6 Uhr bis Mitternacht.

Metro Taipeh Service-Hotline, Tel. (0800) 033-068 oder (02) 2181-2345 (8.30–17.30)

Ortsnamen

Die unterschiedlichen Übersetzungen der chinesischen Ortsnamen ins Englische bzw. Deutsche können zu Irritationen führen. Die uneinheitliche Schreibweise vieler Städte und Regionen wechselt zwischen dem amerikanischen Wade-Giles-System, der Tongyong-Pinyin- und der Hanyu-Pinyin-Umschrift. Durch sprachliche Kreativität und Individualität entstehen Karten und Straßenschilder, die sich häufig auch nicht an den staatlichen Tongyong orientieren und die Situation noch verwirrender machen. So bezeichnen die Wörter Pate, Pateh und Bade z. B. eine einzige große Straße. Einige Schreibweisen weichen so stark voneinander ab, dass kein logischer Zusammenhang mehr zu erkennen ist. NATIONAL GEOGRAPHIC nutzt die Tongyong-Transkription, das Wort steht in Hanyu in Klammern dahinter, wenn die Schreibweise abweicht.

MIT DEM TAXI

In Taipeh und anderen großen Städten gibt es zahllose Taxen, die nahezu überall verfügbar sind. Innerstädtisch zahlen Sie meistens nur zwischen 100 und 130 NT$. Weitere Wege innerhalb der Stadt oder in die Vororte kosten auch schon mal 300 NT$. In Taipeh werden 70 NT$ für die ersten 1,5 Kilometer berechnet und dann 5 NT$ für alle weiteren 300 Meter. 5 NT$ werden je zwei Minuten Wartezeit fällig und zwischen 23 und 6 Uhr wird ein 20-prozentiger Aufschlag erhoben. 10 NT$ kostet es extra, wenn Sie telefonisch ein Taxi bestellen oder Gepäck verstaut werden muss. Bei längeren Strecken wird das Taxameter nicht benutzt, dann müssen Sie den

Preis zu Beginn der Fahrt aushandeln.

Die meisten Taxifahrer sprechen kein Englisch, lassen Sie sich deshalb vom Hotelpersonal Ihre Zieladresse in Englisch und in Chinesisch aufschreiben. Neuerdings gibt es in Taipeh Englischkurse für Taxifahrer. Absolventen dieser Kurse haben ein spezielles Schild an der Scheibe, aber erwarten Sie nicht zu viel. Bei Beschwerden über die Taxifahrer wenden Sie sich an die Taipeh Foreign Affairs Police (Tel. 2556-6007).

PRAKTISCHE TIPPS

KOMMUNIKATION
POSTÄMTER

Das taiwanesische Postwesen ist schnell und effizient. Post nach Europa benötigt fünf bis sieben Tage. Expresssendungen verkürzen die Lieferzeit um zwei Tage. Hier ist die taiwanesische Post günstiger als internationale Kurierdienste. Im Inland findet eine Auslieferung meist nach ein bis zwei Tagen statt. Die Postämter sind Montag bis Freitag von 8 bis 18 Uhr geöffnet. Einige größere Postämter haben darüber hinaus am Samstag von 8 bis 16 Uhr geöffnet.

Taipehs Hauptpostamt (Tel. (0800) 099-246) befindet sich nahe der North-Gate-Kreuzung am Hauptbahnhof. Im Auslandsservice spricht man Englisch, und Sie können Verpackungsmaterial kaufen. Große Hotels nehmen auch Post entgegen. Mit Briefmarken versehen, können Sie Ihre Briefe auch in die roten Briefkästen werfen – links die Luftpost, rechts die Eilbriefe. Grüne Briefkästen sind aufgeteilt in innerörtliche (rechts) und anderweitige Zustellung (links).

TELEFON

Die internationale Vorwahlnummer für Taiwan lautet 886. Taipehs Nummer ist die 2. Bei Gesprächen innerhalb Taiwans nach Taipeh wählen Sie 02. Die 002 müssen Sie wählen, wenn Sie von Taipeh aus eine direkte Verbindung ins Ausland wünschen.

Die englische Telefonauskunft erreichen Sie unter 106. Die internationale Vermittlung können Sie nur von Privatapparaten über 100 erreichen. R-Gespräche melden Sie unter 108 an. Von Münztelefonen aus können Sie Gespräche ins In- und Ausland führen. Ortsgespräche kosten 1 NT$ pro Minute. Die Digitalanzeige sagt Ihnen, wie lange Sie noch sprechen können. Für Auslandsgespräche sollten Sie Telefonkarten oder International-Direct-Dial-Karten in den Läden der Kette 7-Eleven oder ähnlichen Minimärkten kaufen und ein Telefon suchen, das als »IDD« gekennzeichnet ist. In einigen Hotels können Sie mit Ihrer Kreditkarte telefonieren.

Wenn Sie Ihr Handy nach Taiwan mitnehmen wollen, erkundigen Sie sich am besten vor Beginn der Reise bei Ihrem Provider, ob und wie Sie mit Ihrem Handy telefonieren können und vor allen Dingen, wie hoch die Gebühren für Gespräche und SMS innerhalb Taiwans und ins Ausland sind.

Alternativ können Sie bei der Ankunft in Taiwan auch ein ganz neues Handy kaufen. Der große Wettbewerb hat auch hier dazu geführt, dass Handys sehr günstig zu haben sind. Es wird geschätzt, dass über 90 Prozent der Taiwanesen ein Handy besitzen; die Chance ist demnach groß, jemanden mobil zu erreichen.

INTERNET

In den Städten gibt es viele Internet-Cafés, die allerdings meistens von Teenagern zum Spielen frequentiert werden, aber Sie können hier natürlich Mails versenden und vor allem im Web surfen. Abgerechnet wird pro Minute, die Preise liegen manchmal weit unter 1 NT$ pro Minute. Es gibt feste Öffnungszeiten.

Hotels bieten in ihren Business-Centern Zugang zum Internet. Sie berechnen 200 NT$ pro Stunde oder mehr.

MASSE UND GEWICHTE

In Taiwan gilt das metrische System. Darüber hinaus wird zuweilen ein altes chinesisches System benutzt. Sie müssen dieses aber nicht kennen, sondern sollten lediglich wissen, dass es existiert.

Die Temperatur wird in Grad Celsius angegeben.

Das chinesische System:
  1 liang (tael) = ca. 34 g
  1 jin (catty) = 16 liang = 0,6 kg

ELEKTRIZITÄT

Das taiwanesische Stromnetz arbeitet mit 110 Volt bzw. 60 Hertz. Es werden flache Stecker mit zwei Pins benutzt. Sie sollten sich vor der Reise mit Adaptern versorgen. Die Hotels haben in der Regel auch eine Auswahl vorrätig.

FEIERTAGE

Die Verbundenheit der Taiwanesen mit ihrer alten Kultur und den Traditionen wird an der Vielzahl der Feiertage deutlich. Viele haben ihren Ursprung im Taoismus, im Buddhismus oder im chinesischen Volksglauben, so dass das genaue Datum der Feiertage häufig vom Mondkalender abhängig ist. Meistens sind es laute und lärmende Veranstaltungen mit farbenfrohen Kostümen, Aktionen und religiösen Symbolen. Mit Ausnahme des ruhigen chinesischen Neujahrsfestes ist es immer ratsam, eine Reise nach den größten taiwanesischen Festivals auszurichten.

1. Januar Gründungstag der Republik China
Januar/Februar Chinesisches Neujahrsfest (am Abend vor dem ersten Tag des ersten Mondes, insgesamt drei Tage)
28. Februar Peace Memorial Day
5. April Ahnengedenktag
Mai/Juni Drachenbootfest (5. Tag im 5. Mondmonat)
September/Oktober Herbstfest (15. Tag des 8. Mondmonats)
10. Oktober Revolutionstag

ALKOHOL

Der Kauf und der Genuss von Alkohol ist in Taiwan erst ab dem 21. Lebensjahr erlaubt. Bars und Pubs öffnen zwischen 17 und 9 Uhr und schließen gegen 3 Uhr oder auch erst um 5 Uhr morgens. Spirituosen bekommen Sie auch in den Minimarkets.

MEDIEN

ZEITSCHRIFTEN

Regionale und internationale englischsprachige Zeitschriften wie Far Eastern Economic Review, Time, Newsweek und The Economist werden in großen Buchhandlungen und in den Hotels verkauft.

Zu den englischsprachigen oder bilingualen taiwanesischen Zeitschriften gehört die Taipeh Review mit Nachrichten und Veranstaltungshinweisen. Das Taiwan Panorama konzentriert sich auf soziale und politische Themen. This Month in Taiwan und Travel in Taiwan sind Reise- und Veranstaltungsmagazine.

ZEITUNGEN

Taiwan genießt eine ausgeprägte Pressefreiheit und eine lebendige Zeitungslandschaft. Neben den zahlreichen chinesischen Veröffentlichungen gibt es auch englischsprachige Zeitungen: China Post, Taiwan News und Taipeh Times. Hier lesen Sie Lokalnachrichten, aber auch Meldungen aus der Region und dem Ausland. Die englischsprachigen Zeitungen sind an den meisten Kiosken und in Hotels vorhanden.

Die Regionalausgabe des Asian Wall Street Journal und die International Herald Tribune werden in Taipeh gedruckt und sind auch an Kiosken und in Hotels zu beziehen. Auch die USA Today ist weit verbreitet.

RADIO

ICRT (International Community Radio Taipeh) ist die einzige englischsprachige Radiostation in Taiwan. Hier gibt es u. a. aktuelle westliche Musik und Talkshows. In der Region um Taipeh ist die Frequenz für diesen Sender

FM 100,7 und im Süden um Hsinchu FM 100,1.

FERNSEHEN

In mehr als 80 Prozent der taiwanesischen Haushalte empfängt man Kabelfernsehen mit mehr als 90 Kanälen. Auch die meisten Hotelzimmer haben Kabelfernsehen, u. a. mit vielen englischsprachigen Kanälen wie NATIONAL GEOGRAPHIC, Australia Asia Pacific Television, BBC World, Star, Cinemax, CNBC, CNN, Discovery und ESPN.

GELD

Die taiwanesische Währung ist der New Taiwan Dollar (NT$). Mit kleinen Schwankungen bewegt er sich um 48 NT$ für einen Euro bzw. 29 NT$ für einen Schweizer Franken. Münzen gibt es mit einem Wert von 1, 5, 10, 20 und 50 NT$, Scheine sind mit dem Wert von 100, 200, 500 und 1000 NT$ im Umlauf. Außerdem gibt es noch eine 2000-NT$-Note, die allerdings wenig genutzt wird.

Die wichtigsten Währungen können in den größeren Banken gegen NT$ umgetauscht werden (kleinere Institute haben keinen Wechselservice), aber auch in den großen Hotels und auf den Flughäfen in Taipeh und Kaohsiung.

Reiseschecks können nur in Banken oder Hotels eingelöst werden – meistens gegen Gebühr. Wenn Sie in einem Hotel Geld wechseln wollen, kann es erforderlich sein, dass Sie dort auch eingebucht sind – dies ist Voraussetzung beim Einlösen von Reiseschecks. Die Wechselkurse in den Hotels sind oft schlechter als bei den Banken.

Bewahren Sie die Belege des Geldwechsels gut auf. Sie benötigen sie, wenn Sie vor der Abreise NT$ wieder zurücktauschen möchten. Den Rücktausch nehmen Sie am besten direkt am Flughafen vor, denn hier ist man mit der Abwicklung vertraut, und es stehen auch mehr ausländische Währungen zur Verfügung. (Außerhalb Taiwans könnten Sie Probleme be-

kommen, NT$ umzutauschen.) Beachten Sie, dass es nach der Zollabfertigung am Flughafen keine Geldwechselmöglichkeiten mehr gibt.

Viele Geldautomaten akzeptieren internationale Kreditkarten wie Visa, MasterCard, Diners Club oder American Express. Auch in Taiwan steigt die Zahl der Geldautomaten ständig, und man findet sie auch schon häufig u. a. in Supermärkten.

Bei Vorlage eines Ausweises können Sie ein Bankkonto eröffnen. Die Banken sind zwischen 9 und 15.30 Uhr geöffnet. Auch in Geschäften und Restaurants werden die wichtigsten Kreditkarten weithin akzeptiert.

ÖFFNUNGSZEITEN

Generell liegen die Geschäftszeiten zwischen 9 und 17 Uhr, Verwaltungen öffnen Montag bis Freitag von 8.30 bis 17.30 Uhr; Mittagspause ist von 12.30 bis 13.30 Uhr.

Kaufhäuser öffnen sieben Tage in der Woche zwischen 10 und 11 Uhr ihre Pforten und schließen zwischen 21 und 21.30 Uhr. Kleine Geschäfte öffnen früher (9–10 Uhr) und schließen erst gegen 22 Uhr. Läden der Kette »7-Eleven« und ähnliche Märkte sind an allen sieben Tagen der Woche 24 Stunden täglich geöffnet.

RELIGION

Die wichtigsten Religionen in Taiwan sind der Taoismus und der Buddhismus. Viele Tempel sind auf beide Religionen ausgerichtet. Es gibt aber auch eine nicht unerhebliche christliche Minderheit, und Kirchen sind in allen größeren Städten zu finden. 80 Prozent der Christen sind Presbyterianer, der Rest ist katholisch. In Taiwan leben etwa 60 000 Muslime.

WEITERE INFORMATIONEN

Informationen über Taiwan erhalten Sie auf der Webseite des Taiwan Tourism Bureau R.O.C., www.taiwan.net.tw, oder wenden Sie sich an folgende Adresse:

Ministry of Transportation and Communications, Republic of China
9F, 290 Jhongsiao E. Rd., Sec. 4, Taipeh, Taiwan 106, Republic of China
Tel. (02) 2349-1635
Fax (02) 2771-7036
E-Mail tbroc@tbroc.gov.tw
Das Taiwan Tourismusbüro ist auch in Deutschland vertreten (siehe S. 242).

Das Taiwan Tourism Bureau unterhält Servicestellen sowohl am Taiwan Taoyuan International Airport Terminal I (Tel. (03) 383-4631) und Terminal II (Tel. (03) 398-3341) als auch am Kaohsiung International Airport (Tel. (07) 805-7888). Hier erhalten Sie Karten- und anderes Informationsmaterial (siehe S. 239f).

Servicebüros gibt es weiterhin im Zentrum Taipehs wie auch in den anderen großen Städten des Landes.

Taipeh
240 Dunhua N. Rd.
Tel. 2717-3737 oder
(0800) 011-765 (8–19 Uhr)
E-Mail tisc@tbroc.gov.tw
Kaohsiung
5F-1, 235 Jhongjheng (Zhongzheng) 4th Rd.
Tel. (07) 281-1513 oder
(0800) 711-765 (Mo–Fr)
Taichung
4F, 216 Mincyuan (Minquan) Rd.
Tel. (04) 2227-0421 oder
(0800) 422-022 (Mo–Fr)
Tainan
10F, 243 Mincyuan (Minquan) Rd. Sec. 1
Tel. (06) 2226-5681 oder
(0800) 611-011 (Mo–Fr)
Die Besucherzentren an den Nationalparks halten Informationsmaterial in unterschiedlicher Qualität und Quantität und nicht immer in übersetzten Fassungen bereit. Über das Taiwan Tourismusbüro, das alle sehenswerten Orte verwaltet, erhalten Sie aber Informationen beispielsweise in Englisch.

ZEITVERSCHIEBUNG

Taiwan liegt wie China in der Zeitzone UTC +8, der sogenannten China Standard Time. Taiwans Tageszeit liegt deshalb sieben Stunden vor der Mitteleuropäischen Zeit. Es gibt keine Sommerzeitverschiebung; siehe Wikipedia, Stichwort »Zeitzonen«, oder http://www.gio.gov.tw/taiwan-website/abroad/de/glance/ch11.htm>

TRINKGELD

In Taiwan wird generell eigentlich kein Trinkgeld erwartet. Die Hotels erheben eine zehnprozentige Gebühr auf Rechnungen für Restaurant- oder Zimmerservice. Hotelpagen bekommen 20 NT$ pro Gepäckstück. Einige bessere Restaurants erheben auch einen Servicezuschlag. Immer häufiger hinterlässt man aber auch schon einige Münzen auf dem Tresen von Bars und Cafés, die keine Servicegebühr verlangen. Taxifahrer erwarten kein Trinkgeld.

TOUREN

Das Taiwan Tourismusbüro vermittelt eine große Vielzahl an Tourangeboten im ganzen Land (siehe S. 241f).

EINRICHTUNGEN FÜR BEHINDERTE

Moderne Gebäude haben behindertengerechte Zugänge, aber in älteren Häusern sind sie gesetzlich nicht vorgeschrieben. Große Hotels sind auf Reisende mit Behinderungen eingestellt, doch Sie sollten sich diesbezüglich vor Reiseantritt stets vergewissern.

In den Bahnhöfen der MRT sind Fahrstühle vorhanden, die den Zugang mit Rollstuhl ermöglichen. Hinderlich sind aber die Menschenmengen, die sich hier zu den Stoßzeiten ihren Weg bahnen. Andere öffentliche Transportmittel sind nicht auf Behinderte eingestellt, ausgenommen die Taiwan High Speed Rail.

Hohe Bordsteine und unebene Gehwege erschweren den Weg in den Städten, obwohl hier immer häufiger an den Gehwegen auch schon Rampen errichtet werden. Straßenunter- bzw. -überführungen stellen unüberwindbare Hindernisse für gehbehinderte Menschen dar.

Ampeln werden von den Autofahrern häufig ignoriert.

Viele staatliche Museen und Kunstgalerien sind aber auf behinderte Besucher vorbereitet.

TAIWAN TOURISMUSBÜRO IN EUROPA

Die einzige Geschäftsstelle des Taiwan Tourismusbüro in Europa:

TAIPEH TOURISMUSBÜRO
Rheinstrasse 29
60325 Frankfurt/Main
Deutschland
Tel. (069) 61 07 43
Fax (069) 62 45 18,
E-Mail:
info@taiwantourismus.de,
www.taiwantourismus.de

IM NOTFALL

DIPLOMATISCHE AUSLANDSVERTRETUNGEN

Taiwan unterhält nur mit weniger als 30 Staaten diplomatische Beziehungen; die anderen Staaten sind z. B. mit Handelsbüros in Taipeh und einigen anderen Städten vertreten. Hierbei handelt es sich ausdrücklich nicht um Botschaften, dennoch werden hier auch Visa ausgestellt und verlorene bzw. gestohlene Pässe ersetzt.
Deutschland
Deutsches Institut Taipeh
Minsheng East Rd, Sec. 3, No. 2, 4th Floor
Taipeh
Tel. 2501-6188
www.taipei.diplo.de
Österreich
Tourismusbüro
10F, No. 167 Dunghua Road, Songshan District, 105 Taipeh
Tel. 2712 8597-9
Fax 2514 9980
E-Mail: taipeh-ot@bmeia.gv.at
www.austria.org.tw
Schweiz
Die Schweiz hat keine offizielle Vertretung in Taiwan. Zuständig ist deshalb die Botschaft in Peking.
Embassy of Switzerland
Sanlitun Dongwujie 3
Beijing 100600

Tel. 0086 10 8532 8888
Fax 0086 10 6532 4353
www.eda.admin.ch/beijing

NOTRUF-NUMMERN

Feuerwehr, Notarzt 119
Polizei 110
Taipeh Foreign Affairs Police
2556-6007
Taichung Foreign Affairs Police
(04) 2327-3875
Kaohsiung Foreign Affairs Police
(07) 221-5796
Englischsprachige Auskunft 106

VERLORENE ODER GESTOHLENE KREDITKARTEN ODER REISESCHECKS

Visa Tel. 080-651019
American Express
Tel. 2719-0606

MEDIZINISCHE DIENSTE

Die Krankenhäuser haben einen hohen Standard; die Behandlung ist im Vergleich zu westlichen Ländern nicht teuer. Sie bieten auch ambulante Behandlungen an. Die meisten Krankenhäuser gewährleisten eine Notfallversorgung, z. B.:

Taipeh
Taiwan Adventist Hospital
424 Bade Rd., Sec. 2
Tel. 2771-8151
Mackay Memorial Hospital
92 Jhongshan (Zhongshan)
North Rd., Sec. 2
Tel. 2543-3535
Veterans General Hospital
201 Shihpai (Shipai) Rd.,
Sec. 2
Tel. 2871-2121
Chang Gung Memorial Hospital
199 Dunhua North Rd.
Tel. 2713-5211
Kaohsiung
Kaohsiung Chang Gung Memorial
Hospital
123 Dabei Rd.
Niaosong Township
Tel. (07) 731-7123
Chung Ho Memorial Hospital
100 Shihcyuan (Shiquan)
1st Rd.
Tel. (07) 312-1101

Taichung
China Medical University
Hospital
2 Yude Rd., Taichung
Tel. (04) 2205-2121

GESUNDHEIT

Es sind keine speziellen Vorsichtsmaßnahmen oder Impfungen vorzunehmen. Das Gesundheitsrisiko ist insgesamt sehr gering. Es gab einige Erkrankungen durch den Virus Japan B Encephalitis sowie einige Fälle von Dengue-Fieber – beide Krankheiten werden von Moskitos übertragen.

Hepatitis A kommt in ländlichen Gegenden mit schlechten hygienischen Verhältnissen vor. Achten Sie darauf, dass Besteck und Geschirr sauber sind. Benutzen Sie am besten in Papier verpackte Stäbchen. Sie können sich hiervon im Vorfeld schon einen Vorrat anlegen. Das Leitungswasser ist in den größten Städten durchaus trinkbar, es wird aber dennoch dazu geraten, es abzukochen. Am sichersten ist wohl doch das Wasser aus Flaschen.

Bluttransfusionen und Geschlechtsverkehr bergen das Risiko der Ansteckung vor allen Dingen mit Hepatitis B und C sowie Aids, obwohl es relativ wenig verbreitet ist.

Taiwan war ebenso wie Hongkong, Singapur, Kanada und China zu Beginn des Jahres 2003 vom Severe Acute Respiratory Syndrome (SARS) betroffen. Das geheimnisvolle Virus verursachte einen Medienrummel und führte zu einem enormen Rückgang des Tourismus in ganz Asien. Bereits einige Monate später war das Virus unter Kontrolle; seitdem gab es in Taiwan nur noch sehr wenige Fälle. Um infizierte Personen an der Einreise nach Taiwan zu hindern, wird an den Flughäfen ein Körpertemperatur-Screening vorgenommen. http://www.auswaertiges-amt.de/diplo/de/Laenderinformationen/Taiwan/Sicherheitshinweise.html

Bei mangelnder Vorbereitung kann das subtropische Klima Probleme bereiten. Wenn Sie in großer Hitze Wanderungen oder Fahrradtouren unternehmen, sollten Sie stets ausreichend Flüssigkeit zu sich nehmen. Tragen Sie eine Kopfbedeckung, die vor Sonne schützt, und benutzen Sie auch bei bedecktem Himmel eine Sonnencreme (mindestens Schutzfaktor 15).

In den Bergen wechseln die Wetterverhältnisse schnell. Auch wenn Sie Ihre Wanderung bei blauem Himmel und angenehmen Temperaturen beginnen, sollten Sie stets wetterfeste und warme Bekleidung bei sich tragen.

Nicht immer ist für Medikamente ein Rezept erforderlich. Wenn Sie regelmäßig Medikamente einnehmen müssen, sollten Sie aber ein Rezept Ihres Arztes bei sich haben.

Viele Taiwanesen vertrauen bei der Behandlung von Krankheiten sowohl alten chinesischen Traditionen als auch der westlichen Medizin. Die traditionellen Behandlungsmethoden setzen dabei eher auf Prävention.

SICHERHEIT

Schwere Balken, die die Fenster und Türen der meisten Häuser in Taiwan schützen, vermitteln den Eindruck von Unsicherheit und hoher Kriminalität. Tatsächlich ist Taiwan aber ein ausgesprochen sicheres Land. Normalerweise können sogar Frauen sich sowohl am Tag als auch nachts unbehelligt in den Städten aufhalten. Übergriffe oder respektloses Verhalten gegenüber ausländischen Reisenden gibt es fast nicht.

Normales aufmerksames Verhalten ist auch in Taiwan erforderlich, um Diebstähle zu vermeiden. Sie sollten Gepäck und Taschen nicht unbeaufsichtigt in der Öffentlichkeit lassen. Taschen- und Trickdiebe gibt es zwar, stellen aber insgesamt kein großes Problem dar.

HOTELS & RESTAURANTS

In Taiwan, vor allem in Taipeh, gibt es viele Hotels mit internationalem Standard, die aber im Vergleich zu westlichen Ländern nicht teuer sind. Die Servicekräfte arbeiten effizient und freundlich; dennoch kann es auch in größeren Hotels zu Sprachproblemen kommen. Vielleicht besser als an jedem anderen Ort, ermöglicht in Taiwan die Vielfalt und Qualität der Speisen, auch die Vielfalt der chinesischen Küche kennenzulernen. Ob in günstigen kleinen *Noodle Shops* oder in luxuriösen Fünf-Sterne-Lokalen – das Essen ist überall gut. Speziell in Taipeh gibt es aber auch viele gehobene Restaurants mit internationaler Karte.

HOTELS

Die besten Häuser befinden sich meistens in den Innenstädten, weil sich hier die Geschäftsleute aufhalten. Für die Geschäftsreisenden gibt es allerlei Annehmlichkeiten, wie Business-Center, Sekretariatsservice, Executive-Floors, Fax und Internet auf den Zimmern. Die gehobeneren Hotels bieten häufig Health-Clubs, Swimmingpools (drinnen und draußen), große Zimmer und erstklassige Restaurants.

Außerhalb von Taipeh, Kaohsiung und Taichung wird die Auswahl geringer. In vielen mittelgroßen Städten Taiwans gibt es sogenannte *regular tourist hotels*. Sie sollten von diesen Häusern keinen speziellen Service erwarten. In den touristischen Gegenden, wie Kenting, am Sonne-Mond-See und an der Nordküste, legen viele Hotels Wert auf Entspannung und Erholung. Aber auch hier gibt es nur wenige luxuriöse Häuser. In den besten Hotels liegen die Zimmerpreise in Taipeh bei mindestens 110 Euro. Hotelketten wie Hyatt, Sheraton, Inter-Continental und Shangri-La sind hier vertreten. Zu den guten Hotelketten unter taiwanesischer Leitung zählen Landis, Howard und Sherwood. Hier liegen die Preise für ein Zimmer ab 80 Euro aufwärts. In anderen Städten sind ähnliche Hotels etwas günstiger. Ein Zimmer in den *regular tourist hotels* mit einfachem Komfort kostet zwischen 30 und 60 Euro. Der Übernachtungspreis beinhaltet meistens ein reichhaltiges Frühstücksbüfett; lassen Sie sich dies aber gerne telefonisch bestätigen. In fast allen Hotelzimmern gibt es einen Wasserkocher und kleine Portionen Kaffee, Tee, Kaffeesahne und Zucker.

Bei diesen Zimmerpreisen handelt es sich um Basispreise, auf die oft noch zehn Prozent Servicegebühr hinzugerechnet wird. Viele Hotels gewähren bei Vorabbuchungen mehr als 30 Prozent Erlass; Online-Buchungen werden häufig mit noch mehr Preiserlass honoriert. Die zahlreichen Internet-Buchungsplattformen bieten auch Zimmer zu erheblich reduzierten Preisen, hier werden aber u. a. Bearbeitungsgebühren berechnet.

Am besten buchen Sie den Shuttleservice zum Hotel bereits vor Beginn der Reise, oder Sie wenden sich an den Service-Point des Taiwan Tourism Bureau am Flughafen. Der Taiwan Taoyuan International Airport liegt ein gutes Stück außerhalb Taipehs (siehe S. 238). Die Kosten für einen Shuttleservice zum Hotel sind ungefähr so hoch wie der Preis für ein Taxi (1300–1500 NT$).

RESTAURANTS

Taiwan bietet eine riesige Auswahl an chinesischen Gerichten (siehe S. 24ff). Aus ganz China haben sich hier Menschen angesiedelt und die unterschiedlichsten kulinarischen Traditionen mitgebracht. Das gewährleistet ein reichhaltiges Angebot und immer gute Qualität. Hinzu kommt die Begeisterung der Chinesen für gutes Essen, was dazu führt, dass Sie immer leicht ein gutes Speiselokal finden. Darüber hinaus kommen immer mehr Koch-Talente aus anderen Teilen der Welt in die großen Hotels oder machen sich selbstständig.

Wenn Sie bisher die chinesische Küche noch nicht kennengelernt haben, so sind die Restaurants in den großen Hotels empfehlenswert. Hier weiß man den west-

lichen Geschmack einzuschätzen. Die Gerichte in den chinesischen Restaurants können sehr reichhaltig sein und machen die Bestellung zu einer Herausforderung; phantasievolle Übersetzungen ins Englische stellen dabei häufig keine Erleichterung dar. Vielleicht finden Sie aber auch Unterstützung durch einen Einheimischen.

In Taipeh gibt es auch viele Top-Restaurants mit internationaler Küche – häufig in den großen Hotels. Hier empfehlen sich vor allen Dingen die Büfetts mit westlichen, chinesischen, japanischen und anderen asiatischen Gerichten.

Die Preise in den Restaurants sind vernünftig. Sie steigen allerdings erheblich, wenn Sie z. B. importierten Wein zum Essen bestellen. In kleinen chinesischen Lokalen kosten die Gerichte häufig nur ein paar Dollar.

Die hygienischen Verhältnisse sind meistens sehr gut. Es ist wenig riskant, auf dem Markt gekaufte Lebensmittel zu essen.

ERLÄUTERUNGEN

Die Hotels und Restaurants sind innerhalb der Region und der Preiskategorie alphabetisch sortiert. Kreditkarten werden wie folgt abgekürzt: AE American Express, DC Diner's Club, MC MasterCard und V Visa.

PREISKATEGORIEN

HOTELS
Preiskategorien für ein Doppelzimmer pro Nacht:

$$$$$	$160+
$$$$	$120–$160
$$$	$80–$120
$$	$40–$80
$	Unter $40

RESTAURANTS
Preiskategorien für ein Drei-Gänge-Menü ohne Getränke:

$$$$$	Über $30
$$$$	$15–$30
$$$	$8–$15
$$	$3–$8
$	Unter $3

TAIPEH

DER BESONDERE TIPP

🏨 FAR EASTERN PLAZA HOTEL

Westliche und chinesische Stile sind in diesem Shangri-La-Hotel miteinander verwoben. Großzügige, helle Zimmer mit Rosenholzmöbeln. Zur Entspannung dient der Spa-Bereich mit Sauna, Dampfraum und Jacuzzi. Spektakulärer Rundblick vom Pool auf dem Dach des Hotels. Eine der besten Weinkarten der Stadt im Marco Polo (siehe S. 247).

$$$$$
201 DUNHUA SOUTH RD., SEC. 2
TEL. 2378-8888
FAX 2377-7777
www.feph.com.tw
ℹ️ 420 🅿️ 🔁 🅰️ 🅰️ 🅰️
🏊 📺 🔑 Alle gängigen Kreditkarten 🚇 Technology Building

🏨 GRAND HYATT TAIPEH

$$$$$
2 SONGSHOU RD.
TEL. 2720-1234
FAX 2720-1111
www.taipei.hyatt.com
Die Zimmer sind in warmen Pastelltönen gehalten und haben Marmorbäder. Ein gläsernes Atrium krönt die Hotellobby. Der Pool draußen hat sogar Unterwasser-Musik. Haute Cuisine und eine riesige Weinkarte zeichnen das Pearl Liang aus (siehe S. 247), echte italienische Gerichte das Ziga Ziga (siehe S. 250).
ℹ️ 870 🅿️ 🔁 🅰️ 🅰️ 🅰️
📺 🔑 Alle gängigen Kreditkarten 🚇 City Hall Taipeh

🏨 IMPERIAL HOTEL

$$$$$/$$$$
600 LINSEN NORTH RD.
TEL. 2596-5111
FAX 2592-7506
www.imperialhotel.com.tw
Das ständig zur Verfügung stehende Business-Center zieht Geschäftsreisende an. Die Zimmer sind in warmen

Tönen mit viel Holzmöbeln und Kunst ausgestattet. 66 Business-Suiten verfügen über Schreibtische und viel Hightech. Die Front Page Bar ist in den frühen Abendstunden ein beliebter Treffpunkt. Hier findet ein Abend häufig in der Zone Bar seinen Anfang.
ℹ️ 288 🅿️ 🔁 🅰️ 🅰️ 🅰️
📺 🔑 Alle gängigen Kreditkarten

🏨 THE WESTIN TAIPEI

$$$$$/$$$$
133 NANJING EAST RD., SEC. 3
TEL. 8770-6565
FAX 8770-6555
www.westin.com.tw
Das neueste Hotel für Geschäftsreisende. Die Zimmer sind mit großen Schreibtischen und Internetzugang ausgestattet. Die Einrichtung ist eine Mischung aus asiatischem und westlichem Stil. Neun Restaurants und Bars decken alle Geschmacksrichtungen ab. Das Danieli's (siehe S. 247) soll zu den besten italienischen Restaurants Taipehs gehören.
ℹ️ 288 🅿️ 🔁 🅰️ 🅰️ 🅰️
📺 🔑 Alle gängigen Kreditkarten 🚇 Nanjing East Road

🏨 CAESAR PARK

$$$$
38 JHONGSIAO (ZHONGXIAO) WEST RD., SEC. 1
TEL. 2311-5151
FAX 2331-9944
www.caesarpark.com.tw
Das frühere Taipei Hilton steht jetzt mit ausgezeichnetem Ruf unter taiwanesischer Leitung. Es hat seinen First-Class-Status erhalten. Viele Hilton-Mitarbeiter sind immer noch hier, und so wissen Sie, was Sie erwartet.
ℹ️ 395 🅿️ 🔁 🅰️ 🅰️ 🅰️
📺 🔑 Alle gängigen Kreditkarten 🚇 Hauptbahnhof Taipeh

🏨 GRAND FORMOSA REGENT

$$$$
41 JHONGSHAN (ZHONGSHAN) RD., SEC. 2

TEL. 2523-8000
FAX 2523-2828
www.regenthotels.com
Dieses Hotel rühmt sich der größten Zimmer in Taipeh. Ein Genuss sind die deckenhohen Fenster und die Marmorbäder mit Badewanne. Einige Zimmer mit Blick auf einen japanischen Garten. Wenn Sie auftauchen, haben Sie vom Pool auf dem Dach einen schönen Blick auf die Stadt. Zehn Restaurants und Bars.
ℹ️ 539 🅿️ 🔁 🅰️ 🅰️ 🅰️
📺 🔑 Alle gängigen Kreditkarten 🚇 Zhongshan

🏨 THE GRAND HOTEL

$$$$/$$$
1 JHONGSHAN (ZHONGSHAN) NORTH RD., SEC. 4
TEL. 2886-8888
FAX 2885-2885
www.grand-hotel.org
Ein Hotel, das durch seine Lage auf einem Hügel, mit den roten Säulen an der Fassade und der klassisch geschwungenen chinesischen Dachkonstruktion eine gewisse Erhabenheit ausstrahlt. Frisch renovierte Zimmer mit traditioneller Einrichtung. Jedes Stockwerk erinnert durch seine Gestaltung an eine andere Dynastie. Von den Balkonen Blick auf die Stadt und Berge.
ℹ️ 490 🅿️ 🔁 🅰️ 🅰️ 🅰️
🔑 Alle gängigen Kreditkarten 🚇 Jiantan

🏨 HOWARD PLAZA HOTEL

$$$$
160 RENAI RD., SEC. 3
TEL. 2700-2323
FAX 2700-0729
www.howard-hotels.com
Chinesische Rosenholzmöbel und echte Kunst geben den Räumen die besondere Note. Einheimische lieben hier den Brunch und den Nachmittagstee im grünen Restaurant mit Atrium. Luxuriöse Boutiquen liegen hier rundherum auf vier Etagen.
ℹ️ 606 🅿️ 🔁 🅰️ 🅰️ 🅰️
📺 🔑 Alle gängigen Kreditkarten 🚇 Zhongxiao-Fuxing

🚭 Nichtraucher 🛗 Aufzug ❄️ Klimaanlage 🏊 Hallenbad 🏊 Schwimmbad 🏋️ Fitnessstudio 💳 Kreditkarten

H O T E L S   &   R E S T A U R A N T S

🏨 THE LANDIS TAIPEH HOTEL

Kleines Luxushotel als ansprechende Alternative zu den größeren Fünf-Sterne-Häusern. Lobby und Gästezimmer in Art déco. Die Basispreise für die hundert Suiten liegen nicht viel höher als die Preise für ein Standardzimmer. Das französische Restaurant Paris 1930 (siehe S. 247) mit seiner hervorragenden Weinkarte gehört zur Spitzenklasse.

$$$$$

41 MINCUAN (MINQUAN) EAST RD., SEC. 2
TEL. 2597-1234
FAX 2596-9223
www.landistpe.com.tw
🛏 209 P 🔁 🔘 🔘 🚫
🔘 🚫 Alle gängigen Kreditkarten

🏨 EVERGREEN LAUREL HOTEL TAIPEH
$$$$

63 SONGJIANG RD.
TEL. 2501-9988
FAX 2501-9966
www.evergreen-hotels.com
Boutique-Hotel mit überragendem Service und engagiertem Personal. In einer belebten Gegend gelegen und deshalb mit gutem Schallschutz ausgestattet. Echte italienische Möbel verbreiten europäische Atmosphäre. Jedes Zimmer mit WLAN, freiem Breitband-Internetzugang, begehbaren Schränken und Einrichtungen für Behinderte. Acht NichtraucherEtagen.
🛏 100 P 🔁 🔘 🔘
🚫 Alle gängigen Kreditkarten

🏨 REBAR CROWNE PLAZA
$$$$

32 NANJING EAST RD., SEC. 5
TEL. 2763-5656
FAX 2767-9347
www.crowneplaza-taipei.com
Bei Geschäftsreisenden beliebt, weil es nahe dem World Trade Center und Finanzdistrikt liegt. Moderne Möbel

wirken sehr stilvoll. Standard und Service entsprechen den Erwartungen an ein Hotel der Six-Continents-Kette.
🛏 225 P 🔁 🔘 🔘 🚫
🚫 Alle gängigen Kreditkarten

🏨 HOTEL ROYAL TAIPEH
$$$$

37-1 JHONGSHAN (ZHONGSHAN) NORTH RD., SEC. 2
TEL. 2542-3266
FAX 2543-4897
www.royal-taipei.com.tw
Ein gemütlicher Boutique-Stil entsteht durch Beige-Töne und Textilien mit floralem Muster. Hübsches Gewächshaus mit üppigen tropischen Pflanzen neben dem Pool auf dem Hoteldach.
🛏 202 P 🔁 🔘 🔘 🚫
🔘 🦽 🚫 Alle gängigen Kreditkarten 🚇 Zhongshan

🏨 SHERATON TAIPEI HOTEL
$$$$

12 JHONGSIAO (ZHONGXIAO) EAST RD., SEC. 1
TEL. 080-231-666/7
FAX 2394-4240
www.starwood.com
Prächtige Farben und Holzmöbel in großen Zimmern und Suiten schaffen in diesem Wahrzeichen Taipehs ein großartiges Ambiente. Fitnesscenter mit Whirlpool, Hot Tub und Golfsimulator. Neun Cafés und Restaurants mit bester Küche, darunter das Antoine Room mit französischen Gerichten (siehe unten). Ein Stockwerk nur für Damen.
🛏 688 P 🔁 🔘 🔘 🚫
🔘 🚫 Alle gängigen Kreditkarten 🚇 Shandao-Tempel

🏨 THE SHERWOOD
$$$$$

111 MINSHENG EAST RD., SEC. 3
TEL. 2718-1188
FAX 2713-0707
www.sherwood.com.tw
In diesen Zimmern kommen hochwertige Möbel wirklich nicht zu kurz. Eingerichtet in einem Mix aus klassischem

und modernem europäischem Stil, verschönert mit echter Kunst. Ein besonderes Erlebnis bietet der Pool unter einem Glasdach.
🛏 350 P 🔁 🔘 🔘 🚫
🔘 🚫 Alle gängigen Kreditkarten 🚇 Zhongshan Junior High School

🏨 HOTEL RIVERVIEW
$$$

77 HUANHE SOUTH RD., SEC. 1
TEL. 2311-3131
FAX 2361-3737
www.riverview.com.tw
Das Hotel liegt abseits der großen Verkehrswege im farbenfrohen Wanhua-Bezirk nahe dem Fluss Danshuei (Danshui). Die Preise sind daher günstiger. Die Zimmer sind groß, der Blick auf den Fluss ist ein Bonus, besonders vom Restaurant mit gläsernem Dach.
🛏 201 P 🔁 🔘 🔘 🔘
🚫 Alle gängigen Kreditkarten

🏨 SAN WANT HOTEL
$$$

172 JHONGSIAO RD., SEC. 4
TEL. 2772-2121
FAX 2721-0302
www.sanwant.com
Es könnte Sie zunächst verwirren, wenn Sie beim Betreten des Hotels keine Rezeption sehen – sie befindet sich im dritten Stock. Komfortable, aber sehr kleine Zimmer. Sehr gute Lage, MRT-Station nebenan.
🛏 268 P 🔁 🔘 🔘 🔘
🚫 Alle gängigen Kreditkarten
🚇 Zhongxiao-Dunhua

🍴 ANTOINE ROOM
$$$$$

SHERATON TAIPEH HOTEL
12 JHONGSIAO (ZHONGXIAO) EAST RD., SEC. 1
TEL. 2321-5511
Seit 20 Jahren etabliertes französisches Restaurant. Beste Zutaten und eine durchdachte Präsentation machen großen Eindruck. Sie müssen unbedingt den luxuriösen Meeresfrüchte-Salat probieren: frische Meeres-

---

früchte mit japanischen Meeresalgen, Reis sowie einer Soße aus Essig und Soja. Einer der besten Weinkeller der Stadt.

🍴 90 💳 Alle gängigen Kreditkarten

🍴 BEL AIR
$$$$$
GRAND HYATT TAIPEI
2 SONGSHOU RD.
TEL. 2720-1200, DURCHW. 3198
Die hochwertige kalifornische Küche, gespickt mit asiatischen Elementen, zeigt hier die Wertschätzung gesunden Essens. Klassische, behagliche Atmosphäre durch gedämpfte Farben, dezente Beleuchtung und viel Tageslicht.
🍴 76 💳 Alle gängigen Kreditkarten

🍴 BEN TEPPANYAKI
$$$$$
2 LANE, 102 ANHE RD., SEC. I
TEL. 2703-2296
Erfahrene Teppanyaki bereiten perfekt kleine Häppchen von Masusaka, Kobe- und Omi-Fleisch zu. Das kostet aber seinen Preis. Die meisten Gäste wünschen japanisches Rindfleisch, es wird aber auch Rindfleisch aus anderen Ländern angeboten.
🍴 160 💳 Alle gängigen Kreditkarten

🍴 CHEZ JIMMY
$$$$$
27 LANE 50, TIANMU EAST RD.,
TIANMU
TEL. 2874-7185
Aufmerksame Bedienung in flotter französischer Kleidung. Die Gäste dieses beliebten Lokals müssen sich entscheiden zwischen preisgekrönten gedünsteten Eiern mit Sauce hollandaise und iranischem Kaviar. Eine ungewöhnliche, aber durchaus mögliche Kombination leichter und kräftiger Geschmacksrichtungen. Küken mit Knoblauch ist ein beliebtes Hauptgericht.
🍴 90 💳 Alle gängigen Kreditkarten

🍴 DANIELI'S
$$$$$
THE WESTIN TAIPEH
2F, 133 NANJING EAST RD.,
SEC. 3
TEL. 8770-6565, DURCHW. 3255
Auf dieses italienische Lokal trifft die Beschreibung *casual elegance* zu. Die Preise sind entsprechend. Es bietet aber auch exzellente Kost. Bemerkenswert ist die Auswahl an Antipasti. Das *guazzetto* ist eine würzige, köchelnde Brühe mit Venusmuscheln, Shrimps und Kammmuscheln, gewürzt mit Knoblauch und Chili.
🍴 80 💳 Alle gängigen Kreditkarten

🍴 MARCO POLO
$$$$$
FAR EASTERN PLAZA HOTEL
201 DUNHUA SOUTH RD.,
SEC. 2
TEL. 2378-8888, DURCHW. 5950
Vom 37. Stock faszinierender Blick in die Nacht. Sizilianisch-katalanischer Maine-Hummer – ein multikultureller Stilmix. Spitzenklasse ist die Kasserole mit Fisch und Meeresfrüchten in köstlicher Tomatensoße. Ein teures Vergnügen.
🍴 144 💳 Alle gängigen Kreditkarten

🍴 MOMOYAMA RESTAURANT
$$$$$
SHERATON TAIPEI HOTEL
2F, 12 JHONGSIAO EAST RD.,
SEC. I
TEL. 2321-1818
Beste japanische Cuisine in Taiwan. Hier befolgt man genau die Kaiseki-Regeln für Rezepte und Zubereitung. Die Auswahl am Sashimi macht deutlich, dass Frische das oberste Gebot ist. Das *yamagata*, ein Rinderfiletsteak auf Vulkangestein aus Japan gegrillt, lässt das Wasser im Mund zusammenlaufen. Weniger formelles Essen in der Sushi Bar.
🍴 140 💳 Alle gängigen Kreditkarten

DER BESONDERE TIPP

🍴 PARIS 1930
Beginnen Sie in diesem renommierten französischen Lokal mit der unverkennbaren Tomaten-Knoblauch-Cremesuppe, flambiert mit Gin, oder auch mit der gerösteten Gänseleber mit Mais-Bier-Pancake und der Soße mit Cider aus Carmel in der Normandie. Weil die gepresste Ente einer langwierigen Vorbereitung bedarf, sollten Sie sie vorab bestellen. Perfekter Service, reichhaltige Weinkarte.
$$$$$
LANDIS HOTEL
41 MINCYUAN (MINQUAN)
EAST RD., SEC. 2
TEL. 2597-1234
🍴 80 💳 Alle gängigen Kreditkarten

🍴 PEARL LIANG
$$$$$
GRAND HYATT TAIPEI
2 SONGSHOU RD.
TEL. 2720-1200, DURCHW. 3198
Chinesische Meeresfrüchte und Dim Sum werden in gehobener, eleganter Umgebung serviert. Der Weinkeller gehört zu den größten der chinesischen Restaurants in Taipeh. Die Kellner helfen gerne bei der Auswahl der innovativen Gerichte.
🍴 178 💳 Alle gängigen Kreditkarten

🍴 RUTH'S CHRIS STEAK HOUSE
$$$$$
2F, 135 MINSHENG EAST RD.,
SEC. 3
TEL. 2545-8888
Unbestritten das beste Steakhaus Taiwans. Viel glänzendes Holz, Kupfer, Glas und Spiegel. Die Anordnung der Tische gibt ein Gefühl von Weite. Rindfleisch in allen erdenklichen Variationen – New York Strip, Rib-Eye, T-Bone und Porterhouse. Die Bedienung ist freundlich, effizient und schnell.
🍴 170 💳 Alle gängigen Kreditkarten

🚭 Nichtraucher 🛗 Aufzug ❄️ Klimaanlage 🏊 Hallenbad 🏊 Schwimmbad 🏋️ Fitnessstudio 💳 Kreditkarten

SHINTORI
$$$$$
68 ANHE RD., SEC. 2
TEL. 2702-5588
Lachseier, Weichschalen-
krebse, Lachs und Thunfisch
werden aus Japan importiert,
um eine möglichst authen-
tische Kaiseki-Cuisine bieten
zu können. Die Gerichte
werden mit so viel Liebe zum
Detail dargeboten, dass man
diese Kunstwerke gar nicht
anrühren möchte. Die grandiose Qualität und die mini-
malistische Zen-Dekoration
passen zu dieser Darreichung.
🔷 185 🔷 Alle gängigen
Kreditkarten

SUNTORY RESTAURANT
$$$$$
FAR EASTERN PLAZA HOTEL
7F, 201 DUNHUA SOUTH RD.,
SEC. 2
TEL. 2378-888
Deckenhohe Fenster lassen
den Blick in den friedvollen
Garten schweifen und berei-
chern so die Einrichtung und
Dekoration des Lokals. Quali-
tät, Service und künstlerische
Präsentation – Kaiseki, Sushi
und Teppanyaki – sind erst-
klassig.
🔷 114 🔷 Alle gängigen
Kreditkarten

LAN TING
$$$$$
GRAND FORMOSA REGENT
41 JHONGSHAN
(ZHONGSHAN) NORTH RD.,
SEC. 2
TEL. 2523-8000
Das feine, elegante Restaurant
hat sich auf Fischdelikatessen
aus Shanghai spezialisiert.
Mittags und abends feste
Menüvorschläge.
🔷 65 🔷 Alle gängigen
Kreditkarten

TUTTO BELLO
$$$$$
15 LANE 25, SHUANG-
CHENG ST.
TEL. 2592-3355
Eine phantasievolle Karte mit
Liebe zum Detail und tadel-

losem Service lässt dieses
Lokal unter den besten
italienischen Restaurants der
Stadt rangieren. Auf der Speisekarte stehen vor allem Gerichte aus Norditalien, aber
auch Einflüsse aus anderen
Regionen sind zu erkennen.
Die Spinatpasta mit frischem
geräuchertem Lachs, Pilzen
und würziger Sahnesoße ist
nahe der Perfektion.
🔷 55 🔷 Alle gängigen
Kreditkarten

CAFÉ
$$$$
GRAND HYATT TAIPEI
2 SONGSHOU RD
TEL. 2720-1200, DURCHW. 3198
Das Büfett bietet mit mehr
als 160 verschiedenen Speisen
eine enorme Auswahl. Frische
Salate gibt es im Überfluss,
und das Sashimi ist köstlich
frisch. Wie bei jedem guten
Büfett ist die Auswahl an
Desserts riesengroß. Zum
Genuss trägt in diesem son-
nendurchfluteten Raum der
Blick in die offene Küche bei,
in der nicht weniger als 50
Köche mit der Zubereitung
der Speisen beschäftigt sind.
🔷 314 🔷 Alle gängigen
Kreditkarten

CAPONE'S ITALIAN AMERICAN DINNERHOUSE
$$$$
312 JHONGSIAO (ZHONGXIAO)
EAST RD., SEC. 4
TEL. 2773-3782
Allein der interessante Name
lädt zu einem Besuch ein.
Karierte Tischdecken, eine
lange Bar und die Fotos an
den Wänden nehmen das
»Gangster«-Thema auf. Er-
wartungsgemäß stehen ame-
rikanische und italienische
Gerichte auf der Speisekarte.
Bestens geeignet für ein
Dinner zu später Stunde, da
das Lokal werktags bis zwei
Uhr und am Wochenende bis
drei Uhr morgens geöffnet
hat. Livebands.
🔷 156 🔷 Alle gängigen
Kreditkarten

CHEZ MOI
$$$$
28 LANE 240, GUANGFU
SOUTH RD.
TEL. 2772-7265
Der Garten am Eingang des
Lokals unterstreicht den
Charme des kleinen fran-
zösischen Lokals. Stilvolle
Appetizer werden mit Butter,
Käse, Knoblauch und anderen
Gewürzen zubereitet. Die
Kürbissuppe ist schmackhaft
und würzig. Die Steaks sind
köstlich, ebenso die Lamm-
koteletts, Entenschenkel und
Schweinehaxen; dazu eine
Auswahl französischer Rot-
weine. Recht preisgünstige
Menüs.
🔷 55 🔷 Alle gängigen
Kreditkarten

CHIKURINTEI
$$$$
2F, SPRING CITY RESORT
HOTEL, 18 YOUYA RD.,
BEITOU DISTRICT
TEL. 2897-5555, DURCHW. 225
Eines der neuesten und
beliebtesten Thermalhotels in
Beitou mit schönem Blick auf
Hügel und Täler. Japanische
Kost. Zu den besten Gerich-
ten gehören der Taraba-
Krabben-Topf (die Krabben
kommen aus dem Ochotski-
schen Meer) und die süßen
Dattelpflaumen an mit Sesam
gewürztem Miso (saison-
abhängig).
🔷 90 🔷 Alle gängigen
Kreditkarten

DAN RYAN'S CHICAGO GRILL
$$$$
8 DUNHUA NORTH RD.
TEL. 2778-8800
Dieses Pub-Restaurant,
das ein *Speakeasy* aus dem
Chicago der 1930/40er Jahre
nachahmt, serviert für asiati-
sche Verhältnisse riesige
Portionen amerikanischer
Gerichte. Muschelsuppe aus
Neuengland, Caesar Salad,
Nachos und Buffalo-Wings
gehören zu den Vorspeisen.
Steaks und die dazugehörigen
Soßen sind die beliebtesten

Hauptgerichte. Amerikanisches Bier.
🔲 150 🈂 Alle gängigen Kreditkarten

FENG ZHUAN TAIPEH
$$$$
B1, 225 DUNHUA SOUTH RD., SEC. 1
TEL. 2751-2277
Die orientalische Dekoration bewirkt ein ruhiges Ambiente, das die innovative Zubereitung und Präsentation der Speisen unterstreicht. Französische und chinesische Gerichte – vornehmlich Fisch – werden mit nur wenig Öl und anderen Gewürzen zubereitet, um den natürlichen Geschmack nicht zu überlagern. Zu den Leckereien gehören Lammkoteletts, Abalone in Austernsoße und frische Shrimps-Dumplings. Mittags und abends preisgünstige Menüs.
🔲 80 🈂 Alle gängigen Kreditkarten

IRODORI
$$$$
GRAND HYATT TAIPEI
2 SONGSHOU RD.
TEL. 2720-1200, DURCHW. 3198
Die Auswahl an reichhaltigen und hochwertigen japanischen Speisen auf dem Büfett ist unwiderstehlich. Sie sollten deshalb mittags immer rechtzeitig in dieses Lokal gehen. Nehmen Sie sich Zeit, um die Vielzahl an Sushi, Sashimi, Tempura, Teppanyaki und anderen japanischen Köstlichkeiten zu probieren.
🔲 160 🈂 🈯 🈂 Alle gängigen Kreditkarten

L'AMICO RISTORANTE ITALIANO
$$$$
10 LANE 55, MINSHENG EAST RD., SEC. 4
TEL. 2719-3688
Klassisch europäisch eingerichtetes, eher kleines Lokal in einer kleinen Gasse – ein romantisches Ambiente. Eindruck macht die Auswahl an Pastagerichten. Das zarte

Kalbsfleisch mit verschiedenen Soßen ist verführerisch.
🔲 56 🈂 🈯 Alle gängigen Kreditkarten

LE JARDIN
$$$$
170 JHONGJHENG (ZHONG-ZHENG) RD., SEC. 2, TIANMU
TEL. 2877-1178
Dieses Lokal ist auf südfranzösische, provenzalische Küche spezialisiert. Probieren Sie zu Beginn die gebratene Entenleber mit Balsamico und Auberginen-Püree. Herzhafte Fischsuppe mit Knoblauch-Safran-Soße. Das Lammkarree in Rosmarinsoße und das gebratene Rinderfilet mit cremiger Sardellensoße sind so köstlich, wie sie klingen.
🔲 80 🈂 🈯 🈂 Alle gängigen Kreditkarten

PASTA WEST EAST
$$$$
7 ANHE RD., SEC. 1
TEL. 2721-0029
Wie der Name schon verrät, werden hier italienische Spezialitäten mit asiatischem Geschmack kombiniert. Die Speisekarte ist deshalb sehr kreativ. Die Pasta *alle vongole* – Spaghetti mit Sahnesoße, frischen Muscheln und Basilikum – ist ein beliebtes Beispiel. Probieren Sie auch das hausgemachte Brot.
🔲 60 🈂 🈯 🈂 Alle gängigen Kreditkarten

PORTOFINO
$$$$
2F, 323 DUNHUA SOUTH RD., SEC. 1
TEL. 2755-5580
Herrlich frisches Brot mit pikantem Dip aus Kapern, schwarzen Oliven und frischen Tomaten – gegen den ersten Hunger, während Sie den Ausblick genießen und auf den Appetizer warten. Die Pasta al dente schmeckt frisch und würzig. Sie wird verfeinert durch Soßen, die mit Sorgfalt angerichtet wurden.
🔲 90 🈂 🈯 🈂 Alle gängigen Kreditkarten

SALSA BISTRO
$$$$
9 LANE 141, ANHE RD., SEC. 1
TEL. 2700-3060
Kleines Bistro im südamerikanischen Stil. Probieren Sie den frischen marinierten Fisch in Zitronensaft als Appetizer, bevor Sie mit dem gebackenen Mais und dem Fleisch im Blätterteig zum Hauptgericht übergehen. Große Auswahl an chilenischen Weinen. Die Eigentümer helfen bei der Auswahl.
🔲 35 🈂 🈯 🈂 Alle gängigen Kreditkarten

SHANGHAI SHANGHAI
$$$$
TAIPEI METRO MALL, B1, 203 DUNHUA SOUTH RD., SEC. 2
TEL. 8732-1536
Fröhliche Atmosphäre, die vor allem von westlichen Einwanderern und Touristen geschätzt wird, und eine Speisekarte, die mit Fingerspitzengefühl erstellt wurde. Die Teigwaren sind nach Shanghai-Art selbst gemacht und mit köstlichem Fleisch, Bratensoßen, Meeresfrüchten und Gemüse gefüllt. Schnellbratgerichte gewinnen durch erstklassige Zutaten und phantasievolle Zubereitung.
🔲 110 🈂 Alle gängigen Kreditkarten

SHANGHAI STORY
$$$$
2F, 25 SINYI (XINYI) RD., SEC. 4
TEL. 2702-1566
Das Shanghai der 1920er und 1930er Jahre ist die richtige Umgebung, um Shanghai-Suppe und authentische Jiangsu- und Zhejiang-Küche zu genießen. Die Köche überbieten sich selbst in der Zubereitung der Teigtaschen mit Muscheln und Shrimps, geschnetzeltem Rindfleisch mit Bambus und Hühnchen mariniert in Shaohsing-Reiswein. Unprätentiöse Zubereitung und Authentizität als Leitbild.
🔲 70 🈂 🈯 🈂 Alle gängigen Kreditkarten

🈂 Nichtraucher 🔁 Aufzug 🈯 Klimaanlage 🈂 Hallenbad 🈂 Schwimmbad 🔰 Fitnessstudio 🈂 Kreditkarten

ⅱ SOMMELIER

$$$$

553 MINGSHUEI
(MINGSHUI) RD.
TEL. 2532-4707

Europäische Küche in einem Lokal im Town-House-Stil. Das *Seafood Delight* trägt seinen Namen zu Recht: Shrimps, Muscheln, Tintenfisch und Fisch, gedünstet in Butter und mit Gewürzen und Pernod abgeschmeckt. Die beliebten gedünsteten Shrimps und wilden Pilze in Knoblauchsoße sind asiatischer. Gute Auswahl an günstigen Weinen.

🔢 60 🔳 Alle gängigen Kreditkarten

ⅱ SOWIESO

$$$$

88 SIHWEI (SIWEI) RD.
TEL. 2705-5282

Obwohl eigentlich ein italienisches Restaurant, geht man z. B. mit gebackenen Weinbergschnecken in Knoblauchbutter mit Kartoffelpürree auch andere Wege. Schon eher italienisch sind die Penne mit Krabben und Hummersoße. Sie gehören zu den beliebteren Pastagerichten. Die Dekoration ist hier eher zurückhaltend.

🔢 50 🕐 Geschl. So 🔳 Alle gängigen Kreditkarten

ⅱ TIEN HSIANG LO

$$$$

LANDIS TAIPEI HOTEL
41 MINCYUAN (MINQUAN)
EAST RD., SEC. 2
TEL. 2597-1234

Ein Spitzenklasse-Restaurant mit Hangzhou-Küche – bekannt für ihren feinen Geschmack und schöne Präsentation. Einige Gerichte könnten für westlichen Geschmack etwas zu exotisch sein, aber Sie werden vieles finden, das Ihnen schmeckt. Das Huhn und die Wonton-Suppe gehören zu den Favoriten. Zur Abwechslung können Sie auch die frittierten Shrimps mit Teeblättern probieren.

🔢 90 🔳 Alle gängigen Kreditkarten

ⅱ TOSCANA ITALIAN RESTAURANT

$$$$

THE SHERWOOD
111 MINSHENG EAST RD., SEC. 3
TEL. 2718-1188, DURCHW. 3001

Die Küche ist auf authentische italienische Kochkunst spezialisiert – mit einigen Abweichungen. Die Porcini-Pilzsuppe ist köstlich; der überzeugende Maine-Lobster auf einem Bett aus Couscous-Salat kann als Vorspeise oder Hauptspeise genossen werden.

🔢 120 🔳 Alle gängigen Kreditkarten

DER BESONDERE TIPP

ⅱ TAINAN DANZAI NOODLES

Am nördlichen Ende des Nachtmarkts in der Huaxi Street gelegen, zeichnet sich dieses Lokal durch die traditionelle Nudelspezialität aus, die vor langer Zeit im südlichen Taiwan entstanden ist – *danzih mian/tan tsu mian* oder »Die-mageren-Monate-verbringen-Nudeln«, die auf den Schultern getragen verkauft wurden, wenn die Fischer im Winter nicht zur See fahren konnten. Es sind die wohl teuersten Nudeln Taiwans, serviert zwischen viel Wedgwood-Porzellan, Lüstern und korinthischen Säulen.

$$$$/$$$

31 HUASI (HUAXI) ST.
TEL. 2308-1123

🔢 140 🔳 Alle gängigen Kreditkarten

ⅱ TRADER VIC'S RESTAURANT

$$$$

7F, 135 MINSHENG E. RD., SEC. 3
TEL. 2545-9999

Die Rattan-Möbel schaffen Südsee-Atmosphäre, und was passt besser in ein solches Restaurant als Bongo-Bongo-Suppe? Trotz des merkwürdigen Namens und obwohl sie in einer Muschel serviert wird, ist diese cremige Austernsuppe es wert, probiert zu wer-

den. Ebenso wie z. B. die zarten und süßen Spareribs vom Schwein. Es ist eine Herausforderung, den köstlichen Kuchen als Nachspeise wirklich aufzuessen, aber es lohnt sich.

🔢 150 🔳 Alle gängigen Kreditkarten

ⅱ ZIGA ZAGA

$$$$

GRAND HYATT TAIPEI
2 SONGSHOU RD.
TEL. 2720-1200, DURCHW. 3198

Die Auswahl dieses exzellenten Büfetts ändert sich täglich. Hierzu gehören viele Salate, Pasta, Fisch- und Fleischgerichte. Die Desserts sind unwiderstehlich. Dinner à la carte, dazu Musik von Bands oder DJs.

🔢 120 🔳 Alle gängigen Kreditkarten

ⅱ BAMBOO VILLAGE

$$$

81 NANJING EAST RD., SEC. 2
TEL. 2551-1838

Wenn Ihnen in frühen Morgenstunden nach Dim Sum ist, dann sollten Sie dieses Lokal ansteuern, das erst um vier Uhr morgens schließt und selbst dann noch gut besucht ist (es öffnet um 17.30 Uhr). Neben Dim Sum ist dieses Kanton-Lokal auf Fischgerichte spezialisiert. Sie suchen den Fisch selbst im Bassin aus.

🔢 110 🔳 Alle gängigen Kreditkarten

ⅱ PENG YUAN

$$$

2F, 380 LINSEN N. RD.
TEL. 2551-9157

Das Haupthaus der in Taiwan bekannten Pengs-Garden-Kette. Teuer, relativ kühl eingerichtet und immer viel Betrieb. Schwerpunkt auf Gerichten aus Hunan. Empfehlenswert ist der gekochte Hunan-Schinken mit Honig – schwer und rauchig. Beliebt sind die Froschschenkel in scharfer Soße. Sie sollten des Chinesischen mächtig sein.

🔢 110 🔳 Alle gängigen Kreditkarten

HSIN YEH RESTAURANT
$$$
34-1 SHUANGCHENG ST.
TEL. 2596-3255
Die größte Filiale einer Lokalkette, wo quirligen Einheimischen und Touristen taiwanesische Gerichte angeboten werden. Ausgezeichnete und günstige Fischgerichte – Tintenfisch, gegrillter Aal, frittierte Shrimps-Rolls und grillte Muscheln.
120 Alle gängigen Kreditkarten

DER BESONDERE TIPP

HO NG YUN CANTONESE RESTAURANT
Eine innovative, große Speisekarte sorgt dafür, dass dieses rund um die Uhr geöffnete Lokal immer gut besucht ist. Die Köche kreieren wunderbare Dim Sum: mit Spargel, Teigtaschen mit Dorsch und eine gelungene Kombination aus Muscheln und Bohnen. Im *satay mushroom beef stew* verschmelzen auf wunderbare Weise Hongsi- (Hongxi-) Pilze mit zartem Rindfleisch. Als Dessert wählen Sie Chrysanthemen-Kuchen mit Bocksdorn (auch Wolfsbeere genannt), einem traditionellen chinesischen Gewürz.
$$$
2F, 275 NANJING EAST RD., SEC. 3
TEL. 2713-3877
120 Alle gängigen Kreditkarten

JAKE'S COUNTRY KITCHEN
$$$
705 JHONGSHAN (ZHONGSHAN) NORTH RD., SEC. 6, TIANMU
TEL. 2871-5289
Dieses Lokal bietet eine Reihe mexikanischer Spezialitäten – Enchiladas, Quesadillas und Tacos. Beliebt bei westlichen Einwanderern und Touristen. Großzügige Portionen zu vernünftigen Preisen.
80 Alle gängigen Kreditkarten

MING GARDEN
$$$
AMBASSADOR HOTEL
63 JHONGSHAN (ZHONGSHAN) NORTH RD., SEC. 2
TEL. 2100-2100, DURCHW. 2183
Das Büfett ist unterteilt in einen Bereich für chinesische Gerichte und einen für westliche Speisen – alles ist sehr reichhaltig. Die leichteren Speisen während des Nachmittagsbüfetts werden in ebensolcher Fülle angeboten.
120 Alle gängigen Kreditkarten

MOROCCAN RESTAURANT
$$$
1 LANE 165, DUNHUA NORTH RD.
TEL. 2719-4469
Eines der wenigen Restaurants mit Speisen aus dem Mittleren Osten bzw. Afrika. Lamm und Huhn dominieren die Speisekarte. Lamm wird z. B. mit Oliven, Mandeln und Gemüse gedünstet und auf einem Couscous-Bett serviert.
76 Alle gängigen Kreditkarten

PIAO LIU MU (DRIFTWOOD) ABORIGINAL RESTAURANT
$$$
4 ALLEY 9, LANE 316, ROOSEVELT RD., SEC. 3
TEL. 2365-7413
Einer der besten Künstler unter den Ureinwohnern Taiwans hat die Wände dieses Pubs mit Szenen aus taiwanesischen Legenden bemalt. Ausgezeichnetes Wildschwein mit einer speziellen Soße und Gemüse. Am Wochenende ab 21 Uhr machen Ureinwohner hier Musik.
50 Geschl. Mo Alle gängigen Kreditkarten

TANDOOR INDIAN RESTAURANT
$$$
10 LANE 73, HEJIANG ST.
TEL. 2509-9853
Die ausgezeichnete Speisekarte bietet Variationen von gegrilltem Huhn, Lamm-Kebab, Fisch und heißen Garnelen auf einem Zwiebelbett. Aus dem Ofen kommen mehrere Sorten ungesäuertes Brot zur Ergänzung der verschiedenen Currysorten.
80 Alle gängigen Kreditkarten

TAPAS BAR
$$$
50 HEPING WEST RD.
TEL. 2362-8777
Westliche Auswanderer kommen in Scharen in dieses kleine, gemütliche Lokal. Der Salat des Tages ist eine herzhafte Kombination aus frischem Salat, Babyradieschen, Tomaten, roter und grüner Paprika, Zwiebeln, Tintenfisch, grünen Oliven und gekochten Eiern. Als Gruppe bestellen Sie am besten eine Paella im Voraus. Auch französische Gerichte.
30 Geschl. Mo

VUVU ROCK ABORIGINAL RESTAURANT
$$$
3 JHIHSHAN (ZHISHAN) RD., SEC. 2
TEL. 2880-3043
Das Restaurant gehört zu den Lokalen, die in den letzten Jahren mit Gerichten der Ureinwohner Taiwans auf der Karte eröffnet wurden. Mit den Stuckwänden und Skulpturen wirkt es überladen, aber es scheint die Gäste nicht zu stören. Zu den beliebtesten Gerichten gehören Betelnussblumen mit Schweine- oder Rindfleisch oder die Kombination aus Wildschwein und Fliegendem Fisch. Der Eintopf mit Schweinefleisch und Papayas lässt das Fleisch süßlich schmecken. Süßer roter Reiswein im Pitcher. Live-Auftritte von Ureinwohnern.
105 Alle gängigen Kreditkarten

Nichtraucher Aufzug Klimaanlage Hallenbad Schwimmbad Fitnessstudio Kreditkarten

🍴 NIU JIA ZHUANG BEEF RESTAURANT
$$
136 SINYI (XINYI) RD., SEC. 4
TEL. 2754-1658
Basilikumblätter, Frühlings-
zwiebeln, Knoblauch, Soja-
soße, Ingwerwurzeln und
andere Gewürze werden
den Rindfleischgerichten
beigegeben. Einige Gerichte
beinhalten Innereien, die Ihre
Tapferkeit auf die Probe stel-
len. Der Eintopf mit Rinder-
penis und Hühnchen muss im
Voraus bestellt werden.
🔳 85

🍴 TIEN XIANG HUI WEI
$$
2F, 16 NANJING EAST RD., SEC. 1
TEL. 2511-7275
Die Litanei an Gewürzen,
die den Hot Pots beigefügt
werden, machen die Filialen
dieser Kette so bekannt für
schmackhaftes, gesundes
Essen. Die Kräuter werden
mit anderen speziellen Zutaten den köstlichen Fondues
beigefügt. Die hausgemachten
Fischbällchen und die Fischgerichte ergänzen sich gut.
Die Melonenplatte mit Win-
termelone, Kürbis und Süßkartoffeln rundet das Essen
auf leckere und gesunde
Weise ab.
🔳 200 Alle gängigen
Kreditkarten

🍴 JHEN SIANG (ZHEN XIANG) BEEF NOODLES
$
196 SONGREN RD.
Auf der Karte dieses kleinen,
bescheidenen Lokals stehen
einfache Nudelgerichte.
Das erklärt die Vielzahl an
Gästen, die manchmal sogar
beim Abwasch mithelfen.
Große Stücke zarten Rind-
fleischs schwimmen in einer
kräftigen Brühe. Es gibt auch
Nudeln mit Rindfleisch ohne
Brühe. Für weniger als einen
Euro können Sie die nach
Aussage der Stammgäste
besten Rindfleisch-Nudeln
der Stadt bekommen.
🔳 30

🍴 OLD JHANG'S (ZHANG'S) BEEFNOODLES
$
19 LANE 31, JINSHAN SOUTH
RD., SEC. 2
TEL. 2396-0927
Rindfleischnudeln gehören
in Taiwan zu den beliebtesten
Gerichten. Wenn Sie das
zarteste Fleisch suchen, dann
sind Sie hier richtig. Es gibt
sowohl leichte, als auch nahr-
hafte, etwas würzige Brühen.
🔳 60

RUND UM TAIPEH UND IM NORDEN

BEITOU

🏨 SPRING RESORT HOTEL
$$$$
18 YOUYA RD.
TEL. 2897-5555
FAX 2897-3333
www.springresort.com.tw
Dies ist eine gute Alternative
zu den Hotels in Taipeh,
besonders während der
Woche, wenn die Preise
günstiger sind und das
Personal aufmerksamer.
Die Einrichtung verbindet
Art déco mit chinesischen
und japanischen Elementen.
Tiefe Wannen in den Zim-
mern werden mit warmem
Wasser aus den Thermal-
quellen gefüllt.
🛏 90 P ⇄ 🔲 🚫 🏊
🍽 Alle gängigen Kredit-
karten Xin Beitou

🏨 WHISPERING PINES INN
$$
21 YOUYA RD.
TEL. (02) 2891-2063
Dies ist eines der wenigen
gebliebenen traditionellen ja-
panischen Hotels der Region.
Große Tatami-Räume und
Thermalbaderäume mit Schie-
ferböden inmitten ruhiger
japanischer Gärten. Beliebt
bei Schauspielern und Enter-
tainern aus Taipeh.
🛏 20 🔲 🚫 Alle
gängigen Kreditkarten

JHONGLI (ZHONGLI)

🏨 KUVA CHATEAU
$$$
398 MINCYUAN (MINQUAN)
RD., TAOYUAN COUNTY
TEL. (03) 281-1818
FAX (03) 281-1616
www.kuva-chateau.com.tw
Dieses neue Haus ist das
einzige De-luxe-Hotel der
Gegend. Mit Internetanschluss
in den Zimmern ist es auf Ge-
schäftsreisende ausgerichtet.
Nichtraucheretage. Flughafen-
Shuttle.
🛏 116 P ⇄ 🔲 🚫 🏊
🍽 Alle gängigen Kredit-
karten

KEELUNG

🏨 EVERGREEN LAUREL HOTEL
$$$
62-1 JHONGJHENG
(ZHONGZHENG) RD.
TEL. 2427-9988
FAX 2422-8642
www.evergreen-hotels.com
In diesem Hotel am Rande
des Hafens von Keelung gibt
es einige Zimmer mit Blick
auf Hafen und Meer. Einrich-
tung und Ausstattung der
großen Zimmer rechtfertigen
vier Sterne. Nahe den meisten
Attraktionen Keelungs.
🛏 140 P ⇄ 🔲 🚫 🏊
🍽 Alle gängigen Kredit-
karten

NORDKÜSTE

🏨 HOWARD BEACH RESORT
$$$
1-1 FEICUEI (FEICUI) RD., WANLI
TOWNSHIP, TAIPEI COUNTY
TEL. 2492-6565
FAX 2492-6588
www.howard-hotels.com.tw
Vielstöckiges Hotel direkt am
Strand mit zahllosen Well-
ness-Angeboten, u. a. Pools
innen und außen und ein Spa.
Die großen Zimmer sind alle
mit Seeblick.
🛏 241 P ⇄ 🔲 🚫 🏊
🍽 Alle gängigen Kredit-
karte

TAOYUAN

🏨 WESTIN RESORT TA SHEE
$$$$

166 RESIN (REXIN) ROAD, DASI (DAXI) TOWNSHIP, TAOYUAN COUNTY
TEL. (03) 387-6688
FAX (03) 387-5288
www.tasheeresort.com.tw
In den Bergen, 40 Minuten südlich von Taipeh. Die Attraktion ist der angrenzende Ta Shee Golf & Country Club, zu dem Hotelgäste Zutritt haben. Ausgezeichnete Sport- und Fitnessanlagen sowie ein Business-Center und Konferenzräume.

ⓘ 208 🅿 ⬆ 🌀 🚭 🏊
🏋 🔑 Alle gängigen Kreditkarten

🏨 EVERGREEN TRANSIT HOTEL
$$

4F, TERMINAL 2, TAIWAN TAOYUAN INTERNATIONAL AIRPORT, TAOYUAN COUNTY
TEL. (03) 383-4510
FAX (03) 383-4610
www.evergreenhotels.com
Das kleine Evergreen Transit Hotel wurde 2003 eröffnet. Es gibt eine kleine, aber dafür gute Auswahl an Wellness-Einrichtungen.

ⓘ 21 🅿 🚭 🏋 🔑 Alle gängigen Kreditkarten

YANGMINGSHAN

🏨 LANDIS RESORT YANGMINGSHAN
$$$$

237 GEJHIH (GEZHI) RD.
TEL. 2861-6661
FAX 2861-3885
www.landisresort.com.tw
Dieses Thermal-Hotel im Boutique-Stil liegt im Nationalpark Yangmingshan. Die Zimmer gewähren Ruhe und Abgeschiedenheit. Die Wannen in den Bädern werden mit Wasser aus den Thermalquellen gefüllt.

ⓘ 47 🅿 ⬆ 🌀 🚭 🏊
🏋 🔑 Alle gängigen Kreditkarten

OSTKÜSTE
HUALIEN

🍴 GARDEN TERRACE
$$$$

CHINATRUST HOTEL,
2 YONGSING (YONGXING) RD.
TEL. (03) 822-1171
Hier fühlen Sie sich wie in einer Oase. Büfett im europäischen Stil. Der Küchenchef erzählt, dass am Abend die Hähnchenschenkel mit Honig das beliebteste Gericht sind, während er das Lamm mit der speziellen (und sehr geheimen) Soße bevorzugt.

🪑 125 🚭 🌀 🔑 Alle gängigen Kreditkarten

🍴 LOTUS PAVILION
$$$$

CHINATRUST HOTEL
2 YONGSING (YONGXING) RD.
TEL. (03) 822-1171
Dieses Lokal hat sich auf kantonesische Küche spezialisiert. Am häufigsten werden Fugui-Garnelenklößchen bestellt. Der Küchenchef empfiehlt allerdings die Shansu-Lachsröllchen. Das große Lokal ist fast immer gut gefüllt. Versuchen Sie einen Platz am Fenster mit Blick auf den palmenumrahmten Pool zu bekommen.

🪑 140 🚭 🌀 🔑 Alle gängigen Kreditkarten

KREIS HUALIEN

🏨 HUALIEN FARGLORY HOTEL
$$$$$/$$$$

18 SHANLING,
YANLIAO VILLAGE,
SHOUFENG TOWNSHIP
TEL. (03) 812-3999
FAX (03) 812-3988
www.bellevista.com.tw
Das plüschige Hotel hat ein Augenmerk auf alle Ihre Bedürfnisse. Gäste bekommen im Themenpark Hualian Ocean Ermäßigung. Shuttleservice vom Flughafen und Bahnhof.

ⓘ 391 🅿 ⬆ 🌀 🚭 🏊
🏋 🔑 Alle gängigen Kreditkarten

🏨 PROMISED LAND RESORT
$$$$$/$$$$

1 LISIANG (LIXIANG) RD.,
SHOUFENG TOWNSHIP
TEL. (03) 865-6789
FAX (03) 865-6555
www.plcresort.com.tw
Neues Resort im East Rift Valley, ca. 25 Minuten vom Zentrum Hualiens entfernt. Luxusbungalows um eine Lagune herum, auf der Sie mit dem Boot fahren können. Es gibt nichts Schöneres, als von der Poolbar draußen in die Berge oder in die Sternenhimmel hinaufzuschauen.

ⓘ 260 🅿 ⬆ 🌀 🚭 🏊
🏋 🔑 Alle gängigen Kreditkarten

🏨 SHIN KONG CHAO FENG RANCH AND RESORT
$$$/$$

20 YONGFU ST., LINRONG WARD, FENGLIN TOWN
TEL. (03) 877-2666
FAX (03) 877-1433
www.skcf.com.tw
Mitten im breiten Nordende des East Rift Valley stehen die Hütten im holländischen Stil, von deren Veranda aus Sie in die Sterne schauen können. Ein Resort, das auch für Familien bestens geeignet ist, weil der Vogelpark, das Tiergehege und die Water-Fun-Arena Kinder jeden Alters ansprechen.

ⓘ 122 🅿 🌀 🚭 🏊
🔑 Alle gängigen Kreditkarten

TAITUNG

🏨 FORMOSAN NARUWAN HOTEL & RESORT
$$$

66 LIANHANG RD., TAITUNG
TEL. (089) 239-666
FAX (089) 239-777
www.naruwan-hotel.com.tw
Das neue Hotel ist im Stil der taiwanesischen Ureinwohner eingerichtet. Große, schöne Zimmer mit vielen hölzernen Einlegearbeiten. Fast täglich Tanz und Gesang von Urein-

wohnern. Freundliche Lobby-Loungebar mit Blick über den funkelnden Pool. Wunderbar erholsamer Outdoor-Spa. Shuttleservice zum nahe gelegenen, beeindruckenden National Museum of Prehistory.

🛏 276 🅿 ⬌ 🔲 Ⓢ ⛵
📺 ⓢ Alle gängigen Kreditkarten

🏨 HOTEL ROYAL CHIHPEN
$$$

23 LANE 113, LONGCYUAN (LONGQUAN) RD., WENCYUAN (WENQUAN) VILLAGE, BEINAN TOWNSHIP
TEL. (089) 510-666
FAX (089) 510-678
www.hotel-royal-chihpen. com.tw

Eines der wenigen sogenannten höherklassigen Hotels in der beliebten Thermalstadt Jhihben (Zhiben). Es hat sich ganz einem Thema verschrieben: Thermalbäder innen, außen und im eigenen Zimmer. Dies ist der Grund, weshalb die Gäste hierherkommen.

🛏 183 🅿 ⬌ 🔲 Ⓢ ⛵
📺 ⓢ Alle gängigen Kreditkarten

🍴 ESOD VEGETARIAN RESTAURANT
$$

320 JHONGSING (ZHONGXING) RD., SEC. 1, TAITUNG CITY
TEL. (089) 232-106

Hier, im Herzen der Stadt, werden veganische Speisen angeboten. Einfache und geradlinige Einrichtung. Umfassende Speisekarte mit Schwerpunkt auf Reis, Nudeln und Pasta. Die Ramen (Nudelsuppen) sind besonders lecker. Beliebt sind auch die diversen Tees und Eisspezialitäten.

🍴 40 🔲 Ⓢ ⓢ Alle gängigen Kreditkarten

TAROKO-SCHLUCHT

🏨 GRAND FORMOSA TAROKO
$$$$/$$$

18 TIAN TIANSIANG (TIANXIANG) RD., SIOULIN (XIULIN) TOWNSHIP, HUALIEN COUNTY
TEL. (03) 869-1155 ODER 2560-3266 (TAIPEH)
FAX (03) 869-1160

Ein Hotel im Nationalpark Taroko, das nicht hoch in den Himmel schießt. Hier können Sie einige Tage verbringen. Zimmer mit Balkon und phantastischer Aussicht. Viel Dekoration im Stil der Ureinwohner in der Lobby. Restaurants mit unkomplizierten Gerichten. Shuttleservice vom Flughafen Hualien und Bahnhof.

🛏 225 🅿 ⬌ 🔲 Ⓢ ⛵
📺 ⓢ Alle gängigen Kreditkarten

DER SÜDEN

DONGGANG

🍴 CHANG FAMILY RESTAURANT
$$$

65-1 GUANGFU ROAD, SEC. 2, PINGTUNG COUNTY
TEL. (08) 833-7251

Großes und viel besuchtes Lokal in einer Hafenstadt, die für ihren Fisch bekannt ist (Präsident Chen Shui-bian war hier auch schon zweimal). Probieren Sie auf jeden Fall die Spezialität der Stadt, die »Drei Schätze von Donggang« – Shrimps mit Kohl gedünstet in Hühnerbrühe, Sensenfischeier mariniert in Shaohsing-Wein und Otoro vom Blauflossen-Thunfisch.

🍴 150 und mehr 🔲 Ⓢ
ⓢ Keine Kreditkarten

HENGCHUN

🏨 YOHO LANDIS BEACH CLUB
$$$

27-8 WANLI RD.
TEL. (08) 886-9999
FAX (08) 886-9998
www.yoho.com.tw

An der Seeseite des Nationalparks Kenting gelegen, bieten einige Zimmer Meerblick. Die Attraktion ist der riesige

Swimmingpool. Kinder-Club und -Pool. Seaview-Restaurant mit Panoramablick aufs Meer. Der Club liegt etwas außerhalb von Kending. Regelmäßiger Shuttleservice zum Kaohsiung-Flughafen.

🛏 415 🅿 ⬌ 🔲 Ⓢ ⛵
📺 ⓢ Alle gängigen Kreditkarten

🍴 BOSSA NOVA CAFÉ
$$

100 NANWAN RD., PINGTUNG COUNTY
TEL. (08) 889-7137

In South Bay oder Nanwan bietet dieses kleine Lokal schmackhafte Sandwiches und andere einfache Gerichte (Burritos mit Huhn, würziges Thai-Hühnchen, Spaghetti). Der idyllische Ort hat einen großen Patio mit schattigen Plätzen.

🍴 45 🔲 Ⓢ ⓢ Keine Kreditkarten

🍴 CHAO LI
$$

98-1 HEPING DISTRICT, NANWAN WARD, PINGTUNG COUNTY
Tel. (08) 889-6587

In einem schattigen Wald am Highway 26 gelegen. Eines der ersten (und immer noch besten) in einer Reihe von bekannten Lokalen hier an der Straße. Hengchun-Spezialitäten mit Gemüse und Fischen, die vor Ort gefangen wurden, wie Kugelfisch. Probieren Sie auch den Papageifisch mit Chilischoten.

🍴 50 🕐 Geschl. Mi 🔲
ⓢ Keine Kreditkarten

KAOHSIUNG

🏨 GRAND HI-LAI HOTEL
$$$$

266 CHENGGONG 1ST RD.
TEL. (07) 216-1766 ODER (02) 2751-7527 (IN TAIPEH)
FAX (07) 216-1966
www.grand-hilai.com.tw

Die Lobby und alle anderen öffentlichen Räume sind im neoklassizistischen Stil eingerichtet, die Gästezimmer sind dagegen dezenter. In den sogenannten Health-Rooms gibt es eigene Hometrainer. Schöner Blick auf Hafen und Ozean. Riesige Familienzimmer mit zwei Kingsize-Betten. 15 Bars und Restaurants können jederzeit Ihren Hunger stillen.

☐ 540 P 🔁 🔲 🔲 🖾
🎦 🔷 Alle gängigen Kreditkarten

🏨 THE SPLENDOR KAOHSIUNG
$$$$

1 ZIHCIANG (ZIQIANG) 3RD RD.
TEL. (07) 566-8000
FAX (07) 566-8080
www.gfk.com.tw
Eines der höchsten Hotels der Welt, in dem 85 Stockwerke hohen Komplex am Rande des Hafens von Kaohsiung eingerichtet. Es muss nicht erwähnt werden, dass der Ausblick phantastisch ist. Die Gästezimmer, inklusive der 92 Suiten, sind komfortabel und haben Vollbäder. Es gibt Stockwerke nur für Damen und Zimmer, die auf die Bedürfnisse Behinderter ausgerichtet sind.

☐ 592 P 🔁 🔲 🔲 🖾
🎦 🔷 Alle gängigen Kreditkarten

🏨 AMBASSADOR HOTEL
$$$

202 MINSHENG 2ND RD.
TEL. (07) 211-5211
FAX (07) 281-1115
www.ambhotel.com.tw
Hotel der internationalen Spitzenklasse mit Amerikanischem Ahorn und beruhigenden europäischen Wollteppichen. Spanische Bäder mit deutschen Armaturen sowie japanische Bettdecken komplettieren den multinationalen Charakter. Die meisten Zimmer mit Hafenblick, Pool in tropischem Garten, Dachgarten mit grandiosem Blick.

☐ 453 P 🔁 🔲 🔲 🖾
🎦 🔷 Alle gängigen Kreditkarten

🏨 THE GRAND HOTEL – CHENG CHING LAKE
$$$

2 YUANSAN RD., NIAOSONG TOWNSHIP
TEL. (07) 370-5911
FAX (07) 370-4889
www.grand-hotel.org
Die kleinere Variante des Wahrzeichens von Taipeh in Parkanlagen am Chengcing-See (siehe S. 167), nördlich der Stadt. Die Hotelgäste sind zugleich Mitglieder des Yuan Shan Sports Club, u.a. mit Driving Range, Tennis- und Squashplätzen sowie Swimmingpool in Wettkampfgröße.

☐ 107 P 🔁 🔲 🔲 🖾
🎦 🔷 Alle gängigen Kreditkarten

🏨 HOWARD PLAZA HOTEL
$$$

311 CISIAN (QIXIAN) 1ST RD.
TEL. (07) 236-2323
FAX (07) 235-8383
www.howard-hotels.com
Es ist ein wenig schwierig, die Rezeption im vierten Stock des Hotels zu finden, aber danach können Sie sich in großen, komfortablen Zimmern niederlassen. Es lohnt sich, den Aufschlag für die Rosewood Club Executive Floors mit größeren Zimmern und besserem Service zu bezahlen. Es gibt zwölf Bars und Restaurants, darunter die hoch aufragende Atrium-Lobby.

☐ 328 P 🔁 🔲 🔲 🖾
🎦 🔷 Alle gängigen Kreditkarten

🍴 ARTIST
$$$

CORNER OF WUFU 3RD RD. & JHONGHUA (ZHONGHUA) RD.
TEL. (07) 282-9777
Beliebtes, rund um die Uhr geöffnetes Lokal mit Pizza, Aufläufen, Hot Pots, Salaten, Suppen und chinesischen Bratgerichten. Dazu eine Vielzahl alkoholischer und alkoholfreier Getränke.

🍴 60 🔷 Alle gängigen Kreditkarten

🍴 BRASS RAIL TAVERN
$$$

21 WUFU 4TH RD.
TEL. (07) 533-5747
Dieses Bar-Restaurant ist bekannt für seine Pizza, besonders für die mit Meeresfrüchten. Andere beliebte Gerichte sind amerikanisches Prime-Filet und Fish & Chips. Es gibt aber auch Nudeln, Reis, Fleisch- und Fischgerichte sowie eine große Auswahl internationaler Biersorten und eine überraschend umfangreiche Weinkarte.

🍴 70 🔷 Alle gängigen Kreditkarten

🍴 MAYADA
$$$

226 MINGCHENG 2ND RD.
TEL. (07) 558-1099
Geschmackvolles südostasiatisches Ambiente mit thailändischen Holzschnitzereien, Keramik und anderen Ausschmückungen geben den richtigen Rahmen für die echt thailändischen Gerichte. Dazu gehören Zitronengras-Shrimps in pikanter, hausgemachter Soße.

🍴 50 🔷 Alle gängigen Kreditkarten

🍴 ROOF LOUNGE BAR & CAFÉ
$$$

15F, 165 LINSEN 1ST RD.
TEL. (07) 241-6666
Wie der Name schon vermuten lässt, befindet sich das Restaurant hoch über dem Boden. Unbekümmertes, gemütliches Ambiente. Südostasiatische Speisekarte mit Gerichten aus Thailand, Malaysia, Indonesien und der Provinz Yunnan in China.

🍴 55 🔷 Alle gängigen Kreditkarten

🍴 EASTERN VS. WESTERN MUSIC RESTAURANT
$$

490 HEDI RD.
TEL. (07) 954-6406
Eine gelungene Kombination – oder ein Durcheinander – von

🔷 Nichtraucher 🔁 Aufzug 🔲 Klimaanlage 🏊 Hallenbad 🏊 Schwimmbad 🎦 Fitnessstudio 🔷 Kreditkarten

östlichen und westlichen Stil-richtungen. Bis vor Kurzem solide westliche Speisen, z. B. Texas Roast Ribs, auf importierter Walnuss- und Akazienkohle zubereitet. Jetzt aber auch Gerichte aus Thailand.
🍴 75 🚫 Alle gängigen Kreditkarten

🍴 LIU FAMILY STICKY RICE DUMPLINGS
$$
171-2 ZUOYINGDA RD.
TEL. (07) 588-9885
Dumplings, die den Tamales ähneln und *rouzong* genannt werden, sind gefüllt mit köstlichem Fleisch, Pilzen oder Meeresfrüchten. Sehr günstig, deshalb können Sie mehrere dieser Leckereien probieren.
🍴 55

🍴 MUSHROOM KITCHEN
$$
197 MINGHUA IST RD.
TEL. (07) 556-1821
Ein wohltuender und kom-fortabler Ort mit Plätzen im Garten. Selbstverständlich dominieren Pilze die Speise-karte. Huhn, Fisch und Fleisch, zusammen mit einer umwerfenden Vielfalt an Pilzen, geben den Hot Pots den größten Geschmack. Niedlich sind die Schubladen an den Tischen mit Servie-ten, Löffeln, Stäbchen und Zahnstochern. Die Vegetarier bekommen eigenes Geschirr und Besteck bzw. eigene Stäbchen und Schalen.
🍴 45 🚫 Alle gängigen Kreditkarten

🍴 NAKA BASHI
$$
23 CISIAN (QIXIAN) 2ND. RD.
TEL. (07) 285-2843
Viele Menschen versammeln sich hier am späten Abend wegen der großzügigen Portionen der japanischen Hot Pots bzw. Barbecues. Die Hot Pots sind mit Hühn-chen, Rind- und Schweine-fleisch sowie Meeresfrüchten

gefüllt. Hinzu kommt unter-schiedliches Gemüse und Tofu. Desserts aus süßem Reis zum Abschluss. Eine Modell-eisenbahn im Restaurant sorgt für Abwechslung.
🍴 60 🚫 Alle gängigen Kreditkarten

KENTING

🏨 HOWARD BEACH RESORT
$$$$
2 KENTING RD.
TEL. (08) 886-2323
FAX (08) 886-2359
www.howard-hotels.com
Eine Vielzahl an Freizeitein-richtungen bietet dieses weit-läufige Resort im Osten von Kending. Praktisch ist der Tunnel als Verbindung zur Small Bay. Die Zimmer sind auch für mehr als zwei Per-sonen groß genug, weshalb das Hotel bei Familien so beliebt ist. Versuchen Sie ein Zimmer mit Blick auf den Pool und den Kenting Beach zu bekommen. Genießen Sie hier den Sonnenuntergang. Flughafen-Shuttle von und nach Kaohsiung.
🛏 405 🅿 🔄 🔲 🔲 🏊
🍷 🚫 Alle gängigen Kredit-karten

🏨 CAESAR PARK HOTEL
$$$
6 KENTING RD.
TEL. (08) 886-1888 ODER (02) 2717-5125 (IN TAIPEH)
FAX (08) 886-1818
www.caesarpark.com.tw
Kleiner und persönlicher als das benachbarte Howard Beach Resort. Die Zimmer-einrichtung verspricht Kom-fort und Entspannung. Balkone mit Blick entweder aufs Meer oder über die riesige Poolanlage in den tropischen Gärten. Aus-gezeichnetes Frühstücks-büfett im Preis enthalten. Flughafen-Shuttle von und nach Kaohsiung.
🛏 245 🅿 🔄 🔲 🔲 🏊
🍷 🚫 Alle gängigen Kredit-karten

🍴 CACTUS CAFÉ
$$
126 DAWAN RD.
TEL. (08) 886-2747
Ein hübsches und günstiges Lokal mit herzhaftem nord-amerikanischem Frühstück. Wählen Sie zwischen Eiern, Bratkartoffeln, knusprigem Schinken, Burritos, Toast, Buttermilch-Pancakes, Obst und Joghurt. Mittags- und Abendkarte; ganztägig Snacks. Kostenloser Meerblick inbegriffen.
🍴 35 🚫 Alle gängigen Kreditkarten

🍴 MAMBO
$$
46 KENTING RD.
TEL. (08) 886-2878
Viele thailändische Gerichte in einem eng bestuhlten, lockeren und schlichten Lokal. Weil es sich einem der beliebtesten Beach Resorts Taiwans befindet, gibt es eine große Auswahl an Meeresfrüchten. Wenn Sie in einer Gruppe unter-wegs sind, dann bestellen Sie den Seebarsch mit süßem Chili — oder auch geräucher-te Garoupa in Zitrone, Garnelen-Satay und die beständige Lieblingsspeise: Shrimps-Cakes.
🍴 120 🚫 Alle gängigen Kreditkarten

INSELN DER TAIWANSTRASSE

JINCHENG

🏨 HOTEL RIVER KINMEN
$$
100 SIHAI (XIHAI) RD., SEC. 3
TEL. (082) 322-211
FAX (082) 323-322
Das beste unter den Hotels auf diesen abgelegenen Inseln mit große, saubere Zimmer und ein einfaches Freizeitangebot. Hier kön-nen Sie Inselrundfahrten buchen.
🛏 122 🅿 🔲 🍷 🚫 MC, V

🏨 Hotel 🍴 Restaurant 🛏 Zimmer 🍴 Sitzplätze 🅿 Parkplätze 🔄 Öffnungszeiten 🚇 MRT-Haltestellen

INSEL NANGAN

🏨 SHENNONG HOTEL
$$
84-2 CINGSHUEI (QINGSHUI)
VILLAGE
TEL. (0836) 26333
FAX (0836) 26330
www.shennong.com.tw
Die Mazu-Inseln stehen erst
am Anfang ihres Engagements
im Bereich des Tourismus.
Dies ist hier eines der weni-
gen Hotels. An einem höher-
gelegenen Punkt zentral auf
der Insel errichtet, bietet es
von den oberen Stockwer-
ken einen schönen Meeres-
blick. Saubere und helle Zim-
mer. Das Personal bemüht
sich, ist aber nicht immer mit
den Ansprüchen ausländi-
scher Reisender vertraut.
🛏 63 🅿 🔄 ❄ 🚭
🏧 Alle gängigen Kredit-
karten

🍴 GRANDMA'S EATERY
$$$/$$
143 NIOUJIAO (NIUJIAO)
RHINO HORN VILLAGE
TEL. (0836) 26125
Ein liebevoll renoviertes
Gästehaus. Speisen nach
Fujian-Art mit Schwerpunkt
auf Meeresfrüchten. Am unge-
wöhnlichsten sind die Ranken-
fußkrebse. Die Bedienung erklärt Ihnen, wie man sie essen
soll – ein wahres Erlebnis.
Abgesehen vom chinesischen
Bier, sind alle erhältlichen
alkoholischen Getränke auf
der Insel hergestellt.
🪑 50 🚭 ❄ 🏧 Keine
Kreditkarten

PENGHU

🏨 HOTEL EVER SPRING
$$
6 JHONGJHENG (ZHONG-
ZHENG) RD., MAGONG
TEL. (06) 927-3336
FAX (06) 927-2112
Die Auswahl ist hier auf
günstige Touristenhotels
beschränkt. Im Ever Spring
finden Sie saubere Zimmer,
ein bequemes Bett, Satelliten-
TV und einen Mini-Kühl-
schrank, der allerdings nicht
gefüllt ist.
🛏 88 🅿 ❄ 🏊 🚭
🏧 MC, V

ZENTRALER WESTEN

ALISHAN

🏨 ALISHAN HOUSE
$$$
16 ALISHAN, SHANGLIN
VILLAGE, CHIAYI COUNTY
TEL. (05) 267-9811
FAX (05) 267-9596
www.alishanhouse.com.tw
Ein kleines, hübsches Hotel
hoch oben in den Bergen inmitten schöner Gärten. Elegante Zimmer, alle mit Ausblick. Die Auswahl an Hotels
in der Alishan Forest Recreation Area ist beschränkt, und
dieses ist klein und gut besucht. Buchen Sie deshalb
rechtzeitig. Eine der wenigen
Besonderheiten ist die Laufbahn. Wesentliche Freizeit-
beschäftigung: Wandern.
🛏 54 🅿 ❄ 🚭 🏧 MC, V

CHIAYI

🏨 CHIAYI CHINATRUST
HOTEL
$$
257 WENHUA RD.
TEL. (05) 229-2233
FAX (05) 229-1155
www.chinatrust-hotel.com.tw
Wenn Sie den Morgenzug
nach Alishan nehmen wollen,
werden Sie vielleicht in Chiayi
übernachten müssen. Dieses
ist eines der typischen, von
Chinatrust geführten Hotels.
Die Zimmer haben kein groß-
städtisches Ambiente, sind
aber sauber und gemütlich.
🛏 170 🅿 🔄 ❄ 🚭
🏧 MC, V

🍴 WU LI MUSEO
STORICO DEGLI
SPAGHETTI
$$$
29-1 CHUEIYANG RD.
TEL. (05) 223-8941
Typisch italienisches Essen
mit Pasta, Fisch und Geflügel.
Gebratenes Huhn mit Zitrone und Buttersoße ist ebenso
beliebt wie die vielen leckeren
Pizzasorten. Der Cappuccino,
der Caffè Latte und der Café
au Lait sind die besten der
Stadt.
🪑 40 🏧 Alle gängigen
Kreditkarten

SONNE-MOND-SEE

**DER
BESONDERE TIPP**

🏨 THE LALU
Dieses Resort-Hotel gehört
zu den besten des Landes.
Dunkle Holzfußböden, große
Fenster und gradlinige, moder-
ne Möbel machen alles extrem
stilvoll. Suiten mit Balkon und
direktem Blick auf den See;
Courtyard Villas mit einem oder
zwei Schlafräumen und eige-
nem Pool sowie einem *Dining
Pavilion*. Dim Sum im China
Rea House und Teppanyaki im
Japanese Restaurant. Bei den
hohen Zimmerpreisen ist es
verwunderlich, dass für die
Tennisplätze auch noch eine
Gebühr verlangt wird.
$$$$$
142 JHONGSING
(ZHONGXING) RD.,
YUCHIH (YUCHI) TOWNSHIP,
NANTOU COUNTY
TEL. (049) 285-5311
FAX (049) 285-5312
www.thelalu.com.tw
🛏 241 🅿 ❄ 🚭 🏊 🚭
🏧 Alle gängigen Kreditkarten

TAICHUNG

🏨 EVERGREEN LAUREL
HOTEL
$$$$
6 TAICHUNG GANG (HARBOR)
RD., SEC. 2
TEL. (04) 2313-9988
FAX (04) 2313-8642
www.evergreen-hotels.com
Rosenholzmöbel und neutrale
Farben schaffen ein ange-
nehmes Gefühl. Alle Zimmer
mit 4-Sterne-Ausstattung
(z. B. zimmereigener Safe,
Satelliten-TV und Marmor-
bad). Ungewöhnlich für
Taiwan sind die Squashplätze.

🚭 Nichtraucher 🔄 Aufzug ❄ Klimaanlage 🏊 Hallenbad 🏊 Schwimmbad 🚭 Fitnessstudio 🏧 Kreditkarten

354 P 🔁 📶 🚭 🏊
🍽 ♿ 🐾 Alle gängigen
Kreditkarten

🏨 HOWARD PRINCE HOTEL
$$$$

129 ANHE RD.
TEL. (04) 2463-2323
FAX (04) 2463-3333
www.howard-hotels.com
Panoramafenster lassen viel natürliches Licht in die schön eingerichteten, großen Räume. Das französische Restaurant wie auch die Continental-, Kanton- und Shanghai-Restaurants stehen unter guter Leitung. Freundliche Lobby-Bar, in der sich schnell Gespräche entwickeln. Das Business-Center ist 24 Stunden geöffnet.

🛏 168 P 🔁 📶 🚭 🏊
🍽 ♿ 🐾 Alle gängigen Kreditkarten

🏨 THE LANDIS TAICHUNG HOTEL
$$$$

9 TAICHUNG GANG (HARBOR) RD., SEC. 2
TEL. (04) 2326-8008
FAX (04) 2326-8060
www.landis.com.tw
In den Zimmern harmonieren Holz und Goldtöne mit den modernen Möbeln. So entsteht ein dezenter, angenehmer Stil. Die kühle, knisternde Bettwäsche und die leichten Bettdecken mit Gänsefedern sind ein Genuss.

🛏 260 P 🔁 📶 🚭 🏊
🍽 ♿ 🐾 Alle gängigen Kreditkarte

🍴 BA BU
$$$$$

61 WUCYUAN (WUQUAN) WEST IST ST.
TEL. (04) 2372-0777
In einem Herrenhaus mit Innenhof und Garten eingerichtet, ist von den glänzenden Holzfußböden bis zu den frischen Leinentüchern alles für die besondere Atmosphäre in diesem Lokal verantwortlich. Europäischer Stil wird durch französische, deutsche, schweizerische und italienische Gerichte definiert. So etwa gebratene Garnelen und Muscheln mit Pilzreis oder Kohlenfisch nach Müllerin Art, das Filetsteak Café de Paris und die Aargauer Rinderhaxe. Haifischflosse oder Seeohren sind allerdings jenseits des europäischen Einflusses.

🪑 55 🐾 Alle gängigen Kreditkarten

DER BESONDERE TIPP

🍴 SERIOUS DAVID SHEN'S STEAK & SEAFOOD HOUSE

David Shern nimmt Präsentation und Qualität in diesem erstklassigen Lokal sehr ernst. Holzböden, Ledermöbel und Bedienung im Smoking für Zigarren rauchende, brandynippende Gäste. Hier wird nur bestes amerikanisches Rindfleisch verarbeitet, z. B. ein kleines New-York-Steak, Rib-Eye-Steak, ein großes Porterhouse-Steak oder Short Ribs. Die *Surf-and-Turf*-Gerichte kombinieren Steak mit Hummer.

277 MINCUAN (MINQUAN) RD.
TEL. (04) 2322-6156
$$$$$
🪑 90 🐾 Alle gängigen Kreditkarten

🍴 FIVE-CENT DRIFTWOOD HOUSE
$$$$

SHIHJHENG (SHIZHENG) NORTH 3RD RD.
TEL. (04) 2254-5678
Antike Keramik, Holzschnitzereien, Skulpturen, Steinwälle, Bäume und sogar eine mit Karpfen besetzte Mini-Lagune tragen zur Eleganz des Lokals bei. Haben Sie einmal Platz genommen, tauchen Sie in die chinesische Kochkunst ein. Bei der Wahl des *Simple Meal* kombinieren Sie verschiedene Speisen, z. B. Fisch, Rind, Schwein, Lamm, Gans, Shrimps und Krabben. Beliebte Gerichte auf der Speisekarte sind die Gans in Weinsoße und das zarte Krabbenfleisch auf würzigen Bohnen.

🪑 110 🐾 Alle gängigen Kreditkarten

🍴 CHILI'S GRILL & BAR
$$$

1F, 120 HENAN RD., SEC. 3
TEL. (04) 3602-8838
Hier gibt es große Tex-Mex-Portionen in lebhafter Atmosphäre. Die Gäste essen hier scharfes Büffelfleisch mit Blauschimmelkäse-Dressing, Baby Back Ribs und Hühnchen sowie großzügige Salate – als Vorspeise. Sehr beliebt ist auch das Cajun Hühner-Sandwich und der Burger mit Blauschimmelkäse und Speck. Desserts in ebenso großen Portionen.

🪑 110 🐾 Alle gängigen Kreditkarten

🍴 SPOOL RESTAURANT
$$$

154 DALONG RD.
TEL. (04) 2329-9590
Dieses Lokal befindet sich inmitten eines schönen tropischen Gartens, während drinnen mit Palmen, Farnen und asiatischer Kunst dekoriert wurde (vieles auch zum Verkauf). Eine umfangreiche, westlich geprägte Speisekarte mit Liebe zum Detail sowie eine große Auswahl gut gekühlter alkoholischer und alkoholfreier Getränke.

🪑 75 🐾 Alle gängigen Kreditkarten

🍴 WU GUO JIEH RESTAURANT
$$$

191 DONGSING (DONGXING) RD., SEC. 2
TEL. (04) 2472-6200
Gerne auch *No Frontiers* genannt, weil die Auswahl an Speisen hier fast grenzenlos erscheint. Chinesische und europäische Gerichte auf gleichem Niveau. Eine beliebte chinesische Vorspeise sind kandierte Schweinefüße und Fisch in Essig. Zu den besten europäischen Gerichten gehören die Butter-

Brassen sowie Lamm- und Schweinekoteletts nach deutscher Art. Abends mehrgängige Menüs.
🛏 65 🅢 Alle gängigen Kreditkarten

🍴 GU JIN SHAO

$$

94 JINGMING IST ST.
TEL. (04) 2328-9228
Kleines, bescheidenes Lokal mit großem Ruf. Chinesische und japanische Küche wird hier zu neuen Kreationen kombiniert. Leckere Vorspeisen sind die japanischen Chicken-Rolls, die knusprigen Oyster-Rolls und Shrimps-Rolls. Vom erstaunlich günstigen, zarten Schweinefleisch wurde alles Fett entfernt und in Sojasoße gegart. Es gibt auch verschiedene, schmackhafte Nudeln, Fisch- und Fleischtöpfe sowie gefüllte Teigtaschen.
🛏 30 🅢 Alle gängigen Kreditkarten

🍴 ZEN CURRY

$$

299 TAIJHONGGANG (TAICHONGGANG) RD., SEC. I,
B1 SOGO STORE
TEL. (04) 2329-9222
Stilvolles, entspanntes und modernes Lokal mit einer großen Auswahl an japanischen Currys, die mit unterschiedlichem Schärfegrad bestellt werden können. Günstige Tagesgerichte.
🛏 50 🅢 Alle gängigen Kreditkarten

TAINAN

🏨 TAYIH LANDIS

$$$

660 SIMEN (XIMEN) RD., SEC. I
TEL. (06) 213-5555
FAX (06) 213-5599
www.tayihlandis.com.tw
Ein weiteres erstklassiges Haus der taiwanesischen Landis Group. Große, stilvolle Zimmer, tüchtiges Personal und Serviceangebote, für die Sie in anderen Häusern

extra bezahlen müssen. Die Bäckerei in der Lobby verkauft leckere Gourmet-Sandwiches, Salzgebäck und Kuchen – ein leckerer Snack für die Besichtigungstouren durch die nahe gelegenen Tempel.
🛏 257 🅿 🔄 🅢 🅢 🌊
🅣 🦽 🅢 Alle gängigen Kreditkarten

🍴 TYCOON RESTAURANT

$$$$

258 SHIHMEN (SHIMEN) RD., SEC. 4
TEL. (06) 251-2706
Traditionelle Dekoration für hochwertige Gerichte aus Kanton und Hunan. Ganz oben auf der Spezialitätenliste des Hauses steht der Garnelensalat, das Steak mit schwarzem Pfeffer und die *yudai* mit Knoblauch. Nicht gerade günstige Haifischflossen und Seeohren bestellen diejenigen, die ihren Gästen imponieren wollen. Ginseng-Hähnchen und Peking-Ente müssen im Voraus bestellt werden. Zwischen 19 und 21 Uhr kostümierte Livemusiker.
🛏 110 🅢 Alle gängigen Kreditkarten

🍴 TERRAZZA RISTORANTE

$$$

7F, 52 GONGYUAN RD.
TEL. (06) 223-2698
Die plüschige und irgendwie protzige Einrichtung des Lokals steht im Gegensatz zu den günstigen Preisen dieses erstklassigen italienischen Restaurants. Eine große Auswahl an Pasta- und Risotto-Gerichten. Fast obligatorisch sind die leckeren Salate mit wilden Pilzen, Rindfleisch und geräuchertem Lachs als Vorspeise. Montags geschlossen.
🛏 40 🅢 Alle gängigen Kreditkarten

🍴 HUNDRED HOUSE FRAGRANCE VEGETARIAN RESTAURANT

$$

15 CHANGRONG RD., SEC. 3
TEL. (06) 208-6928
Vegetarisches Restaurant mit frischen, einfachen und gesunden Gerichten ohne Geschmacksverstärker. Schnell und ohne Aufwand serviert. Leckere Desserts sind die *gel-milk cubes*, Süßkartoffelbällchen oder Erdnuss-Tofu.
🛏 40 🅢 Alle gängigen Kreditkarten

🍴 PLEASURED TREASURE VEGETARIAN RESTAURANT

$$

15 FUCIAN (FUQIAN) RD., SEC. I
TEL. (06) 213-3405
Eines der beliebtesten vegetarischen Restaurants in Taiwan. Häusliche Atmosphäre und freundliche Bedienung. Eine riesige Auswahl an frittiertem Gemüse, Tofu, Reis, Nudeln und Aufläufen. Reiskuchen zu leckeren Suppen mit den würzigen Nudelkreationen des Lokals.
🛏 35 🅢 Alle gängigen Kreditkarten

WULING

🏨 HOYA RESORT

$$$

3-16 WULING ROAD,
HEPING TOWNSHIP,
TAICHUNG COUNTY
TEL. (04) 2590-1399
FAX (04) 2590-1118
www.hoyaresort.com.tw/wuling
In wunderbarer Umgebung auf der Wuling Recreational Farm in den Bergen gelegen. Erstklassiges Haus, 2003 eröffnet. 42 Suiten können als Familienzimmer genutzt werden, weil sie ein separates Zimmer für die Kinder haben. Viele Wanderwege.
🛏 143 🅿 🔄 🅢 🅢 🌊
🅢 Alle gängigen Kreditkarten

🅢 Nichtraucher 🔄 Aufzug 🅢 Klimaanlage 🅢 Hallenbad 🌊 Schwimmbad 🅣 Fitnessstudio 🅢 Kreditkarten

EINKAUFEN

Vielfältig und lebendig, so ist das Einkaufserlebnis in Taiwan mit den feinen Boutiquen, modernen Einkaufszentren, aber auch den Discountläden und trubeligen, bunten Nachtmärkten. Abends kommt es in manchen Stadtteilen noch zu einer Ausdehnung der Einkaufsmöglichkeiten, wenn Tausende Straßenhändler jeweils ein Stückchen der Straße oder des Bürgersteigs beanspruchen, um ihre oft äußerst günstigen Waren feilzubieten. In anderen, kleineren Städten gibt es durchaus schöne, hochwertige Produkte zu kaufen.

Mode- und Konsumartikel sind hier nicht günstiger als in anderen Städten Asiens, sondern manchmal sogar noch teurer als im Westen. Aber die Kaufhäuser gewähren bei Sonderangeboten große Preisnachlässe.

Denken Sie daran, dass die Bekleidungsgrößen in Asien kleiner ausfallen als im Westen. Ein T-Shirt mit der Größe XL entspricht für westliche Ansprüche der Größe M.

Interessant wird es, Produkte einzukaufen, die anderswo nicht unbedingt zu erhalten sind (siehe »Traditionelles Handwerk«, S. 261). Hierzu gehören geschnitzte Gegenstände aus Jade, Seidenstoffe, Holzschnitzereien, Kalligrafie-Rollen, Tee-Geschirr, Lackwaren und Lebensmittel.

Betrug kommt in Taiwan nicht häufig vor. Aber wie überall, so sollten Sie auch hier vor dem Kauf die Qualität des Produktes kritisch prüfen. Englisch sprechende Verkäufer sind eher selten, sie sind dann aber freundlich und hilfsbereit.

EINKAUFSVIERTEL

Jhongsiao (Zhongxiao) East Rd., Sec. 4
Eine beliebte Einkaufsgegend in Dinghao mit vielen Kaufhäusern, hoch- und mittelklassigen Geschäften, Musikläden und Restaurants.
Renai Circle/Dunhua South Rd.
Designerläden südlich der Jhongsiao (Zhongxiao) East Rd., Sec. 4.
Simending (Ximending)
Diese Ecke im Westen von Taipeh wird begrenzt durch die Jhonghua (Zhonghua), Jhongsiao (Zhongxiao) West, Huanhe South und Chengdu Road. Hier gibt es

Kinos, schicke Boutiquen, Kamerageschäfte und Hunderte kleiner Läden. Fußgängerzonen und Freiflächen ziehen viele Jugendliche an.
Distrikt Sinyi (Xinyi)
Rund um das Taipeh World Trade Center liegen sehr viele Kaufhäuser und Shoppingcenter mit Freizeitangeboten. Sehr beliebt bei jungen Leuten und Familien.

ANTIQUITÄTEN & KUNSTHANDWERK

Cherry Hill Antiques
288 Minsheng West Rd.,
Tel. 2555-4555
www.cherryhill.antiques.com.tw
Importierte und restaurierte Holzmöbel, Täfelungen und Spiegel aus China; auch Porzellanfiguren und Seidenstickereien.
Chinese Handicraft Mart
1 Syujhou (Xuzhou) Rd.,
Tel. 2393-3655
www.handicraft.org.tw
Das regierungseigene Unternehmen ist zum Kauf von Kunsthandwerk und Antiquitäten ideal geeignet. Es bietet alles, von kleinen Geschenken bis hin zu teurer Kunst.
Pacific Cultural Foundation Art Center
38 Chongcing (Chongqing) South Rd., Sec. 3,
Tel. 2337-7155
www.pcf.org.tw
Moderne Kunst, Tuschzeichnungen, Öl, Wasserfarben, Fotografien, Skulpturen und vieles anderes.
Stanny International Culture Center
137 Yuntong Rd.,
Tel. 2242-6444
www.stanny.com
Antiquitäten, Kunsthandwerk und Kunstausstellungen.

ARKADEN & MALLS

Die Taiwaner machen aus einem Einkaufsbummel oft einen Familienausflug voll Genuss und Erholung. In Shopping-Malls gibt es üblicherweise ein Kaufhaus, kleinere Geschäfte, Restaurants, Schlemmermeilen und oft auch noch Kinos und andere Freizeitangebote. Die meisten sind täglich ab 10 oder 11 Uhr bis 21 oder 21.30 Uhr geöffnet.
Breeze Center
39 Fusing (Fuxing) South Rd.,
Tel. 6600-8888
Beliebte Mall mit Mode- und Accessoiregeschäften der mittleren und höheren Preisklasse.
Core Pacific City Living Mall
138 Bade Rd., Sec. 4,
Tel. 3762-1688 oder 3762-1888
Von außen und innen kreisrund wie ein Globus: Das ist die beeindruckende Kulisse für Einzelhandelsläden, aber auch für einen Kinokomplex und Restaurants.
Formosa Regent Boutiques
B1, Lane 39, Jhongshan (Zhongshan) North Rd., Sec. 2,
Tel. 2256-9121
Angenehmes, elegantes Ambiente mit vielen teuren Produkten aus dem Bereich Mode und Accessoires. Beliebt bei japanischen Touristen.
Taipei Metro (The Mall)
203 Dunhua South Rd.,
Tel. 2378-6666
Viel Tageslicht, aber auch Bäume, Teiche und Brunnen bestimmen hier das Ambiente. Viele bekannte Markengeschäfte, aber auch Outlets für Schmuck, Uhren, moderne Möbel und unendlich viele modische Accessoires.

BÜCHER

Caves Books
103 Jhongshan (Zhongshan) North Rd., Sec. 2, Tel. 2537-1666
Ein großes Angebot an englischsprachiger Literatur, Sachbüchern, Reiseführern sowie Fachbüchern und internationalen Magazinen.
Eslite Bookstore
245 Dunhua South Rd., Sec. 1,
Tel. 2775-5977
Die größte Buchladen-Kette Taiwans mit einer großen Auswahl

an englischsprachiger Literatur und Sachbüchern. Beliebt bei Nachtschwärmern, weil diese Filiale mit Coffeeshop rund um die Uhr geöffnet ist.

KAUFHÄUSER

Kaufhäuser sind mit Öffnungszeiten zwischen 11 und 21.30 Uhr nicht so lange geöffnet wie Shoppingcenter.

Pacific SOGO
45 Jhongsiao (Zhongxiao) East Rd., Sec. 4, Tel. 2771-3171
Ein beliebtes japanisches Kaufhaus mit hochwertiger Markenmode und Accessoires. Beliebte Discount-Schlussverkäufe.

Shin Kong Mitsukoshi
56 Jhongsiao (Zhongxiao) West Rd., Sec. 1, Tel. 2388-5552
Diese Filiale einer japanischen Kaufhauskette liegt nahe dem Hauptbahnhof von Taipeh. Sie finden bekannte Modenamen neben günstiger Kleidung und Accessoires sowie Elektronik, Haushaltswaren, Uhren etc.

ESSEN & TRINKEN

Chez Jimmy – Fine Foods and Wines
1F, 15 Alley 178, Jhongjheng (Zhongzheng) Rd., Sec. 2, Tianmu, Tel. 2876-5388
Importierte Gourmet-Spezialitäten und Qualitätsweine, außerdem Gebäck und Käse.

G&G Delicatessen
435 Jhongshan (Zhongshan) North Rd., Sec. 6, Tianmu, Tel. 2873-9769
Frisches Brot und importierter Käse sowie verschiedenes Fleisch, Gefriergut und Weine; Café.

Sansone Salumeria
756 Jhongshan (Zhongshan) North Rd., Sec. 6, Tianmu, Tel. 2873-2444
Eine Bäckerei, die sich auf importierte und seltene Gourmet-Kost spezialisiert hat.

Tien Mu Grocery
39 Jhongshan (Zhongshan) North Rd., Sec. 7, Tianmu, Tel. 2871-4828
Ein multinationales Angebot an Lebensmitteln und Weinen. Die Eigentümer sprechen Englisch.

MÄRKTE

Dihua Street Traditional Dried Goods Market
Später Vormittag bis Abend.
Der älteste Markt in Taiwan für Trockenfrüchte, Kräuter und traditionelles Handwerk. Einige Lebensmittel eignen sich sogar als Souvenirs.

Touristen-Nachtmarkt Huasi (Huaxi) Street
18–1.00 Uhr
Die Snake Alley hat ihre besten Zeiten schon gesehen, aber die Schlangen-Shows ziehen immer noch viel Publikum an. Sie können auch Schlangenfleisch oder Schlangenblut probieren, z. B. in der Blut- und Gallensuppe. Es gibt auch viele Fischrestaurants, Schuhgeschäfte und Fußmassage.

Touristen-Nachtmarkt Raohe
18–1.00 Uhr
Belebter Markt mit Händlern, die Naturkräuter verkaufen, Kunsthandwerk oder taiwanesische Snacks (Maiskolben, Tintenfisch, geräucherte Erdnüsse oder Hähnchenfüße). Sehr farbenprächtig.

Nachtmarkt Shihlin (Shilin)
An der Wenlin Rd., nordwestl. der MRT-Station Jiantan, 16.00-1.00 Uhr
Taipehs größter Markt ist hervorragend geeignet, um taiwanesisches Essen auszuprobieren. Hunderte Geschäfte und Markthändler werben hier um die vielen Kunden. Günstige Kleidung, Schuhe, Souvenirs, Spielzeug, Elektrogeräte, CDs, Geschenke, Werkzeug, Küchengeräte und vieles mehr.

Taipei Holiday Flower Market
Unter der Jianguo-Schnellstraße, südlich der Überführung über die Renau Road.
Sa und So 10–18.00 Uhr.
Neben dem Holiday Jade Market. Händler verkaufen eine große Vielfalt an duftenden und farbenfrohen Blumen und Pflanzen.

Taipei Holiday Jade Market
Unter der Jianguo-Schnellstraße, nördlich der Überführung über die Renau Road.
Sa und So 10–18.00 Uhr.
Viel Jade von guter Qualität, aber auch viel billiger Schmuck ab 100 NT$. Händler verkaufen

chinesisches Makramee für Ketten und Armbänder, buddhistische Gebetsperlenketten, glitzernden Modeschmuck und Zubehör.

TRADITIONELLES HANDWERK

In Taiwan gibt es viele Regionen und einzelne Städte, die sich auf bestimmte Produkte spezialisiert haben. Manchmal entstand eine Stadt sogar wegen einer Manufaktur oder des Vertriebs eines Produktes.

Jioufen (Jiufen): Diese schöne, idyllische Stadt nördlich von Taipeh ist ein Anziehungspunkt für Künstler. Viele ihrer Arbeiten werden in Boutiquen und Galerien ausgestellt und verkauft. Die meisten finden Sie in den engen Straßen nahe der Jishan Road. Am Wochenende sehr voll.

Kaohsiung-Tailian St.: Allein wegen der Anzahl und der atemberaubenden Vielfalt ist die berühmte *Shoe Street* absolut einzigartig. Egal was, hier haben die Händler es. Die niedrigsten Preise in Taiwan.

Lugang-Jhongshan Rd.: In dieser Stadt gibt es viele, darunter schon sehr alte Läden mit hochwertigem traditionellem Kunsthandwerk, wie z. B. Holzschnitzereien, Zinnprodukte, Fächer, Laternen und Töpferarbeiten.

Sanyi: Das Zentum für Holzschnitzereien in Taiwan, mit Hunderten von Geschäften, die eine beeindruckende Auswahl an Holzarbeiten von feinen Skulpturen bis hin zu schweren Möbeln bieten. Berühmt für die Schnitzer, die direkt im Laden ihre Arbeit verrichten.

Yingge: Südlich von Taipeh liegt dieses taiwanesische Zentrum der Töpferkunst. In den Straßen reihen sich die Läden aneinander und verkaufen alles, von Teetassen im Kleinformat bis hin zu Toilettenschüsseln aus Porzellan. Die Töpferware umfasst einfache Gegenstände, aber auch Musikinstrumente, Reproduktionen aus der Ming- und Qing-Dynastie sowie exquisites glasiertes Porzellan.

UNTERHALTUNG & FREIZEIT

Das Freizeitangebot in Taipeh ist sehr vielfältig. Die chinesische Tradition wird in Schauspiel und Kunst aufrechterhalten. Aber auch internationale Künstler kommen nach Taiwan. Die Museen stellen unbezahlbare Kunstwerke und Antiquitäten aus. Kleinere Galerien widmen sich den Arbeiten moderner Künstler. Filme aus Hollywood laufen hier neben Produktionen der einheimischen Filmindustrie.
In den größeren Städten gibt es ein ausgeprägtes Nachtleben: unterschiedliche Pubs, Nachtclubs und Diskos (von schäbigen Karaoke-Bars bis hin zu trendigen Szeneclubs).
Die Sportangebote reichen von Kajakfahren, Rafting, Wandern, Bergsteigen, Surfen und Klettern bis hin zu Drachenfliegen und Fallschirmspringen. Zu den Sportarten mit den meisten Zuschauern gehört Baseball. Hier können Sie sich einer lärmenden Fangemeinde anschließen.

KULTURZENTREN

National Concert Hall
21-1 Jhongshan (Zhongshan) South Rd., Tel. 3393-9888, www.ntch.edu.tw
Spielstätte des Taipei Symphony Orchestra, aber auch internationaler Orchester. Im selben Haus befindet sich die Recital Hall für Kammermusik, Workshops und Lesungen.
National Dr. Sun Yat-sen Memorial Hall
505 Renai Rd., Sec. 4, Tel. 2758-8008, www.yatsen.gov.tw
Musikkonzerte und Theaterstücke von einheimischen und internationalen Künstlern. Auch viele Galerien, Cafés und ein Museum zu Ehren von Sun Yat-sen.
National Theater
21-1 Jhongshan (Zhongshan) South Rd., Tel. 3393-9888
Mit der National Concert Hall bildet dieses imposante Gebäude das National Chiang Kai-shek Cultural Center. Aufführungen der Chinesischen Oper, traditionelle Volkskunst, westliche Opern, Theater, Ballett und andere Tanzaufführungen.
Novel Hall for Performing Arts
3 Songshou Rd., Tel. 2722-4302 www.novelhall.org.tw
Vorführungen chinesischer Theaterstücke; Pekinger, Taiwan- und Liyuan-Oper.
Red Theater
10 Chengdu Rd., Tel. 2311-9380, www.redplayhouse.com.tw
1908 wurde dieses Gebäude zunächst als Markt eröffnet.

Im zweiten Stock unter einer wunderschönen Holzdecke befindet sich neuerdings ein Veranstaltungsraum, in dem kleine Produktionen vorgestellt werden, wie Puppen- und Kindertheater.

KINO

Taiwanesische Liebesfilme, aber besonders auch US-amerikanische Filme aus Hollywood. Die meisten Kinos haben mehrere Vorführungssäle und befinden sich häufig in der Nähe von Einkaufszentren.
In den Lokalausgaben englischsprachiger Zeitungen finden Sie Kinoprogramme für englische Filme.
Ambassador Theater
88 Chengdu Rd., Tel. 2361-1222
Beliebt wegen des gewaltigen Surround-Sound-Systems. 1500 Sitzplätze.
Lux Theater
85 Wuchang St., Sec. 2, Tel. 2311-8628
Vier Kinos und ein Digitales Audio-System.
President
4F, 59 Jhonghua (Zhonghua) Rd., Sec. 1, Tel. 2388-5576
Ergonomische Sitze und ein beeindruckendes Sound-System.
Spring Cinema Galaxy
10F, 52 Hanjhong (Hanzhong) St., Tel. 2381-1339 oder 2381-1399
In zwei Sälen werden hier Arthouse-Filme gezeigt.
Warner Village
18 Songshou Rd., Tel. 8780-1166 oder 2757-2345 (Reservierungen)
Ein Cineplex in einer Shopping-Mall mit 18 Vorführungssälen.

NACHTLEBEN

Es herrscht kein Mangel an Pubs, Bars und Nachtclubs; die Angebote reichen von britischen Pubs hin zu trendigen Dance-Clubs. Die Öffnungszeiten liegen zwischen 11.30 und 17 Uhr. Einige sind dann durchgängig bis zum Morgengrauen geöffnet.
@live
2F, 15 Heping West Rd., Sec. 1, Tel. 2393-2222
Riesiger, pulsierender Dance-Club. Die DJs spielen Techno und Trance. Lounge-Bar im ersten Stock.
Blue Note
4F, 171 Roosevelt Rd., Sec. 3, an der Kreuzung zur Shihda (Shida) Rd., Tel. 2362-2333
Ein beliebter Jazz-Club mit Liveauftritten. Sie sollten vor 21 Uhr hier sein, wenn Sie einen Platz an einem Tisch haben möchten. Schöne Atmosphäre, niedrige Preise.
Carnegie's
100 Anhe Rd., Sec. 2, Tel. 2325-4433
Eine der beliebtesten Bars in Taipeh mit beeindruckenden 300 Cocktails zur Auswahl. Das wilde Treiben in der Bar lässt die Nachtschwärmer am Wochenende Schlange stehen.
Brown Sugar
101 Songren Rd., Tel. 8780-1110
Internationale und einheimische Bands in einem kleinen Raum mit lebendiger Atmosphäre. Überwiegend Jazz und Blues.
Jurassic
196 Bade Rd., Sec. 2, Tel. 2741-0550
Wie der Name schon andeutet: Im Stile von Jurassic Park dekoriert, wobei auch das Dinosaurierskelett nicht fehlen durfte. Die Atmosphäre wird bestimmt durch lange Tische, in Strömen fließendes Bier, umhereilende Bedienung und fröhliche Gäste. Probieren Sie die taiwanesischen und chinesischen Gerichte.
Juliana
29 Lane 31, Daan Rd., Sec. 1, Tel. 8773-7337
Eine beliebte, plüschige Lounge- und Sports-Bar. Dekoration und Musik aus den 1960ern bis 1980ern. Ausgezeichnetes Essen. WLAN-Internetanschluss.

My Other Place
303 Fusing (Fuxing) North Rd.,
Tel. 2718-7826
Freundlicher, einladender Pub
mit britischem Bier im Zentrum
von Taipeh. Auswanderer und
Geschäftsleute lieben das reichhaltige Mittagessen und die
Happy Hour am frühen Abend.

The Ploughman Inn
8 Lane 232, Dunhua South Rd.,
Sec. I, Tel. 2773-3268
Einer der ältesten Pubs in Taipeh
mit gleich vielen Ausländern und
Einheimischen. Die freundliche
Bedienung ist ein Wohlfühlfaktor.
Happy Hour von 18 bis 21 Uhr.
Viele gehen zum mongolischen
Barbecue im Keller des Lokals.

The Post Home
31 Lane 35, Jhongshan
(Zhongshan) North Rd., Sec. 6,
Tel. 2835-6491
Lässige Bar-Atmosphäre im
amerikanischen Stil. Happy Hour
bis 19.30 Uhr.

Q-Bar
16 Alley 19, Lane 216, Jhongsiao
(Zhongxiao) East Rd., Sec. 4,
Tel. 2771-7778
Schickes After-Work-Lokal mit
günstigem Import-Bier; das gehobene Ambiente wird geschickt
versteckt. Freundliche Bedienung
und gesprächige Besitzer.

The Tavern
415 Sinyi (Xinyi) Rd., Sec. 4,
Tel. 8780-0892
Die nautische Atmosphäre zieht
ausländische und einheimische
Geschäftsleute an, die hier die
riesige Auswahl an Biersorten
genießen. Auf einem gigantischen
Bildschirm werden internationale
Sport-Events gezeigt; Stamm-
kunden spielen Poolbillard.

The Zone
Häufig auch die *Combat Zone*
(»Kampfzone«) genannt: Bars,
die im Vietnamkrieg von vielen
amerikanischen Soldaten während ihres Fronturlaubs besucht
wurden. Einige Lokale wurden
bereits renoviert, andere sind
seit den 1970er Jahren wenig verändert. Heute immer noch überwiegend männliche ausländische
Besucher. The Zone liegt entlang
der neonbeleuchteten Gassen
nahe der Shuangcheng Street,
hinter dem Hotel Imperial.

SPORT

In Taiwan gibt es viele Möglichkeiten, sportlich aktiv zu werden.
Die Sportgruppen und -clubs
sind gut organisiert, hilfsbereit
und sehr gastfreundlich, allerdings kann es zu Sprachproblemen kommen. Der beliebteste
Volkssport unter freiem Himmel
für jedermann ist das Wandern.
Es gibt eine Vielzahl guter Golfplätze und einige schöne Strände.
Abenteuersportarten wie Tauchen, Gleitschirmfliegen, Rafting
und Klettern lassen sich ohne
großen Aufwand organisieren.

RADFAHREN & MOUNTAINBIKING
Taiwan ist wegen seiner über-
schaubaren Größe und der
schönen Landschaft ideal für
Rad- und Mountainbike-Touren.
Gefahren lauern allerdings an viel
befahrenen Straßen. In den Bergen gibt es lange und durchaus
fordernde Downhill-Touren,
auch mit Steigungen; zahlreiche
Offroad-Möglichkeiten. Über
Fahrradläden können Sie Kontakt
zu einem Rad-oder Mountain-
bike-Club aufnehmen.
Yangmingshan Cycling Club
www.taipeiycc.blogspot.com

GOLF
Ausländische Touristen können
die Golfplätze als Gastspieler
nutzen. Organisiert wird dies
zumeist durch die Hotels und
Reisebüros. Ausgezeichnete
Plätze finden Sie in den Rand-
bereichen der Großstädte. Schlä-
ger, Schuhe und Caddies sind
meistens in den Clubs verfügbar.
ROC Golf Association
12F-I, 125 Nanjing East Rd.,
Sec. 2, Taipei, Tel. 2516-5611,
www.twgolf.com.tw

WANDERN & BERGSTEIGEN
Wandern ist eine der beliebtesten sportlichen Aktivitäten der
Taiwaner. Es gibt viele Wander-
clubs, die ganze Busse mit Wanderern für einen Tag oder auch
über Nacht in die Berge fahren.
Wenn Sie nicht in so großen
Gruppen wandern möchten,

können Sie einen registrierten
Wanderführer engagieren.
Manchmal bedarf es einer
speziellen Erlaubnis, um Gebiete
oberhalb von 3000 Metern oder
geschützte Gebiete zu betreten.
Diese bekommen Sie bei den
unten genannten Organisationen
oder bei den Nationalparks.
Alpine Association
10F, 185 Jhongshan (Zhongshan)
North Rd., Sec. 2, Taipei,
Tel. 2594-2108
Mountaineering Hiking and Association
50-A Longjiang Rd., Taipei,
Tel. (02) 2751-0938

Ballonfahrten
Farbenfrohe Heißluftballons
schweben über Pintung und
Kaohsiung County im Süden
Taiwans.
Shyang An Enterprises Co., Ltd.
68-6 Jhongshan (Zhongshan) Rd.,
Yangpu Township, Pingtung
County, Tel. (08) 793-8827

KAJAKTOUREN
Die Berge und die starken
Regenfälle schaffen gute Kajak-
Bedingungen, insbesondere in
der Regenzeit und nach einem
Taifun. Die beliebtesten Gebiete
liegen am Fluss Syiuguluan
(Xiuguluan) an der Ostküste im
Kreis Hualien und am Laonong
im Kreis Kaohsiung.
Chinese Taipei Aruba Kayaking Association
1F-I, 3 Lane 238, Yangping Rd.,
Yonghe, Taipei County,
Tel. 2552-8000
Chinese Taipei Canoe Association
260 Guangming St., Sindian
(Xindian), Taipei County,
Tel. 2918-5151

KAMPFSPORT
Nach einigen wenigen Unter-
richtsstunden können Sie mit
Tausenden Gleichsinnten an
Tai-Chi-Übungen in Tempelhöfen
oder Parks in ganz Taiwan
teilnehmen. Die beliebtesten
Plätze in Taipeh sind 2-28 Peace
Park, die Chiang Kai-Shek Memo-
rial Plaza und die Sun Yat-Sen
Memorial Plaza.

National Tai Chi Chuan Association
6 F, 20 Jhulyuen (Zhulun) St.,
Taipei, Tel. 2778-3887

GLEITSCHIRMFLIEGEN
Die drei beliebtesten Startplätze
für Gleitschirmflieger liegen an
der Nordküste in Green Bay
und in den Bergen auf dem
Luye-Plateau gegenüber von
Teeplantagen, im East Rift Valley
im Kreis Taitung sowie im Saijia
Aero Sports Park im Sandimen
Township im Kreis Pintung.
Chinese Taipei Aero Sports Association
9 F, 20 Jhulyuen (Zhulun) St.,
Taipei, Tel. 2775-8755
Taipei Aero Sports Association
10 Alley 5, Lane 305, Yuandong
Rd., Jhonghe (Zhonghe), Taipei
County, Tel. 2247-5905

KLETTERN
Die Kliffs von Longdong an der
nordöstlichen Küste eignen sich
am besten. Hier kommen sowohl
Anfänger als auch Fortgeschrit-
tene auf ihre Kosten.
Taipei Rock Climbing Association
1 F-1, 3 Lane 238, Yangping Rd.,
Yonghe, Taipei County,
Tel. 8923-5476
Shao Hu Tz Rock Climbing Enterprise (XHS Adventure Life)
1 Lane 16, Alley 60, Shuangcheng
St., Sindian (Xindian) City, Taipei
County, Tel. 2215-9019
Rock Wall Climbing
Taipei Youth Activity Center
17 Renai Rd., Sec. 1, Taipei,
Tel. 2343-2388

SCHNORCHELN UND TAUCHEN
Die Korallenriffs um Kenting,
Green Island und die Penghu-In-
seln bieten ausgezeichnete Tauch-
möglichkeiten. In Kenting viele
Tauchgeschäfte, die PADI-Kurse
zu moderaten Preisen anbieten.
PADI Dive Centers and Resorts
www.padi.com
Inner Space Dive Center
1 F, 55 Bade Rd., Sec. 5, Taipei,
Tel. 2767-1124

SURFEN
Die begeisterte und gastfreund-
liche Surfergemeinde liebt die
Dünung an der Ostküste der
Insel. Beliebte Gebiete sind die
Honeymoon Bay und der Fulong
Beach an der Nordostküste so-
wie die Ostküste des National-
parks Kenting. Beste Bedingun-
gen gibt es nach einem Taifun.
Chinese Taipei Surfing Association
5 F, 11 Lane 20, Alley 155, Bade
Rd., Sec. 3, Taipei, Tel. 2577-1666
Sun Brothers Surf Shop
39 Waidasi (Waidaxi) Rd.,
Toucheng, Ilan County,
Tel. (03) 978-1781

SCHWIMMEN
Die mit Abstand besten Strände
liegen im südlichen Nationalpark
Kenting. Höherklassige Hotels
haben Swimmingpools. Öffentliche
Schwimmbäder haben oft nur
flache Becken, sind laut und voll.

TENNIS
Tennis ist ein beliebter Sport in
Taiwan, und es gibt zahlreiche
Tennisplätze im ganzen Land.
Einige Hotels und Ferienresorts
öffnen ihre Plätze gegen Gebühr
auch für Nichtgäste.
Chinese Taipei Tennis Association
7 F, 20 Jhulyuen (Zhulun) St.,
Taipei, Tel. 2772-0298

RAFTING
Der Syiuguluan (Xiuguluan) im
Kreis Hualien ist der beliebteste
Rafting-Fluss Taiwans, weil er
während des ganzen Jahres aus-
reichend Wasser führt, vor allen
Dingen in den regenreichen
Monaten. Nach einem Taifun sind
die Flüsse angeschwollen und
bieten viel Nervenkitzel. Tages-
ausflüge mit Ausrüstung und
Transport können über Reise-
büros gebucht werden.
Nansen Amusement Co., Ltd.
Taipei, Tel. 8809-4688
Hualien, Tel. (03) 833-4369
www.nansen.com.tw
Wanjiang Amusement Co., Ltd
138-6 Guolian 1st Rd., Hualian
City, Tel. (03) 835-6285

Bao May Rafting Water Inc.
1 Jhongjheng (Zhongzheng) Rd.,
Boalai Village, Liouguei (Liugui)
Township, Kaohsiung County,
Tel. (07) 688-2580

SURFEN
Surfausrüstungen können an allen
großen Stränden ausgeliehen
werden. Die besten Bedingungen
gibt es zwischen Oktober und
April auf den windreichen Inseln
des Penghu-Archipels in der
Taiwanstraße.
Liquid Sports
36 Huimin 1st Rd., Magong,
Penghu, Tel. (06) 926-0361
www.liquidsport.com.tw

ZUSCHAUERSPORT
Die Zuschauersportarten in
Taiwan ziehen keine großen
Menschenmassen in die Stadien,
obwohl einige von vielen Fern-
sehzuschauern verfolgt werden.
Das größte Stadion fasst gerade
mal 16 000 Besucher. Baseball hat
die größte, lauteste und ver-
rückteste Fangemeinde, obwohl
die Spiele nicht sehr zahlreich
besucht werden. Es gibt auch
eine Basketball-Liga. Große
regionale und internationale
Wettkämpfe im Bereich der
Kampfsportarten oder Tischten-
nis wecken größeres Interesse.
Taipei Municipal Stadium
10 Nanjing East Rd., Sec. 4,
Tel. 2570-2330, #147
Das Taipei Municipal Stadium
bietet im Taipei Track and Field
Stadium Platz für 16 000 Besucher. Aber die Leichtathletik-
Wettkämpfe und Fußballspiele
sind nie ausverkauft. Im Taipei
Gymnasium werden Basketball-
spiele ausgetragen. Es fasst
2000 Zuschauer.
Tianmu Baseball Stadium
77 Jhongcheng (Zhongcheng) Rd.,
Sec. 2, Tel. (02) 2873-6548
Während der neun Monate
während Saison werden
pro Woche zwei oder drei
Spiele ausgetragen. Außer zum
Saisonstart und zu den Playoffs
wird das Stadion mit seinen
10 400 Plätzen nur von einigen
Tausend Fans besucht. Eintrittskarten sind deshalb jederzeit
erhältlich.

REGISTER

Fett gedruckte Zahlen
verweisen auf Abbildun-
gen.

ABBILDUNGS-NACHWEIS

Abkürzung:
(TTB = Tourismusbüro Taiwan)

Abbildungen auf dem Umschlag (im Uhrzeigersinn): Getty, David Hartung, Spine, Getty, Ron Watts/CORBIS, Yan Liu/CORBIS. 1, AFP/CORBIS; 2–3, Taxi/Getty Images; 4, Chen Chia Hsing/TTB; 9, Eugene Yeh, TTB; 11, Chia-Hung Yuan/TTB; 12–13 u. 14–15, National-Geographic-Fotografin Jodi Cobb; 16–17, Chia-Yung Tung/TTB; 18–19, David Hartung; 20, Sun-In AV Corp./TTB; 21, David Hartung; 22–23, Ying-Ting Huang/TTB; 24–25, Macduff Everton/CORBIS; 25, David Hartung; 26, Sun-In AV Corp/TTB; 27, Eugene Yeh/TTB; 28–29, David Hartung; 31, Library of Congress; 32, Asian Art & Archaeology, Inc./CORBIS; 34–36 (alle), Bettmann/CORBIS; 38–39, AFP/CORBIS; 41, David Henley/CPA Media; 42–43, Sheng-Hung Huang/TTB; 44–45, Jing-Ho Chi/TTB; 46–47, David Hartung; 48, Karen/CORBIS Sygma; 50–51, National Palace Museum, Taipeh, Taiwan; 51, Hsien-Ming Lu/TTB; 53, Reuters NewMedia, Inc./CORBIS; 54, David Hartung; 55, Jim Zuckerman/CORBIS; 57, CORBIS; 58, Chen Chia Hsing/TTB; 61, Hsiao-Shih Huang/TTB; 62 u. 63, Hsu-Shih Jung/TTB; 64 u. 65, Gary Conner/Index Stock Imagery; 66–67, Jui-Tsung Yeh/TTB; 68, David Henley/CPA Media; 69, Bohemian Nomad Picturemakers/CORBIS; 70–71, Maltings Partnership, Derby, England; 72–73, Macduff Everton/CORBIS; 74, Eugene Yeh/TTB; 75, Big River Company Ltd./TTB; 76, National Palace Museum, Taipeh, Taiwan; 77, Chen Chia Hsing/TTB; 78–79, Rich Communication Services/TTB; 80, TTB; 82, Maltings Partnership, Derby, England; 84, David Hartung; 85, National Palace Museum, Taipeh, Taiwan; 86, David Henley/CPA Media; 87, Chen Chia Hsing/TTB; 89, Hsu-Shih Jung/TTB; 90, David Hartung; 91, Yan Liu/CORBIS; 92, David Henley/CPA Media; 94–95, Hsu-Shih Jung/TTB; 96, David Hartung; 97 (oben), Xu Kun-Lun/TTB; 97 (Mitte), Chen-Hui Kuo/TTB; 97 (unten), Eugene Yeh/TTB; 98, David Henley/CPA Media; 99 Shu-Yu Chang/TTB; 100, TTB; 101, Chen Chia Hsing/TTB; 103, Maltings Partnership, Derby, England; 104, Chen Chia Hsing/TTB; 105, David Henley/CPA Media; 106–107, Shen Yen Wen/TTB; 108–109, Robert Hsiao/TTB; 110, TTB; 111 (oben), Shen Yen Wen/TTB; 111 (unten), Hsu-Shih Jung/TTB; 113, Kun-Sung Yen/TTB; 114, David Hartung; 116 Hsu-Shih Jung/TTB; 117 David Reid; 118, Hsin-Chiang Lin/TTB; 119, Eugene Yeh/TTB; 120, Chen Chia Hsing/TTB; 121, Eugene Yeh/TTB; 122–123, Chen Chia Hsing/TTB; 124 u. 125 (alle), David Hartung; 126, TTB; 127, Rich Communication Services/TTB; 128, Chen Chia Hsing/TTB; 129, Kuei-Mei Liao/TTB; 130, Su-Fei Pan/TTB; 132, David Henley/CPA Media; 133, David Hartung/OnAsia; 134, Ching-Lin Wu/TTB; 135, Chen Chia Hsing/TTB; 136, Christian Kober/Robert Harding World Imagery/Getty; 138, Liu-Ya Yang/TTB; 140, Chia-Nien Chang/TTB; 143, David Henley/CPA Media; 144, Chen Chia Hsing/TTB; 145 Eugene Yeh/TTB; 146, TTB; 147, Han-Yun Liang/TTB; 148–149, National-Geographic-Fotografin Jodi Cobb; 149, Reuters NewMedia, Inc./CORBIS; 150, David Henley/CPA Media; 151, TTB; 152, David Hartung; 153, Che-Hui Hsu/TTB; 154, Yeh Chui-Jing/TTB; 155, Tsai Deng-Huei/TTB; 157, Eugene Yeh/TTB; 158, David Henley/CPA Media; 160, Mu-Sheng Hung/TTB; 162, David Hartung; 163, Chen Chia Hsing/TTB; 164, David Henley/CPA Media; 165 (oben), Sun-In AV Corp./TTB; 165 (Mitte), Chen Chia Hsing/TTB; 165 (unten), Eugene Yeh/TTB; 165 (rechts), David Henley/CPA Media; 167, Chung-Kuang Lo/TTB; 168, David Henley/CPA Media; 170, TTB, 171, O-Shan Tseng/TTB; 172, Kun Lun Hsu/TTB; 173, David Hartung; 174–175, Guan Chun Company/TTB; 176, Tung-Chin Tsai/TTB; 177 (oben links, Mitte u. unten), Wen-Hua Lee/TTB; 177 (oben rechts), Wen-Chi Wu/TTB; 178, Henry Westheim Photography/Alamy; 180–181, Eugene Yeh/TTB; 182, Guan Chun Company/TTB; 183, Kun Lun Hsu/TTB; 184, AFP/CORBIS; 185, Sun-In AV Corp./TTB; 187, Maltings Partnership, Derby, England; 188, Eugene Yeh/TTB; 189, Chen-Yang Shih/TTB; 190, Sun-In AV Corp./TTB; 191, TTB; 192, You Fu-Lian/TTB; 194, Jui-Chun Tsai/TTB; 195, Chen-Yuan Lee/TTB; 196–197, Alberto Buzzola/OnAsia; 198, Yeh Ping Hsun/TTB; 199, Lin Ming-Ren/TTB; 200, Chien-Tso Lai/TTB; 201, Hui-Wen Liu/TTB; 202, Hsu Shih Jung/TTB; 203, TTB; 204 u. 205, AFP/CORBIS; 206, TTB; 207, Sun-In AV Corp./TTB; 208, Robert Hsiao/TTB; 210–211 u. 212, COR-BIS; 213 u. 214, Rich Communication Services/TTB; 215, Sun-In AV Corp./TTB; 216–217, Hsu Shih Jung/TTB; 218, Sun-In AV Corp./TTB; 219, TTB; 220–221, Shu-Der Ko/TTB; 222, Ching-Shiuan Tzou/TTB; 223, Eugene Yeh/TTB; 224 (oben), Chia-Sheng Liu/TTB; 224 (unten) Paul Almasy/CORBIS; 225, Yi-Fu Hsu/TTB; 226, Eugene Yeh/TTB; 227, Kun Lun Hsu/TTB; 228–229, David Hartung; 230–231, Feng-Yi Chen/TTB; 232, Eugene Yeh/TTB; 233, David Henley/CPA Media; 234, Ke-Jia Lu/TTB; 235, David Henley/CPA Media.

IMPRESSUM

In der Reihe NATIONAL
GEOGRAPHIC TRAVELER sind
bisher folgende Titel erschienen:

Weitere Titel in Vorbereitung

Copyright © der deutschen Ausgabe: National Geographic Society,
Washington, D.C. 2008. Alle Rechte vorbehalten.
Deutsche Ausgabe veröffentlicht von G+J/RBA GmbH & Co KG,
Hamburg 2008
Übersetzung: Dr. Martin Goch, Dr. Thomas Pago, Jürgen G. Scheunemann,
Simone Wiemken, Anja Wiebensohn-Jagla (Reiseinformationen)
Gesamtproducing: CLP • Carlo Lauer & Partner
Satz: Typographischer Betrieb · Klaus und Hans Numberger
Druck und Verarbeitung: Offizin Andersen Nexö Leipzig GmbH
Printed in Germany
ISBN 978-3-86690-061-5

Titel der amerikanischen Originalausgabe:
NATIONAL GEOGRAPHIC TRAVELER TAIWAN

Veröffentlicht von der National Geographic Society,
Washington, D.C. 2001, 2007. Alle Rechte vorbehalten.

John M. Fahey jr., *Präsident*
Gilbert M. Grosvenor, *Aufsichtsratsvorsitzender*
Nina D. Hoffman, *Vizepräsidentin, Präsidentin der Buchabteilung*
Kevin Mulroy, *Vizepräsident und Herausgeber*
Leah Bendavid-Val, *Direktorin für Fotografie und Illustrationen*
Marianne R. Koszorus, *Chefdesignerin*
Elizabeth L. Newhouse, *Leiterin Reisebuch*
Carl Mehler, *Kartografieleitung*
Barbara A. Noe, *Reihen- und Projektleitung*
Cinda Rose, *Art Director*
Jennifer A. Thornton, *Redaktionsleitung*
R. Gary Golbert, *Herstellungsleitung*

Mitarbeiter dieser Ausgabe:
Kay Kobor Hankins, *Bildredaktion und Layout*
Patricia Daniels, Judith Klein, *Textredaktion*
Caroline Hickey, *Recherche*
XNR Productions, *Kartografieredaktion, Recherche und Herstellung*
Richard S. Wain, *Projektmanagement Herstellung*
Sharon Berry, *Bildredaktion Assistenz*
Connie D. Binder, *Register*
Jane Sunderland, Catharina L. Gill, *Mitarbeiter*

Mitarbeiter der Ausgabe 2007:
Lawrence M. Porges, *Projektmanager*
Rick Charette, *Redaktioneller Berater*
Michael McNey, Carol Stroud, Ruth Thompson, Maura Walsh,
   John Wagley, Rob Waymouth, Meredith C. Wilcox, *Mitarbeiter*

Tourenkarten: Chris Orr & Associates, Southampton, England
Aufrisszeichnungen: Maltings Partnership, Derby, England